中南财经政法大学中央高校基本科研业务费专项资金资助（202110734）

业务监督
过失犯罪研究

刘纯燕　陈立　著

WUHAN UNIVERSITY PRESS
武汉大学出版社

图书在版编目(CIP)数据

业务监督过失犯罪研究/刘纯燕,陈立著. —武汉:武汉大学出版社, 2022.8

ISBN 978-7-307-23102-3

Ⅰ.业…　Ⅱ.①刘…　②陈…　Ⅲ.监管制度—过失(法律)—研究—中国　Ⅳ.D924.114

中国版本图书馆 CIP 数据核字(2022)第 088702 号

责任编辑:陈　帆　　责任校对:李孟潇　　版式设计:马　佳

出版发行:**武汉大学出版社**　(430072　武昌　珞珈山)
(电子邮箱:cbs22@whu.edu.cn　网址:www.wdp.whu.edu.cn)
印刷:湖北金海印务有限公司
开本:787×1092　1/16　印张:18.75　字数:445 千字　插页:1
版次:2022 年 8 月第 1 版　2022 年 8 月第 1 次印刷
ISBN 978-7-307-23102-3　定价:75.00 元

序　言

"过失犯是风险社会中的典型犯罪之一。"① 何谓风险社会？德国社会学家乌尔里希·贝克作了如下简明扼要的描述："生产力在现代化进程中的指数式增长，使风险和潜在自我威胁的释放达到了前所未有的程度。"② 毫无疑问，我们正处于一个生产力高速发展的社会之中，工业化大生产极大地便利了我们的现代社会生活。但现实生活中频频发生的安全事故也将"风险现实化"的问题一并摆在了我们眼前。2015 年 8 月 12 日，瑞海公司危险品仓库发生火灾爆炸，165 人遇难，8 人失踪，798 人受伤，核定直接经济损失 68.66 亿元。③ 2016 年 11 月 24 日，丰城发电厂冷却塔施工平台发生坍塌，73 人遇难，2 人受伤，核定直接经济损失 10197.2 万元。④ 对于我们而言，"165""73"不过是两个冰冷的数字，但它们的背后都曾是一个个鲜活的生命。触目惊心的事故使我们直观地感受到"风险现实化"已经极大地威胁到了我们的生活。

风险社会理论所揭示的现实是我们展开刑法理论研究时必须注意的前提事实与基本语境。⑤ 阶级社会的社会感受是"我饿"，风险社会的社会感受是"我怕"，可见，风险社会对应的规范蓝图是安全。⑥ 风险社会理论与刑法之间的连接点并非风险，而是安全。⑦ 在现代社会中，我们对安全无疑抱有更高的期待。但是，风险的日益显露却在整个社会中造成了不安感。⑧ 并且，"风险的制造者或受益者迟早都会和风险狭路相逢"。"现代化的

---

① 参见［日］高桥则夫：《刑法总论》，李世阳译，中国政法大学出版社 2020 年版，第 186 页。

② 参见［德］乌尔里希·贝克：《风险社会：新的现代性之路》，张文杰、何博闻译，译林出版社 2018 年版，第 3 页。

③ 参见《天津港"8·12"瑞海公司危险品仓库特别重大火灾爆炸事故调查报告》，载中华人民共和国应急管理部网，https://www.mem.gov.cn/gk/sgcc/tbzdsgdcbg/2016/201602/P020190415543917 598002.pdf，2021 年 4 月 19 日访问。

④ 参见《江西丰城发电厂"11·24"冷却塔施工平台坍塌特别重大事故调查报告》，载中华人民共和国应急管理部网，https://www.mem.gov.cn/gk/sgcc/tbzdsgdcbg/2017/201709/P02019041554610 0001991.pdf，2021 年 4 月 19 日访问。

⑤ 参见劳东燕：《风险社会中的刑法：社会转型与刑法理论的变迁》，北京大学出版社 2015 年版，第 28 页。

⑥ 参见［德］乌尔里希·贝克：《风险社会：新的现代性之路》，张文杰、何博闻译，译林出版社 2018 年版，第 48 页。

⑦ 参见劳东燕：《风险社会中的刑法：社会转型与刑法理论的变迁》，北京大学出版社 2015 年版，第 32 页。

⑧ 参见劳东燕：《风险社会中的刑法：社会转型与刑法理论的变迁》，北京大学出版社 2015 年版，第 26 页。

执行者作为危险的释放者和受益者，也被深深地卷入了这危险的漩涡。"① 从广义上来说，无论是进行社会化大生产的企业，还是享受社会化大生产的公众，都是现代化的执行者，也是风险的制造者、危险的释放者。但具体到安全事故，进行社会化大生产的企业是最明显的风险制造者、危险释放者。应急管理部公布的 2019 年全国生产安全事故十大典型案例表明，企业安全生产的管理不到位、监督不到位问题非常突出。例如，在江苏天嘉宜化工有限公司"3·21"特别重大爆炸事故中，该公司无视国家法律法规，长期刻意瞒报、违法贮存、违法处置硝化废料，安全管理混乱。又如，在内蒙古银漫矿业有限责任公司"2·23"井下车辆伤害重大生产安全事故中，矿山企业安全生产主体责任长期悬空，对承包单位以包代管、包而不管，对其长期使用非法改装车辆运人、严重超载、人货混装等突出问题不检查、不制止；外包工程施工单位严重违法违规，变相出卖资质，对分公司或项目部只收取管理费，不行使任何管理职责，其所属分公司或项目部人员东拼西凑，设备设施陈旧简陋。再如，在河南义马气化厂"7·19"重大爆炸事故中，事故企业重生产轻安全，安全红线意识不强；不遵守企业技术操作规程，装置出现隐患没有及时处置；设备专业管理存在重大缺陷，备用空分设备管理不善，需要启用时无法启动；安全管理制度不落实，未按要求履行隐患排查责任。②

以上实例足以证明许多事故都是"人祸"。习近平总书记指出："确保安全生产、维护社会安定、保障人民群众安居乐业是各级党委和政府必须承担好的重要责任。天津港'8·12'瑞海公司危险品仓库特别重大火灾爆炸事故以及近期一些地方接二连三发生的重大安全生产事故，再次暴露出安全生产领域存在突出问题、面临形势严峻。血的教训极其深刻，必须牢牢记取。"③ 总体来看，这十多年来安全生产事故发生数量持续下降，但一方面，安全生产的基础仍然非常薄弱，一些源头性、本质性问题还没有解决；另一方面，存量风险和增量风险交织叠加，各类不稳定、不确定因素明显增多，事故容易出现波动反弹，所以必须时刻绷紧安全这根弦，下更大的气力防控重大安全风险。④ 虽然风险的内涵并不仅止于已经发生的损害和影响，我们必须区分风险已经造成的破坏后果和它的潜在可能性，在后一种意义上，风险主要关乎的是未来。⑤ 然而本书的讨论背景是风险所关乎的现在，亦即"风险现实化"所带来的损害后果及其产生的影响。这是因为事故类犯

---

① 参见［德］乌尔里希·贝克：《风险社会：新的现代性之路》，张文杰、何博闻译，译林出版社 2018 年版，第 29 页。

② 参见《应急管理部公布 2019 年全国应急救援和生产安全事故十大典型案例》，载中华人民共和国应急管理部网，https：//www. mem. gov. cn/xw/bndt/202001/t20200111_343398. shtml，2021 年 4 月 19 日访问。

③ 参见习近平：《要求各级党委和政府牢固树立安全发展理念　坚决遏制重特大安全生产事故发生》，载《人民日报》2015 年 8 月 16 日第 1 版。

④ 《近 5 年重特大事故整改措施落实"回头看"情况新闻发布会图文实录》，载中华人民共和国国务院新闻办公室网，http：//www. scio. gov. cn/xwfbh/xwbfbh/wqfbh/44687/44848/wz44850/Document/1697988/1697988. htm，2021 年 4 月 19 日访问。

⑤ 参见［德］乌尔里希·贝克：《风险社会：新的现代性之路》，张文杰、何博闻译，译林出版社 2018 年版，第 23 页。

罪往往被刑法设定为结果犯。

事故发生后，新闻报道中常会提及："此次事故相关责任人已被控制。"之所以要控制这些事故相关责任人，是因为在刑法的视野中，他们涉嫌事故类犯罪。例如，在天津港"8·12"瑞海公司危险品仓库特别重大火灾爆炸事故系列案件中，法院判决认定瑞海公司董事长于某某犯非法储存危险物质罪、非法经营罪、危险物品肇事罪、行贿罪，数罪并罚，依法判处其死刑缓期二年执行，并处罚金人民币七十万元；认定瑞海公司副董事长董某某、总经理只某等五人犯非法储存危险物质罪、非法经营罪、危险物品肇事罪，该五人被判处无期徒刑至十五年有期徒刑不等的刑罚。① 又如，在江西丰城发电厂"11·24"冷却塔施工平台坍塌特别重大事故系列案件中，法院判决认定江西投资集团党委委员、工会主席、丰电三期扩建工程建设指挥部总指挥邓某某犯重大责任事故罪、贪污罪、受贿罪和国有公司、企业人员滥用职权罪，数罪并罚，依法判处其有期徒刑十八年，并处罚金人民币二百二十万元；认定河北亿能公司法定代表人、董事长张某某以及该公司丰电三期扩建工程 D 标段项目部执行经理吴某某、河北省魏县奉信劳务公司丰电三期扩建工程 D 标段 7号冷却塔施工队队长白某某、中南电力设计院丰电三期扩建工程总承包项目部总工程师王某、上海斯耐迪公司丰城发电厂项目监理部总监理工程师胡某某、丰电三期工程部土建专业工程师廖某某等十四人犯重大责任事故罪，这些人被判处七年至二年六个月不等的有期徒刑。②

事实上，在这些重大事故中，企业的董事长、法定代表人、实际控制人、总经理、总指挥、总工程师、总监理工程师等人员往往并不在事故发生现场，但他们对事故的发生负有不可推卸的责任。天津港"8·12"瑞海公司危险品仓库特别重大火灾爆炸事故调查组指出，该公司无视安全生产主体责任，置国家法律法规、行业标准于不顾，只顾单位经济利益，不顾员工生命安全，长期违法违规经营危险货物，安全管理混乱，安全责任不落实，安全教育培训流于形式，冒险蛮干问题十分突出。③ 对于企业存在的安全管理混乱、安全责任不落实等问题，企业上层人员（即企业中负有监督、管理职责的监督者、管理者④）可谓"罪魁祸首"。风险社会理论中"风险"概念的关键词是"人为的不确定性"，意指不确定性风险来源于人为的决策。⑤ 换言之，"虽然新风险的实现与自然灾害相似，

---

①　参见《天津港爆炸事故系列案一审宣判 49 名责任人获刑》，载中国新闻网，https：//www.chinanews.com/gn/2016/11-09/8058105.shtml，2021 年 4 月 19 日访问。

②　参见《江西丰城发电厂"11·24"特大事故案一审宣判》，载新华网，http：//m.xinhuanet.com/jx/2020-04/25/c_1125903291.htm，2021 年 4 月 19 日访问。

③　《天津港"8·12"瑞海公司危险品仓库特别重大火灾爆炸事故调查报告》，载中华人民共和国应急管理部网，https：//www.mem.gov.cn/gk/sgcc/tbzdsgdcbg/2016/201602/P020190415543917598002.pdf，2021 年 4 月 19 日访问。

④　以下简称"监管者"。需要提前说明的是，本书采广义的监督过失概念，论述内容包括狭义的监督过失与管理过失。但在述评其他论者的观点时，仍从其本来之表述。

⑤　参见劳东燕：《风险社会中的刑法：社会转型与刑法理论的变迁》，北京大学出版社 2015 年版，第 24~25 页。

但终究是以人的决定为基础的"。① 具体到现代化社会大生产中，这种"人为的决策""人的决定"通常是监管者作出的。本书的研究就以这些监管者为对象。2016 年 1 月 6 日，习近平总书记对加强安全生产工作作出重要指示："重特大突发事件，不论是自然灾害还是责任事故，其中都不同程度存在主体责任不落实、隐患排查治理不彻底、法规标准不健全、安全监管执法不严格、监管体制机制不完善、安全基础薄弱、应急救援能力不强等问题。"② 落实企业主体责任、遏制重特大事故频发势头、确保人民生命财产安全需要刑事法治的力量，追究监管者的刑事责任是其中不可忽视的一环。

安全事故发生后，虽然直接责任人员通常不难认定，"但对于并非直接导致事故发生，而是由于没有确立安全管理体制、建立必要安全设施，选任人员不当，或者对直接责任人员负有监督义务却疏于监督，而与责任事故的发生具有刑法上的因果关系（规范的保护目的范围内）的，即所谓管理、监督过失责任人员的认定，往往会为司法人员所疏忽"。③ 然而，权责是一致的，权力越大，责任越重。在人员伤亡惨重、财产损失重大的安全事故中，如果仅追究一线作业人员的刑事责任并科以重刑，有违公众朴素的法感情，难以实现刑事法治所追求的公平正义。在现代化社会大生产的整体背景之下，企业内部形成层层组织、从上至下逐级分工是一种不可避免的趋势，组织的复杂化程度、分工的精细化程度都愈来愈高。位于企业组织上层的监管者负责统筹安排、制定计划，位于企业组织下层的员工听从安排、执行计划；监管者在企业组织中掌握着组织、领导下层员工的权力，下层员工在上层负责人的管理、监督之下开展具体业务。从管理学角度来看，直接行为人的行为将风险转化为实害必然是自上而下的层层监管系统共同作用的结果，若仅追究直接行为人的刑事责任显然不合适。④

那么，为什么可以通过层层的监管系统追究位于企业组织上层的监管者的刑事责任？刑事责任乃因实施犯罪行为而生，犯罪行为是犯罪的主、客观要件的统一。⑤ 追究监管者的刑事责任当然不能脱离这一基本前提。有论者就指出，与直接作业人员相比，位于企业上层的监管者在整个生产作业中的支配力显然更大，既然支配力小的直接作业人员尚要承担刑事责任，追究因果链条中支配力更大的上层监管者的刑事责任也是理所当然。尽管从表面上看，他们似乎是由于直接作业人员的过失犯罪行为而受到牵连，但实际上是由于他们自身在履行监管职责的过程中存在主观疏忽心理、客观懈怠行为，并与危害结果的发生存在相当的因果关系，所以应按主、客观统一原则追究其刑事责任。⑥ 但如上所述，尽管监管者对事故的发生负有不可推卸的责任，但与一线作业人员相比，其往往远离事故现

①　参见［德］埃里克·希尔根多夫：《德国刑法学：从传统到现代》，江溯、黄笑岩等译，北京大学出版社 2015 年版，第 242 页。

②　参见习近平：《坚定不移保障安全发展　坚决遏制重特大事故频发势头》，载中国共产党新闻网，http://cpc.people.com.cn/n1/2016/0106/c64094-28021165.html，2021 年 4 月 20 日访问。

③　参见陈洪兵：《公共危险犯解释论与判例研究》，中国政法大学出版社 2011 年版，第 182 页。

④　参见肖冬梅：《监督过失犯罪研究》，吉林大学 2009 年博士学位论文，第 40 页。

⑤　参见高铭暄、马克昌主编：《刑法学》，北京大学出版社 2019 年版，第 198 页。

⑥　参见陈伟：《监督过失理论及其对过失主体的限定——以法释［2007］5 号为中心》，载《中国刑事法杂志》2007 年第 5 期。

场，并未"直接"导致事故发生。所以，认定其行为符合犯罪的主、客观要件的过程必然具有一定的特殊性。这种特殊性也是监督过失理论的研究动力。

本书从总论、各论两个方面展开对业务监督过失犯罪的研究。在总论方面，首先阐明对业务监督过失犯罪的规制立场，其后划定业务监督过失犯罪的规制范围，说明我国业务监督过失犯罪的规制现状，进而分析业务监督过失犯罪的构成要件。在各论方面，选取十九个具有代表性的罪名，具体分析各罪的主体、注意义务、行为、结果、因果关系等构成要件要素。

本书各章节的分工如下：序言、第一章、第三章、第五章第一、二、八、十、十一、十二、十三、十七、十九节由刘纯燕（中南财经政法大学刑事司法学院刑法学博士研究生）负责撰写（约23万字），第二章、第四章、第五章第三、四、五、六、七、九、十四、十五、十六、十八节由陈立（中南财经政法大学刑事司法学院刑法学博士研究生）负责撰写（约20万字）。本书的完成离不开童德华教授（中南财经政法大学刑事司法学院教授、博士生导师）的悉心指导、润色与帮助，作者在此对童德华教授表示诚挚的谢意。

目　　录

第一章　业务监督过失犯罪的规制立场 ················· 1

第一节　过失论体系定位的选择 ···················· 1

一、比较法视野下的监督、管理责任 ·············· 1

二、本书的体系定位 ························· 7

第二节　新过失论立场的提倡 ····················· 12

一、过失论概览 ··························· 12

二、本书的过失论立场 ······················ 17

第二章　业务监督过失犯罪的规制范围 ················· 29

第一节　业务的概念及其类型 ····················· 29

一、业务的概念 ··························· 29

二、业务的类型 ··························· 33

第二节　业务监督过失犯罪的概念 ··················· 34

一、何谓业务过失 ·························· 34

二、何谓监督过失 ·························· 45

三、业务监督过失犯罪的概念和特征 ·············· 51

第三节　业务监督过失犯罪的性质 ··················· 52

一、过失竞合的概念 ························ 52

二、共同过失的概念 ························ 54

三、业务监督过失犯罪的性质 ··················· 59

第三章　我国业务监督过失犯罪的规制现状 ·············· 62

第一节　我国业务监督过失犯罪的立法概览 ·············· 62

一、危害生产安全中的业务监督过失犯罪 ············ 62

二、破坏经济秩序中的业务监督过失犯罪 ············ 73

三、危害卫生安全中的业务监督过失犯罪 ············ 77

四、危害环境安全中的业务监督过失犯罪 ············ 82

第二节　我国业务监督过失犯罪的司法镜像 ·············· 83

一、追究监管者刑事责任的典型案例 ·············· 83

二、当前司法实务面临的主要困境 ··············· 94

第四章 业务监督过失犯罪的构成要件……………………………… 110

   第一节 业务监督过失犯罪的构造……………………………… 110

      一、业务监督过失犯罪的主体……………………………… 110

      二、业务监督过失犯罪的实行行为………………………… 115

      三、业务监督过失犯罪的危害结果………………………… 125

      四、业务监督过失犯罪的因果关系………………………… 127

      五、业务监督过失中责任的承担…………………………… 134

   第二节 业务监督过失犯罪中的注意义务……………………… 135

      一、注意能力………………………………………………… 135

      二、注意义务………………………………………………… 142

      三、业务监督过失犯罪中的注意义务……………………… 147

      四、业务监督过失中注意义务的来源……………………… 153

   第三节 信赖原则在业务监督过失犯罪构造中的地位………… 155

      一、信赖原则的概念………………………………………… 155

      二、信赖原则与业务监督过失的关系……………………… 156

第五章 业务监督过失犯罪的各论……………………………… 160

   第一节 重大飞行事故中的业务监督过失犯罪………………… 160

      一、重大飞行事故中业务监督过失犯罪的主体…………… 160

      二、重大飞行事故中业务监督过失犯罪的注意义务……… 163

      三、重大飞行事故中业务监督过失犯罪的因果关系……… 164

   第二节 铁路运营安全事故中的业务监督过失犯罪…………… 166

      一、铁路运营安全事故中业务监督过失犯罪的主体……… 166

      二、铁路运营安全事故中业务监督过失犯罪的因果关系… 170

   第三节 交通肇事中的业务监督过失犯罪……………………… 175

      一、交通肇事罪概述………………………………………… 175

      二、交通肇事中业务监督过失犯罪的主体………………… 177

      三、交通肇事中业务监督过失犯罪的注意义务…………… 180

      四、交通肇事中业务监督过失犯罪的行为与结果………… 181

      五、交通肇事中业务监督过失犯罪的因果关系…………… 182

   第四节 重大责任事故中的业务监督过失犯罪………………… 183

      一、重大责任事故罪概述…………………………………… 183

      二、重大责任事故中业务监督过失犯罪的主体…………… 185

      三、重大责任事故中业务监督过失犯罪的注意义务……… 188

      四、重大责任事故中业务监督过失犯罪的行为及其结果… 190

      五、重大责任事故中业务监督过失犯罪的因果关系……… 191

   第五节 强令、组织他人违章冒险作业中的业务监督过失犯罪… 193

      一、强令、组织他人违章冒险作业罪概述………………… 193

二、强令、组织他人违章冒险作业中业务监督过失犯罪的主体·················· 193

三、强令、组织他人违章冒险作业中业务监督过失犯罪的注意义务··········· 194

四、强令、组织他人违章冒险作业中业务监督过失犯罪的行为及其结果········· 196

五、强令、组织他人违章冒险作业中业务监督过失犯罪的因果关系··········· 197

第六节　重大劳动安全事故中的业务监督过失犯罪······························· 198

一、重大劳动安全事故罪概述··· 198

二、重大劳动安全事故中业务监督过失犯罪的主体····························· 199

三、重大劳动安全事故中业务监督过失犯罪的注意义务······················· 201

四、重大劳动安全事故中业务监督过失犯罪的行为及其结果··················· 202

五、重大劳动安全事故中业务监督过失犯罪的因果关系······················· 203

第七节　大型群众性活动重大安全事故中的业务监督过失犯罪··················· 204

一、大型群众性活动重大安全事故罪概述······································· 204

二、大型群众性活动重大安全事故中业务监督过失犯罪的主体················· 204

三、大型群众性活动重大安全事故中业务监督过失犯罪的注意义务············· 206

四、大型群众性活动重大安全事故中业务监督过失犯罪的行为及其结果········· 207

五、大型群众性活动重大安全事故中业务监督过失犯罪的因果关系············· 207

第八节　危险物品肇事事故中的业务监督过失犯罪······························· 210

一、危险物品肇事事故中业务监督过失犯罪的主体····························· 210

二、危险物品肇事事故中业务监督过失犯罪的因果关系······················· 215

第九节　工程重大安全事故中的业务监督过失犯罪······························· 218

一、工程重大安全事故罪概述··· 218

二、工程重大安全事故中业务监督过失犯罪的主体····························· 218

三、工程重大安全事故中业务监督过失犯罪的注意义务······················· 220

四、工程重大安全事故中业务监督过失犯罪的行为及其结果··················· 221

第十节　教育设施重大安全事故中的业务监督过失犯罪··························· 223

一、教育设施重大安全事故中业务监督过失犯罪的主体······················· 223

二、教育设施重大安全事故中业务监督过失犯罪的注意义务··················· 227

第十一节　消防责任事故中的业务监督过失犯罪································· 233

一、消防责任事故中业务监督过失犯罪的主体································· 233

二、消防责任事故中业务监督过失犯罪的注意义务····························· 237

第十二节　签订、履行合同失职被骗案件中的业务监督过失犯罪··············· 244

一、签订、履行合同失职被骗案件中业务监督过失犯罪的主体··············· 244

二、签订、履行合同失职被骗案件中业务监督过失犯罪的注意义务··········· 249

第十三节　国有公司、企业、事业单位人员失职案件中的业务监督过失犯罪····· 252

一、国有公司、企业、事业单位人员失职案件中业务监督过失犯罪的主体····· 252

二、国有公司、企业、事业单位人员失职案件中业务监督过失犯罪的因果
　　关系··· 255

第十四节　出具证明文件重大失实案件中的业务监督过失犯罪··············· 260

一、出具证明文件重大失实罪概述………………………………………………… 260

二、出具证明文件重大失实案件中业务监督过失犯罪的主体…………………… 260

三、出具证明文件重大失实案件中业务监督过失犯罪的注意义务……………… 262

四、出具证明文件重大失实案件中业务监督过失犯罪的行为及其结果………… 263

第十五节　妨害传染病防治案件中的业务监督过失犯罪……………………………… 263

一、妨害传染病防治罪概述………………………………………………………… 263

二、妨害传染病防治案件中业务监督过失犯罪的主体…………………………… 264

三、妨害传染病防治案件中业务监督过失犯罪的注意义务……………………… 264

四、妨害传染病防治案件中业务监督过失犯罪的行为及其结果………………… 265

第十六节　传染病菌种、毒种扩散事故中的业务监督过失犯罪…………………… 266

一、传染病菌种、毒种扩散罪概述………………………………………………… 266

二、传染病菌种、毒种扩散事故中业务监督过失犯罪的主体…………………… 267

三、传染病菌种、毒种扩散事故中业务监督过失犯罪的注意义务……………… 268

四、传染病菌种、毒种扩散事故中业务监督过失犯罪的行为及其结果………… 268

第十七节　采集、供应血液、制作、供应血液制品事故中的业务监督过失犯罪…… 268

一、采集、供应血液、制作、供应血液制品事故中业务监督过失犯罪的

注意义务……………………………………………………………………… 268

二、采集、供应血液、制作、供应血液制品事故中业务监督过失犯罪的

因果关系……………………………………………………………………… 271

第十八节　医疗事故中的业务监督过失犯罪………………………………………… 275

一、医疗事故罪概述………………………………………………………………… 275

二、医疗事故中业务监督过失犯罪的主体………………………………………… 276

三、医疗事故中业务监督过失犯罪的注意义务…………………………………… 278

四、医疗事故中业务监督过失犯罪的行为及其结果……………………………… 279

五、医疗事故中业务监督过失犯罪的因果关系…………………………………… 279

第十九节　单位环境污染案件中的业务监督过失犯罪……………………………… 279

一、单位环境污染案件中业务监督过失犯罪之肯定……………………………… 279

二、单位环境污染中案件业务监督过失犯罪的具体情形………………………… 284

第一章　业务监督过失犯罪的规制立场

第一节　过失论体系定位的选择

一、比较法视野下的监督、管理责任

刑法上的监督、管理责任，即监督者、管理者故意或过失地违背监督、管理职责而造成法益侵犯时所应承担的刑事责任。[①] 日本刑法理论在过失犯论中讨论这个问题，德国刑法理论在不真正不作为犯论中讨论这个问题。英美刑法理论也有解决这一问题的方案，该方案运用的是法人犯罪理论。我国刑法理论虽然整体上偏向德日法系，崇尚系统化的法典模式，致力于建构严密的刑法理论体系，但比较法的视野不能被一以贯之地局限在大陆法系，英美法系的实用主义也值得我们重视。

（一）德国刑法理论中的监督、管理责任

德国刑法理论中，监督责任包括企业中的监督责任与公务人员的监督责任。企业中的监督责任又分为企业内部上下级的监督责任与企业之间的相关人员的监督责任。管理责任是指由于对危险物或危险事业的管理而产生的责任，判断根据在于对危险物或危险事业的实质支配。[②] 德国刑法理论不特意区分监督责任、管理责任的故意犯与过失犯，而是将整个监督责任、管理责任都视为不真正不作为犯的问题，对于不真正不作为犯而言，既存在故意犯，也存在过失犯。正因如此，上述论者在定义监督、管理责任时才使用了"故意或过失地违背监督、管理职责"这样的表述。而德国刑法理论之所以将该问题置于不真正不作为犯的领域中研究，是因为德国学者认为违反监督、管理职责的行为都表现为不作为，即不履行监督、管理职责的行为。[③]

下面以德国刑法学者许内曼的论述为例，简要介绍德国学者研究监督、管理责任的进路。[④] 许内曼教授指出，根据"允许危险"原则，危害结果的过失责任不能仅根据具体的可预见性确定，而应从忽略安全准则的行为中确定。亦即，违法行为本身取决于对一般预

---

① 参见吕英杰：《德日刑法上的监督、管理责任》，载《刑事法评论》2012 年第 2 期。

② 参见吕英杰：《德日刑法上的监督、管理责任》，载《刑事法评论》2012 年第 2 期。

③ 参见吕英杰：《德日刑法上的监督、管理责任》，载《刑事法评论》2012 年第 2 期。

④ 以下参见［德］伯恩特·许内曼：《传统过失刑事责任观念在当代社会中的弊病——新的趋势与展望》，王秀梅译，载《法学家》2001 年第 3 期。

防措施的忽视。这是许内曼教授对传统的过失责任概念的现代解释。但许内曼教授同时指出，即使这种现代解释较好地揭示了个人因其危害结果而应承担刑事责任的观念，由于实践中现代工业社会存在的危险行为根本不能被某个个人完全控制，所以事实上不能让个人承担全部危险责任。换言之，正是由于劳动的现代化分工和技术程序的复杂性，导致能够控制人类某些活动领域的独立个人以及因此对这些活动负有责任的刑事责任概念存在缺陷。这些缺陷的表现之一是过失危害结果由几个参与者个人行为共同所致，这种情况普遍存在于现代经济体制下的劳动分配原则中。现代工业社会伴随大量以组织制度为特色的工厂，而且也以明显的劳动分工为特点。劳动分工以及组织制度对于刑事责任的确定而言至关重要。在具有劳动分工的现代企业中存在着体力劳动的直接分化、管理决策、信息储存等活动，这就导致在具体案件中，一个公司内根本不存在承担完全监督责任的个人。在故意犯罪的情形中，确定刑事责任的归属可以通过共同犯罪理论解决，但在过失犯罪的情形中，刑法理论对责任归属提出的方法始终不够充分。例如，一线工人实施了一种违反工程程序要求的预防措施的行为，但是由于其贫乏的知识和能力而不认为这是危害行为，从事监督活动的工程师主观上有可能了解防范措施但却没有参与实际作业，这时如何确立刑事责任就存在着很大难度，而如果必要的信息仅仅停留在管理层而没有向下传达到工程师和一线工人，情况就会变得更为复杂。许内曼教授归纳后认为，解决这类问题的理论路径有两种，一是严格责任，二是不作为犯罪的责任。但是，根据德国刑法理论的传统，至少对自然人不允许使用严格责任，所以关键问题集中在不作为犯罪的责任之上。

德国刑法第十三条明确规定了不作为犯罪，即"（1）不防止属于刑法构成要件的结果发生的人，只有当其有依法必须保证该结果不发生的义务，且当其不作为与因作为而使法定构成要件的实现相当时，才依法受处罚。（2）可依第四十九条第一款减轻处罚"①。但是，该条是否可以适用于公司的上下级成员之间，在理论上并没有形成共识。简言之，其争论的问题是企业负责人对于阻止其职员的犯罪是否有保证人义务。② 法院判例清晰地表明了肯定的倾向，许内曼教授也持肯定态度，认为需要将责任追溯到预防危害的权力中心，即追溯到上级对下级的命令，运用不作为理论追究上级的刑事责任具有合理性。③ 其他学者也作了肯定回答。例如，德国刑法学者金德霍伊泽尔认为，基于交往安全义务，至少就企业所有者所安排的或可以其他方式归属的、危险的举止指示以及法律关系的解释上，其对助手和代理人们负有保证人义务。④ 又如，德国刑法学者罗克辛认为这种归属的根据是，企业的领导人员"必须关心，把这个'危险源'的企业始终置于能够保障安全的监督之下，不管这种危险是来自企业在物方面的还是在人方面的潜在性"。⑤

---

① 参见《德国刑法典》，徐久生、庄敬华译，中国方正出版社 2004 年版，第 9 页。

② 参见［德］金德霍伊泽尔：《刑法总论教科书》，蔡桂生译，北京大学出版社 2015 年版，第 377 页。

③ 参见［德］伯恩特·许内曼：《传统过失刑事责任观念在当代社会中的弊病——新的趋势与展望》，王秀梅译，载《法学家》2001 年第 3 期。

④ 参见［德］金德霍伊泽尔：《刑法总论教科书》，蔡桂生译，北京大学出版社 2015 年版，第 378 页。

⑤ 参见［德］克劳斯·罗克辛：《德国刑法学总论》（第 2 卷），王世洲等译，法律出版社 2013 年版，第 568 页。

由此可见，在德国刑法理论中，如果要追究监管者的刑事责任，最重要的就是论证监管者的保证人地位和作为义务来源。① 对此，学说上主要有早期的形式法义务理论、考夫曼教授的功能性理论、许内曼教授的控制理论、雅各布斯教授的制度性职责与组织性职责理论这几种理论。早期的形式法义务理论将法律、合同、先行行为视为防止结果出现的作为义务之来源。20 世纪 30 年代，除了这三大义务来源之外，又增加了"紧密生活共同体和危险共同体"的义务来源。其后，考夫曼教授的功能性理论将保证人地位区分为保护型与监护型两种。许内曼教授认为，保证人地位的核心标准是对法益侵害的最重要条件的事实上的控制，或是基于对处于无助状态的法益的保护，或是基于对重要的造成结果的原因的掌握。雅各布斯教授依据对危险的责任范围，区分了"凭借制度性职责而产生的义务"和"凭借组织性职责而产生的义务"。②

在这些理论中，由考夫曼教授提倡的关于作为义务的机能的二分说目前占支配地位。作为义务分为保护义务与安全义务，安全义务也称监督义务，主要发生在以下两种场合：一是管理危险物品、危险设置、危险系统的人由于不履行义务而对被害人产生现实的危险状况时负有作为义务；二是对第三人负有监督义务的人对第三人故意或者过失实施违法行为负有作为义务。③ 从这里可以清晰地看到有关管理责任、监督责任的内容。但与此同时，许内曼教授提出的控制理论也很有力。金德霍伊泽尔教授认为，监督特定危险源与保护特定利益免受任意危险这两个机能或许可以用一个完全抽象的原则加以概括，但却会导致该原则本身内容的空洞化，所以自始便对保证人地位作二元的、以机能为导向的理解是更为合适的。④ 不过罗克辛教授明确表示，控制理论的解释是最具有说服力的。控制性控制是保证人地位的标志，又可进一步分解为保护性控制（照料性控制）与安全的控制（监护性控制）两种形式。⑤ 以控制性控制统领两类保证人地位与罗克辛教授在正犯、共犯区分的问题上对支配犯采取犯罪事实支配这一指导性原理的思路一脉相承。不过，无论是否提炼出一个总括性的指导原理，监护性控制（罗克辛语）与监督者保证人地位（金德霍伊泽尔语）都不可否认的是德国刑法理论在研究监督、管理责任时运用的工具。

根据不同的理论，对监管者的责任归属原理也不同。⑥ 形式法义务理论认为，国家行政法规、规章所规定的安全规则，劳动契约所约定的设置安全的劳动环境、设施等保证员工生命、健康的安全条款，行业中的交往规范，组织内部的章程、制度、操作规程等可以

① 参见吕英杰：《德日刑法上的监督、管理责任》，载《刑事法评论》2012 年第 2 期。
② 参见［德］克劳斯·罗克辛：《德国刑法学总论》（第 2 卷），王世洲译，法律出版社 2013 年版，第 535~537 页。
③ 参见张明楷：《外国刑法纲要》，法律出版社 2020 年版，第 83~84 页。
④ 参见［德］金德霍伊泽尔：《刑法总论教科书》，蔡桂生译，北京大学出版社 2015 年版，第 375 页。
⑤ 参见［德］克劳斯·罗克辛：《德国刑法学总论》（第 2 卷），王世洲译，法律出版社 2013 年版，第 540 页。
⑥ 以下参见吕英杰：《德日刑法上的监督、管理责任》，载《刑事法评论》2012 年第 2 期。

成为监管者的作为义务来源。功能性理论认为，监管者是危险源的监视性保证人，负有防止危险源转化为现实法益侵害的责任。因为监督者以指挥、监督、检查下级在从事危险作业、管理危险物品、设施、系统时不为违法行为为业务；管理者则以管理危险物品、设施、系统或防止发生事故危险为业务。控制理论认为，监督者对于不值得信赖的下级不履行监督责任，导致下级违法操作而发生法益侵害的，虽然监督者不是直接行为人，但若其实际上控制了法益侵害的原因，应承担责任。同样地，管理者在物资、设备、机构、行政相对人等配备上的不作为，使其所管辖的危险物品或危险业务转变为现实的危害，若其对法益侵害的原因具有支配性，也应承担责任。监管者如果具有法所规定的命令权，或支配性的知识，或事实上的贯彻力，就是实际控制了法益侵害的原因。制度性职责与组织性职责理论认为，监督责任、管理责任的根据分别归属于制度性职责与组织性职责。在监督责任中，监督者对直接行为人所组织的行为进行监督，该职责并非基于一般性地位，而是基于特别性地位，因为这是规范基于制度性要求特别强制性地施予监督者的职责，所以此时违背的是规范的积极义务，构成义务犯。而在管理责任中，管理者管理着危险物、危险事业，也即组织了危险性活动，所以此时违背的是规范的消极义务，构成支配犯。

（二）日本刑法理论中的监督、管理过失责任

日本刑法学者前田雅英曾认为："监督过失是几乎没有受到国外论争直接影响的领域，在这个意义上，它是刑法理论中富有特色的存在。监督过失是回应我国实务所提出的问题而逐渐形成的理论之代表。"[1] 日本刑法学理论受德国刑法学理论的影响颇深，但监督过失理论却是日本刑法学理论中独具特色的存在。日本刑法理论直接称监督过失责任、管理过失责任，几乎未见故意的监督、管理责任。只有个别论者曾质疑现实中有成立故意犯的可能性，但这并不意味着日本不处罚故意的监督、管理责任，学理上完全可以根据故意杀人、故意伤害等罪名处理。[2] 其实，故意的监督、管理责任的情形不难想象。这里并不是说监管者故意地违背监管职责就是故意犯，因为即使故意违背监管职责，对最终发生的事故也可能是过失的。而是说，监管者故意违背监管职责之时，可能对重大伤亡事故或重大公私财产损失持放任的心理，例如为了追求高额的经济利益而认为即使造成工人死亡也没关系，甚至也可能持追求的心理，例如为了个人报复而追求其所在企业的财产损失结果。

在日本刑法理论中，一般认为，"必须把监督、管理责任的历史放在整个日本过失犯理论发展的历史中去考察"[3]。在日本刑法理论中，过失论中存在两种基本立场，一是旧过失论，二是新过失论。如果要给旧过失论贴上一些醒目的识别标签，这些标签将会是

---

① ［日］前田雅英：《监督过失》，载日本《法曹时报》第 42 卷第 2 号，第 299 页。转引自吕英杰：《客观归责下的监督、管理过失》，法律出版社 2013 年版，第 40 页。
② 参见吕英杰：《德日刑法上的监督、管理责任》，载《刑事法评论》2012 年第 2 期。
③ 吕英杰：《德日刑法上的监督、管理责任》，载《刑事法评论》2012 年第 2 期。

"责任""心理""结果预见义务"。而贴在新过失论上的标签则会是"违法""规范""结果避免义务"。它们无疑体现出两种不同的基本立场。之后的新新过失论原本是从新过失论中脱胎而来，在学说对立的意义上还不具有独立的立场。但是在关于监督过失的问题上，却不得不特别论述新新过失论。可以说，新新过失论出现的本意就在于追究企业上层负责人的监督过失责任。因为，当以往的过失犯论遭遇企业重大事故之时，通常的做法是，先在一线工人中寻找过失行为人，再倒查企业的监管者对于事故的发生是否存在过失。一般而言，被追究刑事责任的通常都是一线工人，而非位于上层的监管者。因为上层的监管者人离现场较远，其能够预见、避免危害结果发生很困难。所以无法认定其对事故发生存有过失。由此就出现了地位愈高，离现场愈远，愈不用负责的现象。由于其中的一些监管者对事故发生往往具有支配力和控制性，所以完全不负刑事责任并不合理。有鉴于此，日本学界明确提出了监督过失论。①

有论者在介绍日本监督过失理论的产生背景时认为，以前的法律虽然对直接行为人有处罚规定，但是对负有监督职责的人却缺少相应的处罚规定，以至于监督者对事故几乎不用承担责任，从而导致不公正。② 然而，事实并非如此。立法规定是一直存在的，变化的仅仅是对规定的解释。详言之，在日本刑法中，不论是在监督过失理论产生之前还是之后，不论是针对直接行为人还是针对负有监督职责的人，所适用的罪名均是业务失火罪或业务过失致死伤罪。比较正确的说法应该是，以往的理论及实务只注重将这些业务过失犯罪适用于直接行为人，而当社会现实逐渐发生重大转变要求刑法作出适切回应之时，亦即，大型企业事故层出不穷且事故原因往往与负有监督职责的人不正确履行监督职责有关，从而产生了处罚这些负有监督职责的人的现实需求之时，理论及实务才开始探讨将这些业务过失犯罪也适用于负有监督职责的人的可能性和合理性。

在日本刑法中，过失分为普通过失和业务过失。日本学者认为，监督过失、管理过失只能发生于业务过失中。所以，监督过失、管理过失所涉及的罪名也只有业务过失致死伤罪与业务失火罪。换言之，监督过失是一种间接性的过失，它并非被刑法分则明确类型化的具体犯罪行为的过失，而是监督者防止他人实施被类型化的具体犯罪行为的过失，监督行为本身并没有被刑法类型化为监督过失犯罪行为，③ 它具有依附性，就如刑法理论中的教唆行为，在刑法分则中并没有规定单独的"教唆罪"，处罚教唆犯是因为其教唆他人实施被刑法分则类型化的具体犯罪行为，从而作为共犯被处罚。与日本刑法仅有两个罪名可资适用不同，在我国《刑法》中存在着不少事故类犯罪。而某些事故类犯罪其实已经将监督行为类型化为具体犯罪行为。例如重大劳动安全事故罪，"安全生产设施或者安全生产条件不符合国家规定"本身就包含了监督过失行为，此时的监督过失行为已经被刑法分则类型化为具体的重大劳动安全事故罪的构成要件行为。

---

① 参见林亚刚：《犯罪过失研究》，武汉大学出版社 2000 年版，第 247 页。
② 参见谭淦：《监督过失的一般形态研究》，载《政法论坛》2012 年第 1 期。
③ 参见彭凤莲：《监督过失责任论》，载《法学家》2004 年第 6 期。

（三）英美刑法理论中的法人犯罪理论

英美刑法最早承认法人可以成为犯罪主体，所以在企业事故中，其普遍将法人作为监管人，以法人犯罪追究其刑事责任，美国《模范刑法典》在总则中明文规定法人犯罪，对于企业上层主管人员的责任则是在法人处罚原则的基础上通过新的判例予以发展。[①] 有论者指出，英美刑法中，在法人犯罪的情况下，法人的代理人原则上也要在具备以下三个条件之一时承担刑事责任：一是直接参与犯罪；二是促进或帮助犯罪行为的发生；三是未能防止犯罪行为的发生，或未能适当监督或控制其下级从业人员实施犯罪行为。代理人不仅包括下级从业人员，也包括高级管理人员。对于高级管理人员而言，不仅处罚其积极作为，也处罚其不作为，并且对其犯罪意图的程度要求较低，只需证明其有防止犯罪的能力却没有防止犯罪的发生即可。[②] 例如，1980 年美国 People v. Warner-Lambert 案，被告制造产品时在明知的情况下使用了两种爆炸性原料，并被警告这些化学品的高浓度会对其工厂产生危险，工厂发生爆炸后，几名雇员丧生，该公司及其几名管理人员和员工被判犯有二级过失杀人罪。[③]

英美刑法在追究法人刑事责任的过程中，其追责原则经历了由同等原则到组织原则的变化。[④] 详言之，以往英国法院根据判例法，基于等同原则追究企业过失致人死亡罪的刑事责任，该原则是指将能够代表企业意志的高级管理人员的行为与心理等同于企业的行为与心理。其中，一方面需要确定导致危害结果的且能够代表企业意志的高级管理人员；另一方面，该高级管理人员还必须承担过失致人死亡罪的个人刑事责任。但问题是，首先，随着企业规模的扩大，责任分担者也越来越多，确定一个对最终结果承担全部责任的企业高级管理人员越发困难；其次，追究个人的过失致人死亡罪的刑事责任必须要证明其能对自己行为中存在的危险形成具体认识，但高级管理人员通常不在现场因而证明难度很大，所以根据判例法追究企业过失致人死亡罪的刑事责任非常困难。

基于上述原因，《2007 年企业过失致人死亡罪法》以组织原则取代了判例法上的等同原则。其第一条规定：如果企业的组织、管理方式存在重大缺陷，严重违反了该企业对被害人所承担的相关义务，从而导致被害人死亡的，应追究该企业过失致人死亡罪的刑事责任。其第八条进一步规定：陪审团在判断企业是否存在重大义务违反及程度时，应考虑其是否违反了卫生安全法规，其内部是否存在导致违法行为的政策、制度、惯例等。由此，

---

① 参见张凌：《论过失犯罪中的监督过失责任》，吉林大学 1995 年博士学位论文，第 41 页。转引自谢雄伟：《论监督过失的体系定位、本质与类型》，载《广东社会科学》2015 年第 1 期。

② 参见卢建平、杨昕宇：《法人犯罪的刑事责任理论——英美法系与大陆法系的比较》，载《浙江学刊》2004 年第 3 期。

③ Richard G. Singer, John Q. La Fond, Shima Baradaran Baughman, *Criminal Law*, Wolters Kluwer, 2018, p. 175.

④ 以下参见周振杰：《英美国家企业刑事责任论的最新发展——以英国〈2007 年企业过失致人死亡罪法〉为例》，载《河北法学》2010 年第 12 期。

个人刑事责任不再是追究企业刑事责任的前提，也不需要再考虑高级管理人员的具体认识。简言之，只要能够证明企业的组织、管理方式存在缺陷，且该缺陷与死亡结果存在实质因果关系，就可以追究企业的刑事责任。可见，英美企业刑事责任论的发展方向在犯罪论领域实现了从个人到组织、从主观到客观的转变，在刑罚论领域实现了从制裁到引导的转变，正在走向独立的企业制裁论。

二、本书的体系定位

（一）单位犯罪理论之体系定位的扬弃

英美式的法人犯罪理论在我国刑法的研究语境之下即单位犯罪理论。我国刑法理论可否用单位犯罪理论处理监督管理责任的问题？在我国《刑法》中，单位犯罪中直接负责的主管人员的范围和运用监督过失理论追究的企业上层人员的范围往往是重合的。对此有论者指出，单位犯罪理论并不适合于解决我国的监督过失犯罪问题。其理由是，虽然单位犯罪理论确实具有说明监督过失的功能，但法人过失犯罪中可能承担监督过失责任的仅限于直接负责的主管人员，而这些人往往是最高决策层（如正副厂长、总经理），那些中间管理层（如部门经理、科长）同样可能存在监督过失，但他们有可能因为不符合单位犯罪的成立要件而无法运用该理论确定其监督过失责任。再者，单位犯罪有明文规定才能构成，但我国《刑法》中，在责任事故犯罪这种监督过失最有可能存在的情形中却鲜有单位犯罪的规定。①

本书赞同其结论，但不赞同其理由。其一，尽管《全国法院审理金融犯罪案件工作座谈会纪要》中指出直接负责的主管人员一般是单位的主管负责人，包括法定代表人，但这条意见并不意味着这些主管负责人就只能是法定代表人这样的最高决策层。中层领导有时也完全可以起到决定、批准、授意、纵容、指挥等作用。要论"直接负责"的主管人员，中层领导往往比上层领导更加符合这个条件。因为现代的科层管理体制往往都是将管理职责层层下放，确定某一业务的直接管理者，主管该业务。并且，当中层领导批准、授意、指挥单位职工实施犯罪之时，也没有理由跨过与具体实施犯罪联系更紧密的中层领导而直接论及上层领导的刑事责任。其二，的确，我国《刑法》中典型的可用监督过失理论来解释的犯罪如重大责任事故罪等，没有单位犯罪的规定。联系上述英国《2007 年企业过失致人死亡罪法》来看，虽然其关注企业在组织管理方面的重大缺陷、企业是否严重违反相关义务是很具启发性的，但是我国《刑法》并没有规定单位可以构成过失致人死亡罪。所以，在我国实定法的背景下无法运用单位犯罪理论对监督过失理论展开更为充分的研究。相反，可以在监督过失理论之下探讨单位过失犯罪中的监督过失之具体情形。理由如下：

---

① 参见谢雄伟：《论监督过失的体系定位、本质与类型》，载《广东社会科学》2015 年第 1 期。

1. 单位犯罪的重要形式是单位过失犯罪

对于单位犯罪的罪过形式，学界存在不同意见。一种观点认为单位犯罪只能是故意犯罪，另一种观点认为单位犯罪既可以是故意犯罪也可以是过失犯罪。单位过失犯罪否定说的理由之一是单位犯罪需要有谋利目的。例如，有观点认为，为本单位谋取非法利益是单位犯罪的特质①、根本动因②、目的构罪要件③，因此，单位犯罪的罪过形式只能是故意。单位过失犯罪否定说的理由之二是个人过失不能上升为单位过失。例如，有论者指出，所谓的单位过失犯罪本质上是单位成员的过失犯罪，④ 如果认定为单位犯罪就是将个人刑事责任株连到单位和单位其他人员，有悖于罪责自负原则，⑤ 尽管单位对单位成员的管理未能尽责，但单位也只应承担民事责任，⑥ 亦即仅在民商法的范围内承认单位的过失。⑦

但是，这两个理由都有待商榷。

其一，谋利目的并非单位犯罪的必备要素。（1）新刑法的修法过程已经表明谋利目的并不必作为单位犯罪的要素。尽管之前的刑法修订草案中对单位犯罪的规定有"为本单位谋取非法利益"的条件，但在最后一个草案中删除了该条件，因为有代表提出，有些单位犯罪并不一定是为本单位谋利。⑧ 并且分则规定的单位犯罪有些是过失犯罪，过失犯罪很难说有非法牟利的目的，所以总则关于单位犯罪定义的规定不够全面，尚无法完全包括分则规定的所有单位犯罪。⑨ （2）谋取利益至多是对某些单位犯罪的犯罪动机的描述。有论者即指出，过失犯罪的确不存在犯罪目的，但过失行为却可以具有某种目的。⑩ 有些单位犯罪是因为单位过失未履行单位的法定作为义务所致，并不需要谋利目的，即使是出于这种谋利目的（其实是动机）而实施犯罪，单位也可能因为没有认识到为单位谋利的行为会造成危害后果而具有过失。⑪ （3）单位犯罪只是在犯罪主体上与自然人犯罪相区分、对应的概念，在认定单位是否犯罪时，仍然要根据分则各罪的构成要件来认定。当某一各罪并没有在构成要件中规定谋利目的时，我们有什么理由在单位犯罪的概念中增加谋利目的限制单位犯罪的成立？简言之，各罪构成要件都未加限制，总则何以能因为犯罪主体的特殊性就施以限制？

---

① 参见周光权：《新刑法单位犯罪立法评说》，载《法制与社会发展》1998 年第 2 期。

② 参见张文、贾爱英：《关于单位犯罪的几个问题》，载《北京大学学报（哲学社会科学版）》2001 年第 3 期。

③ 参见赵能文：《单位犯罪立法限缩论》，华东政法大学 2014 年博士学位论文，第 75 页。

④ 参见马长生：《单位犯罪应排除过失犯罪》，载《检察日报》2007 年 8 月 30 日第 3 版。

⑤ 参见赵能文：《单位犯罪立法限缩论》，华东政法大学 2014 年博士学位论文，第 79 页。

⑥ 参见马长生：《单位犯罪应排除过失犯罪》，载《检察日报》2007 年 8 月 30 日第 3 版。

⑦ 参见赵能文：《单位犯罪立法限缩论》，华东政法大学 2014 年博士学位论文，第 82 页。

⑧ 参见侯国云、白岫云：《新刑法疑难问题解析与适用》，中国检察出版社 1998 年版，第 177 页。

⑨ 参见高铭暄：《中华人民共和国刑法的孕育诞生和发展完善》，北京大学出版社 2012 年版，第 213 页。

⑩ 参见黎宏：《单位刑事责任论》，清华大学出版社 2001 年版，第 296 页。

⑪ 参见王良顺：《论单位犯罪成立与成立条件》，载《云南大学学报（法学版）》2008 年第 3 期。

其二，追究单位的过失犯罪刑事责任并非是强行将个人过失拔高为单位过失进而株连到单位及单位中的其他成员，而是因为单位本身对外表现出了过失人格，单位自身符合了犯罪的主、客观要件。单位人格是决定单位犯罪的本质要素，单位作为独立的社会组织，在对外进行交往活动时对危害结果所表现出的人格特征既可以是故意也可以是过失，所以，单位犯罪的形式之一就是单位过失犯罪。①

2. 单位过失犯罪的理论根据

在如何认定单位人格方面，主要有两种进路，即以自然人为媒介的进路与以单位自身为着眼点的进路。传统的自然人媒介理论认为单位可以通过其代表机关形成单位人格，而单位组织体责任论则完全撇开单位中的自然人要素，从单位的规模、议事程序、目标、预防违法行为的措施等单位自身特征方面来考虑单位的固有责任。②

其实，以自然人为媒介的进路由于重视判断能够代表单位的机关或单位成员，所以其最终重视的仍然是单位自身。只是因为现实中常见的情况是，单位的法定代表人、董事长、总经理等个别自然人直接就能代表单位，所以这种不得不依赖单位内部自然人作出判断的进路就被认为仅重视单位内部的自然人因素而不重视单位自身因素。但这种认定进路在实务中经常遇到的难题是谁能够代表单位。在法定代表人、董事长、总经理等典型意义上的单位负责人未参与的情况下，是否其他人所作出的决定都不能体现单位人格？特别是在现代企业实行分层管理负责的大背景下，究竟哪一级管理层才是能够代表单位人格的决策层？并且，实务中该进路的推进常常走向极端，只要无法证明是由单位中负有决策权的机关或个人作出了决策，就无法认定单位犯罪，换言之，对单位刑事责任的认定完全从属、依赖于单位内部的自然人。进一步而言，这又是"治标不治本"的体现。黎宏教授即指出，实际上的单位犯罪并不完全是由于单位内部自然人的某个决定引起的，而是由于单位固有的管理体制不完善或组织结构中存在某种缺陷而导致的。这往往会导致因为难以认定这种情况和单位领导人的决定之间没有直接关系从而无法认定单位犯罪。但这种情况才是真正值得处罚的单位犯罪，将其作为自然人犯罪处理不仅会违背一般人的处罚感情，

---

① 目前，学界通常将单位意志作为单位犯罪的本质要素，但其实单位意志的说法并不准确。结合人格化社会系统责任论，有必要以单位组织体的人格代之，简称单位人格。何秉松教授指出，单位过失犯罪具有与单位故意犯罪不同的特点，其不是在单位意志支配下直接实施的有目的的犯罪活动。但其同时指出，在过失犯罪中，单位的意志主要表现在它对法律规定的违反和不履行法律规定的义务上。（参见何秉松主编：《法人犯罪与刑事责任》，中国法制出版社 2000 年版，第 539、541 页。）然而问题是，前言单位过失犯罪并不处于单位意志支配之下，后述单位过失犯罪中单位意志的表现形式，两者略显矛盾。还有论者虽然主张单位的人格刑事责任论，但认为单位人格的主观表现形式是单位意志，无论是单位故意犯罪还是单位过失犯罪，都可以通过单位意志下的单位行为加以认定。（参见杜文俊：《单位人格刑事责任论纲》，载《社会科学》2007 年第 10 期。）但问题是，有些过失犯罪，例如疏忽大意的过失犯罪，是没有意志因素的，因为认识因素是意志因素存在的前提和基础，无认识过失既无认识，又谈何意志？单位意志的说法无法涵盖这种情况，而单位人格的包容性显然更大。单位的内部结构外界感知甚少，单位展现于外的仅仅是一种单位人格。所以本书以单位人格代替单位意志展开论述。

② 参见黎宏：《论单位犯罪的主观要件》，载《法商研究（中南政法学院学报）》2001 年第 4 期。

而且这种不完善、有缺陷的旧体制很有可能会使单位重蹈覆辙。①

于是，以单位自身为着眼点，尤其关注单位的制度、体制、文化等单位固有因素的组织体责任论随之而来。组织体责任原则对单位犯罪的关注核心从个人转向了单位本身。② 不过，尽管以单位自身为着眼点的进路在推动单位犯罪的独立研究方面起到了很大作用，但仍旧遭到了一些质疑。例如，有论者指出，非自然人因素的进路认为单位的犯罪能力就体现为单位自身的某种非自然人因素，如单位的宗旨、习惯、预防犯罪的体制等，可谓完全撇开了单位成员这一单位的支配性要素，将单位的罪过完全客观化，虚置了责任主义，使得单位犯罪的刑事责任可能演变为结果责任。③ 现在多认为应将这两种进路结合起来，承认单位犯罪所具有的双层归责结构：一是因上级管理人员的决策意志而归责；二是因单位本身的监督过失责任而归责。④ 由此，单位犯罪的定义由原先仅仅重视单位决策这一要素转向了决策与制度两要素并行。例如，黎宏教授认为，单位犯罪是指刑法所规定的由单位代表机关在有关单位的业务上所决定实施的危害社会的行为，以及由于单位代表机关的监督不力或由于单位体制方面的原因而使单位组成人员在业务活动过程中所引起的危害社会的行为。⑤ 又如王良顺教授认为，单位犯罪是法律规定的由于单位机关的决定或者管理和监督不力而由单位成员在其业务范围内所实施的危害社会、应受刑罚处罚的行为。⑥

3. 单位过失犯罪的表现形式包括监督过失与管理过失

单位过失人格有三种具体表现形式：一是决策失误；二是监督制度阙如、有缺陷或未被正确执行，简称监督不力；三是管理制度阙如、有缺陷，简称管理不善。（1）在决策失误的情况下，是由于单位决策层作出了某种一旦被执行即会引发危害后果的决策，而导致单位内部具体从业人员按照该决策实施行为引发了危害结果。（2）在监督不力的情况下，是由于本该被有效监督的单位从业人员因为单位内部没有监督制度或监督制度有缺陷或负有监督职责之人没有正确履行监督职责因而其未得到有效监督从而实施行为引发了危害结果。（3）在管理不善的情况下，是由于单位应制定并且正确制定某项管理制度但没有制定或制定得有缺陷，导致单位内部具体从业人员无章可循或依循错误的规章制度实施行为引发了危害结果。

监督不力与管理不善较之决策失误更加重视单位自身因素的情况，也是组织体责任论最大的实益，一般与决策失误相对应加以论述。王良顺教授简明地指出，单位犯罪过失存在两种情况：一是行为过失；二是管理监督过失。前者乃单位机关成员在实施单位犯罪时所具有的过失；后者乃单位机关成员因为没有采取足够的措施防止从业人员造成危害结果

---

① 参见黎宏：《单位刑事责任论》，清华大学出版社 2001 年版，第 323 页。

② 参见周振杰：《英美国家企业刑事责任论的最新发展——以英国〈2007 年企业过失致人死亡罪法〉为例》，载《河北法学》2010 年第 12 期。

③ 参见王良顺：《单位犯罪论》，中国人民公安大学出版社 2008 年版，第 105、155 页。

④ 参见聂立泽、胡洋：《单位犯罪中的预见可能性：兼论结果无价值单位过失犯罪论的疑问》，载《贵州民族大学学报（哲学社会科学版）》2016 年第 6 期。

⑤ 参见黎宏：《刑法总论问题思考》，中国人民大学出版社 2016 年版，第 183 页。

⑥ 参见王良顺：《单位犯罪论》，中国人民公安大学出版社 2008 年版，第 13 页。

的行为所具有的过失。相对于前者，后者是一种间接过失。① 黎宏教授早前也指出，对于并非由于单位决策所导致的危害结果，不能说单位具有行为责任，但赋予单位防止、监督其从业人员在有关单位业务上实施某种违反行为的义务是完全必要的，这是科处单位监督责任的根据。② 综上，就单位犯罪理论而言，对于将其作为业务监督过失犯罪规制之体系定位的做法，本书"弃"之，但对于运用监督过失理论探讨单位过失犯罪中业务监督过失犯罪的具体情形的做法，本书"扬"之。

（二）不真正不作为犯理论与过失犯理论之体系定位的抉择

接下来的问题是，不真正不作为犯理论与过失犯理论相比，何者更合适？本书认为，德国刑法理论将违反监管职责的行为都视为不履行监管职责的不作为，是典型规范化的做法。的确，不履行某一职责的行为均可规范化为不作为，即应当履行或正确履行义务而不履行或正确履行。但是，这样一概的规范化抹杀了这些违反监管职责的行为所存在的事实的一面。反观日本刑法理论，虽然有较多学者将管理过失直接归结为不作为犯，③ 但仍存在关于监督过失、管理过失的实行行为究竟是不作为还是作为的争论。如果说监督过失是过失的一种，那么监督过失就要首先具备过失的一般属性，因此监督过失的行为形态既包括作为也包括不作为，不宜混淆注意义务违反与作为义务违反。④ 换言之，既然"过失犯中未履行注意义务而积极行为的是作为"⑤，那么监督过失犯中"未履行注意义务而积极行为"也就没有被归结为不作为的必然性。

所以，将监督过失行为的表现形式全部归纳为不作为的观点仅仅看到了一个侧面，并不全面。⑥ 监督者的职责在于使被监督者恰当地行为，这种职责主要通过对被监督者的指导来履行。但监督者既可能完全不作出任何应有的指导，也可能作出错误的指导。这说明在事实的一面，监督过失既可以是作为也可以是不作为。同样地，在事实的一面，管理过失既可以是作为也可以是不作为。像没有设置火灾报警器、没有安装消防栓、没有制定消防计划等情况，确实是一种管理上的不作为。但是，在实践中，还存在管理者对被管理者作出不适当管理这一作为的情况。例如，管理者在进行人员配置之时为了节省成本而对本应配置数人的工作仅仅配置极少数的工人，或者在制定工作计划时为了缩短工时而对需要一定时间完成的工作规定明显不足以完成工作的时限，导致工人在人手严重不足或者工作压力极大的情况下出现工作失误而引发事故。

---

① 参见王良顺：《单位犯罪论》，中国人民公安大学出版社 2008 年版，第 162~164 页。

② 参见黎宏：《刑法总论问题思考》，中国人民大学出版社 2016 年版，第 197 页。

③ 例如，西田典之教授认为，管理过失是指管理者违反了其负有的在有事故预见可能性时为了防患未然，或在发生事故时为了防止结果扩大，而准备物资设备、确定人员体制的安全体制确立义务。不确立此种安全体制即属过失，因此管理过失是过失不作为犯。参见 ［日］ 西田典之：《日本刑法总论》，刘明祥、王昭武译，中国人民大学出版社 2007 年版，第 227 页。

④ 参见李薇宏：《监督过失理论研究》，载《刑事法评论》2008 年第 2 期。

⑤ 张明楷：《外国刑法纲要》，法律出版社 2020 年版，第 79 页。

⑥ 参见童德华、马嘉阳：《刑法中监督过失的适用条件及归属限制》，载《社会科学动态》2020 年第 6 期。

事实面向上的作为在认定监管者的实行行为时是比较直观的，没有必要绕道于规范上的不作为。一旦认定为刑法上的不作为，作为义务来源、不作为的因果关系等问题就随之而来，这又将是一个庞大的问题域。有论者认为，当我们以单位自身的视角对单位行为而不是对作为个体的成员的行为进行观察时，单位自身总是处于一个保证人的地位，也正因为如此，单位的不法行为能力总是被动触发的，无论单位自身对个体成员的违法违规行为的反应是鼓励、默认，还是未及时作出符合法律规范要求的处理，均属一种被动式反应，简言之，单位只能以不作为的方式实施犯行。① 但是，将单位看作保证其个体成员合法合规行为的保证人时，究竟是否真正站在了单位自身的立场可能还值得商榷。被动触发只能说明单位不通过其内部自然人运转就无法对外展开交往活动，但既然单位这一"组织系统自身的自我指涉以及自我观察为其'挣得'了真正的主体性"②，那么将单位行为均归结为被动式反应可能就在一定程度上背离了这种真正的主体性。再者，该论者认为能够被归咎于单位自身的只能是单位对于内部系统性地产生的风险的预防与控制存在不作为，③但为什么不能将单位内部系统性地产生风险直接归于单位自身违反规范的作为？单位在风险产生后存在的预防与控制的不作为固然是一种不作为，但风险的产生又为何不能被直接归结为作为？

其实，纵观我国学界研究成果，现已普遍使用的监督过失一词实际上已经在某种程度上展现了我们在体系定位上的选择。有论者指出，自我国学者于 20 世纪 80 年代后期将日本的监督过失、管理过失理论介绍到国内以来，我国刑法理论在此领域内一直以日本刑法理论作为学习对象，所以我们不妨继续采取日本的研究体系，在过失犯论之下研究这一论题。④ 在目前的研究背景之下，这种做法无可非议。上述不同体系定位的述评，所期许的乃是我们今后的研究既能在看到相同的一面的基础上有更全面的视角，例如，只要认为监督过失、管理过失存在不作为形态，就应对监管者的保证人地位、作为义务来源展开更充分的研究；又能在看到不同的一面的基础上有更独特的视角，例如，前文指出，与日本刑法中仅有业务失火罪和业务过失致死伤罪可资适用于追究监督过失、管理过失责任不同，我国《刑法》中存在着不少事故类犯罪，而某些事故类犯罪其实已经将监督管理过失行为类型化为具体犯罪行为。

第二节　新过失论立场的提倡

一、过失论概览

（一）旧过失论

旧过失论认为，过失、故意均是罪责要素。古典和新古典犯罪论体系持这种罪责要素

---

① 参见贺晓红：《公司犯罪刑事责任理论比较研究》，湖北人民出版社 2020 年版，第 162~163 页。
② 参见贺晓红：《公司犯罪刑事责任理论比较研究》，湖北人民出版社 2020 年版，第 111 页。
③ 参见贺晓红：《公司犯罪刑事责任理论比较研究》，湖北人民出版社 2020 年版，第 217 页。
④ 参见吕英杰：《客观归责下的监督、管理过失》，法律出版社 2013 年版，第 48~49 页。

说，前者认为过失责任非难的是行为人对结果之引起欠缺认识，后者认为过失责任非难的是行为人在履行其注意义务过程中所表现出的怠慢。① 过失的实体乃不注意的心理态度，乃精神的懈怠。行为人原本可以预见结果的发生并采取避免结果发生的措施，但却由于主观上的不注意而没有预见到结果从而也没有采取避免结果发生的措施，由此就值得刑法上的非难。过失的本质即违反主观注意义务。

注意义务包括结果预见义务与结果避免义务，预见义务与避免义务只存在于具有结果预见可能性与结果避免可能性的场合中，② 或可说，预见义务、避免义务与预见可能性、避免可能性是表里关系。③ 在旧过失论中，注意义务的重心是预见义务，所以旧过失论也被称为预见可能性说。在预见可能性的程度方面，旧过失论一般要求的是具体的预见可能性。④ 关于预见义务的判断基准，旧派主张主观说，以行为人为标准；新派主张客观说，以一般人为标准。⑤ 折中说中的一种观点认为，如果行为人的注意能力低于一般人，采主观说；如果高于一般人，则采客观说。⑥

在行为论上，旧过失论依靠因果行为论。在违法性论上，旧过失论依靠结果无价值。在责任论上，旧过失论依靠心理责任论。根据因果行为论和结果无价值，过失犯、故意犯在该当性阶层、违法性阶层相同，只是在罪责阶层才存在差别。只要发生了法益侵害结果，而且行为与结果之间具有因果关系，该行为就"违法"，如果可以肯定行为人违反了主观注意义务，就可以追究其过失"责任"。⑦ "心理责任论者把责任的内容直接理解为行为人犯罪时的故意或过失的心理状态"，"所以故意与过失就被等同于责任"。⑧ 在能够确认故意、过失的心理事实时就可以给予行为人以责任非难，过失是责任要素，纯属主观范畴，与该当性、违法性无关。⑨ 所以，旧过失论是在与客观行为分离的立场上考虑主观过失，过失本身和过失行为是分离的。⑩

修正的旧过失论纠正的是以往的旧过失论完全不注重过失犯实行行为的不足，认为过失犯的实行行为是具有发生结果的实质危险的行为。例如，前田雅英教授认为，以前的旧过失论将所有与结果具有因果性的行为都作为对象，但如今的旧过失论在预见可能性之外，还认识到了过失犯实行行为的重要性，通过客观预见可能性限定过失犯成立范围，将

---

① 参见［韩］金日秀、徐辅鹤：《韩国刑法总论》，郑军男译，武汉大学出版社 2008 年版，第 420 页。

② 以下简称"结果预见义务"为"预见义务"，简称"结果避免义务"为"避免义务"，简称"结果预见可能性"为"预见可能性"，简称"结果避免可能性"为"避免可能性"。

③ 参见张明楷：《外国刑法纲要》，法律出版社 2020 年版，第 200 页。

④ 参见［日］西田典之：《日本刑法总论》，刘明祥、王昭武译，中国人民大学出版社 2007 年版，第 207 页。

⑤ 参见黎宏：《日本刑法精义》，法律出版社 2008 年版，第 208 页。

⑥ 参见张明楷：《外国刑法纲要》，法律出版社 2020 年版，第 204 页。

⑦ 参见陈家林：《外国刑法理论的思潮与流变》，中国人民公安大学出版社、群众出版社 2017 年版，第 224 页。

⑧ 黄荣坚：《基础刑法学》（上），台湾元照出版有限公司 2012 年版，第 188 页。

⑨ 参见林亚刚：《犯罪过失研究》，武汉大学出版社 2000 年版，第 21~24 页。

⑩ 参见［日］曾根威彦：《刑法学基础》，黎宏译，法律出版社 2005 年版，第 117 页。

实质上不被允许的危险行为作为过失犯的实行行为。① 所以，修正的旧过失论将过失犯的实行行为当作该当性的问题，而结果的客观预见可能性就是过失行为所具有的危险性，并仍旧将主观预见可能性作为责任要素。② 又如日本刑法学者西田典之认为，过失犯的实行行为是具有实质危险性的行为，这种行为可由避免行为的反面显示出来。③

（二）新过失论

新过失论认为，在当今社会中，许多危险频生的行为对于人们的生活是不可或缺的，这些重要的行为也由于人们整体知识和经验的积累而逐渐日常化、常态化，相应的，它们所可能产生的结果对于人们来说也都是可能预见的。由于旧过失论以主观预见为重心，只要行为、结果有因果关系，又能认定行为人有预见可能性，对所有引起结果的行为就都要处罚，这就引发了过失犯罪认定的过度扩大化。因此，新过失论主张，即使具有预见可能性，但只要履行了适当的避免义务，也不构成过失。所以，如果遵守社会生活上为了避免结果所必要的一般注意，就是适法，只有违反该注意才是违法。④ 由此可以看出其意在限制过失犯的处罚范围。不过这种限制的努力也不限于支持新过失论，上述修正旧过失论也意在如此。

在新过失论中，注意义务的重心是避免义务。预见可能性仅作为避免义务的前提而被要求。避免义务以一定的基准行为为标准而设定，只要依据基准行为而行动，就认为行为人已经采取了必要的结果避免措施；而如果没有依据基准行为而行动，则会认为行为人没有采取必要的避免措施，违反了避免义务，有过失。所以新过失论也被称为基准行为说。⑤ 避免义务之违反即客观注意义务之违反，体现了过失犯的违法性。这样，在新过失论中，过失和行为是一体化的。⑥ 新过失论认为，许多行为如果不联系行为人是否有过失，就难以判断该行为是否具有违法性。⑦ 所以，过失不仅是罪责要素，还是违法要素。过失犯、故意犯在违法性阶段乃至在该当性阶段就已经存在不同。在新过失论之下，过失具有双重地位，一是构成要件过失（客观过失），二是罪责过失（主观过失）。违反客观注意义务即构成客观过失，其判断以一般人为标准。违反主观注意义务即构成主观过失，其判断以行为人为标准。

---

① 参见［日］前田雅英：《刑法总论讲义》，日本东京大学出版会 2006 年版，第 272 页。转引自陈家林：《外国刑法理论的思潮与流变》，中国人民公安大学出版社、群众出版社 2017 年版，第 225 页。

② 参见［日］高桥则夫：《刑法总论》，李世阳译，中国政法大学出版社 2020 年版，第 191～192 页。

③ 参见［日］西田典之：《日本刑法总论》，刘明祥、王昭武译，中国人民大学出版社 2007 年版，第 210～211 页。

④ 参见［日］井田良：《关于日本过失犯论之现状》，黄士轩译，载台湾《月旦法学杂志》2014 年第 12 期。

⑤ 参见［日］西田典之：《日本刑法总论》，刘明祥、王昭武译，中国人民大学出版社 2007 年版，第 207 页。

⑥ 参见［日］曾根威彦：《刑法学基础》，黎宏译，法律出版社 2005 年版，第 117 页。

⑦ 参见张明楷：《外国刑法纲要》，法律出版社 2020 年版，第 201 页。

在行为论上，新过失论依靠目的行为论。在违法性论上，新过失论依靠行为无价值。在责任论上，新过失论依靠规范责任论。首先，目的主义的人的不法论不仅把故意从罪责中移出来放置于主观行为构成中，而且也对过失的体系性建设作出了贡献。① 换言之，在故意这种主观要素属于该当性阶段，故意行为的内容对违法性产生影响之后，就要考虑过失犯的违法性内容是什么。其次，行为无价值是指"刑法就'实施行为'本身违反刑法期待作出负面价值判断"。② 新过失论认为过失犯的行为无价值在于客观注意义务之违反。最后，在规范责任论的发展过程中，旧过失论受到了批评。批评意见认为，责任的根据不仅仅是对行为人心理事实的非难，而且也是从规范的角度对事实加以非难的可能性，所以过失不单是心理概念，应包括违反注意义务的规范要素。③

不过以上论述的重点是过失作为"违法要素"。在肯定过失作为"构成要件要素"之时，学说上在当初仍是"相当踌躇"，这是因为，"过失犯中的注意义务的内容，通常是刑罚法规没有明示的，一般要由法院适应具体的事态来认定，把这种规范性质很强的东西理解为类型性的构成要件的要素，难免犹豫不决"。④ 但是，过失应当首先在该当性阶段考虑的观念已得到不少学者的支持。因为，既然构成要件符合性和违法性是不同的阶层，当然要区分违法性过失和构成要件过失。而且，如果不承认构成要件过失，就无法讨论过失犯的构成要件该当性。⑤

新过失论的发展基础是被允许的危险理论。⑥ 现代社会中，许多行为都内含大量的危险，例如交通行为、医疗手术行为等，人们在实施这些行为时，会出现即使遵守了注意义务也难以避免危险的情况。然而，社会的发展离不开这些行为甚至鼓励这些行为，因此立法者权衡这些行为的社会有用性、必要性，对于这些行为在一定程度上给予容许，这个程度就是一定的安全遵守规则，这就是被允许的危险。所以，不是所有的危险行为均在法律的禁止之列，而是只有超出允许的风险界限以外的危险行为，才有禁止的必要。⑦

被允许的危险是人们选择的折中之路。一方面，面对危险，人们并非要一律不作为，因为"现代社会的方方面面都是建立在对风险的认可之上的"。⑧ 如果面对危险之时人们全都不行动，那么社会也就不必发展了。另一方面，社会对危险也有一定的容忍程度，人们不可能接受所有的危险，这就催生了社会根据一定的规则确定一些被允许的危险。被允

① 参见［德］克劳斯·罗克辛：《德国刑法学总论》（第 1 卷），王世洲译，法律出版社 2005 年版，第 713 页。

② 许恒达：《"行为非价"与"结果非价"——论刑事不法概念的实质内涵》，载台湾《政大法学评论》第 114 期。

③ 参见林亚刚：《犯罪过失研究》，武汉大学出版社 2000 年版，第 24~26 页。

④ 参见［日］大塚仁：《犯罪论的基本问题》，冯军译，中国政法大学出版社 1993 年版，第 231 页。

⑤ 参见［日］大塚仁：《刑法概说》，冯军译，中国人民大学出版社 2003 年版，第 199 页。

⑥ 参见张明楷：《外国刑法纲要》，法律出版社 2020 年版，第 208 页。

⑦ 参见林山田：《刑法通论》（下），北京大学出版社 2012 年版，第 108 页。

⑧ ［德］乌尔斯·金德霍伊泽尔：《刑法总论教科书》，蔡桂生译，北京大学出版社 2015 年版，第 334 页。

许的危险理论强调要考察行为是否具有相当性或行为人是否履行了客观注意义务，从而限制过失犯的成立，这恰好就是新过失论的思想。①

信赖原则也是从新过失论出发而被主张的限制过失犯成立的理论。② 人们之所以认可被允许的危险，不仅仅是因为自己要采取必要的预防措施，而且因为只有他人也依规范调整自己的行为时，危险才被社会所容忍，能够期待某一危险领域中的他人保持其有责任保持的谨慎，就是信赖原则，此原则在使人们可以认定被允许的风险的同时，也防卫了这种危险。③ 简言之，信赖原则是指，如果行为人可以信赖被害人或第三人会适当行动，当被害人或第三人违背信赖不适当行动之时，原则上行为人不对由此造成的损害负责。信赖原则是 20 世纪 30 年代以来通过德国判例形成和发展起来的，起先主要适用于交通事故的处理。现在其适用范围已经不局限于此了。该原则对防止危险具有分工合作关系的所有领域都适用。④

（三）新新过失论

新新过失论的理论标签只有一个——"不安感"，理论上又称为"危惧感"或者"抽象的预见可能性"。企业事故的大量出现催生了新新过失论。新新过失论也将避免义务作为注意义务的重心，其是从新过失论的立场脱胎而来。但是，为什么新过失论中能够发展出新新过失论？这是因为，新过失论中的预见可能性与结果之间的联系薄弱，因此就有淡化预见可能性的可能。具体而言，新过失论以避免义务为注意义务的重心，但如果没有科以这种义务的契机，义务也就无从谈起，因此其将预见可能性当作推导出避免义务的前提条件。但是，如果只要科以这种义务以契机即可，就不必要求对构成要件结果有具体的预见可能性。可能预见某种危险也完全能成为契机。⑤

这样，在理解作为避免义务之前提的预见可能性之时，新新过失论仅要求具有模糊的不安感即可。新新过失论认为，只要对结果具有模糊的不安感，就负有避免结果的义务。这也就是说，新新过失论对预见可能性作了极其稀薄化的处理，而对避免义务作了非常严格的要求。前者的稀薄化处理是后者严格化要求的前提。只要在具有结果发生的不安感之后没采取避免结果发生的措施，就是违反了避免义务，就有过失。因此，与意在限定过失犯处罚范围的新过失论相比，新新过失论正是"反其道而行"——适当扩张预见可能性的成立范围。

新新过失论主要是日本刑法学者藤木英雄提出的。高新技术产业蕴藏着巨大的危险，

① 参见陈家林：《外国刑法理论的思潮与流变》，中国人民公安大学出版社、群众出版社 2017 年版，第 234 页。

② 参见［日］高桥则夫：《刑法总论》，李世阳译，中国政法大学出版社 2020 年版，第 203 页。

③ 参见［德］乌尔斯·金德霍伊泽尔：《刑法总论教科书》，蔡桂生译，北京大学出版社 2015 年版，第 335 页。

④ 参见［日］藤木英雄：《刑法讲义总论》，日本弘文堂 1975 年版，第 248 页。转引自陈家林：《外国刑法理论的思潮与流变》，中国人民公安大学出版社、群众出版社 2017 年版，第 236 页。

⑤ 参见陈家林：《外国刑法理论的思潮与流变》，中国人民公安大学出版社、群众出版社 2017 年版，第 227~228 页。

企业有关人员一般并无具体结果的预见可能性，但如果不能追究其过失责任，就不利于社会安全的维护、公众健康的保障。基于此，藤木英雄教授对新过失论进行了必要的修正。他认为德国刑法学者恩吉施所提出的防备未知危险的义务是具有极其重要的现代意义的义务。①并指出，当面临未知危险之时，行为人应承担探知危险、特意避免危险、慎重行动的义务。如果履行这些义务就能够避免结果的发生，那么即使具体结果是不可预见的，也应让行为人承担责任。所以，对于结果不必要求有具体的预见，对危险的发生具有不安感就足矣。②

在日本，运用该理论的标志性案例即森永含砷奶粉事件。判例在肯定避免义务之时，对所要求的预见可能性采取不安感的判断。具体而言，判例所科以的避免义务是订购已经确认了安全性的药剂。而能够导出这种避免义务的，是那种在奶粉中掺入有害药物的不安感。该理论的核心主张是预见可能性的避免义务关联性。换言之，有无预见可能性，并非是抽象地大致确定有或无，而是应该在应当采取的避免措施的关联上相对地被确定。如果不安感说认为预见可能性只需要虽然不知道会发生什么、但是好像会发生什么这种程度的不安感即为已足，未免过于模糊，且无法据此设定避免结果的具体措施。但是，由于预见的对象必须始终是构成要件结果，所以必须坚持预见可能性的法益关联性。所以，预见可能性并非毫无条件地被加以要求，而是必须考虑：作为科以一定避免义务的前提，需要达到什么程度的预见可能性。③简言之，实施避免措施的难易度决定了预见可能性的程度。④

二、本书的过失论立场

（一）过失犯中新过失论立场之提倡

我国台湾地区学者甘添贵教授指出，过失在犯罪论体系地位中的变迁有五个原因：主观违法要素的发现、规范责任论的发展、目的行为论的倡导、构成要件论的演进、现代社会生活的变化。⑤有论者就此指出，前四个原因是刑法学理逻辑发展的必然，最后一个原因则是社会现实对刑法理论适用目的的价值诉求。⑥这主要是在概括由旧过失论到新过失论的发展历程。本书将新过失论产生的背景归结为三个方面：旧过失论本身的缺陷、犯罪论体系的重构、现代社会生活的变迁。前两个可谓教义学背景，第三个则是现实背景。教义学背景指向对过失犯行为不法的重视，而现实背景指向的则是风险社会对过失犯不法行

---

① 参见林亚刚：《犯罪过失研究》，武汉大学出版社 2000 年版，第 29 页。

② 参见［日］藤木英雄：《过失犯——新旧过失论争》，日本学阳书房 1981 年版，第 33~34 页。转引自林亚刚：《犯罪过失研究》，武汉大学出版社 2000 年版，第 30 页。

③ 参见［日］井田良：《关于日本过失犯论之现状》，黄士轩译，载台湾《月旦法学杂志》2014 年第 12 期。

④ 参见贺国荣：《监督管理过失之注意义务研究》，西南政法大学 2018 年博士学位论文，第 114~115 页。

⑤ 参见甘添贵：《故意与过失在犯罪论体系上之地位》，载台湾《军法专刊》1999 年第 2 期。

⑥ 参见贺国荣：《监督管理过失之注意义务研究》，西南政法大学 2018 年博士学位论文，第 42 页。

为判断规范化的要求。

第一，本书选择新过失论的积极理由之一乃是：过失具有独立的不法（此处特指行为不法）。换言之，新过失论中最重要的一点就是开发出独立讨论过失犯违法性的必要性。新过失论在违法性中所讨论的，不仅有结果发生这样的结果无价值，而且有过失行为这样独立的行为无价值。过失应当首先属于构成要件的判断。① 德国刑法学者耶赛克、魏根特指出，违反注意义务的行为不法，不因结果的发生或者不发生而有什么增减，即使在未发生任何结果的场合，行为仍然是不适当的。② 并且，这种对过失不法的独立评价，可以与实践中经常被过分强调的结果责任形成抗衡。过失犯的注意义务只能通过法官的评价进行补充。如果重视客观的过失行为，就会促使法官根据一般规则进行解释，③ 防止在追究过失责任之时陷入"唯结果论"的泥沼。

但可能有人指出，修正的旧过失论不是也在讨论过失犯的实行行为吗？这不是也在讨论过失犯的构成要件吗？尽管修正的旧过失论将违反避免义务作为该当性要件，但在违法性的判断上仍然坚持以结果无价值为中心，维持过失仅仅作为罪责要素的地位。而修正的旧过失论注重过失犯的实行行为，在一定程度上其实也是"得益于"新过失论对其的批评。认为过失犯的实行行为是具有引发结果的实质危险的行为，虽说仍然围绕着结果无价值，但是已经在相对独立地考虑行为的问题了。不得不说这种在该当性阶段独立考虑行为的想法，已经有行为无价值的意思了。有论者就认为，持修正旧过失论的学者虽然主张结果无价值，但该说有明显向行为无价值靠拢的倾向，立场并不明确。④ 另有论者认为，从旧过失论、新过失论到新新过失论的发展历程中，可以看到过失犯发展的特点之一是经历了一个从行为无价值到结果无价值的发展过程，因为过失犯的论责根据从行为人对危害结果的预见义务转变为结果的避免义务。⑤ 这种看法与学界的通常认知——旧过失论亲近结果无价值之立场，新过失论亲近行为无价值之立场——不相符合。新过失论提出的本意即重视行为无价值，注重规范违反，而避免结果的行为仅仅是行为规范所要求的行为。

不过也有论者指出，新过失论所注重的避免义务，以避免结果的发生为注意义务的内容，仍然是从结果出发逆推行为，亦即，以结果不法为核心，将没有避免结果发生作为过

---

① 罗克辛教授指出："根据目前几乎统一的较新的观点，过失是一个行为构成问题。"参见［德］克劳斯·罗克辛：《德国刑法学总论》（第1卷），王世洲译，法律出版社2005年版，第713页。李海东教授也指出："今天，大多数学者认识到，过失犯罪是一种完全不同于故意犯罪的独立的刑事可罚行为，它在构成要件、违法与责任内容上具有一个完全不同于故意的体系。""根据最新的比较一致的认识，过失犯罪是一个构成要件的问题。"参见李海东：《刑法原理入门：犯罪论基础》，法律出版社1998年版，第145～146页。

② 参见［德］汉斯·海因里希·耶赛克、托马斯·魏根特：《德国刑法教科书》，徐久生译，中国法制出版社2017年版，第783页。

③ 参见［德］汉斯·海因里希·耶赛克、托马斯·魏根特：《德国刑法教科书》，徐久生译，中国法制出版社2017年版，第759页。

④ 参见吕英杰：《客观归责下的监督、管理过失》，法律出版社2013年版，第73页。

⑤ 参见陈伟：《监督过失理论及其对过失主体的限定——以法释［2007］5号为中心》，载《中国刑事法杂志》2007年第5期。

失行为的内容，这与新过失论行为无价值的立场相矛盾，这也成为修正的旧过失论接受"违反结果避免义务"这一表述的原因。[1] 然而，新过失论重视过失犯的实行行为是毋庸置疑的，这体现了其鲜明的行为无价值立场。只是由于现今过失犯理论研究的大多是结果犯，所以只有从结果出发考虑什么行为对结果发生具有实质性的危险，才能确定过失行为。否则，新过失论将面临这样的诘难：为什么能直接以行政法规、习惯上的义务为根据认定行为人违反客观的注意义务，进而认定过失行为，亦即，其无法解释为何违反刑法规范之外的规范的行为能够构成犯罪。[2] 而能破解这一诘难的回答只能是，违反行政法规、习惯上的义务之所以可以被认为是过失行为的内容，是因为这些违反刑法规范之外的规范的行为为刑法保护的法益带来了实质性的危险，可以将其作为过失犯的构成要件行为。

第二，本书选择新过失论的积极理由之二乃是：风险社会要求在判断过失行为不法之时更加规范化，以追求一种规范上的安全。风险现实化所带来的巨大损失以及随之蔓延的不安全感表明未雨绸缪才是追求更大程度安全的良方。贝克指出，在风险社会中应当增加安全性策略，应提高安全标准，建立决策机制和安全举证机制，以明确具体的责任人，从而使决策者、责任者透明化、具体化。[3] 这些策略、标准、机制体现出我们追求的是一种规范上的安全，亦即，一种规则营造的安全、被塑造的安全。[4] 由此，业务规范也就成为我们追求安全的首要工具。监督过失论不仅可以在事后为合理的责任分配提供理论依据，还可以对监管者发出更明确的事前预警，督促其认真履职。[5] 这种事前预警依托种种业务规范得以体现，恰恰呼应了新过失论重视基准行为的思路。刑法为适应风险社会而选择在较早的时间点介入社会生活是一种必然趋势，这种趋势也要求将刑法塑造为一种行为规范。[6] 社会化大生产作业具有相当程度的专业性，刑法的行为规范属性需要借助专业的业务规范才能更好地展现。在监督管理刑事责任追究的过程中，不借助安全生产规范，就无法判断监督管理是否到位，也就无法判断具体的过失行为。一方面，这些规范限制了结果责任的追究，不至于阻碍生产技术的发展；另一方面，这些规范提供了社会化大生产作业中具体过失行为的判断标准，可以避免判断的空洞化。有论者认为，在所谓的风险社会，新过失论与此前的限定处罚范围的主张背道而驰，走向了处罚扩张论。[7] 但是，新过失论限定处罚范围的主张是在学术史的意义上相对于旧过失论只要具有因果关系以及预见可能性就予以处罚而言的。这并不表明随着社会现实的发展变化，新过失论还必须僵硬地固守当初在学说对立意义上而言的限定处罚范围的论调。旧过失论者并非不会因为刑法的自由

① 参见吕英杰：《客观归责下的监督、管理过失》，法律出版社 2013 年版，第 72、80 页。

② 参见吕英杰：《客观归责下的监督、管理过失》，法律出版社 2013 年版，第 72 页。

③ 参见薛晓源、刘国良：《全球风险世界：现在与未来——德国著名社会学家、风险社会理论创始人乌尔里希·贝克教授访谈录》，载《马克思主义与现实》2005 年第 1 期。

④ 参见陈冉：《企业公害犯罪治理的刑事合规引入》，载《法学杂志》2019 年第 11 期。

⑤ 参见童德华、马嘉阳：《刑法中监督过失的适用条件及归属限制》，载《社会科学动态》2020 年第 6 期。

⑥ 参见童德华、贺晓红：《风险社会的刑法的三个基本面相》，载《山东警察学院学报》2011 年第 3 期。

⑦ 参见张明楷：《外国刑法纲要》，法律出版社 2020 年版，第 207 页。

保障机能而限制过失犯的处罚范围，那么新过失论者为什么不能因为风险社会而扩张过失犯的处罚范围？旧过失论者也并非不解决风险社会中存在的问题，那么为什么反而指责新过失论者处理这些问题的必要性？

第三，本书选择新过失论的消极理由之一乃是旧过失论不足取。理论上对于旧过失论的批评主要是以下几点。其一，旧过失论扩大了过失犯的处罚范围。由于以预见可能性为中心，所以只要行为和结果之间具有因果关系，并且行为人具有预见可能性，对于所有的引起结果的行为就都要予以处罚。① 其二，旧过失论会将遵守规则的行为评价为违法。由于违法的判断仅仅与法益侵害结果有关，因此即使行为人遵守规则但仍然发生了法益侵害结果，旧过失论仍会将行为人的行为评价为违法，而只是因为行为人没有预见可能性而阻却责任。② 但是遵守规则的行为被评价为违法行为，就意味着其被评价为被禁止的行为。应当说这种事件虽然"不幸"，却并非"不法"。③ 其三，旧过失论会在结果无法避免之时将行为人的行为评价为违法。由于违法的判断仅仅与法益侵害结果有关，因此即使行为人已经履行了注意义务，但结果是不可避免的，旧过失论还是会将法益侵害结果评价为违法。④ 其四，旧过失论不重视过失行为。只考虑了作为行为内心要素的过失，而完全没有考虑过失的行为性质。⑤ 其五，预见义务的标准不全面。由于在有认识过失的情况下，行为人已经履行了预见义务，所以以预见义务为核心的旧过失论无法囊括所有的过失。⑥

旧过失论者对以上批评一一作出了反驳。其一，如果对预见可能性作限定性理解，完全可以限定过失犯的处罚范围。⑦ 其二，只要行为与结果之间具有条件关系就将结果归属于行为人这一做法的缺陷，不是因为旧过失论本身，而是源于古典犯罪论体系，而在承认条件关系与结果归属的二重判断的犯罪论体系中，没有人会认同这种缺陷。⑧ 其三，对旧过失论进行修正，重视过失犯的实行行为，将其限定为与构成要件结果发生的具体危险之间具有相当因果关系的行为。⑨ 其四，有认识过失仍是未预见到具体结果的发生，与无认识过失无异。亦即，"能够避免"的判断取代了"可能发生"的预见，行为人终是认为不

---

① 参见黎宏：《日本刑法精义》，法律出版社 2008 年版，第 208 页。

② 参见马克昌、卢建平主编：《外国刑法学总论（大陆法系）》，中国人民大学出版社 2016 年版，第 117 页。

③ 参见［日］井田良：《关于日本过失犯论之现状》，黄士轩译，载台湾《月旦法学杂志》2014 年第 12 期。

④ 参见马克昌、卢建平主编：《外国刑法学总论（大陆法系）》，中国人民大学出版社 2016 年版，第 119 页。

⑤ 参见陈家林：《外国刑法理论的思潮与流变》，中国人民公安大学出版社、群众出版社 2017 年版，第 225 页。

⑥ 参见马克昌、卢建平主编：《外国刑法学总论（大陆法系）》，中国人民大学出版社 2016 年版，第 119 页。

⑦ 参见张明楷：《刑法学》（上），法律出版社 2016 年版，第 286 页。

⑧ 参见张明楷：《论过失犯的构造》，载《比较法研究》2020 年第 5 期。

⑨ 参见［日］西田典之：《日本刑法总论》，刘明祥、王昭武译，中国人民大学出版社 2007 年版，第 212 页。

会发生，还是没有预见。① 其五，从旧过失论所立足的结果无价值的立场来看，即使是无过失行为，只要引起法益侵害，在不存在其他优越利益的情况下，就是违法行为，如果认为这种行为合法，反而会带来无法正当防卫的问题。②

不得不承认旧过失论者的回应是非常有力的。但学术争论本身就是一个相互商榷的过程。其一，预见可能性是一个可伸缩的程度性概念，③ 判断其有无的基准在原理上并不明确，④ 无法充分划定过失犯的处罚范围。其二，古典犯罪论体系本身存在值得反思的方面，这不仅仅只是刑法因果关系认定理论的任务。其三，对于修正的旧过失论，不仅有体系定位不明确的质疑，还有流于空洞的质疑。亦即，用"危险"定义过失犯的实行行为，虽为过失不法注入了实质的内涵，但仅停留于概念层面，没有建立起体系化、类型化的具体判断规则，容易流于空洞。⑤ 其四，一方面，认为有认识过失仍是未预见到具体结果的发生的观点是将重心置于预见义务之上，难免会对避免义务有所忽略。另一方面，对于无认识过失不可罚的声音一直存在，理由之一即是无认识过失欠缺意思责任，因为行为人在过失的实行行为开始的时点没有认识到自己的行为属性中的具体危险性。⑥ 相对而言，有认识过失则是行为人在行为开始时认识到了行为中所包含的具体危险，而这种认识恰恰是因为预见到了结果可能发生。其五，即使无法对引起法益侵害的无过失行为进行正当防卫，也完全可以进行紧急避险。以自认为最佳的行为防御方法挑选行为的性质，似有本末倒置之嫌。

不过，不采旧过失论的主要原因还是在于，旧过失论始终拒绝将过失当作违法性要素，始终认为故意犯、过失犯仅在罪责阶层才存在差别。在理论逻辑上，旧过失论者虽然经过新过失论者的"刺激"而对旧过失论进行了修正，但其理论逻辑有自相矛盾之处。详言之，在新过失论者倡导避免义务之后，修正的旧过失论也开始在预见义务之外重视避免义务，那么对于仍然还坚持仅仅将过失视为罪责要素、独重主观预见可能性的做法，就不得不提出质疑。换言之，在过失犯中，讨论过失犯的实行行为、讨论过失犯的构成要件，却又坚决不承认存在客观的过失，是自相矛盾的。旧过失论对过失的理解无视了不法理论的发展。日本刑法学者大塚仁认为，日本学界所主张的结果无价值论存在刑法发展上的倒退倾向，它们无视了关于主观违法要素的 20 世纪初期以来的刑法学发展经过。⑦ 罗

---

① 参见黎宏：《刑法总论问题思考》，中国人民大学出版社 2016 年版，第 253 页。

② 参见陈家林：《外国刑法理论的思潮与流变》，中国人民公安大学出版社、群众出版社 2017 年版，第 229 页。

③ 参见［日］山口厚：《刑法总论》，付立庆译，中国人民大学出版社 2011 年版，第 227 页。

④ 参见［日］井田良：《关于日本过失犯论之现状》，黄士轩译，载台湾《月旦法学杂志》2014 年第 12 期，第 285 页。

⑤ 参见吕英杰：《客观归责下的监督、管理过失》，法律出版社 2013 年版，第 73 页。

⑥ 参见［日］甲斐克则：《过失犯的基础理论》，冯军译，载高铭暄、赵秉志主编：《过失犯罪的基础理论》，法律出版社 2002 年版，第 6~7 页。

⑦ 参见［日］大塚仁：《刑法概说》，冯军译，中国人民大学出版社 2003 年版，第 313 页。

克辛教授也指出，把过失作为行为构成问题加以讨论是从不法理论的转型中产生的。①

在古典犯罪体系中，犯罪行为的所有客观方面都属于行为构成和违法性，罪责是所有主观犯罪条件的综合。在贝林那里，构成要件是客观的、无价值的，主观的心理过程都属于罪责。因此，这里的不法是一种客观不法论（也可谓客观因果不法论），这种理论认为，不法仅针对客观上的法益侵害进行评价，只要行为人通过因果关联性实现法益侵害就完成了不法，故意、过失等主观心理要素不属于不法而属于罪责，故意、过失仅仅是对客观不法要素的主观投射，仅仅是客观不法状态与行为人主观心理的归责联结。② 但是，德国刑法学者菲舍尔、黑格勒、M. E. 迈尔、梅茨格尔都发现，在许多情况下，不法也取决于主观的内在心理要素。③ 在古典体系之后流行的新古典体系认为，不法并不是在所有的情况下都可以通过纯客观特征来说明的，必须承认主观的不法因素，而罪责也并不是绝对地只能使用主观因素才能建立的。其后目的行为理论推动刑法体系再次变换。尽管目的行为概念在解释过失犯和不作为犯上的困难以及它的物本逻辑结构而使它没有办法被广泛接受，但是目的行为概念在总体上把指向实现客观性行为构成的故意纳入行为构成的主观部分，却是一个体系性的结论，这意味着不法被进一步主观化。④ 而自从主观行为构成被发现并得到承认以来，客观行为构成和主观行为构成的区分就在德国学术界得到了一般性的承认。⑤ 所以，过失不仅仅只是一种罪责要素，而是兼具违法要素和罪责要素的性质，并且首先在该当性阶层中讨论。

第四，本书选择新过失论的消极理由之二乃是新新过失论不足取。新新过失论主张追究企业上层监管者的刑事责任的初衷是值得肯定的。但是，对于新新过失论最为普遍也是最为致命的批评是：过于扩大预见可能性的认定范围，容易违反责任主义。⑥ 日本刑法学者三井诚认为，不安感使预见可能性明显地被抽象化而徒具形式，有追究结果责任之嫌，在现代社会中，很难想象没有不安感的事情，如果对尚未认识到的危险要求预先采取排除措施，就是令行为人承担绝对责任。⑦ 大塚仁教授认为，危惧感说会过于扩大过失犯的成立范围，有时与客观责任没有太大差别，并且，在真正未知的领域里，即使创新者们做出

---

①　参见 [德] 克劳斯·罗克辛：《德国刑法学总论》（第 1 卷），王世洲译，法律出版社 2005 年版，第 714 页。

②　参见许恒达：《"行为非价" 与 "结果非价"——论刑事不法概念的实质内涵》，载台湾《政大法学评论》第 114 期。

③　参见 [德] 克劳斯·罗克辛：《德国刑法学总论》（第 1 卷），王世洲译，法律出版社 2005 年版，第 183 页。

④　参见 [德] 克劳斯·罗克辛：《德国刑法学总论》（第 1 卷），王世洲译，法律出版社 2005 年版，第 122~125 页。

⑤　参见 [德] 克劳斯·罗克辛：《德国刑法学总论》（第 1 卷），王世洲译，法律出版社 2005 年版，第 199 页。

⑥　参见张明楷：《刑法学》（上），法律出版社 2016 年版，第 286 页。

⑦　参见 [日] 三井诚：《预见可能性》，载藤木英雄：《过失犯——新旧过失论争》，日本学阳书房 1981 年版，第 144~147 页。转引自林亚刚：《犯罪过失研究》，武汉大学出版社 2000 年版，第 30 页。

最大努力，也难免会在良心上产生某种危惧感。① 林亚刚教授认为，如果因行为有抽象危险性就要采取措施回避可能发生的结果的话，过于严厉，无疑会阻碍社会的进步。②

在如今这样一个风险社会中，人们对于公害行为、药害行为等一些本身即蕴含高度危险可能性的行为都会隐隐有一种不安感。不仅如此，即使机动车驾驶已经成为普遍的生活方式，但人们驾驶机动车之时也很难说没有隐约的不安感。任何医疗行为也都有风险性，技术再高超的医生也不敢对每一场手术都做到没有一丝忧虑。工厂厂长对于工厂的生产活动也不是没有引发安全事故风险的担忧存在。若非如此，他就根本不需要建立安全生产管理体制。如果根据这些不安感来认定行为人的避免义务，那么基本上就是只要发生了结果就可以认定存在过失，如此一来，过失犯的处罚范围将漫无边际。

另外，值得注意的是，有论者提到，新新过失论受到的批评之一是其与那些有利社会发展的科学实验、工程等容许危险的法理相悖。③ 这一批评值得商榷。以森永奶粉案为例，添加了含砷制剂的奶粉还能是容许危险吗？显然不是。这一批评的意思是，如果给企业的上层监督者施加过重的负担，就会阻碍科学实验、工程生产，而社会的发展离不开这些科学实验和工程生产。但是，人们所容忍的是按照保证实验安全、工程安全、生产安全规范而进行的科学实验、工程生产所产生的危险，这才是容许的危险。而添加了含砷制剂的奶粉已经不是遵守生产安全规范的生产行为了。所以，新新过失论并不是与容许危险的法理相悖。容许危险是新过失论的产生基础之一。对新新过失论的真正批评应该是其追究结果责任的倾向。

（二）业务监督过失犯罪中新过失论立场之坚持

本书认为，具体到业务监督过失犯罪的规制而言，也应坚持新过失论之立场。这首先是因为，监督过失是过失犯论的子理论。日本刑法学者板仓宏认为，在诸如交通事故这样的对个人行为者追究刑事责任的场合，要求具体的预见可能性，而在企业灾害的场合，只要有危惧感就够了。④ 也就是说，板仓宏教授主张在交通事故等普通过失领域适用新过失论，而在企业灾害等监督过失领域适用新新过失论。这种见解也被称为"生活关系区别过失论"。我国也有论者持类似意见，认为监督过失本质上是新新过失论的一种，仅在处理安全生产领域的重大责任事故时才适用。⑤

但是，这种做法并不具有合理性。有学者批评"生活关系区别过失论"是过于随意的解释。⑥ 还有论者认为，如果允许在危险性较高的领域例外适用新新过失论扩大处罚范围，就必须直面在危险性没有那么高的领域为什么不可以也适用新新过失论的诘问。新新

---

① ［日］大塚仁：《犯罪论的基本问题》，冯军译，中国政法大学出版社 1993 年版，第 245～246页。

② 参见林亚刚：《犯罪过失研究》，武汉大学出版社 2000 年版，第 34 页。

③ 参见谭淦：《监督过失的一般形态研究》，载《政法论坛》2012 年第 1 期。

④ 参见马克昌：《比较刑法原理：外国刑法学总论》，武汉大学出版社 2012 年版，第 233 页。

⑤ 参见彭凤莲：《监督过失责任论》，载《法学家》2004 年第 6 期。

⑥ 参见浅田和茂：《刑法总论》，日本成文堂 2007 年版，第 340 页。转引自陈家林：《外国刑法理论的思潮与流变》，中国人民公安大学出版社、群众出版社 2017 年版，第 227 页。

过失论在理论体系上也是基本的过失判断构造，是贯穿过失犯全领域的先决性问题，而不是想要扩大过失处罚范围的时候随便拿出来一用的工具。① 本书对这一观点甚为赞同。既然将监督过失作为过失犯理论之下的一个子理论，那么过失犯论的立场就是先决性的问题。立场的选择应当在整个过失犯论领域中坚持，而不是为了便于解决问题而"随机应变"。所以，根据实务需求、适用领域而"选择性"地采取过失犯论的立场，难言正当。

然而不得不承认的是，在监督过失领域，新新过失论确实是非常强劲的立场。为什么在过失论中，争论的主体主要是新过失论与旧过失论，却不见新新过失论，而在监督过失论中，新新过失论却始终能占据一席之地甚至保持强劲势头？这还是因为，正是追究上层监管者过失责任的问题意识催生了新新过失论。不少论者也正是基于这一点，而认为在监督过失领域只能采取新新过失论。典型观点例如，"惟日本学者则自新过失犯理论更创为新的新过失犯理论，以扩大注意义务之范围，此一学说，原为少数说，但于认定监督过失之成立时，如非采取危惧感说，则甚难有周妥之说明，是以于肯认成立监督过失之判例，危惧感说遂成为多数说"。② 又如，在监督过失的认定中，不安感说是多数说。③ 再如，监督过失的认定在主流上仍以新新过失论为依据。④ 还如，监督过失理论衍生于现代工业社会，与新新过失论的联系更为直接，其理论本质即新新过失论，新新过失论体现了其对社会敏感问题的深刻把握，力图将刑罚限制在企业灾害、社会公害等新型犯罪领域，并非结果责任的再现，而是对现代社会性问题的有益探索。⑤ 另如，在不同的过失理论下，监督过失会有不同的命运：若采取新过失论，监督过失责任将被否定；若采取新新过失论，监督过失将被肯定。新新过失论存在适用上的危险，亦即，当面对未知的危险时，追究的责任近乎结果责任；在面临不一定未知的危险时，又使责任主义空洞化，进而过于扩大刑事责任的范围，并且不安感也是模糊不清的，缺乏可操作性。所以追究监督过失责任之时应当慎重，否则会造成人人自危的局面，也会阻碍科学技术的进步。⑥ 简言之，该论者认为，追究监督过失责任要运用新新过失论，但新新过失论有不少缺陷，不过即使有缺陷也仍要运用，只不过应该慎重运用。可见其将新新过失论当作追究监督过失责任的"唯一救命稻草"。

还有论者提出一种混合的立场，认为监督过失与新新过失论的联系更为直接，因为依据不安感说，监督过失很容易成立。但是，直接依据新新过失论认定监督过失很难达到社会保护与人权保障之间的价值平衡，所以监督过失的认定不能排斥旧过失论中对危害结果的预见可能性的合理内核，也不能排斥新过失论中信赖原则的合理内核。换言之，虽然在现代风险不断增加的社会背景之下，监督过失的认定偏重结果避免义务，但是不能据此否

---

① 参见曹菲：《管理监督过失研究——多角度的审视与重构》，法律出版社 2013 年版，第 39 页。
② 参见廖正豪：《过失犯论》，台湾三民书局 1993 年版，第 230 页。
③ 参见赵瑞罡、杨庆玖：《监督过失论》，载《政治与法律》2001 年第 4 期。
④ 参见李薇宏：《监督过失理论研究》，载《刑事法评论》2008 年第 2 期。
⑤ 参见易益典：《风险社会中监督过失犯罪的刑法治理》，中国社会科学出版社 2014 年版，第 31~36 页。
⑥ 参见韩玉胜、沈玉忠：《监督过失论略》，载《法学论坛》2007 年第 1 期。

认行为人对危害结果的存在预见可能性，也不能否认信赖原则的适用。① 然而值得商榷的是，新新过失论提出的直接动力就是推翻行为人对危害结果的具体的预见可能性，而具体的预见可能性不仅是新过失论所要求的，更是旧过失论所要求的，如此一来，怎么可能在预见可能性的问题上"汲取旧过失论的合理内核"？并且，主观的预见可能性从来都是过失犯的罪责阶段所必须要探讨的问题。

所以真正值得思考的是，追究监督过失责任不采用新新过失论就无以为继吗？虽然正是新新过失论的发展才使监督过失论迅速成为一个专门值得探讨的问题，但是当监督过失论以一种相对独立的姿态出现在研究领域中时，也并非一定要在新新过失论之下才能继续展开研究。新新过失论由日本学者提出，但是如今在日本支持新新过失论的学者已是少数。监督过失论吸引了许多学者的研究目光，无论其是旧过失论的支持者，还是新过失论的提倡者。有论者较为详细地论述了各种过失论对监督过失、管理过失的认定思路。在旧过失论中，思考模式有三种：一是在将预见义务作为责任要素的前提下，考察作为预见义务前提的预见可能性认定监督、管理过失（例如，根据旅馆管理者自身的知识、技能、认知来考察他是否能预见会因为其他人的过错导致旅馆发生火灾而致旅馆住客死亡，如果答案是肯定的，该旅馆管理者就有过失从而构成犯罪）。二是将预见义务作为不法要素，首先在不法判断上以社会一般人为标准，考察作为客观的预见义务前提的客观预见可能性；其次再考虑管理者本人的预见可能性。但是这种观点因为将过失作为主观的违法要素看待而被批评违背了旧过失论结果无价值的立场。三是认为监督、管理过失犯罪都是不作为犯，在该当性阶段考察作为义务违反，在有责性阶段考察注意义务违反（预见义务和避免义务违反）。但是如何区分避免义务与保证人义务并不明确。在修正的旧过失论中，将会首先考察管理者是否是危险源的支配者，再根据不允许的危险考察违反安全体制确立的行为能否构成实行行为。最后讨论预见可能性的问题。新过失论认为违反安全体制确立是逾越基准行为，而安全体制确立义务违反都是不作为，所以监督、管理过失都是不作为犯。但是关于作为义务与避免义务的关系，还有两种思考模式：将两者都作为客观的构成要件要素，但事实上仅以作为义务违反来限定处罚范围；监督、管理过失可由作为犯构成也可由不作为犯构成，作为义务应在结果避免义务之下考察。但是，第二种思考模式显然不是认为监督、管理过失都是不作为犯。在新新过失论中，只要监管者对于其违背安全体制设立的义务可能会导致火灾并致人死亡这一点抱有某种危惧感，就要认为其应该努力采取结果避免措施，没有采取措施就成立过失。②

可见，无论是持哪一种过失论立场的论者，基本上都不愿意放弃监督过失这一问题领域，所以都会根据自己的立场对如何认定监督过失作出解释。这反过来说明，并非不采取新新过失论，就无法追究监督过失、管理过失责任。论者一旦选定旧过失论、新过失论或者新新过失论的立场，就应在其讨论的所有过失犯领域中坚持并贯彻该立场。如果在某些过失犯领域中无法用该立场解决问题，就说明没有穷尽可能的解释方法。固守立场不代表

① 参见陈伟：《监督过失理论及其对过失主体的限定——以法释［2007］5 号为中心》，载《中国刑事法杂志》2007 年第 5 期。

② 参见吕英杰：《客观归责下的监督、管理过失》，法律出版社 2013 年版，第 111~113 页。

无法解决问题或只能僵硬地解决问题，也并非是深陷于"主义多于问题"的怪圈中而不自知。而是认为，在不穷尽可能的解释方法之前盲目地以解决实际问题为由在有明显对立的立场中摇摆，最终选择一个明显有重大缺陷的立场的做法是不妥当的。上述这些论者采取的办法确实具有可操作性，但这种简便性却是"偷懒"的结果。亦即，知道问题不好解决就索性以政策为由采取一种在刑法基本原则上站不住脚的理论。只要对某些有争议的问题做出相对合理的解释，就有望在"坚持立场"与"解决问题"之间取得相对的平衡。

如上所述，新新过失论确由新过失论脱胎而来，但是，应该看到其已经因为不安感的主张而脱离新过失论甚远。或许在一般过失犯中探讨过失犯论的基本立场时，可将新新过失论纳入新过失论而简单介绍（因为在一般过失犯领域几乎没有人会采取新新过失论的立场），但是，我们不得不在监督过失领域中，正视新新过失论的独立地位。所以，现在的选择首先变成了三个。只是，在监督过失领域中选择立场，可以先在新新过失论与新、旧过失论中进行第一次选择。因为新新过失论的"独立"是相对于新、旧过失论两者而言的。其独立的依据就是预见可能性的程度。

新、旧过失论都要求具体的预见可能性说，新新过失论要求抽象的预见可能性说。详言之，前者要求能够预见结果以及因果经过的本质部分。后者认为没有必要对具体的结果、因果经过有预见可能性，只要有不能肯定不会发生任何危害结果的不安感就足矣。新新过失论最重要的特点就是对监管者预见可能性的宽缓解释。但是，只要不对预见可能性做出如不安感这样如此宽缓的解释，就可以拒绝新新过失论。新新过失论认为，只要有那种肯定不会不发生任何结果的不安感，即可认为有预见可能性。但是这种"任何结果"已经完全脱离了构成要件的束缚。所以，该说遭到的最致命批判，就是其蕴含着背离责任主义的巨大危险，由此也无法被采用。

这反过来说明，在监督过失理论中亟待解决的首要问题就是预见可能性的认定。因为新新过失论与新过失论分野的标志即其放弃了具体的预见可能性而转向了抽象的预见可能性，加上即使旧过失论与新过失论坚持的都是具体的预见可能性，由于预见可能性在实际认定中比较困难，特别是其认定过程中的抽象化，而使得不同的立场之间呈现出相当程度的暧昧关系。所以，无论是在理论研究层面，还是实务运用层面，更加值得研究的应该是监管者的预见可能性的认定。

有主张不安感说的论者尖锐地指出，具体说与不安感说之间的差别没有想象中那样大，因为具体说在判断因果经过的本质部分之时，有可能接近不安感说，当判例将因果经过进行相当程度的抽象化时，其与不安感说之间就没有差别。[①] 类似的观点还有，由于认为对结果发生的预见可能性过于抽象因而要求预见更加具体的事实的观点，正是指出了具体说在事实上的抽象性，由此可以看出两说的差异没有很明显。[②] 可见实务中遭遇的难题

---

① 参见 [日] 井田良：《关于日本过失犯论之现状》，黄士轩译，载台湾《月旦法学杂志》2014年第 12 期。

② "更加具体的事实"即"在成为结果发生之原因的事实中，如果预见到这一点，通常人就会采取结果回避措施的事实"。参见 [日] 高桥则夫：《刑法总论》，李世阳译，中国政法大学出版社 2020 年版，第 194 页。

是在认定"具体的"预见可能性时不得不走向一定的"抽象化"。这其中的根本理由还是在于结果发生的预见可能性本身就是一个抽象的评价结论。① 换言之，预见可能性的认定是可操作的，即"具体预见可能性说本身原本便存在一定的空间"。② 以至于尽管旧、新过失论都坚持具体说，但两者都未能明示具体预见可能性的判断构造，这进一步导致在判断监管者的具体预见可能性之时特别困难。③ 而不明确具体预见可能性的判断构造反过来又导致通说和判例在现实的处罚需求面前，将具体预见可能性的内容理解得相当缓和。④以上所言的判断构造其实就意指认定方法。

由此也可以看出，如何认定预见可能性才是关键问题之所在。在可能的解释范围内，详细阐述为什么如此认定监管者的预见可能性，远比泛泛地采取不安感说或大而化之地主张具体的预见可能性说更合理一些。司法实务所需要的或许不是非此即彼的在立场选择视域下的具体抑或抽象之争，而毋宁是一个较为明确的预见可能性之认定方法。所以，认为不采取新新过失论就没有办法解决监督过失问题的观点是站不住脚的。如何认定预见可能性才是关键问题之所在。或许最后采用的认定方法可能被指责为虽然表面上坚持拒绝不安感说、背地里却暗自承认不安感说。但是，即便是在一般过失犯中，要求具体的预见可能性也从来都是不可能达到的。

对于构成要件结果而言，也只是需要认识到构成要件所"框定"的结果。比如，如果可预见的不是死亡结果而只是伤害结果，那么只能依据过失伤害处罚，而不能依据过失杀人处罚。⑤ 对于因果经过而言，也无法要求行为人"事无巨细"地预见到具体因果经过，只要预见到行为"基本上""一般情况下"是这样导致结果发生的，就足够了。例如，在从脚手架上随意扔下一块砖头砸中人导致该人死亡的情形中，不要求行为人预见到这块砖头究竟是砸在了正在下面行走的人的头部从而砸死了该人，还是砸在了恰好躺在下面的人的胸口从而砸死了该人，而只要求预见到该砖头可能砸死人就足够了。但也不能认为在一般过失犯中要求预见构成要件规范保护范围内的结果、因果经过仅仅只需要有抽象的预见可能性。这些解释也都是在讨论预见可能性的认定方法而已。同样地，在监督过失犯中，主张具体的预见可能性说的观点在认定之时又不自觉地"抽象化"也完全是囿于现实。

在新新过失论与新、旧过失论中进行第一次选择之后，还要在新、旧过失论中进行第二次选择。上述在过失论中不选择旧过失论的理由已经表明旧过失论的局限性。亦即，一

---

① 参见贺国荣：《监督管理过失之注意义务研究》，西南政法大学 2018 年博士学位论文，第 116 页。

② 参见［日］甲斐克则：《责任原理与过失犯论》，谢佳君译，中国政法大学出版社 2016 年版，第 144 页。

③ 参见［日］甲斐克则：《过失犯的基础理论》，冯军译，载高铭暄、赵秉志主编：《过失犯罪的基础理论》，法律出版社 2002 年版，第 4 页。

④ 参见［日］大塚裕史：《企业灾害和过失论》，黎宏译，载高铭暄、赵秉志主编：《过失犯罪的基础理论》，法律出版社 2002 年版，第 98 页。

⑤ 参见［德］汉斯·海因里希·耶赛克、托马斯·魏根特：《德国刑法教科书》，徐久生译，中国法制出版社 2017 年版，第 789 页。

方面，旧过失论无视了过失在犯罪论体系中的地位变化。另一方面，其与现代社会的契合性也值得检视。需要特别指出的是，修正的旧过失论因其明明吸取行为无价值的精神但仍固守结果无价值的矛盾立场而无法得到本书的认同。更重要的是，在本书看来，即使是站在修正的旧过失论立场的论者，其对监督过失所作的解释，也不见得与抽象预见说相差很大。例如有持修正的旧过失论的论者认为，预见可能性是指预见的容易性，只要能够容易地认识到构成要件结果的实现，就应该肯定预见可能性，就可以要求行为人采取结果避免措施。例如，即使发生空难的可能性很低，但是只要机舱内没有配备救生设备，就应该肯定监管者对发生事故时乘客的死伤结果存在预见可能性。预见可能性的有无和结果发生概率的高低没有必然联系。① 具体到监督过失、管理过失中，只要监管者认识到自己的行为违反了安全规范，就推定行为人对采取违规行为可能引起的法益侵害危险有所认识，如果有结果避免可能性，就可以对行为人科以结果避免义务。而对行为人科以避免义务的根据就是能够容易地预见到构成要件结果的实现。② 但是，认定监管者认识到自己的行为违反了安全规范并不困难。对于监管者而言，只要具有业务能力，就能够"容易地预见到"结果发生方式和可能形态，即一旦自己疏于监督，一线工人操作不当就会造成重大伤亡事故或重大财产损失；也能够"容易地预见到"，一旦自己疏于管理，在出现火灾诱因之时，不健全的防火体制就无法有效发挥作用，从而造成重大伤亡事故或重大财产损失。这也就是说，监管者能够"容易地预见到"构成要件结果。此时的能够容易地预见到构成要件结果的实现，与不安感说之间的差异或许并不明显。

另有持新过失论的论者认为，将新过失论具体运用至监督过失的认定中，意味着即使监督者对危害结果有"缓和性"的预见可能性，但若其履行了结果避免义务，那么纵然最终危害结果出现，监督者也无责任。因为，虽然新过失论也强调结果的具体预见可能性，但其将主观的预见义务"客观化"为客观的避免义务，所以即使行为人对结果有预见可能性，但如果其履行了避免义务也不成立过失犯。③ 但是，新过失论并非是将主观的预见义务"客观化"为客观的避免义务，在新过失论中仍有主观的预见义务，并在过失犯的罪责阶层探讨，新过失论是在主观的预见义务之外另行附加了客观的避免义务。监督者对危害结果有"缓和性"的预见可能性的这种说法，也基本没有为预见可能性的认定提出具体方法，还易与新新过失论联系在一起。

综上所述，预见可能性的认定是可操作的，亦即，无论将预见可能性的程度要求冠于"具体"还是"缓和"的修饰，预见可能性的认定都是可以进一步解释的。所以，毋宁保持新过失论的本来含义，在预见可能性的认定方法上多做研究。规制立场之争若仅仅拘泥于具体说与抽象说在文字表面意义上的不同，则很难对实务适用有帮助。在理论层面选择在体系定位、现实意义上合适的立场之后，再就实务认定难点、与其他立场之间的纠缠点做出合理的解释，才能使立场的坚持落到实处。

---

① 参见曹菲：《管理监督过失研究——多角度的审视与重构》，法律出版社 2013 年版，第 77 页。

② 参见曹菲：《管理监督过失研究——多角度的审视与重构》，法律出版社 2013 年版，第 83 页。

③ 参见马涛：《监督过失责任限制论要——基于新过失论的耦合式架构》，载《石河子大学学报（哲学社会科学版）》2017 年第 3 期。

第二章　业务监督过失犯罪的规制范围

第一节　业务的概念及其类型

一、业务的概念

要确定业务监督过失犯罪的内涵及其外延，首先需要明晰"业务"的含义及其范围。业务在现代汉语词典中的含义是指"个人或某一机构的专业工作"。而刑法中的业务概念的含义当然不止如此，在刑法学界，不同的学者对其定义不同，大体而言，有以下几种观点。第一种观点认为，业务仅指一个人在社会生活中反复从事的合法职业。如有论者指出，"所谓业务是指行为人基于社会生活上的需要，所从事的某种合法职业，并在其职业活动的权限范围内所实行的行为"。① 第二种观点认为，业务是一个人基于其社会生活上的地位而反复实施的某项职业活动。这一种观点得到了大部分学者的支持。例如，日本学者前田雅英认为，基于社会生活上的地位，反复、继续实施的行为，称作业务。② 大塚仁指出，业务是指社会生活上反复继续进行的工作，不问公私或者主次，也不论是否有酬劳和利益。③ 曾根威彦也认为业务是一种社会生活中反复实施的事物。我国学者顾肖荣认为，"业务就是指一个人基于社会生活的地位，须经常、反复不断地执行的事务也就是有关职业、营业及其社会生活地位上的一定行为，经过反复执行而形成的一种活动"。④ 我国台湾地区学者高仰止认为，业务应当是指个人基于其社会地位继续反复所执行之业务。⑤ 在此，需要明确社会生活上的地位的具体含义，所谓社会生活上的地位是指人在社会生活中所从事的职业、所担任的职务以及经营的业务等内容。第三种观点与第二种观点略有不同，认为基于社会生活上的地位并不是业务活动的必需条件，只要具有反复实施和危险事务性就够了，如果根据这种观点，每天开车接送朋友上下班或给朋友家帮忙装修也是业务活动了。第四种观点认为应将业务限制为某种反复实施的危险性活动。这一观点逐渐成为当前学界的通说。如台湾学者洪福增认为："所谓业务不仅以此工作系反复的或继续的一点为足，同时更应以此工作在社会生活上伴随着重大的危险性，而从事此项工作特

---

① 转引自林亚刚：《犯罪过失研究》，武汉大学出版社 2000 年版，第 239 页。

② ［日］前田雅英：《刑法总论讲义》，曾文科译，北京大学出版社 2017 年版，第 210 页。

③ ［日］大塚仁：《刑法概说（总论）》，冯军译，中国人民大学出版社 2003 年版，第 209 页。

④ 参见顾肖荣：《我国刑法中业务上过失犯罪的特征》，载《法学》1986 年第 4 期。

⑤ 参见高仰止：《刑法总论之理论与实用》，台湾五南图书出版公司 1986 年版，第 260 页。

别被要求谨慎从事为必要。"① 日本学者藤木英雄认为，所谓业务是指对他人的生命安全具有较大的危险并且反复继续实施的活动。西田典之也认为："业务是指基于社会生活上的地位而反复继续实施的对他人人身或生命具有危险性的活动。"② 这一点也体现在日本最高法院的判决中，如 1958 年 4 月 18 日的判决认为：业务是人基于社会生活中的地位所反复实施的，且有可能对他人的人身造成危害的行为，而不论行为的目的是在于得到收入还是获得其他需求。③

从上述观点可以看出，当代刑法学界对业务的概念及其内涵在认识上既存在着一定的差异，也存在着共同点。这种差异性主要表现在四个方面的争议上。一是业务是否要求必须具有合法性，即刑法上的业务是否只能理解为合法的业务。实际上，认为业务仅限于合法业务的观点受到了绝大多数学者的批判，如我国台湾学者林山田认为，"依法定命令规定，特定事务须经政府认可给证，始得执行，纵令欠缺此等形式上之要件，未获得政府认可，则从事特定事务之人，亦为从事业务之人"。④ 而在司法实践中，此种观点也得不到支持。在我国司法实务中，对于行为人所从事的非法业务行为，也纳入业务过失犯罪的规制，例如，对于无证驾驶的司机构成交通肇事的，也是根据交通肇事罪进行处罚。再如，对于无证施工经营者在施工过程中强令作业人员违章冒险作业，造成了重大事故的，也构成了重大责任事故罪中的主体。实际上，仅将刑法上的业务理解为合法的职业，未免过于狭隘。这种严格将其界定为合法职业的观点只能适用于少数犯罪，如果将其适用于业务监督过失犯罪，则有可能使得部分业务类的监督过失犯罪逃脱处罚。例如，行为人所从事的司机、医生等职业未经考核、批准，为非法业务行为，按照这种狭义的理解，则行为人在从事非法职业的过程中所造成的犯罪不属于业务类监督过失犯罪，显然是不妥的。⑤ 故仅仅认为业务只包含合法的内容而排斥非法的业务行为，并没有抓住刑法中业务犯罪的内涵。关键问题在于如何理解合法与非法。例如，贩卖毒品无论如何都是违法的，贩卖香烟则要区分是否取得经营许可。所以，如果行为人从事的行为无论如何都是非法的，则该行为不能当作业务行为。但是在没有取得经营许可的情况下，实施贩卖香烟的行为，则可以作为业务行为。

二是业务行为是否要求必须具有危险性。对于该问题主要存在肯定和否定两种观点。肯定说认为业务具有危险性的特征，业务活动是一种具有一定的危险性的活动。日本学者日高义博持这种观点。他认为，"业务过失致死罪是对生命、公共危险造成的犯罪，是侵害较高生命法益的行为。因此，虽然并非所有对生命、身体危险的事物都应纳入业务的范围，但对于生命、身体的危险，如果是社会生活上所特别重视的话，就应属于此范围内"⑥。而在我国，也有论者指出，某种业务活动之所以能引起刑法的注意，就在于其可

---

① 参见洪福增：《刑事责任之理论》，台湾刑事法杂志社 1988 年版，第 329 页。

② 参见 [日] 西田典之：《日本刑法各论》，刘明祥、王昭武译，武汉大学出版社 2005 年版，第 45 页。

③ 参见日本最高法院刑事判例集第 12 卷第 6 号第 1090 页。

④ 参见林山田：《刑法通论》，台湾三民书局 1989 年版，第 256 页。

⑤ 参见胡鹰：《过失犯罪的定罪与量刑》，人民法院出版社 2008 年版，第 248 页。

⑥ 转引自刘志伟、聂立泽：《业务过失犯罪比较研究》，法律出版社 2004 年版，第 3 页。

能侵害一定的社会关系，如生命、健康等权利。而否定说认为，业务不需要具有危险性的特征。其代表是日本学者曾根威彦。他认为，业务只是一种社会生活中反复实施的事物，其本身并不需要具有危害生命的性质。例如，在老师惩罚学生的过程中造成学生人身伤害的，虽然教育这一业务本身并不具有危险性，但仍有可能构成业务过失类的犯罪。我们认为，刑法中的业务行为应具有危险性的特征，即要成为刑法中业务监督过失犯罪中的业务，这种反复继续实施的事务必须是危险的事务。一方面，这是与近代以来业务类监督过失犯罪的立法背景与精神相契合的。因为随着现代工业的不断发展以及科学技术的广泛应用，业务领域中的危险事务不断增加，这对个人的生命安全和社会公共安全造成了严重的威胁。如果认为刑法中的业务活动不要求具有危险性，那么诸如教师的教学以及作家的写作等业务活动因其本身不具有危险性，则都可以构成刑法中的业务类犯罪，此举未免过于扩张刑法的范围，使得业务类过失犯罪与普通过失犯罪没有区别。另一方面，从各国刑法对业务类过失犯罪的法定刑设置来看，业务过失犯罪普遍重于普通过失犯罪，其理由就在于业务过失犯罪所造成的危害结果大于普通过失犯罪所造成的危害后果。为何出现这一情况？原因在于业务所具有的危险性特征。如果业务活动不具有危险性，那么行为人在业务活动中的行为就不会造成危害他人或社会的结果，那么最终导致结果发生的只能是业务活动中的普通过失行为，也就没有必要在刑法中另行设置罪名和法定刑，只需要根据普通过失犯罪进行处理即可。但这与各国立法实践是不符合的。

在现代大多数国家的立法中，对业务过失犯罪的处罚大多重于普通过失犯罪。如日本刑法第一百二十九条第一项规定："因过失使火车、电车或船舶之往来发生危险或致火车、电车倾覆或破坏船舶或覆没或破坏者，处30万日元以下之罚金。"同时，其第二项规定："从事其业务者，犯前项之罪，处3年以下之禁锢或50万日元以下之罚金。"与普通过失犯罪相比，业务类过失犯罪受到更加严厉的处罚就是因为业务活动本身所具有的危险性。故刑法意义上的业务活动应具有危险性的特征。

三是个人所从事的业务是否基于社会生活上的地位而产生。如前所述，所谓的社会生活地位与一个人所从事的职业、所担任的职务以及营业的内容密切相关。因为这些内容直接影响着个人在社会生活上的地位，但是业务与前述的三种要素并不是相同意义上的概念，只能说，业务是基于影响个人生活社会地位的这三种要素而产生的。可以说，业务是与职务、职业、营业有关的一定的行为。但是，也有论者反对此种观点，即前述关于业务定义的第三种观点，认为业务只需要具有反复继续性和危险性就足够，不需要基于社会生活上的地位。笔者认为，这种观点不具有合理性，理由如下：首先，业务应当是一门专业性的工作，如果行为人所从事的不是一项专门性的工作，就不应当是业务，而作为一项专门性的工作，必定有固定的职业或者营业的内容，否则就不具有专业性。其次，如果认为仅仅具有反复继续性和危险性就可称其为业务，那么未免有扩大业务范围之嫌。按照此种观点，某人每天拿着弹弓在人多的小区进行射击训练也符合反复继续性及危险性的特征，这种行为自然也就成了业务行为，这样的结论明显难以让人接受。最后，刑法之所以专门规定业务过失犯罪，就在于相较于普通的过失犯罪，业务过失犯罪具有不同的社会危害性。在业务活动中，行为人基于其对业务活动危险性的熟悉以及自己所具有的专业知识，通常能够较为容易地避免危害结果的发生，其也具有更高的避免危害结果发生的义务，同时，因为业务活动本身具有一定的危险性，故一旦发生业务过失犯罪，行为人的主观恶性以及所造成的危害结果一般要大于同类行为的普通过失所造成的危害结果，故必须对业务过失犯罪处以更高的刑罚。而与职业、职务、营业无关的行为即便具有危险性且反复实施，也可以按照更重的普通过失予以较重的处罚，并不是必须要纳入业务过失犯罪进行专门规定。故业务还应具有社会性，是基于个人的社会生活地位所产生的。

四是刑法上的业务是否仅限于主要的业务。业务有主业（主业务）和副业（附随业务）之分。顾名思义，主业务是个人基于其社会生活地位所从事的主要业务活动，如医生的主业务是从事医疗救治活动，铁路司机的主业务是驾驶火车，建筑工程施工人员的主业务是实施建设工程施工活动。附随业务包括两种，一种是职业或行业行为之外实施的行为，如张三主要从事建筑工程业务，但其还用业余时间从事滴滴打车业务。另一种是指为完成主要业务所附随的准备工作以及辅助事务。例如，李四的主业务是贩卖煤炭，但每次送货都是自己驾驶货车送货，那么贩卖煤炭是其主业务，驾驶货车则是附随业务。对于刑法中的业务是否包括附随业务，从各国的刑事立法和司法实践来看，答案是肯定的。日本20世纪30年代中后期的刑事判决将制作洋服的裁缝驾驶汽车的行为、医师出诊时亲自驾驶自家汽车的行为等也认定为业务行为。① 这显然就是将附随业务纳入了业务范围。在德国，就附随业务而言，德国帝国法院对辅助工作概念作了广义解释，加重之过失责任"也适用于职业或行业活动之外实施的行为"，② 即其肯定了附随业务适用加重业务过失的规定。据此，在医生外出就诊而驾车以及工厂老板平时以开车的方式前往拜访客户和处理工厂工作的场合，发生过失肇事的，德国帝国法院均以业务过失处理。③ 由此可见，刑法中的业务范围应从广义来理解，既包括主业务也包含附随业务。此外，业务还应包括同种类的行为，这也广泛体现在各国的司法实务之中。日本司法实务界认为，如果存在此类情形，即货车司机在运货之余与同事去海边游玩而驾驶汽车的行为，获得执照的人以娱乐为目的而开枪狩猎的行为都被认定为业务行为。④ 在德国，帝国法院则认为立法者着眼于行为人具有较好的判断能力和专业知识，这与同种类业务关系不大，进而肯定业务行为应扩及同种类行为。我们认为，业务除应包括附随业务之外，也包括同种类的业务，两者都属于刑法中的业务。

虽然各位学者在业务内涵的认识上存在上述争议，但对业务的核心内涵的看法却是一致的，即都认为业务具有反复继续性的特征。那么，为何业务具有此种特征？有一种观点认为，如果行为具有反复继续性，就能够期待行为人熟练该行为而恪尽其注意义务，而一

---

① 参见［日］西田典之：《日本刑法各论》，刘明祥、王昭武译，武汉大学出版社2005年版，第45页。

② 参见［德］弗兰茨·冯·李斯特、李斯特：《德国刑法教科书》，徐久生译，法律出版社2006年版，第310页。

③ 参见徐育安：《刑法上业务过失之理论与实务——以德国法为借镜》，载台湾《东吴法律学报》2017年第2期。

④ 参见［日］大塚仁：《刑法概说（各论）》，冯军译，中国人民大学出版社2003年版，第66页。

且该行为造成了危害的结果，就应对这种业务性的行为加重处罚。① 但此种观点存在疑问，笔者认为，首先，反复实施某一行为并不必然意味着行为人就能够娴熟地掌握其要领，任何时候失误都是不可避免的。其次，行为人是否熟练该行为与其是否能够恪尽其注意义务也无必然的联系，完全存在在行为人具有较娴熟的技术下，但由于过于自信或者疏忽大意而造成严重的危害结果。或者说尽管行为人技术不熟练，但因具有严谨认真的工作态度而恪尽职守，从而避免危害结果发生。可以说，行为人是否熟练其行为是一个水平上的问题，而注意义务的恪守是心态上的问题。但无论如何，业务具有反复继续性的特征是学界普遍赞同的观点。笔者认为，业务之所以具有反复继续性是由于业务活动本身所具有的专业性和领域的特定性所决定的。某些人所从事的活动之所以被称为业务，就在于其具有特定的活动领域，具有较强的专业性和反复性，不同于人所实施的其他随意性的活动。如甲发现自家的防火设施坏了进行维修就不是业务活动，而当其作为设备维修人员负责管理维修公司的防火设施，那么其从事的就是一项业务活动。需要指出的是，这种反复继续的特征是针对业务活动本身的性质而言，而不是针对某一个人的具体业务行为。也就是说，作为业务并不需要个人事实上已经多次实施。例如，初次执业的医生在第一次工作时就因过失行为造成了医疗事故，那么就应按照医疗事故罪对该医生进行追究，而不是根据普通过失犯罪对其定罪量刑，即我们不应认为其业务行为没有反复继续地实施就否定其业务过失责任。因为，取得了医生执业资格就代表其已经具有了从事相关业务的技能及水平，且应具有一定的业务注意能力和义务，其在从事业务活动过程中造成了损害，是因为技术水平的不娴熟，注意义务还需进一步提高，而不能否定其业务过失犯罪的性质。

通过上述对业务相关问题的分析，笔者认为刑法上的业务是指：行为人基于一定的社会生活地位所反复继续实施的、具有一定危险的专门性工作。这种专门性的工作需要行为人具备一定的资质和技术能力，与行为人的职务、职业以及经营的内容相关联，但并不要求行为人合法地从事该项工作，在非法从事某项工作时，也可以成为刑法上的业务。从对业务的定义来看，刑法上的业务具有如下特征：第一，业务是个人基于其社会生活上的地位反复继续实施的活动，行为人偶尔实施的某项特定活动不是业务；第二，业务活动具有一定的危险性，刑法之所以规定专门的业务犯罪，就是因为业务活动有可能对刑法所保护的法益造成一定的损害结果；第三，业务活动是需要一定的技术和技能的活动，行为人想要从事一项业务，就必须具备一定的资格和技能水平；第四，刑法中的业务既包括主业务和附随业务，也包括同种类的业务。

二、业务的类型

业务作为社会生活中的一项反复实施的专门性工作，具有不同的类型，但并不是社会生活中所有的业务都涉及刑法中的监督过失犯罪。刑法作为一项具有法益保护机能的规范，只对那些可能存在高度危险性、对个人人身和社会公共法益造成社会危害的业务活动进行规制。由此，厘清刑法意义上的业务类型对研究业务监督过失犯罪具有重要的意义。目前，我国刑法学界并未对业务行为进行明确的划分，只能通过刑法分则具体条文的内容

---

① 参见刘志伟、聂立泽：《业务过失犯罪比较研究》，法律出版社 2004 年版，第 3 页。

来判断其是否属于业务过失监督犯罪。可以看出，立法者在立法时已经对有可能涉及过失犯罪的业务类型进行了一定的甄别，因此，我们可以从刑法分则的条文出发，结合学界已有的成果来探讨刑法中的业务类型。在刑法分则中，涉及业务监督过失犯罪的罪名主要有以下几类：一是危害公共安全罪中的相关罪名，主要包括《刑法》第一百三十一条规定的重大飞行事故罪，第一百三十二条规定的铁路运营安全事故罪，第一百三十四条规定的重大责任事故罪，第一百三十五条规定的重大劳动安全事故罪及违章冒险作业罪，第一百三十五条之一规定的大型群众性活动重大安全事故罪，第一百三十六条规定的危险物品肇事罪，第一百三十七条规定的工程重大安全事故罪，第一百三十八条规定的教育设施重大安全事故罪，第一百三十九条规定的消防责任事故罪，第一百三十九条之一规定的不报、谎报安全事故罪。二是破坏社会主义市场经济秩序罪中的相关罪名，主要包括《刑法》第一百四十一条规定的生产、销售假药罪，第一百四十二条规定的生产、销售劣药罪，第一百六十七条规定的签订、履行合同失职被骗罪。三是扰乱市场秩序罪中的某些罪名，如第二百二十九条第三款规定的出具证明文件重大失实罪。四是危害公共卫生罪中的相关罪名，主要包括《刑法》第三百三十条规定的妨害传染病防治罪，第三百三十一条规定的传染病菌种、毒种扩散罪，第三百三十二条规定的妨害国境卫生检疫罪，第三百三十四条规定的采集、供应血液、制作、供应血液制品事故罪，第三百三十五条规定的医疗事故罪。五是破坏环境资源保护罪中的相关罪名，主要包括第三百三十八条规定的污染环境罪，第三百三十九条第二款规定的擅自进口固体废物罪。从我国刑法分则对业务监督过失犯罪的规定来看，业务主要涉及以下几种类型：一是交通运输业务，具体包括铁路、航空、公路、船舶等运输业务；二是医疗业务，具体包括医疗救助、医疗检测、疾病预防、药物生产、销售等；三是建筑施工业务；四是工厂、企业中的经营、管理、生产及操作业务；五是教育业务。

第二节　业务监督过失犯罪的概念

一、何谓业务过失

（一）业务过失与普通过失

上文已探讨了业务的概念及其内涵，刑法中的业务是指行为人职务、职业以及营业范围内的一种反复继续实施的、具有一定危险的专门性工作。同时，成立刑法中的业务犯罪并不要求行为人所从事的业务是合法的，在从事某项非法业务活动时，也属于业务的范畴之内。而对于过失，从过失类型来看，过失包括普通过失和业务过失。

普通过失即一般意义上的过失，从前文众多学者对过失的定义来看，过失即行为人对其注意义务和结果避免义务的违反。而行为人身份不同、所从事的职业或者营业内容不同，其被赋予的注意义务也不相同，这种注意义务有着一般与特殊的区分。可以说，普通过失就是行为人在社会生活中对一般注意义务的违反，从而造成了一种法益侵害的结果。这种一般注意义务也可被称为普通注意义务，是指国家为维持正常社会生活秩序之需要，而对社会个人所提出的一种注意义务。这种注意义务适用于社会生活中的一切主体，只要是生活在社会中的人，都被赋予此种义务，都需要其履行一定的注意义务。社会上的一切主体都负有一般注意义务。如果行为人在日常生活领域中不履行一般注意义务，无论是结果预见义务还是结果避免义务，无论是疏忽大意还是过于自信，都是普通过失。普通过失对于行为主体没有特殊的要求，只要达到刑事责任年龄、具备刑事责任能力的自然人皆可以构成。但是，在行为性质上，普通过失只限于日常生活和社会交往活动，即每个社会主体都可以参与的活动，行为人遵守的注意义务也以日常生活为目的。即使负有特别注意义务的人，在日常生活中，也要遵守一般注意义务，否则，同样可以构成普通过失。例如，汽车驾驶员在其不驾驶车辆期间，也同于社会常人；吸烟时要注意防止发生火灾，等等。对于日常活动的范围，我们认为，除了业务活动以外的一切活动，都属于日常生活活动。相应地，除在业务活动中所遵守的特别注意义务之外的注意义务，都是一般注意义务。

一般而言，普通过失犯罪主要发生于农业社会中，在以农业为主的社会结构中，业务过失犯罪较少，因此，当时无论在立法上还是理论上，基本上没有涉及业务过失犯罪的问题。业务过失逐渐增多是在工业革命兴起之后，随着三次工业革命的发展，社会生产力得到了极大的提高，给社会生活带来了极大的便利，但同时也增加了新的犯罪风险。犯罪形式也发生了重大的变化，过失犯罪尤其是业务过失犯罪在犯罪中的比重也大大增加。据统计，1946 年苏联的过失犯罪仅占犯罪总数的 6%，到 20 世纪 70 年代，过失犯罪增长到 12%，20~30 年中整整翻了一倍。而其中，主要又是业务过失犯罪的增长。如在过失犯罪总结构中，汽车运输上的犯罪占 75%，玩忽职守罪占 15%~20%，违反劳动保护法规的犯罪占 3%~4%，普通过失致人死亡只占 3%~4%，业务上的过失犯罪在过失犯罪的总结构中占有绝对比重。而在我国，现代化工业的发展也使得犯罪结构发生了变化，在刑事犯罪总结构中，交通肇事犯罪、重大责任事故犯罪、工程重大安全事务犯罪等业务上的过失犯罪已有了明显的增长。以交通肇事犯罪为例，随着我国汽车工业的发展，我国汽车拥有量的人数快速增加，每年死于交通肇事犯罪的人数也不断上升。20 世纪 80 年代末，我国交通事故年死亡人数首次超过 5 万人。进入 21 世纪后，自 2001 年到 2003 年，每年死于交通事故的人数都已经超过 10 万人。[1] 虽然后续交通肇事犯罪的死亡人数有所下降，但依然维持在一个较高的数字。[2] 在重大事故犯罪方面，1995 年至 2004 年，全国平均每年发生各类事故 702173 起，死亡 118843 人。2001 年至 2004 年，全国一次死亡 10 人以上特大事故平均每年发生 132 起，死亡 2498 人。其中，一次死亡 30 人以上特别重大事故平均每年发生 14 起，死亡 755 人。而这些重大事故所涉及的行业主要在煤矿、非煤矿山、化工企业、道路交通、水上交通、铁路交通等领域。例如，1999 年 11 月 24 日，山东省烟大

---

[1]　参见胡鹰：《过失犯罪的定罪与量刑》，人民法院出版社 2008 年版，第 240~242 页。

[2]　根据国家统计局的相关数据，自 2001 年起截至 2019 年，我国历年因交通事故所导致的死亡人数统计如下：2001 年 10.6 万人，2002 年 10.9 万人，2003 年 10.4 万人，2004 年 9.4 万人，2005 年 98738 人，2006 年 89455 人，2007 年 81649 人，2008 年 73484 人，2009 年 6775 人，2010 年 65225 人，2011 年 62387 人，2012 年 59997 人，2013 年 58539 人，2014 年 58523 人，2015 年 58022 人，2016 年 63093 人，2017 年 63772 人，2018 年 63194 人，2019 年 62763 人。

轮渡有限公司"大舜"号滚装船起火沉没事故，导致船上 280 人遇难。2015 年 8 月 12 日，天津市滨海新区天津港的瑞海公司危险品仓库发生火灾爆炸事故，造成 165 人遇难。2016 年 12 月 5 日，湖北恩施州巴东县辛家煤矿发生瓦斯突出事故，造成 11 人死亡。2017 年 6 月 5 日，山东省临沂市临港区临沂金誉石化有限公司发生爆炸事故，造成 10 人死亡。近年来，随着改革开放和现代化建设的不断推进，某些企业利欲熏心，只顾追求经济效益而忽视了安全的生产管理，使得重大事故时有发生，尤其是在煤炭、石油等化工领域，重大安全事故的频发给人民群众的生命财产安全造成了重大的威胁，也带来了损失。可以预料的是，随着社会生产力的进一步发展，业务过失犯罪在未来将会进一步增多，故利用《刑法》对其进行有效的规制已经成为一项刻不容缓的任务。

虽然随着现代化工业的发展，业务过失犯罪在世界范围内都呈现出高发的趋势，但学界对于业务过失的概念仍然存在一定的争议。日本学者大塚仁认为，"业务过失是由于行为人忽视了业务上的注意，从而使得犯罪结果发生"。木村龟二认为，"业务过失犯罪是指从事高度危险事务者不注意该高度危险而行事，致使作为犯罪构成要件的结果发生的犯罪"。野村稔认为，业务过失是指"违反了根据社会生活上的地位，在继续及反复从事一定的危险事物时应当遵守的注意义务"。韩国学者金日秀认为，"业务过失是指业务从事者怠慢了业务性质所要求的特别注意义务而造成了危害实施的情况，这种对特别注意义务的怠慢，从而使其不能预见或避免犯罪结果的发生"。① 我国学者对业务过失犯罪也进行了深入的研究，马克昌教授认为，"业务过失犯罪是从事某项业务的人因疏于业务上的必要注意，导致发生了自己不希望的危害结果的犯罪"。② 林亚刚教授认为，"业务过失是行为人在业务活动过程中，违反基于业务活动需要所要求的注意义务，造成危害事实的过失心理态度"。③ 也有论者认为，如果不考虑"业务"的具体含义，可以以过失犯罪的概念为标准，将业务过失犯罪的概念表述为：所谓业务过失犯罪，是指从事业务的人员，对自己的业务行为可能造成刑法规定的危害结果有注意义务也有注意能力而可期待地不注意，致使自己的业务行为造成这种危害结果而构成的犯罪。但是，如果要在概念中揭示刑法中业务的特殊含义，那么根据我们前面对刑法中业务含义的探讨结论，则应当将业务过失犯罪的概念表述为：所谓业务过失犯罪，是指从事具有危险性专业工作的人，在工作过程中，对自己违反有关规章制度规定的行为可能发生刑法规定的危害结果有注意义务也有注意能力而可期待地不注意，致使自己的行为造成这种危害结果而构成的犯罪。④

从以上学者的观点可以看出，我们对业务过失犯罪的理解需要把握两个方面的内涵。一是业务过失犯罪是过失犯罪的一种，其核心是对注意义务的违反；二是业务过失犯罪是发生在业务范围内的行为，不能对其进行扩大解释。因此所谓业务过失，是指行为人在从事业务活动过程中因疏忽大意或者过于自信而违反了法律法规或者行业规章制度以及行业习惯、常理等所要求的特别注意义务，从而造成了社会危害结果的一种过失心理态度。

---

① ［韩］金日秀、徐辅鹤：《韩国刑法总论》，郑军男译，武汉大学出版 2008 年版，第 425 页。
② 参见马克昌：《犯罪通论》，武汉大学出版社 2013 年版，第 360 页。
③ 参见林亚纲：《犯罪过失研究》，武汉大学出版社 2000 年版，第 237~238 页。
④ 参见刘志伟、聂立泽：《业务过失犯罪比较研究》，法律出版社 2004 年版，第 3 页。

普通过失与业务过失，既存在着一定的联系，也存在着一定的区分。其联系性主要表现在两者都属于过失犯罪，因而具有过失犯罪的一般特征，比如都是行为人对其所具有的注意义务的违反，从而造成了法益侵害结果的发生。但是，两者之间也存在着一定的区别。具体而言主要表现为：首先，普通过失与业务过失的行为主体不同。普通过失的行为主体没有限制，任何人都可能因其过失行为构成过失犯罪的行为主体，从而承担相应的责任。但业务过失犯罪的行为主体具有一定的限制，只有是从事业务活动的行为人才能构成业务过失犯罪的行为主体，也就是说业务过失犯罪对行为人的职业和身份具有一定的要求。例如，医疗过失犯罪的行为主体是从事医疗救治活动的医生或者护士，工程重大安全事故罪的行为主体是从事工程建设的施工单位、设计单位、工程监理单位的负责人，重大飞行事故罪的行为主体是航空人员等。其次，普通过失与业务过失的行为性质不同。普通过失中的行为是在日常社会生活中发生的，以日常生活为内容，而业务过失中的行为是在业务活动中发生的，其行为也与行为人所从事的职业或营业的内容相关，是以一定的业务目的为内容。最后，普通过失与业务过失的注意义务也不相同。如前所述，普通过失犯罪违反的是一般的注意义务，即与日常生活有关的社会共同生活准则。而在业务过失中，行为人违反的是特别的注意义务，即相关业务对行为人所提出的特别要求。这种特别的注意义务是认定业务过失的关键，既然刑法意义上的业务活动具有一定的危险性，为避免危害结果的发生，国家或社会总要赋予业务主体一定的注意义务。业务活动的规章制度就是业务人员必须遵守的特别注意义务的法律化、规范化。业务过失在形式上是违反规章制度，而在实质上是违反特别注意义务。① 我国刑法规定的各种业务过失犯罪，都以行为人违反有关的规章制度为要件。但是，规章制度仅仅是特别注意义务的定型化，一般只规定了从事某种业务活动必须注意的事项，并不包括全部的特别注意义务。有些人们习以为常、自然遵守的操作惯例、常识或经验，往往没有明文规定。然而，这些惯例或常识也蕴含着特别注意义务的要求，同样是防止危害结果发生的必不可少的条件。因此，凡在业务活动中有助于避免危害结果的一切必要行为，都属于特别注意义务的内容，并不仅仅限于明文规定的规章制度本身。日本的一项判例就指出："执行业务的人除履行上述取缔规则规定外，更须严格遵守习惯或条理上认为必要的注意义务。不能因已履行取缔规则所规定的注意义务，即认为可以免除业务上的一切注意义务。"② 实际上，对于某些规章制度并没有规定的注意义务，业务活动中的行为主体也是必须遵守的。例如，有这样一个案例，某火车站道口的工人张三在晚饭时间经值班员李四同意回家吃饭，李四并未告诉张三会有一辆临时火车经过该站，张三事前也不知道该车会经过，所以没有立即赶回。而当火车经过该站时，李四在明知张三不在该站的情形下仍然发出了放行的信号，使得火车在开放的道口与途经道口的汽车相撞，造成多人伤亡的结果。在本案中，李四作为值班员，虽然对火车发出放行信号并不违章，但其具有确保列车安全行驶的义务。李四在明知道口未封闭的情形下放行火车通过，从其从事铁路工作的常识来看，就应预见到可能会造成交通事故，但其没有采取有效的措施避免撞击事故的发生，造成了严重的危害后果，这实际上就已经违

---

① 参见姜伟：《犯罪故意与犯罪过失》，群众出版社1992年版，第312页。

② 参见洪福增：《刑事责任之理论》，台湾刑事法杂志社1988年版，第280页。

背了保证列车安全运行的注意义务，构成业务上的过失犯罪，应负刑事责任。

（二）中外业务过失犯罪的立法比较

1. 我国业务过失犯罪的立法规定

业务过失犯罪虽然较多出现于工业革命之后的近现代社会，但考察我国古代刑事法律文献，也可见涉及业务过失犯罪的记载。如早在西周时期的法律就对工匠因疏忽大意导致制作的器具不合标准以"功有不当罪"进行处罚，即所谓的"命工师效功，……物勒工名，以考其成，功有不当，必行其罪，以穷其情"。在《秦律》中也规定了"公物保管不妥罪""失罪""亡失公文印章证件罪"等罪名。① 到了唐代，则明确在普通过失犯罪的基础上进一步规定了业务过失犯罪。普通过失犯罪主要规定在《唐律·斗讼律》中，如"过失杀伤人"条规定："诸过失杀伤人者，各依其状，以赎论。"业务过失犯罪则主要规定在《唐律·杂律》中，如"医合药不如本方"条规定："诸医为人合药及题疏、针刺，误不如本方，杀人者，徒二年半。"可以看出，同是过失犯罪，唐朝立法者在刑罚的设置上，对普通过失犯罪的处罚明显较业务过失犯罪的处罚重。

中华人民共和国成立后，我国在1979年颁布了第一部刑法。但刑法并没有明确规定专门的业务过失犯罪，只是散见于不同的分则条文中，且数量较少，如交通肇事罪、重大责任事故罪、违反危险品管理规定肇事罪等几种。并且从刑罚的设置上看，明显轻于普通过失犯罪。改革开放后，我国社会经济得到了极大的发展，现代化工业水平得到了极大的提高，随之而来的就是业务过失犯罪比重的大幅度上升，因此，基于此种现实情况，为进一步规范新出现的业务过失犯罪，完善过失犯罪立法，我国不仅在1997年对旧刑法进行了修订，而且还在其后通过了一系列的刑法修正案如《中华人民共和国刑法修正案（六）》，在其中增加了大量的业务过失犯罪规定。例如，在"危害公共安全罪"一章中增加了重大飞行事故罪、铁路运营安全事故罪、重大劳动安全事故罪、工程重大安全事故罪、教育设施重大安全事故罪、消防责任事故罪等业务过失犯罪等，在"妨害社会管理秩序罪"一章中增设了传染病菌种、毒种扩散罪、医疗事故罪等业务过失犯罪，业务过失犯罪的数量与内容得到不断的丰富。对业务过失犯罪的处罚也进行了加强。在一定程度上改变了以往对普通过失犯罪的处罚重于业务过失犯罪的现象。

2. 其他国家业务过失犯罪的立法规定

在其他国家中，德国刑法较早对业务过失犯罪进行了处罚，其1871年刑法就规定了业务过失犯罪。1871年德国刑法第二百二十二条第一款规定："因过失致人死者，处3年以下之禁锢。"同条第二款规定："于为官职、职业、或营业上之义务，因息于注意而致人于死时，得加重其刑为5年以下之禁锢。"这在普通过失致死罪的基础上，明确规定了业务过失致死罪，并相应规定了不同的处罚。后来，随着工业革命的扩展，各国刑法中出现了较多的业务过失犯罪规定。例如，现行日本刑法第二百一十条规定了因业务过失而致死伤的犯罪，第一百二十九条则规定了业务者犯过失往来危险罪等。又如，韩国刑法不仅第二百六十八条规定了因业务上的过失致人死伤的犯罪，而且还在第一百八十九条规定了

---

① 转引自胡鹰：《过失犯罪的定罪与量刑》，人民法院出版社2008年版，第243页。

因业务过失犯妨害交通罪、第三百六十四条规定了因业务过失犯赃物罪等。这表明，在现代工业革命的背景下，立法对业务过失犯罪的规定呈扩大的趋势。对比西方国家有关业务过失犯罪的立法规定，在立法模式上，大体而言，有关业务类过失犯罪的立法模式主要是先规定普通过失犯罪及其刑罚，而后再进一步规定因业务上的过失所造成同样结果者加重处罚的刑罚。① 具体而言，主要分为两种方式。一是与普通过失犯罪规定在同一条文中的不同款项中。如意大利刑法第五百八十九条第一款规定："因过失致人死亡者，处 6 月以上 5 年以下徒刑。"其第二项规定："因违反交通法规或工矿安全法规过失致人于死者，处 1 年以上 5 年以下徒刑。"韩国刑法第一百八十九条第一项规定："因过失犯第一百八十五条至第一百八十七条之罪的（指妨害一般交通罪、妨害火车、船舶等交通罪、妨害交通致死伤罪），处 5 万元以下罚金。"同条第二项规定："因业务过失或重大过失，犯第一百八十五条至一百八十七条之罪者，处 3 年以下徒刑，或 5 万元以下罚金。"第二种方式是另设条文单独对业务过失类犯罪进行规定。如日本刑法第二百零九条规定："因过失伤害人者，处 30 万日元以下罚金或科料。"第二百一十条规定："因过失致人于死者，处 50 万日元以下之罚金。"第二百一十一条规定："于业务上必要之注意，因而致人于死伤者处 5 年以下之惩役或禁锢或 100 万日元以下之罚金……"韩国刑法第二百六十六条、第二百六十七条、第二百六十八条亦有类似规定。

此外，还存在一种方式是在故意犯罪的基础上另外规定业务过失犯罪。例如，韩国刑法第三百六十二条规定："收受、让与、搬运、或保管赃物者，处 7 年以下劳役或 5 万元以下罚金。"同条第二项规定："牙保前项行为者，亦同。"而第三百六十四条则在此基础上规定："因业务上过失或重大过失而犯第三百六十二条之罪者，处 1 年以下徒刑或 1.5 万元以下罚金。"这种业务过失犯罪不是在普通过失犯罪的基础上，而是在故意犯罪的基础上规定的，属于一种比较特殊的立法例。由此可见，近现代西方国家刑法中业务过失犯罪的规定，不仅体现在侵犯公民人身权利罪中，而且还体现在危害公共安全罪等领域，其所采取的立法方式往往是先规定普通过失犯罪，在此基础上规定业务过失犯罪。只有个别特殊情况是业务过失犯罪出现于关于赃物的犯罪中，并且这种过失犯罪是在故意的基础上提出来的，处刑也轻于故意犯罪。

（三）业务过失的处罚规定

学界对业务过失犯罪处罚问题的探讨主要集中于业务过失犯罪的处罚是重于普通过失犯罪还是轻于普通过失犯罪。主张业务过失犯罪的处罚重于普通过失犯罪的观点得到了大多数人的支持，世界上不少国家和地区的立法也是遵循这一原则来设置业务过失和普通过失的法定刑。但也有不同的观点认为相较于业务过失犯罪，对普通过失犯罪的处罚应更重。具体而言，目前，学界关于业务过失犯罪的处罚，主要存在四种观点。

第一种观点认为，业务过失犯罪的处罚重于普通过失犯罪，这也是目前绝大多数国家在立法上采取的观点。例如，日本刑法第二百零九条规定，过失伤害他人的，处 30 万日元以下罚金或者科料。第二百一十条规定，过失致人死亡的处 50 万日元以下罚金。第二

---

① 参见胡鹰：《过失犯罪的定罪与量刑》，人民法院出版社 2008 年版，第 244 页。

百一十一条规定，懈怠业务上必要的注意，因而致人死伤的，处 5 年以下惩役、监禁或者 50 万日元以下罚金；因重大过失致人死伤的，亦同。显然，在日本刑法中，在业务活动中，因过失致人死亡的，除了给予罚金处罚外还受到监禁刑的制裁，其处罚力度远远大于普通过失犯罪。

　　而对于业务过失犯罪应受到加重处罚的理由，不同的学者却有着不同的看法。这里存在几种代表性的观点。一是特别注意义务说，概说认为相比普通人，业务人应具有较高的注意义务，所以需要承担更重的责任。特别注意义务说曾是德国历史上的通说，在日本也是刑法理论的通说，且是审判实践所采纳的立场。① 二是一般预防说。该说认为业务人受到加重处罚是为了一般预防的目的，即为了预防一般的业务人员在从事业务活动时懈怠其注意义务，对社会造成危害结果。同时，该说是立足于刑事政策的目的，主张从事一定业务的人，由于其反复继续实施该业务可能招致危险，为防止怠于履行注意义务，理应对其给予一般性警戒的加重惩处。有学者认为，特别注意义务说主张的对业务过失加重处罚的根据也是来源于刑事政策层面的一般预防，② 这与一般预防说都涉及了对刑事政策的考量，但是，两者还是存在着一定的区别，一般预防说是从刑事政策的目的层面来推导，而不是借助于刑法理论。持这种观点的主要有日本学者吉川经夫等。三是违法性重大说。该说也被称为行为无价值重大说，其将业务过失加重处罚的基础建构在行为无价值较为重大之上。行为无价值重大说认为，与一般人相比较，业务人员对注意义务的违反程度更深，对社会相当性的背离更严重，行为无价值更加重大，自然应该给予更严重的处罚，日本学者福田平赞同这种观点。四是法益重大说。法益重大说认为，业务过失犯罪会侵犯更多、更严重的法益，其违法性更大，因此需要对其加大处罚力度。在日本，法益重大说被部分学者作为支持"业务过失"属于"重大过失"一种类型的理由。③ 五是责任重大说。该说认为，跟普通人相比，业务者基于其地位，具有更广泛、更强的认识以及预见结果的能力，这种认识可以针对行为动机形成反对动机，故对结果的发生应负更重的责任。日本学者佐伯千仞、中山研一持此种观点。六是主客观统一说，也被称为综合说或者折中说。该说认为，之所以业务过失犯罪处罚更重，是因为其不仅在客观上具有更大的社会危害性，而且主观上违反注意义务的程度均比普通过失犯罪严重。我国学者姜伟主张这种观点，他认为，首先，业务人员在从事业务活动中，因业务和职务上的要求，使其负有特别的注意义务，而且这种特别的注意义务大多已经法律制度化，为从业人员所熟知，故其对这些规章制度所要求的注意义务的违反往往是明知故犯，所以，其业务过失的刑事责任应与特别注意义务的要求相适应，这样才能使行为人在履行一般注意义务之外，履行特别的注意义务。其次，业务人员因业务的反复继续性特征，使其对业务活动可能具有的危险具有高度的敏感性，比常人具有更高的注意力，故其承担的责任应该与这种高度的注意能力相匹

---

　　① 参见［日］大塚仁：《刑法概说（各论）》，冯军译，中国人民大学出版社 2003 年版，第 65 页。

　　② 参见［日］山口厚：《刑法各论》，付立庆译，中国人民大学出版社 2011 年版，第 74 页。

　　③ 参见［日］松宫孝明：《刑法各论讲义》（第 4 版），王昭武、张小宁译，中国人民大学出版社 2018 年版，第 45 页。

配。再次，业务活动的危险性本身并不是不可避免的，只要业务人员履行了注意义务，如果履行了法律规范所要求的注意义务仍然不能避免危害结果的发生，业务人员也不具有责任。实际上，业务人员的过失责任是由其对注意义务的违反所造成的，并不是业务活动本身的危险性所导致。最后，业务人员的过失行为是对相关法律规章制度的违反，这种行为的违法性更容易被行为人所认识，行为的危害性往往也更大，故从上述几点理由来看，业务过失的责任较普通过失更重。此外，还有社会信赖说。这种观点认为，对业务过失加重处罚的依据在于业务过失行为违反了对社会信赖的期待。根据因业务期待和业务人（能力）期待的不同，又可区分为业务信赖说和业务人（能力）信赖说。业务信赖说认为，业务即义务，社会对从事某种业务之人的业务有所信赖，信任其不会有所疏失而置他人生命或身体于危险中。对此，德国早期的刑法立法资料曾有抽象的说明。① 日本学者曾根威彦教授也是该说的支持者，他认为，由社会生活或法令所容忍的业务被赋予了一般人不得行使的排他性权利，这构成了业务即义务的社会期待，也构成了业务过失加重处罚的依据。藤木英雄教授也认为："怠于注意而引起重大结果时，就社会上公认的行为是能安全实施而言，业务者违反了社会的一般信赖，这种行为具有强烈的反社会性。"业务人信赖说则认为，业务过失加重处罚依据的社会信赖不是业务，是业务人。

对于这几种不同的学说，学者也提出了不同的看法。对于特别注意义务说，日本学者大塚仁认为，所谓的特别注意义务，其语义过于抽象，这种特别的注意义务和普通的注意义务在刑法理论上难以区分。日本学者福田平认为，在同一客观情形下，普通过失与业务过失注意义务的内容显然没有区别，故要求从事业务者负有较高的注意义务也是不合理的。对于一般预防说，日本学者藤木英雄认为，该说将业务过失加重处罚理由植根于刑法之外的刑事政策目的，不仅说理不足，而且造成了对刑事责任理论的偏离。台湾学者谢开平认为，这种一般预防的刑事政策的目的是对业务过失加重处罚的结论而不是理由。针对违法性重大说，甘添贵认为，该说认为业务人员具有较高的注意能力也是一种凭空的想象，如果行为人的实际注意能力较一般人低时，其行为无价值也较一般人轻，如果仍按照业务过失对其进行加重处罚，明显是不合理的。法益重大说也存在着明显的缺陷。一方面，如果业务过失与普通过失侵害的是同一法益，那么对其侵害结果的评价应是相同的，而因为业务过失行为对其加重处罚也是不合理的。另一方面，该说着重于被侵害的法益（危险）属于重大，并无实质理由要求坚持业务行为反复继续实施这一要件。例如，不熟悉车辆驾驶的人员驾驶汽车可能造成的危险比熟练的司机更大。对于责任重大说，有学者指出，责任的判断是个别、具体的判断，对于从事业务的人，假设其注意能力比一般人高，则与责任的本质不相符合。而对于社会信赖说，如果将社会信赖与业务挂钩，其缺陷为：其一，过失犯中信赖原则起源于德国，它在交通领域、数人共同实施（容许的）风险性的措施等领域发挥着重要作用。② 日本引入该理论后，其适用范围由机动车交通事故

① 参见徐育安：《刑法上业务过失之理论与实务——以德国法为借镜》，载台湾《东吴法律学报》2017 年第 2 期。

② 参见［德］乌尔斯·金德霍伊泽尔：《刑法总论教科书》，蔡桂生译，北京大学出版社 2015 年版，第 335~336 页。

领域逐步扩张到医疗、企业监督等领域。① 现在，不仅在交通事故领域，而且在企业活动与医疗活动及其他活动中，也适用信赖原则。② 信赖原则的扩张是客观的事实，且它不是以业务的类型化为扩张标准。那么，区分业务过失与普通过失，并对业务过失以违背社会信赖为由加重处罚，就难以作出合理的说明，毕竟普通过失也完全可能违背社会信赖。其二，社会信赖是一种难以界定的社会心理状态，尤其是在不同的业务场合，受不同主客观条件的限制，更是难以明确。其三，随着社会分工的复杂化，业务的范围在不断扩张，业务的类型也在不断增加，业务过失与普通过失的边界也变得难以区分，社会信赖无法给予业务过失应加重处罚的理由。对此，梁云宝认为，上述学说因为各自存在一定的缺陷，已经不能成为支持对业务过失进行较重处罚的依据。③ 日本学者大塚仁认为违法性重大说以及责任说更具有合理性，因为业务者基于其职位和技能水平，相比于普通人具有更高的注意能力，自然其违反注意义务的程度更显著，故其违法性和责任程度都比普通人违反注意义务的程度更严重。

　　笔者认为，特别注意义务说和责任重大说都错误地理解了注意能力和注意义务的关系，认为注意能力越强，注意义务就越高。实际上，注意能力和注意义务并不总是成正比的关系，认为从事业务行为的人注意能力强，因而其负有较高的注意义务，从而应承担较重责任的观点是不成立的。对于一般预防说与违法性重大说，笔者同意上述学者的观点，认为前者缺乏刑法理论上的根据，后者则是一种凭空的想象，不具有合理性。法益重大说也不能解释在交通肇事中，职业的汽车驾驶员所造成的法益侵害必定大于普通的汽车驾驶者，因此也存在着一定的缺陷。而对于社会信赖说，正如前述学者所言，社会信赖过于模糊抽象，难以对其进行明确的定义，因此，将对业务过失加重处罚的理由根植于社会信赖的违反，其合理性也是无法立足的。相对而言，折中说的观点有一定的合理性，因为其认为对业务过失处罚加重的依据不仅在于业务过失犯罪中对注意义务的违反较重，也考虑到了业务过失犯罪在某些情形下所造成的客观危害结果更严重。但是，折中说也有着缺陷，该说过于绝对地认为业务过失犯罪对注意义务的违反均重于普通过失，太过片面与狭隘。

　　第二种观点主张对业务过失的处罚应轻于普通过失犯罪。这种观点主要由我国刑法学界部分学者所主张，也体现在我国新旧刑法的部分条文之中。例如，在 1979 年《刑法》的立法中，第一百一十三条交通肇事罪规定：从事交通运输的人员违反规章制度，因而发生重大事故，致人重伤、死亡或者公司财产遭受重大损失的，处三年以下有期徒刑或者拘役；情节特别恶劣的，处三年以上七年以下有期徒刑。而第一百三十三条规定的过失致人死亡罪规定：过失杀人的，处五年以下有期徒刑；情节特别恶劣的，处五年以上有期徒刑。明显可以看出，我国旧刑法中，对业务过失犯罪的规定明显轻于普通过失。对交通肇事犯罪设置较低法定刑的原因在于当时的立法者认为尽管交通肇事犯罪具有严重的后果，但毕竟属于工作上的失误，不是故意的犯罪，因此不应处以较重的刑罚。此外，第一百一

---

① 参见 ［日］ 甲斐克则：《责任原理与过失犯论》，谢佳君译，中国政法大学出版社 2016 年版，第 90~91 页。

② 参见张明楷：《刑法学》（上），法律出版社 2016 年版，第 295 页。

③ 参见梁云宝：《业务过失的刑法惩处不必重于普通过失》，载《法学评论》2020 年第 1 期。

十四条重大责任事故罪规定：工厂、矿山、林场、建筑企业或者其他企业、事业单位的职工，由于不服管理、违反规章制度，或者强令工人违章冒险作业，因而发生重大伤亡事故，造成严重后果的，处三年以下有期徒刑或者拘役；情节特别恶劣的，处三年以上七年以下有期徒刑。第一百一十五条违反危险品管理规定肇事罪规定：违反爆炸性、易燃性、放射性、毒害性、腐蚀性物品的管理规定，在生产、储存、运输、使用中发生重大事故，造成严重后果的，处三年以下有期徒刑或者拘役；后果特别严重的，处三年以上七年以下有期徒刑。这两项业务过失犯罪的法定刑也低于普通过失犯罪。这种对业务过失犯罪处以较轻刑罚的观点也反映在随后修订的1997年《刑法》中，1997年《刑法》增加了业务过失犯罪的立法，同时，对业务过失犯罪法定刑的设置大多轻于普通过失犯罪。如在《刑法》第二百三十三条规定的过失致人死亡罪中，过失致人死亡的，处三年以上七年以下有期徒刑；情节较轻的，处三年以下有期徒刑。而第一百三十三条交通肇事罪的规定是：违反交通运输管理法规，因而发生重大事故，致人重伤、死亡或者使公私财产遭受重大损失的，处三年以下有期徒刑或者拘役；交通运输肇事后逃逸或者有其他特别恶劣情节的，处三年以上七年以下有期徒刑；因逃逸致人死亡的，处七年以上有期徒刑。可以看出，交通肇事罪的法定刑一般是三年以下，明显轻于过失致人死亡罪的三年到七年有期徒刑的量刑标准，只有在情节特别恶劣的情形下才会重于过失致人死亡罪。同样，在第一百三十一条重大飞行事故罪、第一百三十二条铁路运营安全事故罪、第一百三十四条重大责任事故罪、第一百三十五条重大劳动安全事故罪、第一百三十五条之一大型群众性活动重大安全事故罪、第一百三十六条危险物品肇事罪、第一百三十七条工程重大安全事故罪等业务过失犯罪中，其法定刑一般情形下轻于过失致人死亡罪的法定刑。

对此，我国学者认为业务过失犯罪的法定刑轻于普通过失犯罪的理由主要在于：其一，认为业务过失属于工作上的一定失误，不应处罚太重。其二，认为业务过失一定程度上是由于工作环境、领导体制、工作设施不完善等众多客观因素造成的，可以从轻处罚。其三，随着现代工业技术的发展，其对人的技能水平和适应能力要求越来越高，在高强度、快节奏的压力下，业务人员出错的概率大大增加，对此类过失行为如果严厉惩罚，会打击业务人员的积极性，一定程度上阻碍了生产水平的提高。其四，对业务过失犯罪的预防应以加强企业的管理水平、落实严格的安全责任制度以及加大对职工技能水平的培训为主，而不能仅依靠刑罚和制裁。

第三种观点是主张取消业务过失，而将过失犯罪分为普通过失与重大过失，并设置不同的法定刑。目前，采取此种立法例的国家较少，根据赵秉志教授的观点，法国刑法典第221-6条可以被视为采取了这种做法。① 根据法国刑法典第221-6条之规定：第一款，根据第121-3条规定的情况和区别，因笨拙失误、轻率不慎、缺乏注意、懈怠疏忽或违反法令或条例规定的安全或谨慎义务而造成他人死亡，构成过失杀人罪，可处三年徒刑和罚款4.5万欧元。第二款，如果故意不履行法令或条例规定的安全或谨慎义务，则处罚将增加至五年监禁和7.5万欧元罚款。在这一条款中，立法者就没有采用业务过失和普通过失的分类来分别设置法定刑，而是在过失犯罪中分别规定了较轻和较重的刑罚。具体而言，该

---

① 参见赵秉志、李慧织：《业务过失犯罪处罚问题研究》，载《当代法学》2009年第1期。

条中的因违反法令或条例规定的安全、谨慎义务而造成他人死亡的可以被认为是属于业务过失犯罪。因为业务过失犯罪中注意义务的违反就是对相关业务领域内安全制度规范所要求的注意义务的不履行或者疏忽履行，从而造成了危害结果。但本条并没有明确将其定义为业务过失，而是统一包含在过失犯罪这一概念之下。而对这种过失犯罪行为，又进一步分别规定了轻重两种不同的法定刑，即第一款中规定的"处三年徒刑和罚款 4.5 万欧元"和第二款中规定的"处五年监禁和 7.5 万欧元罚款"。之所以第二款规定的刑罚重于第一款，是因为这种过失行为主观恶性更为严重，行为人明知法令或条例对相关事项有了规定，但仍然不履行其应具备的安全或者谨慎义务，主观态度更为恶劣，理应对其给予较高的非难。日本刑法中虽也有普通过失与重大过失的区分，但同时也规定了业务过失，并将其与重大过失并列，设置相同的法定刑。

在理论界，众多支持这种观点的学者的理由主要来源于对第一种观点的批判，认为第一种观点所主张的对业务过失犯罪加重处罚的根据并不都能成立。具体理由在前文中已经进行了阐释，在此不一一赘述，总之，正如甘添贵先生所指出的："如果就各个具体的业务行为，分别说明其加重的理由，或许尚可言之有理，但如果将其作为一个类型而统一说明其加重处罚的根据，就并非那么容易成立了。"[①]

第四种观点主张业务过失与普通过失法定刑的轻重应根据不同的情形分别设置。在一般情形下，业务过失犯罪的法定刑应重于普通过失，但当某些普通过失犯罪表现为行为人公然违反法律的禁止性规定而实施某些危险行为，而这些危险行为导致危害结果发生的可能性极大，且其法益侵害的结果并不小于业务过失犯罪时，对业务过失的处罚就应轻于或者等于普通过失犯罪。[②]

综上，通过对上述学者关于业务过失犯罪与普通过失犯罪处罚观点的阐释与分析，笔者认为，首先，主张取消业务过失，而以重大过失和普通过失代替并设置轻重不同的刑罚的观点并不可取，其理由如下：（1）业务过失犯罪是行为人在业务活动领域所实施的行为，而业务活动一般是行为人基于其社会生活地位而实施的生产、经营活动，是面向社会公共领域所实施的活动，故业务过失行为侵害的是社会中多数人的人身财产利益甚至公共安全，而普通过失往往造成的是对个人利益的侵害，因此，业务过失犯罪所造成的法益侵害危险本身就大于普通过失犯罪。故从客观危害结果上看，不能将业务过失犯罪与同种性质的普通过失犯罪并列，而设置相同的起刑点。（2）相对于普通过失，业务过失行为的主观恶性更为严重，因为业务行为中的注意义务已经由明确的法律规章制度以及行业规范所规定，且业务人员在业务活动中通过不断反复继续的实施，相对而言无论是技术水平还是注意能力都较常人高，如果在熟悉相关法律规章制度且具有较高注意能力的前提下，仍然违背了其应有的注意义务，从而造成了严重的损害结果，理应受到严重的处罚。而将其与普通过失并列给以相同的法定刑明显是不合理的。故无论是从客观危害性还是主观恶性上看，取消业务过失犯罪而代之以普通过失与重大过失的观点是难以让人认可的。

其次，主张业务过失犯罪的处罚轻于普通过失犯罪的观点也不具有合理性。理由在

---

① 参见刘志伟、聂立泽：《业务过失犯罪比较研究》，法律出版社 2004 年版，第 79 页。
② 参见刘志伟、聂立泽：《业务过失犯罪比较研究》，法律出版社 2004 年版，第 87 页。

于：（1）从前面的论述中可以看出，业务过失犯罪在大多数情形下所造成的危害结果是重于普通过失犯罪的，如果对其处以较轻的刑罚制裁，那么就明显违背了罪责刑相适应的刑罚基本原则。（2）对于持这种观点的学者所提出的理由，也不能实现逻辑上的自洽。部分学者认为业务过失犯罪的处罚应轻于普通过失犯罪，其理由主要在于认为业务过失犯罪的危害结果与行为人主观意向存在脱节现象，不能表现出行为人个性品质全貌和反社会性的程度，且大部分业务过失只是工作上的失误，不应处罚太重。同时，因为业务过失的出现与客观的规章制度不健全、工作环境不规范有关，存在从轻处罚的理由。但是，工作与工作失误并不能混为一谈，工作失误也不是对其从轻处罚的借口，业务人员在工作中本就应详细了解相关行业的规章制度以及工作规范，认真履职，避免危险事故的发生，因此，以工作失误来作为避免从重处罚的理由并不成立。此外，业务过失犯罪的行为人可能因为客观因素的存在，对危害结果只承担部分责任，但这种情况下的"从轻"是与没有客观因素介入时相比较的"从轻"，是同种业务过失犯罪在不同情况下的纵向比较，并不能证明对业务过失犯罪的处罚应轻于普通过失犯罪。[1]

最后，主张对业务过失犯罪应予以较重的处罚的观点具有合理性。其合理性在于：（1）相较于普通人，业务人员本身具有较高的业务水平和业务能力，理应提高其注意义务的标准或者说赋予其特别的注意义务，不能与普通人等同视之。此种情形下仍不履行注意义务，那么其造成的危害结果可能更加严重，应予以较重的处罚。（2）业务人员所从事的业务活动具有一定的特殊性，往往涉及众多关系公共利益的领域，其违法行为会造成严重的法益侵害，法益侵害严重，也应承担严重的责任后果。但是该观点也存在过于绝对化的问题，因为并不是对所有的业务过失犯罪来说都应加重处罚，在某些特殊情形下，对业务过失犯罪的处罚可以轻于或者等于普通过失。此种情形为第四种观点所指出，即当行为人的行为公然违背了法律的禁止性规定或者其造成的危害结果等于或大于业务过失时，可对其处以较重的刑罚。因此，笔者赞成第四种观点，主张在绝大多数情况下，业务过失犯罪的处罚应当重于普通过失，因为业务过失犯罪的主观恶性和客观危险性在一般情形下通常较普通过失严重。而在特殊情形中，业务过失犯罪的处罚应不重于普通过失犯罪，这主要表现在行为人公然违背法律法规的禁止性规定，实施某项危险行为，从而造成严重的法益侵害结果的场合。此时，对业务过失犯罪的处罚就应等于或者小于普通过失犯罪。此外，对于业务过失犯罪，我国部分学者还提出了需要增加业务过失危险犯的规定。因为相较于普通过失犯罪，业务过失犯罪给社会公共安全带来了更大的威胁。为有效地减少此种威胁，应转变刑法的理念，由后果的制裁向结果的预防转变，故可以适当地在刑法规范中增加关于业务过失危险犯的规定。

二、何谓监督过失

监督过失理论最早是由日本刑法学者针对国内日益频发的重大安全事故提出来的一项理论，旨在追究重大责任事故中上级管理者的过失责任，以期有效遏制和预防此类犯罪的发生。其在日本兴起以来得到了较为广泛的应用，为重大生产安全事故中的责任追究提供

---

[1]　参见赵秉志、李慧织：《业务过失犯罪处罚问题研究》，载《当代法学》2009 年第 1 期。

了一套行之有效的理论。但我国直到 20 世纪 80 年代后期才引进监督过失理论，我国刑法学界对其研究还不够充分，因此，有必要对其作进一步的探讨。而要研究监督过失，首先需要明确监督与过失的概念。

(一) 监督的概念

"监督"在我国古代文献中具有三层意思。一是指督察军事。《后汉书·旬或传》："古之遣将，上设监督之重下建副二之任，所以尊严国命，谋而鲜过者也。"监督在这里的意思是对在外领兵打仗的将军是否严格执行军令进行监督。① 二是指监察督促。《周礼·地官·乡师》："大丧用役则帅其民而至，遂治之。"郑玄注："治谓监督其事。"又《隋书·炀帝纪上》：（大业）"二年春正月辛酉，东京成，赐监督者各有差。"这里的监督其实就是监察督促事情的完成的意思。三是指一种官名。例如，清代设十三仓监督、崇文门左右翼监督。而在现代，根据现代汉语词典的解释，监督有两层意思：一是察看并督促；二是做监督工作的人。而在英文中，监督一词用"supervision"表示，这个单词由"super"和"vision"组成，前者意指超级的、更高等级的，后者意指视察或观察。两者合起来就是更高等级的观察和视察，也就是上级对下级的监督。

在我国，"监督"一词在行政法领域应用较为广泛，一般所称的监督指的是行政监督，基于行政法的相关监督理论，我国现行的监督体系分为内部监督和外部监督两种。内部监督主要包括一般监督和专门监督两个方面，一般监督是根据各机关的上下级隶属关系和协作关系而产生的监督。主要包括两种监督方式，一是上下级之间的监督，例如，上级政府对下级政府、政府对内部部门机关的监督。二是各个机关之间的监督，有论者称为职能监督，意指生产经营主体内部或政府各职能部门或直属机构依据法定职权，就其主管业务在自己的职能范围内对其他部门进行监督。该种监督通常是在自己业务范围之内进行监督，例如，省级应急管理厅对市县应急管理局的监督和管理。而专门监督是指生产经营单位内部或者政府内部设立的具有专门监督职能的机构对所有部门行政工作以及人员行为实行专业性分工的监督。我国现行的专门监督主要包括行政监察和审计监督两种。行政监察是指国家行政机构内专门行使监督职权的机关依法对国家行政机关及其公务员行使行政权力的行为进行的监视和督察。审计监督是指由国家设立的专门机关和人员对国家行政机关及企事业单位经济活动的合法性和效益性以及遵纪守法等情况进行审查。我国的审计机关主要包括国务院设立的审计署及其派出机构以及各级政府设立的审计厅（局）等。外部监督主要是指行政机关的外部力量对其依法行政进行的监督，主要有政党监督、司法监督、监察监督、人民团体及社会舆论监督等方式。对于业务监督过失犯罪中的监督概念，我们认为其可以采用一般监督之监督概念，既包括上下级之间的监督，也包括相关业务部门内的监督。因为监督过失犯罪中的监督既包括监督者对被监督者的行为，也包括业务监督管理行为，主要是指监督者对业务活动中的安全生产经营进行监督和管理。

---

① 参见《辞海》（缩印本），上海辞书出版社 1980 年版，第 1688 页。

（二）过失的概念

在厘清监督的概念之后，需要明确刑法中过失概念的内涵。所谓过失，刑法学者对其定义也不同。我国学者童德华教授认为："过失，是没有实现犯罪的认识、意欲而实现犯罪的行为，法律有特别规定加以处罚的场合中的心理态度。"① 韩国学者金日秀认为："根据韩国刑法第十四条规定，过失系行为人在具体行为时违背了为避免发生构成要件结果的应尽社会生活注意义务。"② 在日本刑法学界，过失通常被认为是对注意义务的一种违反。如大塚仁教授指出："考察过去的通说过失及故意均为责任条件或责任形式，过失的实体为行为人因不注意导致对犯罪事实的表象缺乏，换言之，倘若行为人保有相当程度的注意就可以表象且避免犯罪事实尤其是构成要件结果的发生，正是因不注意而缺乏表象造成犯罪结果的产生。"③ 再如曾根威彦教授也认为："所谓过失为不注意即违反注意义务而对犯罪事实没有认识。"④ 但日本学者在过失性质的认识上，即过失是属于构成要件还是责任上具有一定的分歧，大塚仁教授认为虽然通常意义上的过失属于责任条件，但还需要进一步将过失理解为违法性要素以及构成要件要素。因而他认为过失应首先被视为构成要件的要素，可将其称作构成要件性过失。⑤ 同样，高桥则夫教授也认为，在具体的犯罪构成中，过失犯被视为"开放的构成要件"。⑥ 但大多数学者还是将过失作为一种责任要件来理解。如甲斐克则教授指出："自古以来，过失都被视为与故意相并列的责任形式。"⑦ 在德国，德国刑法并未就过失的概念予以定义，究其演变历史，过失与故意为并列的罪责形式。故意指向的是行为人对其意图实行的行为结果的主观认识，如果行为人并未基于必要的谨慎注意义务认识到原本应预见到的行为结果，则该行为人成立过失。由此看来，过失是针对构成要件的实现的一种认识错误，倘若行为人因缺乏谨慎而产生此种认识错误，那么此种错误不能免除行为人的负担。⑧ 在意大利，意大利刑法学者帕多瓦尼认为，"根据其刑法典第四十三条第一款的规定可知，即便已预见结果，但此结果并非出自行为人的希

---

① 参见童德华：《外国刑法导论》，中国法制出版社 2010 年版，第 125 页。

② 韩国刑法第十四条规定：因怠慢正常的注意，而未认识到犯罪成立要素之事实的行为，其处以法律有特别规定者为限。参见［韩］金日秀、徐辅鹤：《韩国刑法总论》，郑军男译，武汉大学出版社 2008 年版，第 419 页。

③ 参见［日］大塚仁：《刑法概说（总论）》，冯军译，中国人民大学出版社 2003 年版，第 199 页。

④ 参见［日］曾根威彦：《刑法学基础》，黎宏译，法律出版社 2015 年版，第 116 页。

⑤ 参见［日］大塚仁：《刑法概说（总论）》，冯军译，中国人民大学出版社 2003 年版，第 199 页。

⑥ 参见［日］高桥则夫：《刑法总论》，李世阳译，中国政法大学出版社 2020 年版，第 187 页。

⑦ 参见［日］甲斐克则：《责任原理与过失犯论》，谢佳君译，中国政法大学出版社 2016 年版，第 81 页。

⑧ 参见［德］乌尔斯·金德霍伊泽尔：《刑法总论教科书》，蔡桂生译，北京大学出版社 2015 年版，第 326 页。

望，而因行为人自身的疏忽、不谨慎或缺乏经验、未遵守法律、法规等导致，则此过失为重罪"。① 而在俄罗斯，《俄罗斯联邦刑法典》第二十六条专门规定了过失犯罪，其中包括过失犯罪的概念、种类及特征。立法者就过失犯罪进一步划分为轻信的过失及疏忽的过失两种类型。根据《俄罗斯联邦刑法典》第二十六条第二款指出："轻信是指行为人已预见到自身的行为（包括作为及不作为）可能产生危害结果，在无充足的理由下轻信自己可以防止或避免此后果的产生，由此产生的犯罪行为即系轻信的过失犯罪。"② 第二十六条第三款对疏忽的过失作出了规定，"行为人本应基于必要的注意及预见性对自身行为（包括作为和不作为）可能发生的危害社会的结果加以预见，却没有预见到此种后果，此种犯罪即为疏忽的过失犯罪"。③

在我国刑法中，我国对于过失犯罪的规定为："应当预见自己的行为可能发生危害社会的结果，因为疏忽大意而没预见，或者已经预见而轻信能够避免，以至发生这种结果的。"④ 从刑法条文上看，我国关于过失犯的规定与俄罗斯刑法具有相似之处，都将过失分为过于自信的过失及疏忽大意的过失。此外，对于过失犯，各国刑法普遍认为以处罚故意为原则，以处罚过失为例外，一般过失犯的刑罚也轻于故意犯罪。例如韩国刑法中，与始终惩罚故意不同，仅在法律特别规定的情况下，才例外地对过失予以惩罚。在日本，根据日本刑法规定，法律原则上对故意犯进行惩罚，例外情况才对过失犯予以惩罚。根据德国刑法第十五条的规定，刑法只处罚故意行为，但明文规定处罚过失行为的除外。在意大利刑法中，对于过失的处罚，就重罪而言，只有在法律具有明文规定的情况下，过失行为才会受到处罚，但对于轻罪而言，不论故意或过失，一般要承担责任。可见意大利刑法对于过失的处罚作了重罪与轻罪的区分。而在俄罗斯刑法中，根据《俄罗斯联邦刑法典》第二十七条之规定："如果由于实施故意犯罪造成了依法应该处以更重刑罚的严重后果，而这种后果又不包括在犯罪人的故意之中，则只有在犯罪人预见到这种后果发生的可能性却没有足够根据的轻信可以防止这种后果的发生，或者犯罪人应当预见这种后果可能发生却未预见时，才应对这种后果承担刑事责任。在总体上，这种犯罪是故意犯罪。"由此可以看出，在俄罗斯刑法中，也是以处罚故意犯罪为原则，处罚过失犯罪为例外。我国刑法同样如此，根据我国刑法第十五条之规定："过失犯罪，法律有规定的才负刑事责任。"

（三）监督过失之界定

顾名思义，监督过失首先是一种过失行为，其次是一种负有监督义务的过失行为，根据上文对"监督"及"过失"概念的阐述，我们已经明晰了监督过失中核心概念的基本

---

① 《意大利刑法典》第四十三条规定："行为人虽然预见到结果，但不希望其发生，该结果因疏忽、轻率、无经验或者未遵守法律、规章、命令或纪律而发生。"参见［意］杜里奥·帕多瓦尼：《意大利刑法学原理》，陈忠林译，中国人民大学出版社 2004 年版，第 225 页。

② 参见［俄］伊诺加莫娃·海格：《俄罗斯联邦刑法（总论）》，黄芳、刘阳、冯坤译，中国人民大学出版社 2010 年版，第 89 页。

③ 参见［俄］伊诺加莫娃·海格：《俄罗斯联邦刑法（总论）》，黄芳、刘阳、冯坤译，中国人民大学出版社 2010 年版，第 90 页。

④ 参见张明楷：《刑法学》（上），法律出版社 2016 年版，第 282 页。

含义，而众多学者对监督过失的定义也是在明晰了其基本概念基础之上所作出的。目前，学界对于监督过失的理解主要存在以下几种观点。

第一种观点从狭义上来理解监督过失，认为监督过失是监督者怠于履行自己对被监督者的监督义务，从而使被监督者的行为造成了侵害法益的严重后果。狭义监督过失的核心在于在监督者与危害结果之间接入了第三者即被监督者的行为，这种监督关系是一种人与人之间的监督关系，一般存在于上级负有监督义务的人和下级被监督者之间。造成侵害结果的原因不是直接来源于上级监督者的行为，而是由介入的被监督者的行为所引起的。在狭义的监督过失理论中，根据被监督者行为的不同性质，又存在着几种不同的观点。第一，认为在监督过失中，被监督者的行为只能是过失。例如，日本学者前田雅英认为："监督过失为某人因过失而直接导致法益的侵害后果后，对负有应对该含义人予以监督之义务的人追究过失责任。"① 三井诚认为："所谓监督过失指与实施直接使结果发生的过失（直接过失）的行为人（直接行为人）相应，处于指挥、监督直接行为人的立场的人（监督人）怠于防止其应当防止危害结果发生义务的情况。"② 野村捻认为："监督过失是指监督者，亦即自己并不亲自从事危险事务但是对于负有监督责任者之担当者的过失行为而发生结果时应当承担的过失责任。"③ 第二，不要求被监督者的行为必须是过失，也包括故意甚至某些无罪过的行为，只要造成了危害结果的发生，就成立监督过失犯罪。例如，西原春夫指出："监督过失是人与人之间的关系，即处于上层的监督人员虽具有监督下级人员从事相关活动时为适切行为的职责，却因过失未能履行而需科以刑事责任的情形，与人对物之间的关系毫无关联。……监督过失并非监督者自身单独行为就能成立，而是依赖于下级被监督人员的不适切行为。"佐藤文哉认为："无论第三者与危害结果直接相关的过失是否存在，只要监督者违反监督义务，未能有效防止被监督者做出不当行为的，都属于监督过失。"我国也有论者赞成此种观点，认为监督过失是指二个以上有从属关系的行为人，即监督者与被监督者之间，由于监督者的懈怠疏忽而使被监督者故意或过失地实施了犯罪，相应地追究监督者过失责任。④

第二种观点则主张从广义上来理解监督过失，认为监督过失既包括狭义上的监督过失，又包括监督管理过失。所谓管理过失，是指由于企业的管理体制不完善、机构人员和设备配置不健全等造成的危害结果发生的情形。从对象上来看，管理过失是一种在物的管理上存在的过失情形。如大塚仁教授指出的："在认为企业等的管理体制不完备本身直接地成为事故的原因时，要考虑责任者管理上的过失，因此被称为管理过失。"⑤ 由此可见，广义上的监督过失概念有两层含义，一是狭义上对人的监督过失，二是对物的管理过失，这一观点目前已经得到了日本学界众多学者的认可。如高桥则夫教授认为，"在工业灾

---

① 参见［日］前田雅英：《刑法总论讲义》，曾文科译，北京大学出版社 2017 年版，第 189 页。
② 参见马克昌：《比较刑法原理：外国刑法学总论》，武汉大学出版社 2002 年版，第 269 页。
③ 参见［日］野村捻：《刑法总论》，全理其等译，法律出版社 2001 年版，第 184 页。
④ 参见李兰英、马文：《监督过失的提倡及其司法认定》，载《中国刑事法杂志》2005 年第 5 期。
⑤ 参见［日］大塚仁：《刑法概说（总论）》，冯军译，中国人民大学出版社 2003 年版，第 211 页。

害、食品药品事故、医疗事故、大规模火灾事故等事例中，除了直接行为人的过失责任之外，管理者与监督者的过失责任成为问题。这即为‘监督过失（广义）’的问题"①。裁判官佐藤也明确指出："无论第三者之过失与结果发生是否有直接关联，注意义务之内容乃监督被监督者之义务，而其懈怠与结果发生有其因果关系之情形。并且，与从来之狭义监督过失相当之间接防卫型，亦即以直接过失之存在为前提，对于监督直接行为不致触犯直接过失之监督上注意义务懈怠介入直接过失而与结果发生相结合之场合，加上以直接介入型之名，亦即无论直接过失存在与否，皆应对被监督者采取一定之监督措施，却怠忽此注意义务，其怠忽与结果之产生相关联之场合，皆构成监督过失之一样态。"在我国，也有众多的学者持广义上的监督过失观点。如马克昌教授认为，"广义的监督过失中包括管理过失。若仅仅在狭义的层面进行理解，监督过失是人对人的过失，即处于上层监督管理地位的监督者担负监管组织体下层的被监督者不实行不适当行为的职责，但其懈怠履职导致被监督者因过失而造成危害后果的情形。管理过失则与此不同，指负有管理职责者因在人员、设施、组织体业务开展等诸层面怠于为组织体建立保障其安全运行的管理体制并因此导致危害后果的情形。在谈及监督过失时应该注意广、狭义的必要区别，广、狭二者的内涵并不一致，前者通常是后者与管理过失的统称"。② 张明楷教授也认为："监督过失主要包括两种类型，一种类型是怠于履行自身担负的监督义务而疏于对被监督者进行必要正确的监督，从而发生一定危害后果而构成的监督过失；另一种类型是监管者因怠于履行自身担负的管理义务而没能为组织体确定保障安全的管理体制并因此造成危害后果而构成的监督过失。……后者重在强调保障安全的管理体制的疏于建立，也能称之为管理过失。"③此外，韩玉胜教授和沈玉忠教授也认为："监督过失应当有两种情形：一是没有履行或者不积极履行对人的监管义务，二是没有建立完备的人员体制、设备安全制度。"④ 由此可见，采广义监督过失概念已成为中外诸多学者的共识。

笔者认为，监督过失应从广义来理解较为恰当，即应将管理过失纳入监督过失的范围。从上述管理过失的定义来看，管理过失是监督管理人员没有确立健全的管理体制，这种管理体制既包括机构、设备、规章上的管理制度，也包括人事上的体制安排。可以说，管理不仅包含着对规章制度等物的管理，也包括对人的管理。而监督的对象既可以是人，也可以是物。管理过失与监督过失本身就存在紧密的联系，两者具有一定的竞合性，故将监督过失与管理过失割裂开来的做法是不现实的。同时，从监督过失犯罪的主体来看，狭义监督过失的犯罪主体是上级监督者，在公司企业中，这种上级的监督者一般也是企业的管理人员，至少是负责某项专门业务的管理人员，其也能够成为管理过失犯罪的主体，而在过失犯罪的场合，管理人员所负有的义务往往是基于其职位产生的监督义务，故二者在主体和主体所负有的注意义务上具有同一性。因此，在刑法中采广义上的监督过失概念具有合理性，能够在更大范围内对相关的业务过失犯罪进行规制。

---

① 参见［日］高桥则夫：《刑法总论》，李世阳译，中国政法大学出版社 2020 年版，第 211 页。
② 参见马克昌：《比较刑法原理——外国刑法学总论》，武汉大学出版社 2002 年版，第 245 页。
③ 参见张明楷：《监督过失探论》，载《中南政法学院学报》1992 年第 3 期。
④ 参见韩玉胜、沈玉忠：《监督过失论略》，载《法学论坛》2007 年第 1 期。

综上，笔者认为，监督过失是指监督管理人员对其负有的监督义务的违反，由此造成了一种法益侵害结果的发生。其所负有的监督义务既包括对人的监督义务，也包括对其所管理的事项的监督义务。同时，因为从字面意义上看，监督过失既能被视为主观罪过中的过失形态之一，也可理解为过失犯罪的类型之一。而在实践中，更多的是从过失犯罪类型意义来进行理解，故我们认为，"监督过失"概念与"监督过失犯罪"概念等同。

三、业务监督过失犯罪的概念和特征

（一）业务监督过失犯罪的概念

上文已探讨了监督过失与业务过失之概念及其内涵，从这两组概念可以推知业务监督过失之概念。从词义来分析，业务监督过失首先是一种监督过失，并不是一种直接过失行为。所谓直接过失，是指行为人没有因其未履行自身应有的注意义务，从而以本人的行为直接实现了法益侵害的结果。在直接过失中，危害结果的发生是直接来源于行为人的实行行为，没有介入第三者也就是被监督者的行为。从这一点上看，直接过失的行为与结果之间是一种直接的因果关系。直接过失既可以是普通过失，也可以是业务过失。可以说，在过失犯罪中，普通过失与业务过失是从涉及的内容上对过失的一种划分，而直接过失与监督过失是从行为方式上对过失的一种划分。业务监督过失是属于业务范围内的一种监督过失。根据不同的划分标准，监督过失具有不同的类型，从监督的对象来看，监督过失可以分为最狭义的监督过失和监督管理过失，前者是指有监督者与被监督者的一种监督过失，通常存在于公司企业的上下级之间，上级是监督者，下级业务人员是被监督者。从监督者是否具有行政管理职权上看，可将监督过失分为公务监督过失和业务监督过失。公务监督过失是指具有行政管理职务的国家机关工作人员的一种监督过失，其主体一般是国家机关工作人员，实行行为是国家机关工作人员的失职渎职行为。例如，《刑法》第四百零八条规定的环境监管失职罪就属于对公务监督过失犯罪的规定，对于企业违规排污行为所造成的环境污染，负有环境监管职责的国家机关工作人员就应承担相应的监督过失责任。再如负责管理国有资产的有关单位因监督管理不当造成国有资产流失的，也负有监督过失责任。而业务监督过失犯罪的主体是从事业务活动的人，通常是公司内部负有监督责任的企业人员，他们并不具有行政管理职责。因此，业务监督过失犯罪的行为主体不是国家工作人员，而是公司企业等领域内对业务进行监管的人员。对于业务监督过失犯罪的概念，笔者认为，业务监督过失犯罪是指监督管理者在业务活动中，因其主观上的疏忽大意或者过于自信，没有履行或者没有认真履行对业务活动中的人或者物的监督管理义务，从而造成了法益侵害结果的发生。

（二）业务监督过失犯罪的特征

业务监督过失犯罪是一种监督过失犯罪，因而其具有监督过失犯罪的一般特征，但因为其是在业务领域发生的一种监督过失犯罪，故其也具有不同于一般监督过失犯罪的特点。具体而言，首先，业务监督过失犯罪的行为主体具有一定的特殊性，即该罪的行为主体也是从事该项业务的人员，具备相关业务领域的专业知识和技能水平。这是因为业务本

身就是一项专业性的行为，不同的业务对行为人的知识和技能有着不同的要求，如医疗业务行为要求行为人具备专门的医学知识和水平，从事建设工程的业务要求行为人具备相关的施工技术和测量技术，从事运输业务的行为人也必须具备相应的驾驶技术，等等。其次，业务监督过失犯罪中的业务行为具有一定的危险性，这是由业务本身的特征所决定的，作为一项业务，其对从事业务活动的人员具有较高的注意义务要求，就在于行为主体在从事某项业务之前已经经过了专业的技术培训和指导，取得了该项业务的从业资格，在从事业务活动的过程中也进行了反复继续的实施，具有娴熟的操作技术和水平，因此相较于普通人，业务人员对其行为可能造成的危害结果有着更高的预见义务和能力，此种情形下，其过失行为则可能造成更具有风险性的危害结果。最后，业务监督过失犯罪的主观心理态度更加复杂，往往兼有着故意和过失。在业务监督过失犯罪中，行为人的故意主要体现在对注意义务的故意违反。这些来源于法律法规、规章制度以及行业习惯的注意义务是对其从事业务活动的规制，是对其合法从业的要求，而行为人在明知有着这些规范存在的情形下，故意违反这些法律法规和行业准则，这是一种主观上的故意心态。但业务监督人员通常并不希望或者放任其行为对社会造成危害，只是因为疏忽大意或者过于自信而没有预料到出现了法益侵害的结果，故从对侵害结果的态度上来看，又是一种过失。故在业务监督过失犯罪中，业务监督管理人员的主观心理态度是过失中杂糅着故意，具有一定的复杂性。

第三节　业务监督过失犯罪的性质

业务监督过失犯罪中存在着两个过失行为，一是监督者的过失，二是被监督者的过失，两个行为之间存在着一定的因果关系，那么对于业务监督过失犯罪中的这两个行为属于过失竞合还是共同过失？这是研究业务监督过失犯罪所必须解决的问题。在此，我们需要厘清"过失竞合"与"共同过失"这两个基本概念。

一、过失竞合的概念

过失竞合是德、日等大陆法系国家刑法理论和判例为说明数个行为人之间由各自的过失相结合而产生某同一危害结果时所采用的概念。过失竞合这一概念在监督过失中广泛采用，所谓过失竞合，是指对一个构成要件的结果的发生，存在复数过失的情况。马克昌教授认为过失竞合存在着单独行为人的过失竞合与复数行为人的过失竞合两种。[①]

具体而言，单个人的过失竞合是指一个人在一定时间内实施数次过失行为。在日本，单个人的过失竞合也被学者中野次雄、北川佳世子称作"阶段性过失"，特指到发生结果时为止，同一个人的不注意行为存在两个以上阶段的场合。[②] 例如，驾驶员张三在驾驶汽车的过程中，没有注意前方，过失看漏了停车信号，直至将车开到正横过马路的行人甲前

---

① 参见马克昌：《比较刑法原理：外国刑法学总论》，武汉大学出版社2002年版，第268页；陈子平：《刑法总论》，中国人民大学出版社2009年版，第156~157页。

② 参见高铭暄、赵秉志主编：《过失犯罪的基础理论》，法律出版社2002年版，第73页。

面时才发现，于是紧急刹车，但却误踩了油门。此种情形下，倘若其把方向盘打向左边便可避免与甲相撞，但又因紧急状态下的失误将方向盘打向右边，最终导致了甲的死亡。在此案中，行为人张三就存在着三个过失行为，首先是张三忽视前方路口停车信号的行为，其次是张三过失踩错油门的行为，最后是张三过失打错方向盘的行为。那么最终造成甲的死亡结果是哪一行为？在此存在着两种不同的观点。一种是过失并存说，该说认为与结果发生处于相当因果关系的多个过失都是刑法上的过失。另一种是临近过失说，该说认为在多项过失行为中，只有接近结果发生的过失才是刑法上的过失。因此，在上述案例中，根据并存过失说，忽视前方路口信号灯的行为、误踩油门的行为以及打错方向盘的行为都是过失；而根据临近过失说，则只有打错方向盘的行为是过失。再如李四喝酒之后开车，因没有注意前方而撞死了人，在过失并存说看来，喝酒与没有注意前方的行为是过失，在临近过失说看来，没有注意前方的行为是过失。

复数行为人的过失竞合是指："对于一个构成要件结果的发生存在复数行为人的过失情形。"[1] 由于此种过失竞合中的行为人是两人以上，既可能都是加害人，又可能包括被害人，故根据不同的情形，该过失竞合也存在不同的类型。一种类型是对向型过失竞合，即行为人与被害人的对向型的过失竞合类型，例如，甲不等路口绿灯亮起就横穿马路，汽车司机看到行人甲应减速而没有减速，造成了甲的死亡，这就是甲与汽车司机的过失行为相竞合造成了结果。另一种类型是并行型过失竞合，即复数行为人并行型的过失竞合类型。其中，并行型过失竞合又可以分为并列型过失竞合与直列型过失竞合。并列型过失竞合是对等的加害人的过失同时性过失竞合，例如，A 和 B 两人在山顶玩耍，看到路边有块大石，便将大石推到山下，造成了山下路人的死亡，这就是并列型过失。而直列型过失竞合是与直接过失行为人背后存在的其他过失行为人的过失，从而并列型地竞合的类型。[2] 例如，汽车司机 C 因没有注意撞到了路人甲，其后，货车司机 D 也因不注意过失从其身上碾压而过，造成了甲的死亡，这就是直列型过失。

日本学者西原春夫将单个行为人并发的数个过失举动排除在过失竞合之外，认为过失竞合仅仅是指复数行为人的过失竞合，对于单个人的过失竞合，有学者认为，这种过失竞合主要解决的是刑事责任的对象问题，换句话说，主要是判断行为人的哪一个行为才是危害结果发生的真正的、直接的原因，是因果关系所讨论的问题。[3] 因此，单个人的行为过失竞合不宜在过失竞合中进行讨论，故我们赞同将单个人的过失竞合称作阶段性过失，并将其排除在过失竞合概念范围外。数个人的过失竞合可分为对向型过失竞合与并行型过失竞合，前者是指加害者与被害者之间的过失竞合，而后者是指共同加害者之间的过失竞合。[4]

并行型过失竞合进一步可以划分为横向过失竞合与纵向过失竞合，也即前面所说的并列型过失竞合与直列型过失竞合。横向过失竞合就是多个行为人的过失行为几乎同时作用

① 参见［日］高桥则夫：《刑法总论》，李世阳译，中国政法大学出版社 2020 年版，第 215 页。
② 参见［日］高桥则夫：《刑法总论》，李世阳译，中国政法大学出版社 2020 年版，第 215 页。
③ 参见吴情树、颜良伟：《竞合过失理论的再提倡》，载《中国刑事法杂志》2007 年第 2 期。
④ 参见廖正豪：《过失犯论》，台湾三民书局 1993 年版，第 233 页。

于一个对象上，从而造成某种法益侵害结果的犯罪。纵向过失竞合是不同过失行为人先后在不同的时间对同一个对象造成的过失犯罪。此外，根据过失行为与结果发生的关系，又可以将并行型过失竞合分为累积因果关系的过失竞合与结合因果关系的过失竞合。累积因果关系的过失竞合是指无共同过失的数人之行为作为累积的原因而给受害人造成同一或性质相同的损害，且其中任何一个行为都足以造成该损害。也就是说，当每个人的过失都不足以造成危险发生的结果，但与其他人的过失行为相竞合就能够造成危险结果的发生时就是累积性过失。累积性因果过失具体又包括两类：一种类型是数个行为人的过失行为同时发生，使得被害人遭受了相同性质的损害，并且任何一个行为都能造成该损害结果。例如，两辆对向行驶的汽车因司机的不注意同时撞到了在十字路口过马路的甲，造成了甲的死亡。另一种类型是数人过失行为具有关联性地依次发生，且其中任一过失行为都足以造成法益侵害的结果。例如，英国 1987 年发生的 iFtgzeraldv. aLen 案，该案中，行为人在马路上看见一只鹤鹏，因慢慢靠近观察鹤鹏而未注意前方行驶过来的汽车，结果被一被告驾驶的汽车撞飞，掉下来之后又被反方向驶来的另一被告所驾驶的汽车撞上，造成了瘫痪。结合因果关系的过失竞合是指数个行为人的过失行为相结合在一起，共同造成了危害结果的发生。结合因果关系的过失也分为两种：一是数个过失行为单独都不足以造成危害结果的发生，只有结合在一起才造成了法益侵害的结果。例如，乙、丙两家化工企业因没有注意其污水净化处理设备的损坏，同时向附近的河流排放污水，就排污量而言，任何一家企业的排污量都不足以造成河流中鱼类的死亡，但两家企业共同排污导致了河水的污染，使得河中鱼类生物死亡。二是存在数个行为人的过失行为，其中任一过失行为都能单独造成危害结果的发生，但数个行为结合在一起造成了更大的损害后果。

二、共同过失的概念

正如苏联的刑法学者特拉伊宁所言，刑法理论中最复杂的学说当属共同犯罪理论。[①] 共同犯罪理论本以共同故意犯罪理论为研究基点，但是刑法理论界提出共同过失犯罪也应该被关注，对于过失行为能否成立共同犯罪，直到现在仍是理论争议的焦点。传统刑法理论界对共同过失犯罪的争论往往局限于共同犯罪的本质理论，这些理论主要基于大陆法系的犯罪共同理论和行为共同理论。因此，对共同犯罪本质的理解不同，在共同过失犯罪能否成立的认识上也就具有不同的观点。近年来，对此问题的探讨，学界主要存在以下几种观点：

第一种是肯定说。肯定共同过失观点的理论基础是共同犯罪理论中的行为共同说，该说认为，两个或两个以上的多个行为人单纯地共同实施的自然行为，无论行为人之间是否具有共同行为的意思表示，只要是实现构成要件内的犯罪也能够成立共犯。[②] 日本刑法学者曾根威彦曾阐述行为共同说推导出共同过失行为成立的逻辑：行为共同说既然已经主张具有共同的行为便可成立共同犯罪，是否具有共同的故意并不重要，共同过失行为也可以

---

① 参见［苏］A. H. 特拉伊宁：《犯罪构成的一般学说》，中国人民大学出版社 1958 年版，第 231 页。

② 参见［日］高桥则夫：《刑法总论》，李世阳译，中国政法大学出版社 2020 年版，第 387 页。

成立共同犯罪。① 目的行为论也肯定了共同过失犯罪的存在，目的行为论是从共同行为的角度出发肯定行为共同说的观点，目的行为共同说的理论主要可分为目的论和共同行为意思两个不同层面的内容，该观点认为，过失行为的共同之处与故意的目的行为的共同之处等同。② 因此，从本质上讲，这是对行为共同理论的一种更新。

在刑法理论界，肯定共同过失犯罪成立的学者并不少。例如，苏联刑法学者特拉伊宁曾指出，倘若行为人同时存在故意和过失两种心理状态，不可能成立共同犯罪，只有行为人的主观上都是过失的情形下才能够成立共同过失犯罪，他还认为，完全不可想象的是，竟没有任何根据可以断言所谓的共同犯罪包含过失。③ 在德国，肯定共同过失犯罪成立观点的学者有布黎、宾丁等。布黎是共犯理论的奠基人，他所倡导的共同犯罪理论为行为共同说。宾丁也是行为共同说的倡导者，他认为，共同正犯的成立，必须是行为人及与其共同实施行为的行为人实现实施行为的愿望即可；也就是说，他认为，共同正犯的成立，不需要有共同犯意的存在。④ 因此，宾丁认同存在过失犯有共同犯罪。在日本，也有众多学者认为存在共同过失犯罪。内田文昭教授就从目的行为论出发，并受到新过失论的影响，把过失犯理解为意识性、目的性的行为，从而展开肯定说。他认为，要想确认过失共同正犯的成立，必须确定有共同实施过错犯构成要件并使之成为可能的行为人。此外，还必须使不注意的意识性、目的性行为的共同成为可能，且该过失的目的行为的共同必须具体化为实施构成要件要素的行为。同时，他还指出："肯定过失犯共同正犯并不是什么特别的讨论。它只不过是贯通意思责任的观点，并在过失行为本身中，谋求意识性、意思性的态度的归结之一而已。并同时在共犯论中坚持限缩正犯概念，我从支持意思责任的立场上赞同此观点。"⑤ 大塚仁教授也是从共同注意义务的违反这一角度来进行讨论的，他指出，因不同的行为人所承担的注意义务有所差异，不可能仅通过结果的存在就肯定共同过失犯罪的成立。如果共同行为人之间存在着共同的注意义务，并且行为人均应违反了该注意义务而造成共同结果的发生，这时就满足了共同过失犯罪成立所需的要件。⑥ 比如在建筑工地上，两个建筑工人一起将建筑材料从高空抛向地面，他们负有的共同的注意义务为不能让抛下的建筑材料伤害到地上的行人，该义务要求行为人不仅仅要对自己的行为抱有谨慎的心理态度，还要注意到对方的行为是否会造成危害结果。也就是说，建筑工人应确认对方履行了安全抛下建筑材料的义务，如果对方抛下的建筑材料伤害到了下面的行人，一般

---

① 参见［日］西原春夫：《日本刑事法的形成与特色》，李海东译，法律出版社1997年版，第33页。

② 参见陈子平：《过失共同正犯概念之争议》，载蔡墩铭：《六法争议问题研究系列之刑法争议问题研究》，台湾五南图书出版公司1999年版，第285页。

③ 参见［苏］A. H. 特拉伊宁：《共同犯罪学说的几个问题》，载《外国刑法研究资料》第2辑，北京政法学院教研室编1982年版，第329页。

④ 转引自洪福增：《刑法之理论与实践》，台湾刑事法杂志社1988年版，第307页。

⑤ ［日］甲斐克则：《责任原理与过失犯论》，谢佳君译，中国政法大学出版社2016年版，第156页。

⑥ 参见［日］大塚仁：《刑法概说（各论）》，冯军译，中国人民大学出版社2003年版，第253页。

认定该工人已经违反了注意义务。大塚仁教授进一步认为，这种注意义务不仅是行为人应对自己的行为保持谨慎的态度，而且还要保证自己的同伴不存在任何的过失行为。此外，共同行为人在刑法上具有同等的地位也是共同过失行为成立的必备要件，如果要考虑对其中每个人科以个别注意义务的话，则必须是对他们存在相同的注意义务的情形。① 在韩国，学者金日秀也认为共同过失犯罪有在实践中存在的可能性，他将过失共同犯罪的成立总结为三个条件："客观注意义务同质性，共同行为——功能性行为的贡献以及实施前构成要件事实行为的共同意识。"②

我国陈子平教授认为过失共同犯罪虽然立法上并未规定，但不能够否认实践之中存在这种犯罪形态，并且他认为过失共同正犯的成立不仅需有共同的实行行为和犯罪意思的联络，还需存在对共同注意义务违反的事实两个要件。③ 我国《刑法》第二十五条明确规定，共同犯罪仅存在共同故意犯罪的类型，多个行为人因主观上存在过失而共同作出某个行为不能被认定为共同犯罪。但也有部分学者认为共同过失犯罪有存在的必要，如童德华教授就基于以下理由肯定共同过失：一是虽然某些国家刑法在立法上并没有规定共同过失，但并不妨碍理论上的研究，相反，理论上的研究能够为立法奠定基础。因为随着社会工业的大发展，业务过失犯罪越来越多，对业务过失的处罚也在加大，此种社会现实要求传统过失犯罪理论的更新，故承认共同过失犯具有现实意义。二是不承认共同过失会导致对行为人的处罚不均，因为在二人以上共同犯罪的场合，在都具有过失的情形下，不承认共同过失犯，只处罚一人则会造成刑事处罚上的不公平。三是现在的共犯理论并非不能完全说明共同过失的成立。四是现在许多国家已经对共同过失理论进行了研究，并开始承认共同过失理论，但我国学界对此反响不高，有必要引起重视。④ 侯国云教授也认为，共同过失犯罪的社会危害性大于单个行为人的过失犯罪，因此有必要认定其成立共同犯罪，他将共同过失行为认定为两个或两个以上的行为人因主观上存在着过失的心理状态而共同造成危害结果发生的犯罪形态。⑤ 此外，姜伟教授也认可过失共同犯罪的成立，他认为共同过失犯罪是指两个或两个以上的行为人通过各自的过失行为共同对社会造成某种危害结果的犯罪形态。⑥

第二种是否定说。该说不认可共同过失行为能够成立共同犯罪。根据否定说的理论，首先，共同犯罪成立的核心要点是行为人之间存在着相互利用、相互补充的意思表示，这种心理状态的存在一定是为了追求某种结果的发生，而过失犯罪中行为人并不追求某种结果的发生，因此行为人之间这种相互理解的心理状态只能为故意犯罪所专属。其次，过失

---

① 参见［日］甲斐克则：《责任原理与过失犯论》，谢佳君译，中国政法大学出版社 2016 年版，第 158 页。

② 参见［韩］金日秀、徐辅鹤：《韩国刑法总论》，郑军男译，武汉大学出版社 2008 年版，第 589~693 页。

③ 参见陈子平：《共同正犯与共犯论——继受日本之轨迹及其变迁》，台湾五南图书出版公司 2000 年版，第 229 页。

④ 参见童德华：《共同过失犯初论》，载《法律科学》2002 年第 2 期。

⑤ 参见侯国云：《过失犯罪论》，人民出版社 1993 年版，第 154 页。

⑥ 参见姜伟：《犯罪形态通论》，法律出版社 1994 年版，第 219 页。

犯罪成立的基本要求是行为人违反注意义务进而造成结果的发生，共同过失行为中的行为人的意思联络不可能以积极的方式作出，因而共同过失行为中行为人的意思联络只能是非犯罪故意的意思联络，综上所述，成立共同过失犯罪的认定与过失犯罪的性质相矛盾。① 根据不同的立场，否定论又可以分为规范否定论和理论否定论。规范否定论主要体现在一些法国学者对过失犯共同犯罪的讨论中。例如，法国刑法学者卡斯乐·斯特法尼提到，在过失造成的犯罪中，不可能存在共同犯罪，因为法律要求行为人成立共同犯罪必须具有追求某种结果实现的心理意图。② 理论否定说的基础是共犯本质理论中的犯罪共同说。根据犯罪共同理论，共同犯罪的成立必须满足以下四个条件：第一，主体要件，也就是参与犯罪的人数必须是两人或者两人以上；第二，参与犯罪的行为人必须具有所参与犯罪要求的责任能力要件；第三，共犯之间必须具有意思联络；第四，参与犯罪的人必须符合同一个犯罪构成要件。"过失犯罪不存在共同的意思联络，因而没有适用共犯规定的余地。"③ 可见，犯罪共同说认为共犯的成立不仅要求两个以上的行为人在客观上共同实施了特定的行为，还要求行为人主观上具有共同实施某种犯罪的意思联络，倘若两个以上的行为人之间不存在想要共同从事某种犯罪行为的主观意愿，不可能具有主观上的共同意思联络，不符合共同犯罪成立的要件，过失共同犯罪就属于行为人不存在意思联络的情形，因此不可能存在过失的共同犯罪。不少刑法学者在其著作中阐述了这一观点。例如，德国学者李斯特认为，主观上的共同故意是共同犯罪成立的必备要件，必须包含对犯罪基本事实的认识，以及与其余共同正犯协作的意识，因此，过失共同犯罪的行为人没有主观上想要共同实施某种行为的意愿，不符合共同犯罪成立的主观要件，这种情形只能被评价为同时犯。④ 日本学者泷川幸辰对此表示赞同。他认为，行为人想要通过共同行为达到某个目的的心态是共同犯罪的独有性特征，过失犯并不以想要达到某种目的为成立要件，这与共同犯罪天生就有隔阂，因此共同犯罪只能在故意犯罪中成立，"共同期待什么"的概念也可以与共同过失行为相结合，但对导致共同结果的部分行为的认定不能与共同过失行为相结合。数人过失符合构成要件的，视为数人过失。再如日本的福田平教授认为，可以完全通过犯罪共同说否定过失共同犯罪的成立，共同犯罪所要求的意思联络是追求某个目的实现的意思联络，而过失共同犯罪虽然也存在意思联络，但这种联络不是追求某种目的实现的联络，他在论述了过失共同犯罪不能成立之后又写道，过失犯罪中也有实行行为，行为人主观的心理状态可以通过实行行为进行表现，倘若两个或者两个以上的行为人具有想要从事某种过失行为的意愿并且这种意愿最终被体现为外在的行为，这时就可以认为行为人之间成立共同犯罪。⑤ 可见，他在此处又扩大了行为人之间这种意思联络的内涵，进而支持了肯定说

---

① 参见张明楷：《外国刑法纲要》，清华大学出版社 2007 年版，第 314 页。

② 参见［法］卡斯乐·斯特法尼：《法国刑法总论精义》，罗洁珍译，中国政法大学出版社 1998 年版，第 315 页。

③ 参见高仰止：《刑法总论之理论与实用》，台湾五南图书出版公司 1986 年版，第 394 页。

④ 参见［德］弗兰茨·冯·李斯特：《德国刑法教科书》，徐久生译，法律出版社 2000 年版，第 372 页。

⑤ ［日］泷川幸辰：《刑法讲义》，日本弘文堂书房 1930 年版，第 163 页。转引自陈家林：《共同正犯研究》，武汉大学出版社 2004 年版，第 189 页。

的观点。此外，日本学者西原春夫认为共同犯罪中的行为人必须得相互理解对象的主观意愿，而在过失共同犯罪中行为人之间很难达到这种相互理解的状态，因而不存在过失共同犯罪。①

否定说也得到了人格责任论者的支持，日本刑法学者团藤重光就是代表人物。他认为，犯罪行为人不仅是行为人个人危险性的外在表现，而且反映了其犯罪的人格，行为人的危险人格和其所应当承担的责任虽有差异但却密切相关，这种将行为人的危险人格同其行为的危害性相统一的观点就是人格责任。② 他进一步提出，违反注意义务是过失犯罪的基本要件，而行为人是否违反注意义务可从行为人的危险人格外在表现出来的行为之中进行探寻，在这个过程中，仅仅将行为人之间不存在故意形态的意思联络作为否认共同过失犯罪成立的要件并不可取。③ 这便是人格责任论否定共同过失行为成立共同犯罪的观点。在德国，毕克迈尔、考夫曼等也不赞同共同过失犯罪的存在。而在英美法系国家，一般对共同犯罪是否涵盖共同过失犯罪也都持否定态度。

三是有条件的肯定说。该说的代表人物是日本学者甲斐克则，他认为，"对于过失犯，基本坚持传统过失犯论的立场，对共同性的问题主张行为共同说，对正犯则主张限缩正犯概念，并且看到了'有认识的过失'与'无认识的过失'。因此，在过失犯的正犯问题上，也注重该区别，就'有认识的过失'中可以肯定存在过失犯的共同正犯"。④ 同样，以往主张共同行为论的学者对共同过失犯罪的成立范围也有一定的限制。例如，日本学者泷川幸辰认为，共犯是指两个或两个以上的行为人一起实施犯罪，类似于单独的行为人实施犯罪的场合，每个行为人对犯罪的目的都有自己的理解。具体而言，共同行为人为了一个目的（结果的发生）有不同的愿望，他们研究了达到这个目的最方便的方法，并决定利用其他人的能力，根据这一决定，在特殊情况下采取必要的行动。他紧接着提出，诱导他人实施过失行为并非不可想象，但从法律技术的意义上说，教唆犯是一种基于故意心理状态的行为。

我国《刑法》第二十五条规定了共同犯罪成立的要件，根据该条第一款的规定，共同过失犯罪不能成立共同犯罪。可见，我国的刑事立法采取了否定说的观点，不承认共同过失犯罪。但是也有学者从《刑法》第二十五条第二款规定的"二人以上共同过失犯罪"得出结论认为，我国立法承认共同过失犯罪。⑤ 根据传统观念，立法者如此规定，其原因在于：刑法设立共同犯罪的目的是共同犯罪的社会危害性大于单个人犯罪，共同犯罪所造成的损害也更严重，而在过失犯罪的情况下，行为人之间不能够相互勾结，难以形成共同的犯罪意识，社会危害性远没有达到共同故意犯罪的程度，因此，没有必要规定共同过失

---

① ［日］西原春夫：《刑法总论》，日本成文堂 1995 年版，第 385～386 页；转引自陈家林：《共同正犯研究》，武汉大学出版社 2004 年版，第 193 页。

② 参见马克昌：《近代西方刑法学说史》，中国人民公安大学出版社 2008 年版，第 518 页。

③ 参见［日］大塚仁：《犯罪论的基本问题》，冯军译，中国政法大学出版社 1993 年版，第 258 页。

④ 参见［日］甲斐克则：《责任原理与过失犯论》，谢佳君译，中国政法大学出版社 2016 年版，第 155 页。

⑤ 参见张明楷：《刑法学》（上），法律出版社 2016 年版，第 399 页。

犯罪。我们认为，立法预设的目的并非刑法规范的保护目的之所在，刑法规范的保护目的会随着社会发展而自发生成。① 一种学说理论只有符合实践，才能够体现其价值，纵观各国刑事立法，大部分国家在其刑法中都没有明确规定共同过失，但是在实践中大多经历了从否定到部分肯定的过程，因此，本书赞成部分肯定说的观点，认为共同过失犯罪是指在具有共同注意义务的场合下，两人以上的行为人由于各自的过失而违反其注意义务，从而共同引起了同一危害结果发生的犯罪形态，并且认为只有承认共同过失犯罪，我们才能更好阐释监督过失的刑事责任问题。

三、业务监督过失犯罪的性质

对于业务监督过失的性质，即业务监督过失是过失竞合还是共同过失，学界也存在着不同的看法。一种观点认为，业务监督过失是一种共同过失。在日本的刑法理论中有种观点认为，监督过失可以构成共同犯罪。这种观点将过失犯的注意义务理解为"结果避免义务"。因为所导致的结果系共同的，所以各过失行为就是该结果的共同原因，相应地应依各自的作用科处刑罚。② 此种观点在某些判例中得到了印证。例如，在某一建筑的扩建施工过程中，甲、乙两名工人进行钢材的焊接工作。两人对工作进行了分工，一个人实施焊接工作，另一个人负责监视他的操作。虽然两人为了避免引起火灾从而在焊接钢材时对其进行了遮盖，但是因为焊接的火花还是引起了附近可燃物的燃烧，导致了火灾事故的发生。最终，裁判认为甲、乙两人成立业务上失火罪的共同正犯。因为，在该案中，两名被告人进行的焊接工作，正是在同一时机、同一场所的对等立场上指向同一目的的工作，两人以一方焊接、他方监视的方法一体协力进行。两名被告人想的是，即使没有采取遮盖的措施开始焊接工作，但只要在工作中分工合作，在工作完成后向焊接场所浇点水就没事了。在这种相互的意思联络下共同进行了本案中的焊接工作。本案中的火灾是两名被告人共同违反注意义务行为的产物，应该负担作为共同正犯的责任。③

在我国，也有论者认为监督过失是一种共同过失，对此，他认为共同犯罪中存在着共同过失犯罪，表现为行为人具有共同过失的心理态度、共同的注意义务以及实施了共同的过失行为。而在监督过失中，监督者与被监督者构成了一个紧密联系的整体，他们具有相互作用和影响的共同的心理态度。同时，基于生活和业务上的紧密联系，其具有共同防范危害结果发生的义务。在未履行其共同的注意义务时，导致了危害结果的发生，可以说又具有共同的过失行为，故监督过失是一种共同过失。

另一种观点认为，业务监督过失犯罪不是共同过失，而是一种过失竞合。如日本学者高桥则夫就否定了共同过失，认为在监督过失犯罪中，只存在过失竞合。④ 但大塚仁教授

---

① 参见童德华：《规范刑法原理》，中国人民公安大学出版社 2005 年版，第 101 页。

② 参见王安异：《浅谈监督过失的注意义务》，载《华中科技大学学报（社会科学版）》2005 年第 6 期。

③ 参见［日］大塚仁：《刑法概说（总论）》，冯军译，中国人民大学出版社 2003 年版，第 254 页。

④ 参见［日］高桥则夫：《刑法总论》，李世阳译，中国政法大学出版社 2020 年版，第 215 页。

认为,广义上的过失竞合包括了共同的过失,特别是过失犯的共同正犯的情形。同时,他明确指出了监督过失属于过失竞合。在监督过失中,相竞合的过失行为是由上下级以及监督者与被监督者关系上的各过失行为人实施的。①

认为业务监督过失犯罪属于过失竞合的观点也是我国学界的主流观点。如张明楷教授就在过失竞合中阐述了监督过失的概念。② 王安异教授也在监督过失中否认了共同过失的成立,认为其属于过失竞合。对此,他指出:"监督者与被监督者地位不同、业务不同而不可能存在共同的注意义务,被监督者所注意的对象是危害结果,而监督者所注意的则是被监督者的行为。如果依行为的样态、种类来认定行为的共同性,而不是仅以对结果的共同作用为标准,就没有共同过失犯罪存在的空间。"③ 钱叶六教授也指出:"监督过失是监督者的过失与被监督者过失的一种竞合。"④ 吕英杰副教授也认为:"狭义的监督过失是过失竞合的情形之一。"⑤ 由此可见,过失竞合说得到了绝大多数学者的支持。

但简单机械地否定共同过失的实践地位并不可取。⑥ 笔者认为,业务监督过失犯罪与其说是一种过失竞合,不如说是共同过失更为可取。

首先,共同过失和过失竞合具有种属关系,共同过失是过失竞合的特殊心理构造,它具备过失竞合的全部特征,并且还具有过失与过失之间的心理联系。

其次,从主观方面看,在业务监督过失犯罪中,监督者与被监督者的注意义务确实并不相同,它们属于并行型过失竞合中的纵向过失竞合。在业务监督过失犯罪中,存在监督者的过失和被监督者的过失,属于复数的行为人的共同过失。监督者与被监督者的过失行为共同引起了危害结果的发生,监督者和被监督者都是加害一方,是共同加害者,故其又属于并行的过失竞合。从监督者与被监督者过失行为的发生时间来看,两者的行为虽然不是在同一时间内实施的,有一个行为实施的时间先后顺序,因此,其又属于并行的监督过失中的纵向过失竞合。

监督者的注意义务来源于相关业务管理法律法规及规章制度的规定,包括:第一,对业务人员事前的指挥、培训、指导;第二,对业务人员事中的监管;第三,对业务活动事后的检查。而被监督者的注意义务主要是在生产作业中的谨慎操作、安全行事。监督者与被监督者是处于监督与被监督的地位,二者的注意义务绝非各自独立的,监督者对被监督者的注意义务具有支配性,后者对于前者具有服从性和依附性,所以不能认为它们"不可能存在共同的注意义务"。

再次,不能否定监督者和被监督者在行为之前或者行为过程中在思想上或认识上的共通和联络。基于不同的地位,履行各自的职责,预防特定危险的实现是监督者和被监督者

---

① 参见[日]大塚仁:《刑法概说(总论)》,冯军译,中国人民大学出版社 2003 年版,第 211页。

② 参见张明楷:《外国刑法纲要》,清华大学出版社 2007 年版,第 242 页。

③ 参见王安异:《浅谈监督过失的注意义务》,载《华中科技大学学报(社会科学版)》2005 年第 6 期。

④ 参见钱叶六:《监督过失理论及其适用》,载《法学论坛》2010 年第 3 期。

⑤ 参见吕英杰:《监督过失的客观归责》,载《清华法学》2008 年第 4 期。

⑥ 参见童德华:《共同过失犯初论》,载《法律科学》2002 年第 2 期。

的共同义务，由此形成了它们共同认识的内容，进而决定了行为之间命令与被命令的共同行为意识及决意。例如，被监督者在具体操作中发现危险的，应当及时报告，监督者基于报告，有进一步判断并且做出决定的义务，而不是各干各的。因此，监督者与被监督者之间必然形成一个较为稳定的注意义务共同体，意味着一旦他们都违反了注意义务，就形成了共同过失的心理态度。从客观方面看，监督者的过失行为与被监督者的过失行为并不是同一行为，而是数个行为，但关键是，这几个行为在客观上如同流水线上各个工序，呈现出"承上启下、依次顺延"的特征，不同主体的行为并不是各自对危害结果具有因果关系，而是共同结合为一个原因力，具有因果关系。这符合共同过失犯罪的情形，共同过失的数个行为在整体上呈现出一个行为，即通过这个实行行为将他们结合成一个不可分割的整体，最终危害结果的发生也确实是有多个行为人的共同行为共同造成的。① 例如，三人在合力砍伐路边一棵大树的过程中，由于不注意而没有控制好树倒下的方向，不慎将经过的路人砸死，对砸死人的危害结果就是三人的共同过失所造成的。

最后，从责任层面来看，在业务监督过失犯罪中，表面上看，每一个监督者因其自身的监管职责的疏忽，都应对自己的行为承担责任。不能因为他们的罪名和刑罚可能不一样就否定共同过失犯罪。例如，在矿山安全中，如果是政府部门监管不力，可能会构成玩忽职守罪，而如果是具体的企业负责人监管不力，则可能构成重大责任事故罪，这主要是基于原因力大小、对主体的不同期待和要求而做出的差异性规定，它并不能说明问题的实质。在业务监督过失犯罪中，监督管理者与被监督者或数个监督管理人之间所造成危害结果是一样的，但对主体的差异不同以及原因力大小的差别，所以承担的责任是不同的。即便在典型的共同过失犯罪中也是如此。但要注意，有学者指出，因为数个行为人主观上是违背了共同的注意义务，客观上实施了整体上的同一行为，因此其构成的罪名是相同的。② 在有些场合，情况并非如此。例如，监督者组织他人违章冒险作业，而具体作业人员明显违反安全管理规定，最终发生重大伤亡事故的场合，对监督者和作业人员的定罪就不相同。所以，不管是在主观上还是在客观上，各个行为人的过失内容和过失行为实际上已经有机地联系在一起了，各个行为人虽然各自过失地实施自己的行为，但危害结果可谓是几个过失行为有机结合的结果。这些行为虽然均可以独立构成犯罪，但不能认为它们是单独犯罪形态，不过是受制于传统观念，考虑到行为人的身份、地位以及基于此所实施的行为性质的不同而确定为不同的罪名罢了，据此在量刑上按照分别处罚的原则进行刑事责任的分配，各个行为人只对自己的行为所造成的危害结果分别承担刑事责任。故业务监督过失犯罪属于共同过失。

---

① 高星、王慧：《共同过失与过失竞合的界分——以数个监督过失竞合为视角》，载《社会科学家》2013 年第 4 期。

② 袁登明、吴情树：《论竞合过失与共同过失》，载《云南大学学报（法学版）》2003 年第 2 期。

第三章 我国业务监督过失犯罪的规制现状

第一节 我国业务监督过失犯罪的立法概览

一、危害生产安全中的业务监督过失犯罪

1979 年 7 月 1 日第五届全国人大第二次会议通过《中华人民共和国刑法》（以下简称《刑法》），于 1980 年 1 月 1 日起施行。在此之前，国家主要依据单行刑法惩治犯罪。但是，单行刑法的覆盖面有限，实践中办案主要依靠的是政策。[①] 例如，1954 年 7 月 14 日政务院颁布的《国营企业内部劳动规则纲要》第十六条规定："违反劳动纪律的情节严重，使企业遭受重大损失者，应给予开除的处分或送法院依法处理。"由于违反劳动纪律的可能不止一线工人，也包括企业的领导人员，所以第二十三条规定："企业的领导人员犯错误或违反劳动纪律时，得按隶属系统由原任命机关分情节轻重给予纪律处分，或送法院依法处理。"[②] 企业的领导人员不直接从事生产工作，此时处理就蕴含着让他们为企业所遭受的重大损失负责的意思。

1961 年 9 月 16 日中央指示试行的《国营工业企业工作条例（草案）》第五十二条第三款规定："每个企业，都应当自上而下地和自下而上地加强监察工作，认真检查各种责任制和各方面的规章制度的执行情况。对于不负责任、违反规章制度而造成损失的，应当根据情节的轻重和损失的大小，给予不同的处分，直至提请法院给以刑事处分。"1963 年 3 月 30 日国务院发布的《关于加强企业生产中安全工作的几项规定》指出："对于违反政策法令和规章制度或工作不负责任而造成事故的，应该根据情节的轻重和损失的大小，给予不同的处分，直至送交司法机关处理。"[③] 其中"自上而下"的表述就意味着企业的领导人员也在规制范围之内。不负责任、违反规章制度等，也都体现了当时依靠政策办案的做法。

1979 年《刑法》（和 1979 年《刑事诉讼法》）的通过，让刑事立案、侦查、起诉、审判由主要依靠政策转变为主要依靠法律。[④] 惩治某些业务监督过失犯罪从此也有了法律

---

① 参见高铭暄：《中华人民共和国刑法的孕育诞生和发展完善》，北京大学出版社 2012 年版，第 1 页。

② 参见利子平、蒋帛婷：《新中国刑法的立法源流与展望》，知识产权出版社 2015 年版，第 493 页。

③ 参见高铭暄：《中华人民共和国刑法的孕育诞生和发展完善》，北京大学出版社 2012 年版，第 98 页。

④ 参见高铭暄：《中华人民共和国刑法的孕育诞生和发展完善》，北京大学出版社 2012 年版，第 3 页。

依据。在此之后，我国社会发展迅速，但是，各类事故灾害不断发生，为此监督过失犯罪的立法不断发展。秉持立法精准化的要求，1997 年修订的《刑法》中增设了相当多的业务监督过失犯罪。然而，经济与技术的发展并未有效防止人为因素所导致的灾难事故的发生，刑法还需要进一步完善，在迄今通过的十一个《刑法修正案》中，就多次涉及相关立法完善。总体上看，我国《刑法》中的业务监督过失犯罪在整体上经历了 1997 年的"大修"和之后数次《刑法修正案》的"小修"，日益丰富、精细。

（一）重大飞行事故罪

1979 年《刑法》中没有规定本罪，这是 1997 年全面修订《刑法》时新增的罪名。本罪的增设是为了拒绝 1996 年《民用航空法》中的"比照"适用。《民用航空法》第一百九十九条规定："航空人员玩忽职守，或者违反规章制度，导致发生重大飞行事故，造成严重后果的，分别依照、比照刑法第一百八十七条或者第一百一十四条的规定追究刑事责任。"1979 年《刑法》中第一百八十七条规定的是玩忽职守罪，第一百一十四条的是重大责任事故罪。1997 年 2 月 17 日的《刑法修订草案（修改稿）》第一百三十一条首次规定了本罪；① 之后 1997 年 3 月 13 日的《刑法修订草案》对本罪法定刑做了调整；② 最终形成了 1997 年《刑法》第一百三十一条的规定。③ 在本罪中，违反规章制度的"航空人员"，包括对实际飞行人员负有一定监督、管理权限的人。

（二）铁路运营安全事故罪

1979 年《刑法》中没有规定本罪，这是 1997 年全面修订《刑法》时新增的罪名。本罪是为了回应 1990 年《铁路法》中的相关规定。《铁路法》第七十一条规定："铁路职工玩忽职守、违反规章制度造成铁路运营事故的，滥用职权、利用办理运输业务之便谋取私利的，给予行政处分；情节严重、构成犯罪的，依照刑法有关规定追究刑事责任。"但未明确按何规定追究刑事责任。1997 年 2 月 17 日的《刑法修订草案（修改稿）》第一百三十二条首次规定了本罪；④ 之后 1997 年 3 月 13 日的《刑法修订草案》对本罪法定刑做了调整；⑤ 最终

---

① 1997 年 2 月 17 日的《刑法修订草案（修改稿）》第一百三十一条规定："航空人员违反规章制度，致使发生重大飞行事故，造成严重后果的，处五年以下有期徒刑或者拘役；造成飞机坠毁或者人员死亡的，处五年以上十年以下有期徒刑。"

② 参见高铭暄：《中华人民共和国刑法的孕育诞生和发展完善》，北京大学出版社 2012 年版，第 330~331 页。

③ 《刑法》第一百三十一条规定："航空人员违反规章制度，致使发生重大飞行事故，造成严重后果的，处三年以下有期徒刑或者拘役；造成飞机坠毁或者人员死亡的，处三年以上七年以下有期徒刑。"

④ 1997 年 2 月 17 日的《刑法修订草案（修改稿）》第一百三十二条规定："铁路职工违反规章制度，造成铁路运营事故，情节严重的，处五年以下有期徒刑或者拘役；造成特别严重后果的，处五年以上十年以下有期徒刑。"

⑤ 参见高铭暄：《中华人民共和国刑法的孕育诞生和发展完善》，北京大学出版社 2012 年版，第 331 页。

形成了 1997 年《刑法》第一百三十二条的规定。① 违反规章制度的"铁路职工",包括对实际造成铁路事故的人员负有一定监督、管理权限的人。

(三) 交通肇事罪

交通肇事罪属于典型的业务犯罪,本来不涉及监督过失问题。但是司法解释的规定将其型构为一个包含监督过失的犯罪。《最高人民法院关于审理交通肇事刑事案件具体应用法律若干问题的解释》(法释〔2000〕33 号)第七条规定:"单位主管人员、机动车辆所有人或者机动车辆承包人指使、强令他人违章驾驶造成重大交通事故,具有本解释第二条规定情形之一的,以交通肇事罪定罪处罚。"有论者认为该规定可以用监督过失理论来解释,这样的解释不仅可以回避那些以刑法不承认共同过失犯罪为由认为该司法解释越权的批评,从而为处罚单位主管人员、机动车辆所有人、承包人找到处罚上的正当性,而且也能合理解释司法实践中那些追究并非上述人员但事实上处于监督地位的其他人的交通肇事罪刑事责任的案例。常见的监督过失型交通肇事罪,除了司法解释中规定的指使、强令他人违章驾驶肇事型,还包括将车出借无证司机驾驶肇事型、聘用不具有合法资格司机驾驶肇事型、同意他人驾驶不合格车辆肇事型。②

不可否认,单位主管人员、机动车辆所有人或承包人并不直接驾驶机动车,而是处于监管直接驾驶人的地位。当其指使、强令他人违章驾驶而造成重大交通事故时以交通肇事罪处罚之,就意味着在追究其监督过失责任。还有论者认为,车主将自己的机动车交给酒醉者、无驾驶资格者驾驶,没有防止伤亡结果发生的,车主与驾驶者均构成交通肇事罪,这是基于监督过失理论得出的结论。③ 这种观点和上述将车出借无证司机驾驶肇事型、聘用不具有合法资格司机驾驶肇事型、同意他人驾驶不合格车辆肇事型也是监督过失型交通肇事罪的意见相似。

其实早在 1987 年 8 月 21 日,最高人民法院、最高人民检察院发布的《关于严格依法处理道路交通肇事案件的通知》(以下简称 1987 年通知)第一条第五项④的规定就体现了类似的精神。该项规定可谓明确了 1979 年《刑法》交通肇事罪⑤第二款"非交通运输人员"的其中两种:单位主管负责人、机动车辆所有人。但是,1996 年 10 月 10 日的《刑

---

① 《刑法》第一百三十二条规定:"铁路职工违反规章制度,致使发生铁路运营安全事故,造成严重后果的,处三年以下有期徒刑或者拘役;造成特别严重后果的,处三年以上七年以下有期徒刑。"

② 参见谭淦:《监督过失的一般形态研究》,载《政法论坛》2012 年第 1 期。

③ 参见张明楷:《刑法学》(下),法律出版社 2016 年版,第 719 页。

④ 1987 年《关于严格依法处理道路交通肇事案件的通知》第一条第五项规定:"单位主管负责人或车主强令本单位人员或所雇佣人员违章驾车造成重大道路交通事故的,应按照刑法第一百一十三条的规定,追究其刑事责任。"

⑤ 1979 年《刑法》第一百一十三条规定:"从事交通运输的人员违反规章制度,因而发生重大事故,致人重伤、死亡或者使公私财产遭受重大损失的,处三年以下有期徒刑或者拘役;情节特别恶劣的,处三年以上七年以下有期徒刑。非交通运输人员犯前款罪的,依照前款规定处罚。"

法修订草案（征求意见稿）》删除了1979年《刑法》对本罪主体所作的限制，这一写法也为之后的修订草案以及1997年《刑法》所采纳。① 不规定的另一层意思就是不限制。因此，只要满足该罪的核心——"违反交通管理法规"，即可成为本罪的主体。上述1987年通知的精神还在，演变成了法释〔2000〕33号的对应规定，并增加了新的主体：机动车辆承包人。

（四）重大责任事故罪、强令、组织他人违章冒险作业罪

1979年《刑法》第一百一十四条规定了"厂矿重大责任事故罪"。② 其中"强令工人违章冒险作业"较为明显地体现出业务监督过失犯罪的意思。因为强令者大多是企业中的上层人员，他们组织、指挥工人作业，但仅仅是下发命令，而不直接从事作业。1979年《刑法》总体上是以1963年《刑法草案》第三十三稿（以下简称第三十三稿）为基础，结合新情况、新经验、新问题，征求各方意见大力修改而成的。第三十三稿中规定："工厂、矿山、林场、建筑企业或者其他企业的职工，由于严重不负责任，违反规章制度因而发生重大伤亡事故，造成严重后果的，处五年以下有期徒刑或者拘役；情节特别恶劣的，处五年以上有期徒刑。"可以看到，1979年《刑法》第一百一十四条对第三十三稿中的规定所做的修改之一就是增加了"或者强令工人违章冒险作业"，这样就把领导、指挥生产的人员所犯的罪明确单列出来了。③

在修订1979年《刑法》的过程中，有意见认为，"强令"这一表述会导致无法处理负有指挥责任的人员所造成的重大责任事故，再加上犯罪主体不够全面，所以出现了两种修改方案：一是修改为"不服管理，违反规章制度或者指挥、放任其他从事生产作业的人员违章冒险作业"；二是修改为"违反安全生产法规和劳动操作规程"。④ 但可以看到，修订而成的1997年《刑法》并未采纳这些意见，仍旧大体上遵从了1979年《刑法》的规定。

然而，犯罪主体不全面的弊端在新的社会形势下愈发突显，该罪的罪状描述已经不能满足惩治犯罪的需要。另外，由强令违章冒险作业导致的重大责任事故频频发生，群众反响极大。⑤ 于是，《刑法修正案（六）》对本罪做出修改：扩大了犯罪主体、简化了罪状

---

① 参见高铭暄：《中华人民共和国刑法的孕育诞生和发展完善》，北京大学出版社2012年版，第332页。

② 1979年《刑法》第一百一十四条规定："工厂、矿山、林场、建筑企业或者其他企业、事业单位的职工，由于不服管理、违反规章制度，或者强令工人违章冒险作业，因而发生重大伤亡事故，造成严重后果的，处三年以下有期徒刑或者拘役；情节特别恶劣的，处三年以上七年以下有期徒刑。"

③ 参见高铭暄：《中华人民共和国刑法的孕育诞生和发展完善》，北京大学出版社2012年版，第98页。

④ 参见高铭暄：《中华人民共和国刑法的孕育诞生和发展完善》，北京大学出版社2012年版，第333~334页。

⑤ 参见高铭暄：《中华人民共和国刑法的孕育诞生和发展完善》，北京大学出版社2012年版，第334页。

表述，分离出强令违章冒险作业罪并提高该罪的法定刑。[①] 党的十八大以来，党中央对安全生产、食品药品安全、生态环境、公共卫生安全等领域的刑法治理提出了明确要求，为落实党中央决策部署的要求，2020 年 12 月 26 日通过、2021 年 3 月 1 日起施行的《刑法修正案（十一）》加大了对安全生产犯罪的预防惩治，[②] 再次对本罪第二款做出修改，增加了明知存在重大事故隐患而不排除、仍冒险组织作业的情形，罪名也相应变更为强令、组织他人违章冒险作业罪。[③] 不仅强令、组织他人违章冒险作业罪较为明显地体现出业务监督过失犯罪的意思，而且第一款重大责任事故罪中也存在业务监督过失犯罪，尤其是《刑法修正案（六）》将"由于不服管理、违反规章制度"改为"在生产、作业中违反有关安全管理的规定"，意味着该罪罪状可以涵盖监管者的不当监管行为。

（五）重大劳动安全事故罪

1979 年《刑法》中没有规定本罪，这是 1997 年全面修订《刑法》时新增的罪名。本罪的增设，一是完备了刑法条文，二是衔接了 1995 年《劳动法》的有关规定。《劳动法》第九十二条规定："用人单位的劳动安全设施和劳动卫生条件不符合国家规定或者未向劳动者提供必要的劳动防护用品和劳动保护设施的，由劳动行政部门或者有关部门责令改正，可以处以罚款；情节严重的，提请县级以上人民政府决定责令停产整顿；对事故隐患不采取措施，致使发生重大事故，造成劳动者生命和财产损失的，对责任人员比照刑法第一百八十七条的规定追究刑事责任。"1979 年《刑法》第一百八十七条规定的是玩忽职守罪。这种"比照"在 1979 年《刑法》施行期间有法律依据。[④]

为衔接《劳动法》的上述规定，完备刑法条文，1997 年 2 月 17 日的《刑法修订草案（修改稿）》第一百三十五条规定了本罪；[⑤] 1997 年 3 月 1 日的刑法修订草案又对本罪作

---

① 《刑法修正案（六）》第一条规定："将刑法第一百三十四条修改为：'在生产、作业中违反有关安全管理的规定，因而发生重大伤亡事故或者造成其他严重后果的，处三年以下有期徒刑或者拘役；情节特别恶劣的，处三年以上七年以下有期徒刑。强令他人违章冒险作业，因而发生重大伤亡事故或者造成其他严重后果的，处五年以下有期徒刑或者拘役；情节特别恶劣的，处五年以上有期徒刑。'"

② 参见全国人大常委会法制工作委员会副主任李宁 2020 年 6 月 28 日在第十三届全国人民代表大会常务委员会第二十次会议上所作的《关于〈中华人民共和国刑法修正案（十一）（草案）〉的说明》，载中国人大网，http://www.npc.gov.cn/npc/c30834/202012/f16fedb673644b35936580d25287a564.shtml，2021 年 6 月 5 日访问。

③ 《刑法修正案（十一）》第三条规定："将刑法第一百三十四条第二款修改为：'强令他人违章冒险作业，或者明知存在重大事故隐患而不排除，仍冒险组织作业，因而发生重大伤亡事故或者造成其他严重后果的，处五年以下有期徒刑或者拘役；情节特别恶劣的，处五年以上有期徒刑。'"

④ 1979 年《刑法》第七十九条规定："本法分则没有明文规定的犯罪，可以比照本法分则最相类似的条文定罪判刑，但是应当报请最高人民法院核准。"第八十九条规定："本法总则适用于其他有刑罚规定的法律、法令，但是其他法律有特别规定的除外。"

⑤ 1997 年 2 月 17 日的《刑法修订草案（修改稿）》第一百三十五条规定："工厂、矿山、林场、建筑企业或者其他企业、事业单位的劳动安全设施和劳动卫生条件不符合国家规定，对事故隐患仍不采取措施，因而发生重大伤亡事故或者造成国家财产重大损失的，对直接责任人员，处三年以下有期徒刑、拘役或者管制；后果特别严重的，处三年以上七年以下有期徒刑。"

出了较大调整，一是删除了"劳动卫生条件"，二是增加了"经有关部门或者单位职工提出后"，三是删除了基本犯的管制刑，四是将"造成国家财产重大损失"改为"造成其他严重后果"，将"后果特别严重"改为"情节特别恶劣"；① 最终形成了 1997 年《刑法》第一百三十五条的规定。② 虽然当时规定的是"直接责任人员"，但是，由于罪状描述中有"经有关部门或者单位职工提出后"，所以"直接责任人员"应是对劳动安全设施的管理有一定权限的人。

《刑法修正案（六）》在修改重大责任事故罪的同时，也对本罪进行了修改。③ 第一，删除了"工厂、矿山、林场、建筑企业或者其他企业、事业单位"，其实是扩大了犯罪主体的范围，因为不仅原来的企业、事业单位可以构成该罪，甚至个体经营户、无照生产经营者都能构成该罪。④ 第二，删除了"经有关部门或者单位职工提出后，对事故隐患仍不采取措施"。可见"经有关部门或者单位职工提出后"这一表述在该罪的增设、修改过程中经历了"从无到有再到无"的变化。第三，增加了"直接负责的主管人员"。该处修改更加明显体现了追究业务监督过失犯罪的立法本意。

（六）大型群众性活动安全事故罪

《刑法修正案（六）》增设了第一百三十五条之一大型群众性活动重大安全事故罪。⑤ 本罪明确规定了"直接负责的主管人员"。该罪增设的立法背景是，实践中出现了多起在重大庆祝活动或大型集会中由于组织者严重不负责任、疏于管理而导致大量人员伤亡的恶性案件。而大型群众性活动既不同于生产领域的责任事故，也不同于行政管理领域的责任事故，因此有必要单独规定。⑥

2007 年起实施的《大型群众性活动安全管理条例》第五条规定："大型群众性活动的承办者（以下简称承办者）对其承办活动的安全负责，承办者的主要负责人为大型群众性活动的安全责任人。"第七条规定了承办者需要具体负责的安全事项，第八条规定了场

---

① 参见高铭暄：《中华人民共和国刑法的孕育诞生和发展完善》，北京大学出版社 2012 年版，第 335 页。

② 1997 年《刑法》第一百三十五条规定："工厂、矿山、林场、建筑企业或者其他企业、事业单位的劳动安全设施不符合国家规定，经有关部门或者单位职工提出后，对事故隐患仍不采取措施，因而发生重大伤亡事故或者造成其他严重后果的，对直接责任人员，处三年以下有期徒刑或者拘役；情节特别恶劣的，处三年以上七年以下有期徒刑。"

③ 《刑法修正案（六）》第二条规定："将刑法第一百三十五条修改为：'安全生产设施或者安全生产条件不符合国家规定，因而发生重大伤亡事故或者造成其他严重后果的，对直接负责的主管人员和其他直接责任人员，处三年以下有期徒刑或者拘役；情节特别恶劣的，处三年以上七年以下有期徒刑。'"

④ 参见高铭暄：《中华人民共和国刑法的孕育诞生和发展完善》，北京大学出版社 2012 年版，第 336 页。

⑤ 《刑法》第一百三十五条之一规定："举办大型群众性活动违反安全管理规定，因而发生重大伤亡事故或者造成其他严重后果的，对直接负责的主管人员和其他直接责任人员，处三年以下有期徒刑或者拘役；情节特别恶劣的，处三年以上七年以下有期徒刑。"

⑥ 参见高铭暄：《中华人民共和国刑法的孕育诞生和发展完善》，北京大学出版社 2012 年版，第 336 页。

所管理者需要具体负责的安全事项。① 第二十一条规定："承办者或者大型群众性活动场所管理者违反本条例规定致使发生重大伤亡事故、治安案件或者造成其他严重后果构成犯罪的，依法追究刑事责任……"这些规定可以帮助我们理解"直接负责的主管人员"，即承办者或场所管理者的主要负责人。他们负有安全管理、监督职责。由此可以追究他们的监督过失责任。

（七）危险物品肇事罪

1957 年《刑法草案》第二十二稿（以下简称第二十二稿）规定了"违反危险物品管理规定重大事故罪"，表述为："违反邮政法规、交通运输法规，蒙混寄运或者秘密携带有爆炸性、易燃性、侵蚀性的物品的，处一年以下有期徒刑、拘役或者三百元以下罚金；造成严重后果的，处一年以上七年以下有期徒刑。"第三十三稿不仅将其从"妨害其他管理秩序罪"一章移入"危害公共安全罪"一章，还对罪状表述做了修改："违反邮政法规、交通运输法规，蒙混寄运或者秘密携带有爆炸性、易燃性、毒害性、腐蚀性的物品，造成严重后果的，处七年以下有期徒刑或者拘役。以反革命为目的者，按照反革命罪处罚。"②

但有意见认为，第三十三稿的修改依然存在不足，主要表现在：此类犯罪行为不仅可以发生在邮政寄运、交通运输中，还可以发生在生产、储存、使用过程中；违反的行为方式不仅有"蒙混寄运""秘密携带"，还有乱堆乱放、封存不严、擅离岗位、在现场吸烟等其他行为方式；危险物品的种类还应包括放射性物品；只有一个量刑档次，量刑幅度太小。③ 1979 年《刑法》对本罪作出修改，1997 年《刑法》对条文内容最终未作变动。④

虽然本罪并不像 1979 年《刑法》第一百一十四条专门提及的"强令工人违章冒险作

---

① 《大型群众性活动安全管理条例》第七条规定："承办者具体负责下列安全事项：（一）落实大型群众性活动安全工作方案和安全责任制度，明确安全措施、安全工作人员岗位职责，开展大型群众性活动安全宣传教育；（二）保障临时搭建的设施、建筑物的安全，消除安全隐患；（三）按照负责许可的公安机关的要求，配备必要的安全检查设备，对参加大型群众性活动的人员进行安全检查，对拒不接受安全检查的，承办者有权拒绝其进入；（四）按照核准的活动场所容纳人员数量、划定的区域发放或者出售门票；（五）落实医疗救护、灭火、应急疏散等应急救援措施并组织演练；（六）对妨碍大型群众性活动安全的行为及时予以制止，发现违法犯罪行为及时向公安机关报告；（七）配备与大型群众性活动安全工作需要相适应的专业保安人员以及其他安全工作人员；（八）为大型群众性活动的安全工作提供必要的保障。"第八条规定："大型群众性活动的场所管理者具体负责下列安全事项：（一）保障活动场所、设施符合国家安全标准和安全规定；（二）保障疏散通道、安全出口、消防车通道、应急广播、应急照明、疏散指示标志符合法律、法规、技术标准的规定；（三）保障监控设备和消防设施、器材配置齐全、完好有效；（四）提供必要的停车场地，并维护安全秩序。"

② 参见利子平、蒋帛婷：《新中国刑法的立法源流与展望》，知识产权出版社 2015 年版，第 505 页；高铭暄：《中华人民共和国刑法的孕育诞生和发展完善》，北京大学出版社 2012 年版，第 99 页。

③ 参见高铭暄：《中华人民共和国刑法的孕育诞生和发展完善》，北京大学出版社 2012 年版，第 99 页。

④ 1979 年《刑法》第一百一十五条、1997 年《刑法》第一百三十六条规定："违反爆炸性、易燃性、放射性、毒害性、腐蚀性物品的管理规定，在生产、储存、运输、使用中发生重大事故，造成严重后果的，处三年以下有期徒刑或者拘役；后果特别严重的，处三年以上七年以下有期徒刑。"

业"那样明显地指明犯罪主体包括领导、指挥生产的人，但是，因其仅仅规定"违反……管理规定""在……中发生重大事故"，也并未排除领导、指挥生产、储存、运输、使用危险物品的人可以成为犯罪主体。而且，1979年《刑法》第一百一十四条前半句虽然规定的是"……的职工"，从表面上无法看出包括企业的上层人员，但是通过分析该法条的语言逻辑可以得知，"职工"作为主语，其后跟了两组谓语、宾语，一是"不服……"，二是"强令……"。如果可以认为"强令"的主体是指领导、指挥生产的人，那么相应地，"职工"中也包含企业的上层人员。需要注意的是，即使第一百一十四条中有"不服管理"的字眼，也并不妨碍我们在解释时将上层人员包含于其中。毕竟在上层人员之上可能还有更上层的人员，相对于其上级而言，完全可以存在"不服管理"的情形。据此，在1979年《刑法》中，除了可将"强令工人违章冒险作业"看作是"显性"的业务监督过失犯罪之外，也可以认为第一百一十四条其余部分、第一百一十五条包含了"隐性"的业务监督过失犯罪。

（八）工程重大安全事故罪

1979年《刑法》中没有规定本罪，这是1997年全面修订《刑法》时新增的罪名。与重大劳动安全事故罪的新增与当时《劳动法》的规定密切相关一样，本罪的新增与当时《建筑法》的规定也密切相关。本罪的增设实际上源于《建筑法（草案）》的有关规定，《建筑法（草案）》的立法说明指出，建筑工程质量和安全是《建筑法》的核心，因此，《建筑法》对违反建设工程质量和安全管理规定的违法犯罪行为作了规定。① 1996年12月20日的《刑法修订草案》在"破坏社会主义市场经济秩序罪"一章中用三个条文回应了《建筑法》的有关规定；② 1997年1月10日的《刑法修订草案》将

---

① 参见利子平、蒋帛婷：《新中国刑法的立法源流与展望》，知识产权出版社2015年版，第508、509页。1997年《建筑法》第七十二条规定："建设单位违反本法规定，要求建筑设计单位或者建筑施工企业违反建筑工程质量、安全标准，降低工程质量的，责令改正，可以处以罚款；构成犯罪的，依法追究刑事责任。"第七十三条规定："建筑设计单位不按照建筑工程质量、安全标准进行设计的，责令改正，处以罚款；造成工程质量事故的，责令停业整顿，降低资质等级或者吊销资质证书，没收违法所得，并处罚款；造成损失的，承担赔偿责任；构成犯罪的，依法追究刑事责任。"第七十四条规定："建筑施工企业在施工中偷工减料的，使用不合格的建筑材料、建筑构配件和设备的，或者有其他不按照工程设计图纸或者施工技术标准施工的行为的，责令改正，处以罚款；情节严重的，责令停业整顿，降低资质等级或者吊销资质证书；造成建筑工程质量不符合规定的质量标准，负责返工、修理，并赔偿因此造成的损失；构成犯罪的，依法追究刑事责任。"

② 1996年12月20日的《刑法修订草案》第一百四十一条规定："建设单位违反规定，要求建筑设计单位或者施工企业降低工程质量，或者提供不合格的建筑材料、建筑构配件和设备强迫施工企业使用，造成重大损失的，对单位判处罚金，对其直接负责的主管人员和其他直接责任人员，处三年以下有期徒刑、拘役或者管制；造成特别重大损失的，处三年以上七年以下有期徒刑。"第一百四十二条规定："建筑设计单位不按建筑工程质量标准进行设计，造成工程质量事故，损失严重的，对单位判处罚金，对其直接负责的主管人员和其他直接责任人员，处三年以下有期徒刑、拘役或者管制；损失特别严重的，处三年以上七年以下有期徒刑。"第一百四十三条规定："施工单位在施工中偷工减料，使用不合格的建筑材料、建筑构配件和设备，或者不按照设计图纸或者施工技术标准施工，造成重大质量事故，损失严重的，对单位判处罚金，对其直接负责的主管人员和其他直接责任人员，处三年以下有期徒刑、拘役或者管制；损失特别严重的，处三年以上七年以下有期徒刑。"

这三个条文合为一条；① 1997 年 2 月 17 日的《刑法修订草案（修改稿）》将该罪名移至"危害公共安全罪"中，又进一步简化了罪状；② 1997 年《刑法》的正式文本在本罪主体方面又增加了工程监理单位，还加重了本罪法定刑，最终形成了第一百三十七条的规定。③

本罪的处罚主体虽然是"直接责任人员"，但是"降低工程质量"通常并非是可以由一线施工人员自主决定的。并且，不仅在当时《建筑法》中，而且在《刑法》中，在描述行为或罪状时，主体都是"单位"。虽然因为本罪以"单位"作为犯罪主体却仅处罚"直接责任人员"而引发了本罪究竟是否单位犯罪的争议，但是，"直接责任人员"中包含了负有监督、管理职责、权限的人应是无疑的。不过，在草案原先分别规定三个罪名，以及第一次将三个罪名合并为一个罪名之时，都规定了"对单位判处罚金"，只是 1997 年 2 月 17 日的刑法修订草案在简化罪名时删除了"对单位判处罚金"，并且也未采纳其后八届五次人大会议审议之时代表和委员们提出的应当规定对单位的处罚这一意见。④

（九）教育设施重大安全事故罪

1979 年《刑法》中没有规定本罪，这是 1997 年全面修订《刑法》时新增的罪名。增设本罪也主要是配合了 1995 年《教育法》的规定。《教育法》第七十三条规定："明知校舍或者教育教学设施有危险，而不采取措施，造成人员伤亡或者重大财产损失的，对直接负责的主管人员和其他直接责任人员，依法追究刑事责任。"但《教育法》虽然规定了追究刑事责任，却未指明依照何罪追究刑事责任。对于这种行为，在当时的司法实践中基本上依照玩忽职守罪追究刑事责任。⑤ 这也是"比照适用"。只不过前述《劳动法》中明确了比照玩忽职守罪追究刑事责任，而《教育法》未明确比照哪一罪名适用。为回应《教

---

① 1997 年 1 月 10 日的《刑法修订草案》第一百四十五条规定："在建筑、设计、施工中，违反法律、法规的规定，有下列情形之一的，造成工程质量重大事故的，对单位判处罚金，对其直接负责的主管人员和其他直接责任人员处三年以下有期徒刑、拘役或者管制；造成特别重大事故的，处三年以上七年以下有期徒刑：（一）建设单位要求建筑设计单位或者施工单位降低工程质量，或者提供不合格的建筑材料、建筑构配件和设备强迫施工企业使用的；（二）建筑设计单位不按建筑工程质量标准进行设计的；（三）施工单位在施工中偷工减料，使用不合格的建筑材料、建筑构配件和设备，或者不按照设计图纸或者施工技术标准施工的。"

② 1997 年 2 月 17 日的《刑法修订草案》第一百三十七条规定："建设单位、建筑设计单位、施工单位违反国家规定，降低工程质量标准，造成重大安全事故的，对直接责任人员，处三年以下有期徒刑、拘役或者管制；后果特别严重的，处三年以上七年以下有期徒刑。"

③ 《刑法》第一百三十七条规定："建设单位、设计单位、施工单位、工程监理单位违反国家规定，降低工程质量标准，造成重大安全事故的，对直接责任人员，处五年以下有期徒刑或者拘役，并处罚金；后果特别严重的，处五年以上十年以下有期徒刑，并处罚金。"参见高铭暄：《中华人民共和国刑法的孕育诞生和发展完善》，北京大学出版社 2012 年版，第 337～338 页。

④ 参见高铭暄：《中华人民共和国刑法的孕育诞生和发展完善》，北京大学出版社 2012 年版，第 338 页。

⑤ 参见高铭暄：《中华人民共和国刑法的孕育诞生和发展完善》，北京大学出版社 2012 年版，第 338 页。

育法》，完备刑法条文，1997 年 2 月 17 日的《刑法修订草案（修改稿）》第一百三十八条规定了本罪；① 之后 1997 年 3 月 1 日的《刑法修订草案》删除了基本犯的管制刑；② 最终形成了 1997 年《刑法》第一百三十八条的规定。③ 虽然本罪承担刑事责任的主体中无"直接负责的主管人员"，但是可以对有危险的校舍或教育教学设施作出整修（即采取消除危险措施）决定的应是负有一定权限的人。这其中也就包含了业务监督过失犯罪。

（十）消防责任事故罪

1979 年《刑法》中没有规定本罪，这是 1997 年全面修订《刑法》时新增的罪名。本罪同样是在回应 1984 年《消防条例》中的相关规定。④ 1996 年 12 月中旬的《刑法修订草案》第一百三十条规定："违反消防管理法规，经消防监督机构通知采取改正措施而拒绝执行，造成严重后果的，处三年以下有期徒刑、拘役或者管制。" 1997 年 2 月 17 日的《刑法修订草案（修改稿）》对本罪做了调整，将承担刑事责任的主体限定为直接责任人员，并增加了加重犯的量刑档次；⑤ 1997 年 3 月 1 日的《刑法修订草案》删除了基本犯的管制刑；⑥ 最终形成了 1997 年《刑法》第一百三十九条的规定。⑦ 虽然本罪承担刑事责任的主体中无"直接负责的主管人员"，但消防监督机构在发现有违反消防管理法规的情形之时，通知的应是对消防安全体制有一定管理权限的人。这就包含了业务监督过失犯罪。

由以上分析可以看出，像工程重大安全事故罪、教育设施重大安全事故罪、消防责任事故罪这几个犯罪，即使法条中仅仅规定了"直接责任人员"，也可以认为其中包含负有

---

① 1997 年 2 月 17 日的《刑法修订草案（修改稿）》第一百三十八条规定："明知校舍或者教育教学设施有危险，而不采取措施或者不及时报告，致使发生重大伤亡事故的，对直接责任人员，处三年以下有期徒刑、拘役或者管制；后果特别严重的，处三年以上七年以下有期徒刑。"

② 参见高铭暄：《中华人民共和国刑法的孕育诞生和发展完善》，北京大学出版社 2012 年版，第 338～339 页。

③ 《刑法》第一百三十八条规定："明知校舍或者教育教学设施有危险，而不采取措施或者不及时报告，致使发生重大伤亡事故的，对直接责任人员，处三年以下有期徒刑或者拘役；后果特别严重的，处三年以上七年以下有期徒刑。"

④ 参见利子平、蒋帛婷：《新中国刑法的立法源流与展望》，知识产权出版社 2015 年版，第 508、512 页。1984 年《消防条例》第三十条规定："违反本条例规定，经消防监督机构通知采取改正措施而拒绝执行，情节严重的，对有关责任人员由公安机关依照治安管理处罚条例给予处罚，或者由其主管机关给予行政处分。违反本条例规定，造成火灾的，对有关责任人员依法追究刑事责任；情节较轻的，由公安机关依照治安管理处罚条例给予处罚，或者由其主管机关给予行政处分。"

⑤ 1997 年 2 月 17 日的《刑法修订草案（修改稿）》第一百三十九条规定："违反消防管理法规，经消防监督机构通知采取改正措施而拒绝执行，造成严重后果的，对直接责任人员，处三年以下有期徒刑、拘役或者管制；后果特别严重的，处三年以上七年以下有期徒刑。"

⑥ 参见高铭暄：《中华人民共和国刑法的孕育诞生和发展完善》，北京大学出版社 2012 年版，第 339 页。

⑦ 《刑法》第一百三十九条规定："违反消防管理法规，经消防监督机构通知采取改正措施而拒绝执行，造成严重后果的，对直接责任人员，处三年以下有期徒刑或者拘役；后果特别严重的，处三年以上七年以下有期徒刑。"

相应管理、监督权限的人员。有论者认为，并非刑法条文中没有规定"直接负责的主管人员"就不可以追究监督过失、管理过失责任，原则上只要涉及业务过失犯罪的，都存在应当考虑监督过失的问题。[①] 本书赞同这种观点。但是，如果同时规定了"直接负责的主管人员"与"直接责任人员"，通常的做法是将上层人员与基层人员分开，例如下述司法解释。而如果仅仅规定"直接责任人员"，则需要根据罪状描述进行分析。

（十一）危害生产安全刑事案件的相关司法解释

我国司法解释立法化已经成为不争的事实，多部司法解释也都对业务监督过失犯罪问题进行了规定。法释〔2015〕22号第一条至第四条分别对重大责任事故罪、强令违章冒险作业罪、重大劳动安全事故罪、不报、谎报安全事故罪的犯罪主体做了明确解释。[②] 强烈表现出运用业务监督过失相关理论的倾向。事实上，法释〔2007〕5号中就已经有了这些规定，只是当时的解释仅针对矿山生产安全刑事案件。[③] 但值得注意的是，《刑法修正案（六）》于2006年6月29日起施行，其中已将原来的重大责任事故罪、重大劳动安全事故罪中企业范围删除。而法释〔2007〕5号仍局限于矿山生产安全刑事案件。在解释《刑法修正案（六）》中新增的不报、谎报安全事故罪的犯罪主体时，也局限于矿山生产安全刑事案件。

---

① 参见林亚刚：《犯罪过失研究》，武汉大学出版社2000年版，第250页。

② 《最高人民法院、最高人民检察院关于办理危害生产安全刑事案件适用法律若干问题的解释》（法释〔2015〕22号）第一条规定："刑法第一百三十四条第一款规定的犯罪主体，包括对生产、作业负有组织、指挥或者管理职责的负责人、管理人员、实际控制人、投资人等人员，以及直接从事生产、作业的人员。"第二条规定："刑法第一百三十四条第二款规定的犯罪主体，包括对生产、作业负有组织、指挥或者管理职责的负责人、管理人员、实际控制人、投资人等人员。"第三条规定："刑法第一百三十五条规定的'直接负责的主管人员和其他直接责任人员'，是指对安全生产设施或者安全生产条件不符合国家规定负有直接责任的生产经营单位负责人、管理人员、实际控制人、投资人，以及其他对安全生产设施或者安全生产条件负有管理、维护职责的人员。"第四条规定："刑法第一百三十九条之一规定的'负有报告职责的人员'，是指负有组织、指挥或者管理职责的负责人、管理人员、实际控制人、投资人，以及其他负有报告职责的人员。"

③ 《最高人民法院、最高人民检察院关于办理危害矿山生产安全刑事案件具体应用法律若干问题的解释》（法释〔2007〕5号）第一条规定："刑法第一百三十四条第一款规定的犯罪主体，包括对矿山生产、作业负有组织、指挥或者管理职责的负责人、管理人员、实际控制人、投资人等人员，以及直接从事矿山生产、作业的人员。"第二条规定："刑法第一百三十四条第二款规定的犯罪主体，包括对矿山生产、作业负有组织、指挥或者管理职责的负责人、管理人员、实际控制人、投资人等人员。"第三条规定："刑法第一百三十五条规定的'直接负责的主管人员和其他直接责任人员'，是指对矿山安全生产设施或者安全生产条件不符合国家规定负有直接责任的矿山生产经营单位负责人、管理人员、实际控制人、投资人以及对安全生产设施或者安全生产条件负有管理、维护职责的电工、瓦斯检查工等人员。"第五条规定："刑法第一百三十九条之一规定的'负有报告职责的人员'，是指矿山生产经营单位的负责人、实际控制人、负责生产经营管理的投资人以及其他负有报告职责的人员。"

法发〔2011〕20 号第八条指出了如何认定上述人员的"主要责任"。① 由此也可以看出，直接从事生产、作业的人员就是"其他直接责任人员"。另外，这条意见的最后部分很明确地指出了是在追究负有管理、监督职责的人员的责任。法发〔2015〕12 号第七条也明确指出在危害生产安全犯罪中，既要依法追究直接造成损害的从事生产、作业的责任人员，更要依法从严惩治对生产、作业负有组织、指挥或者管理职责的负责人、管理人、实际控制人、投资人。② 总之，危害生产安全刑事案件的相关司法解释和司法意见明确指出应追究负有组织、指挥或者管理职责的负责人、管理人员、实际控制人、投资人等人员的刑事责任。这些人员不直接从事生产作业，而是组织、指挥、管理生产作业。对于这些人员追究过失责任，就是明确他们所犯的是业务监督过失犯罪，而非直接过失犯罪。

二、破坏经济秩序中的业务监督过失犯罪

（一）签订、履行合同失职被骗罪③

从立法历程来看，本罪乃从 1979 年《刑法》第一百八十七条玩忽职守罪中分解而来。但由于 1997 年修订《刑法》时将玩忽职守罪的主体由"国家工作人员"改为"国家机关工作人员"，所以，1997 年 2 月 17 日的《刑法修订草案（修改稿）》第一百六十九条增设了本罪。当时的表述是"国有公司、企业、事业单位在签订、履行经济贸易合同

---

① 《最高人民法院关于进一步加强危害生产安全刑事案件审判工作的意见》（法发〔2011〕20 号）第八条规定："多个原因行为导致生产安全事故发生的，在区分直接原因与间接原因的同时，应当根据原因行为在引发事故中所具作用的大小，分清主要原因与次要原因，确认主要责任和次要责任，合理确定罪责。一般情况下，对生产、作业负有组织、指挥或者管理职责的负责人、管理人员、实际控制人、投资人，违反有关安全生产管理规定，对重大生产安全事故的发生起决定性、关键性作用的，应当承担主要责任。对于直接从事生产、作业的人员违反安全管理规定，发生重大生产安全事故的，要综合考虑行为人的从业资格、从业时间、接受安全生产教育培训情况、现场条件、是否受到他人强令作业、生产经营单位执行安全生产规章制度的情况等因素认定责任，不能将直接责任简单等同于主要责任。对于负有安全生产管理、监督职责的工作人员，应根据其岗位职责、履职依据、履职时间等，综合考察工作职责、监管条件、履职能力、履职情况等，合理确定罪责。"

② 《最高人民法院关于充分发挥审判职能作用切实维护公共安全的若干意见》（法发〔2015〕12 号）第七条规定："准确把握打击重点。结合当前形势并针对犯罪原因，既要重点惩治发生在危险化学品、民爆器材、烟花爆竹、电梯、煤矿、非煤矿山、油气运送管道、建筑施工、消防、粉尘涉爆等重点行业领域企业，以及港口、码头、人员密集场所等重点部位的危害安全生产犯罪，更要从严惩治发生在这些犯罪背后的国家机关工作人员贪污贿赂和渎职犯罪。既要依法追究直接造成损害的从事生产、作业的责任人员，更要依法从严惩治对生产、作业负有组织、指挥或者管理职责的负责人、管理人、实际控制人、投资人。既要加大对各类安全生产犯罪的惩治力度，更要从严惩治因安全生产条件不符合国家规定被处罚而又违规生产，关闭或者故意破坏安全警示设备，事故发生后不积极抢救人员或者毁灭、伪造、隐藏影响事故调查证据，通过行贿非法获取相关生产经营资质等情节的危害安全生产的犯罪。"

③ 《刑法》第一百六十七条规定："国有公司、企业、事业单位直接负责的主管人员，在签订、履行合同过程中，因严重不负责任被诈骗，致使国家利益遭受重大损失的，处三年以下有期徒刑或者拘役；致使国家利益遭受特别重大损失的，处三年以上七年以下有期徒刑。"

过程中，因严重不负责任被诈骗，致使国家利益遭受重大损失的，对其直接负责的主管人员和其他直接责任人员，处三年以下有期徒刑、拘役或者管制；致使国家利益遭受特别重大损失的，处三年以上七年以下有期徒刑"①。可见当时的规定以单位为犯罪主体，但仅处罚单位中的相关自然人。

1997 年 3 月 13 日的《刑法修订草案》对本罪的主体做了修改，这是因为在之前的草案中，犯罪主体被表述为单位但仅追究单位中相关自然人的刑事责任，有人提出将本罪规定为单位犯罪并不妥当，所以该稿将犯罪主体明确为"国有公司、企业、事业单位直接负责的主管人员"，另外该草案还将"签订、履行经济贸易合同"修改为"签订、履行合同"，最终形成了 1997 年《刑法》第一百六十七条的规定。② 对签订、履行合同直接负责的主管人员，因严重不负责任导致被诈骗，就意味着其未尽适当监督、管理职责。此时追究的就是其业务监督过失刑事责任。

（二）国有公司、企业、事业单位人员失职罪③

同样是由于 1997 年修订《刑法》时玩忽职守罪主体的变动，1997 年 2 月 17 日的《刑法修订草案（修改稿）》第一百七十条增设了玩忽职守造成破产罪："国有公司、企业或者其上级主管部门直接负责的主管人员，因玩忽职守造成国有公司、企业破产，致使国家利益遭受重大损失的，处三年以下有期徒刑、拘役或者管制。"1997 年 3 月 1 日的《刑法修订草案》对上述规定做出的修改之一是将"玩忽职守"改为"严重不负责任"；1997 年 3 月 13 日的《刑法修订草案》又将"严重不负责任"改为"徇私舞弊"，并且删去了"上级主管部门直接负责的主管人员"；④ 最终形成 1997 年《刑法》第一百六十八条的规定。⑤ 但根据当时的规定，难以规制国有公司、企业、事业单位的工作人员由于严重不负责任或者滥用职权而使国家利益遭受重大损失的有些行为，因此 1999 年的《刑法修正案（一）》对本罪做了较大修改，⑥ 包括将"徇私舞弊"改为"由于严重不负责任

---

①　参见利子平、蒋帛婷：《新中国刑法的立法源流与展望》，知识产权出版社 2015 年版，第 616 页。

②　参见高铭暄：《中华人民共和国刑法的孕育诞生和发展完善》，北京大学出版社 2012 年版，第 377~378 页。

③　《刑法》第一百六十八条规定："国有公司、企业的工作人员，由于严重不负责任或者滥用职权，造成国有公司、企业破产或者严重损失，致使国家利益遭受重大损失的，处三年以下有期徒刑或者拘役；致使国家利益遭受特别重大损失的，处三年以上七年以下有期徒刑。国有事业单位的工作人员有前款行为，致使国家利益遭受重大损失的，依照前款的规定处罚。国有公司、企业、事业单位的工作人员，徇私舞弊，犯前两款罪的，依照第一款的规定从重处罚。"

④　参见高铭暄：《中华人民共和国刑法的孕育诞生和发展完善》，北京大学出版社 2012 年版，第 378 页。

⑤　1997 年《刑法》第一百六十八条规定："国有公司、企业直接负责的主管人员，徇私舞弊，造成国有公司、企业破产或者严重亏损，致使国家利益遭受重大损失的，处三年以下有期徒刑或者拘役。"

⑥　参见全国人大法律委员会副主任委员顾昂然 1999 年 10 月 25 日在第九届全国人民代表大会常务委员会第十二次会议上所作的《关于〈中华人民共和国刑法修正案（草案）〉的说明》，载中国人大网，http：//www.npc.gov.cn/wxzl/gongbao/2000-12/06/content_5007223.htm，2021 年 6 月 5 日访问。

或者滥用职权"，将"直接负责的主管人员"改为"工作人员"，增加一档法定刑，单独规定"国有事业单位的工作人员"，规定徇私舞弊犯本罪的从重处罚。①

本罪的主体现规定为"国有公司、企业、事业单位的工作人员"。虽与签订、履行合同失职被骗罪相比，本罪的主体似乎不含直接负责的主管人员这一负有监管职责的主体，但其实不然。应当认为，本罪主体中仍然包括国有公司、企业、事业单位中的监管者。因为监管者也属于工作人员。若监管者严重不负责任（即不正确履行监管职责），造成国有公司、企业破产或者严重损失，致使国家利益遭受重大损失的，被追究的是监督过失责任。

再者，签订、履行合同失职被骗罪仅局限在签订、履行合同领域，与之相比，本罪的规制范围显然更广，这不仅表现在被规制的业务领域上，还表现在被规制的主体上。既然对签订、履行合同负有监管职责的人员可因监督过失构成犯罪，那么在其他业务领域中负有监管职责的人员也完全可以因监督过失构成犯罪，甚至监管者在签订、履行合同领域中没有因严重不负责任被诈骗而是因其他行为致使国家利益遭受重大损失的，也因监督过失而构成本罪。另外，联系本罪中与"严重不负责任"相并列的"滥用职权"来看，也不能将监管者排除在外。

有论者认为，1999 年《刑法修正案（一）》将本罪的犯罪主体由 1997 年《刑法》中的"直接负责的主管人员"改为"工作人员"不恰当地扩大了犯罪主体，并且也不符合实际。② 因为第一，实际上只有主管人员才能因为滥用职权或玩忽职守而给国家造成重大损失，因此将犯罪主体扩大到普通工人没有必要；第二，普通工人因严重不负责任而给国家造成重大损失的，完全可以按照重大责任事故罪论处，这就又导致了本罪与重大责任事故罪的交叉竞合，为司法实践确定犯罪性质带来的新的问题。③

但是，修正案扩大本罪犯罪主体就是考虑到了将其他工作人员排除在本罪主体之外的不妥当之处。④ 如果普通工人因严重不负责任而给国家造成重大损失的可以按照重大责任事故罪论处，那么主管人员因严重不负责任而给国家造成重大损失的也可以按照重大责任事故罪论处。断言实际上只有主管人员才能因为滥用职权或玩忽职守而给国家造成重大损失与普通工人因严重不负责任而给国家造成重大损失的观点也是前后矛盾的。

① 参见利子平、蒋帛婷：《新中国刑法的立法源流与展望》，知识产权出版社 2015 年版，第 617~618 页。

② 参见利子平、蒋帛婷：《新中国刑法的立法源流与展望》，知识产权出版社 2015 年版，第 620 页。

③ 参见侯国云：《刑法理论究探》，中国政法大学出版社 2005 年版，第 293 页。

④ 参见高铭暄：《中华人民共和国刑法的孕育诞生和发展完善》，北京大学出版社 2012 年版，第 379 页。

（三）出具证明文件重大失实罪①

本罪与提供虚假证明文件罪规定在同条。但后者在 1995 年《关于惩治违反公司法的犯罪的决定》中即已存在，前者则系 1997 年全面修订《刑法》时新增。不过两者最初均源于 1993 年《公司法》第二百一十九条的规定，② 其中第一款是后者的雏形，第二款是前者的雏形。1995 年《关于惩治违反公司法的犯罪的决定》仅根据第一款在第六条增设了提供虚假证明文件罪，③ 而并未将第二款的行为规定为犯罪。④

1996 年 8 月 31 日的《刑法修订草案》在"渎职罪"一章中规定"承担资产评估、验资职责的人员，故意提供虚假证明文件，情节严重的，处五年以下有期徒刑或者拘役。" 1996 年 10 月 10 日的《刑法修订草案》对本罪做了修改补充，增加了业务领域，增设了罚金刑和单位犯罪的规定；⑤ 1996 年 12 月中旬的《刑法修订草案》删除了本罪单位犯罪的规定；1997 年 2 月 17 日的《刑法修订草案（修改稿）》进一步增加了业务领域，删除了罚金额度，增加了过失犯罪，⑥ 可见此时正式出现了出具证明文件重大失实罪；

---

① 《刑法》第二百二十九条规定："承担资产评估、验资、验证、会计、审计、法律服务、保荐、安全评价、环境影响评价、环境监测等职责的中介组织的人员故意提供虚假证明文件，情节严重的，处五年以下有期徒刑或者拘役，并处罚金；有下列情形之一的，处五年以上十年以下有期徒刑，并处罚金：（一）提供与证券发行相关的虚假的资产评估、会计、审计、法律服务、保荐等证明文件，情节特别严重的；（二）提供与重大资产交易相关的虚假的资产评估、会计、审计等证明文件，情节特别严重的；（三）在涉及公共安全的重大工程、项目中提供虚假的安全评价、环境影响评价等证明文件，致使公共财产、国家和人民利益遭受特别重大损失的。有前款行为，同时索取他人财物或者非法收受他人财物构成犯罪的，依照处罚较重的规定定罪处罚。第一款规定的人员，严重不负责任，出具的证明文件有重大失实，造成严重后果的，处三年以下有期徒刑或者拘役，并处或者单处罚金。"

② 1993 年《公司法》第二百一十九条规定："承担资产评估、验资或者验证的机构提供虚假证明文件的，没收违法所得，处以违法所得一倍以上五倍以下的罚款，并可以由有关主管部门依法责令该机构停业，吊销直接责任人员的资格证书。构成犯罪的，依法追究刑事责任。承担资产评估、验资或者验证的机构因过失提供有重大遗漏的报告的，责令改正，情节较重的，处以所得收入一倍以上三倍以下的罚款，并可由有关主管部门依法责令该机构停业，吊销直接责任人员的资格证书。"

③ 1995 年《关于惩治违反公司法的犯罪的决定》第六条规定："承担资产评估、验资、验证、审计职责的人员故意提供虚假证明文件，情节严重的，处五年以下有期徒刑或者拘役，可以并处二十万元以下罚金。单位犯前款罪的，对单位判处违法所得五倍以下罚金，并对直接负责的主管人员和其他直接责任人员，依照前款的规定，处五年以下有期徒刑或者拘役。"

④ 参见利子平、蒋帛婷：《新中国刑法的立法源流与展望》，知识产权出版社 2015 年版，第 791 页。

⑤ 1996 年 10 月 10 日的《刑法修订草案》规定："承担资产评估、验资、验证、审计职责的人员故意提供虚假证明文件，情节严重的，处五年以下有期徒刑或者拘役，可以并处二十万元以下罚金。单位犯前款罪的，对单位判处违法所得一倍以上五倍以下罚金，并且对其直接负责的主管人员和其他直接责任人员，处五年以下有期徒刑或者拘役。"

⑥ 1997 年 2 月 17 日的《刑法修订草案》规定："承担资产评估、验资、验证、会计、审计、法律服务等职责的中介组织的人员故意提供虚假证明文件，情节严重的，处五年以下有期徒刑或者拘役，并处罚金。前款规定的人员，严重不负责任，出具的证明文件有重大失实，造成严重后果的，处三年以下有期徒刑、拘役或者管制，并处或者单处罚金。"

1997 年 3 月 13 日的《刑法修订草案》删除了第二款中的管制刑,增设了索取或非法收受财物犯提供虚假证明文件罪的规定;[1] 最终形成了 1997 年《刑法》第二百二十九条的规定。[2]

《刑法修正案（十一）》对本罪作出新的修改:再次扩大了业务领域,亦即扩大了犯罪主体,具体而言是增加了承担保荐、安全评价、环境影响评价、环境监测职责的中介组织的人员;增加了法定刑升格的三种情形,涉及证券发行、重大资产交易、公共安全重大工程项目中的证明文件;将索取他人财物或者非法收受财物犯而提供虚假证明文件罪的情形明确为按照处罚较重的规定定罪处罚。出具证明文件重大失实罪未作改变。

出具证明文件重大失实罪的犯罪主体是承担资产评估、验资、验证、会计、审计、法律服务、保荐、安全评价、环境影响评价、环境监测等职责的中介组织的人员。本罪的犯罪主体,不仅包括因严重不负责任而具体出具了重大失实证明文件的工作人员,也包括因严重不负责任而导致具体工作人员出具了重大失实证明文件的监管者。

三、危害卫生安全中的业务监督过失犯罪

（一）妨害传染病防治罪[3]

1950 年《刑法大纲草案》中规定了违反扑灭传染病之法令罪:"违反以扑灭传染病为目的之法令或紧急措施者,处一年以下监禁。"[4] 但 1979 年《刑法》未规定本罪。1989 年《传染病防治法》第三十七条规定,违反传染病防治规定的行为比照 1979 年《刑法》

---

[1]　参见高铭暄:《中华人民共和国刑法的孕育诞生和发展完善》,北京大学出版社 2012 年版,第 446 页。

[2]　1997 年《刑法》第二百二十九条规定:"承担资产评估、验资、验证、会计、审计、法律服务等职责的中介组织的人员故意提供虚假证明文件,情节严重的,处五年以下有期徒刑或者拘役,并处罚金。前款规定的人员,索取他人财物或者非法收受他人财物,犯前款罪的,处五年以上十年以下有期徒刑,并处罚金。第一款规定的人员,严重不负责任,出具的证明文件有重大失实,造成严重后果的,处三年以下有期徒刑或者拘役,并处或者单处罚金。"

[3]　《刑法》第三百三十条规定:"违反传染病防治法的规定,有下列情形之一,引起甲类传染病以及依法确定采取甲类传染病预防、控制措施的传染病传播或者有传播严重危险的,处三年以下有期徒刑或者拘役;后果特别严重的,处三年以上七年以下有期徒刑:(一)供水单位供应的饮用水不符合国家规定的卫生标准的;(二)拒绝按照疾病预防控制机构提出的卫生要求,对传染病病原体污染的污水、污物、场所和物品进行消毒处理的;(三)准许或者纵容传染病病人、病原携带者和疑似传染病病人从事国务院卫生行政部门规定禁止从事的易使该传染病扩散的工作的;(四)出售、运输疫区中被传染病病原体污染或者可能被传染病病原体污染的物品,未进行消毒处理的;(五)拒绝执行县级以上人民政府、疾病预防控制机构依照传染病防治法提出的预防、控制措施的。单位犯前款罪的,对单位判处罚金,并对其直接负责的主管人员和其他直接责任人员,依照前款的规定处罚。甲类传染病的范围,依照《中华人民共和国传染病防治法》和国务院有关规定确定。"

[4]　参见利子平、蒋帛婷:《新中国刑法的立法源流与展望》,知识产权出版社 2015 年版,第 1086 页。

第一百七十八条妨害国境卫生检疫罪处罚。① 为与《传染病防治法》相衔接，1996 年 8 月 8 日的刑法修改草稿增设了本罪，采用了空白罪状的方式；② 1996 年 8 月 31 日的《刑法修改草稿》修改了法定刑；1996 年 10 月 10 日的《刑法修订草案（征求意见稿）》第二百九十五条对本罪表述做了较大修改；③ 其后的修改稿仅聚焦于具体刑罚种类和单位犯罪的规定；此外在 1997 年 3 月 1 日的《刑法修订草案》中增加规定了甲类传染病的范围；④ 最终形成了 1997 年《刑法》的第三百三十条的规定。⑤ 在全民抗击新冠肺炎疫情的阻击战中，《刑法修正案（十一）》对本罪做了较大修改。修法理由指出，"进一步明确新冠肺炎等依法确定的采取甲类传染病管理措施的传染病，属于本罪调整范围，补充完善构成犯罪的情形，增加规定了拒绝执行人民政府依法提出的预防控制措施，非法出售、

---

①　1989 年《传染病防治法》第三十七条规定："有本法第三十五条所列行为之一，引起甲类传染病传播或者有传播严重危险的，比照刑法第一百七十八条的规定追究刑事责任。"该法第三十五条规定："违反本法规定，有下列行为之一的，由县级以上政府卫生行政部门责令限期改正，可以处以罚款；有造成传染病流行危险的，由卫生行政部门报请同级政府采取强制措施：（一）供水单位供应的饮用水不符合国家规定的卫生标准的；（二）拒绝按照卫生防疫机构提出的卫生要求，对传染病病原体污染的污水、污物、粪便进行消毒处理的；（三）准许或者纵容传染病病人、病原携带者和疑似传染病病人从事国务院卫生行政部门规定禁止从事的易使该传染病扩散的工作的；（四）拒绝执行卫生防疫机构依照本法提出的其他预防、控制措施的。"1979 年《刑法》第一百七十八条规定："违反国境卫生检疫规定，引起检疫传染病的传播，或者有引起检疫传染病传播严重危险的，处三年以下有期徒刑或者拘役，可以并处或者单处罚金。"

②　1996 年 8 月 8 日的《刑法修改草稿》中规定："违反传染病防治法的规定，引起甲类传染病传播或者有传播严重危险的，处三年以下有期徒刑或者拘役，可以并处或者单处罚金。单位犯前款罪的，对单位判处罚金，并对直接负责的主管人员和其他直接责任人员，依照前款的规定处罚。"

③　1996 年 10 月 10 日的《刑法修订草案（征求意见稿）》第二百九十五条规定："违反传染病防治法的规定，有下列情形之一，引起甲类传染病传播或者有传播严重危险的，处三年以下有期徒刑或者拘役；后果特别严重的，处三年以上七年以下有期徒刑：（一）供水单位供应的饮用水不符合国家规定的卫生标准的；（二）拒绝按照卫生防疫机构提出的卫生要求，对传染病病原体污染的污水、污物、粪便进行消毒处理的；（三）准许或者纵容传染病病人、病原携带者和疑似传染病病人从事国务院卫生行政部门规定禁止从事的易使该传染病扩散的工作的；（四）拒绝执行卫生防疫机构依照传染病防治法提出的其他预防、控制措施的。单位犯前款罪的，对单位判处罚金，并对其直接负责的主管人员和其他直接责任人员，依照前款的规定处罚。"参见高铭暄：《中华人民共和国刑法的孕育诞生和发展完善》，北京大学出版社 2012 年版，第 554、555 页；利子平、蒋帛婷：《新中国刑法的立法源流与展望》，知识产权出版社 2015 年版，第 1087 页。

④　参见利子平、蒋帛婷：《新中国刑法的立法源流与展望》，知识产权出版社 2015 年版，第 1087 页。

⑤　1997 年《刑法》第三百三十条规定："违反传染病防治法的规定，有下列情形之一，引起甲类传染病传播或者有传播严重危险的，处三年以下有期徒刑或者拘役；后果特别严重的，处三年以上七年以下有期徒刑：（一）供水单位供应的饮用水不符合国家规定的卫生标准的；（二）拒绝按照卫生防疫机构提出的卫生要求，对传染病病原体污染的污水、污物、粪便进行消毒处理的；（三）准许或者纵容传染病病人、病原携带者和疑似传染病病人从事国务院卫生行政部门规定禁止从事的易使该传染病扩散的工作的；（四）拒绝执行卫生防疫机构依照传染病防治法提出的预防、控制措施的。单位犯前款罪的，对单位判处罚金，并对其直接负责的主管人员和其他直接责任人员，依照前款的规定处罚。甲类传染病的范围，依照《中华人民共和国传染病防治法》和国务院有关规定确定。"

运输疫区被污染物品等犯罪行为"①。

妨害传染病防治罪中也有追究业务监督过失刑事责任的余地。妨害传染病防治罪是过失犯罪。违反传染病防治法规定的行为是故意的，但是对于"引起甲类传染病以及依法确定采取甲类传染病预防、控制措施的传染病传播或者有传播严重危险"却是过失的。如果是故意引起这种传播结果或传播严重危险，可以按照相应的故意犯罪（如以危险方法危害公共安全罪）处罚。

首先，对于第三百三十条第一款第一项，当供水单位供应的饮用水不符合国家规定的卫生标准时，造成这种情形的原因很可能是该供水单位中对确保本单位供应的饮用水符合国家规定的卫生标准负有管理、监督职责的人员未履行或正确履行监管职责。此时，该供水单位构成妨害传染病防治罪，该单位犯罪即是监督过失型单位犯罪。其次，对于第三百三十条第一款第二、三、四项，犯罪主体可能是自然人，也可能是单位，因为第三百三十条第二款规定了单位可以构成妨害传染病防治罪。如果单位犯罪，其中监督过失的分析如上述供水单位。而在自然人犯罪中，也可能存在对拒绝按照疾病预防控制机构提出的卫生要求对传染病病原体污染的污水、污物、场所和物品进行消毒处理的人员负有监督、管理职责的人员；存在对出售、运输未进行消毒处理的疫区中被传染病病原体污染或者可能被传染病病原体污染的物品负有监督、管理职责的人员；而准许或者纵容传染病病人、病原携带者和疑似传染病病人从事国务院卫生行政部门规定禁止从事的易使该传染病扩散的工作的人员甚至就是负有监督、管理职责的人员。所以，即使是在自然人犯罪中，对这些本身即负有相应的管理、监督职责的人，也可能依据监督过失理论追究其妨害传染病防治罪的刑事责任。

（二）传染病菌种、毒种扩散罪②

1989 年《传染病防治法》第三十八条规定，违反规定造成传染病菌种、毒种扩散、后果严重的行为依照 1979 年《刑法》第一百一十五条危险物品肇事罪处罚。③ 1996 年 8 月 8 日的《刑法分则修改草稿》独立规定了传染病菌种、毒种扩散罪，罪状沿用了《传染病防治法》的规定；其后的修订主要涉及该罪的法定刑；最终形成了 1997 年《刑法》

---

① 参见李宁：《关于〈中华人民共和国刑法修正案（十一）（草案）〉的说明》，载中国人大网，http://www.npc.gov.cn/npc/c30834/202012/f16fedb673644b35936580d25287a564.shtml，2021 年 6 月 1 日访问。

② 《刑法》第三百三十一条规定："从事实验、保藏、携带、运输传染病菌种、毒种的人员，违反国务院卫生行政部门的有关规定，造成传染病菌种、毒种扩散，后果严重的，处三年以下有期徒刑或者拘役；后果特别严重的，处三年以上七年以下有期徒刑。"

③ 1989 年《传染病防治法》第三十八条规定："从事实验、保藏、携带、运输传染病菌种、毒种的人员，违反国务院卫生行政部门的有关规定，造成传染病菌种、毒种扩散，后果严重的，依照刑法第一百一十五条的规定追究刑事责任；情节轻微的，给予行政处分。" 1979 年《修法》第一百一十五条规定："违反爆炸性、易燃性、放射性、毒害性、腐蚀性物品的管理规定，在生产、储存、运输、使用中发生重大事故，造成严重后果的，处三年以下有期徒刑或者拘役；后果特别严重的，处三年以上七年以下有期徒刑。"

第三百三十一条的规定。① 本罪不排除业务监督过失犯罪的情形。本罪主体不仅包括直接从事实验、保藏、携带、运输传染病菌种、毒种的人员，还包括对直接从事上述行为的人员负有监督、管理职责的人员。

（三）采集、供应血液、制作、供应血液制品事故罪②

本罪与非法采集、供应血液、制作、供应血液制品罪规定在同条。1996 年 8 月 8 日的《刑法分则修改草稿》中规定了采集、供应不洁血液或过失采集、供应不洁血液的行为，彼时这种行为仅系传播、扩散传染病的一种犯罪方法；③ 1996 年 8 月 31 日的《刑法修改草稿》删除了过失犯的规定，并将采集、供应不洁血液的行为单独规定为一种犯罪；④ 1996 年 10 月 10 日的《刑法修订草案（征求意见稿）》第二百九十九条规定了非法采集、供应血液、制作、供应血液制品罪（第一、二款）和采集、供应血液、制作、供应血液制品事故罪（第三款）；⑤ 1996 年 12 月中旬的《刑法修订草案》将原第三款中的"造成危害人民群众身体健康后果"修改为"造成危害他人身体健康后果"；1997 年 2 月 17 日的《刑法修订草案（修改稿）》将原第一、二款合并为一款；1997 年 3 月 1 日的《刑法修订草案》又修改了原第三款中的法定刑；1997 年 3 月 13 日的《刑法修订草案》为第一款之罪增加了财产刑；最终形成了 1997 年《刑法》第三百三十四条的规定。⑥

本罪是单位犯罪，但上文已经指出，单位犯罪也有过失犯罪形态，并且单位过失的形态之一就是监督过失、管理过失。在经国家主管部门批准采集、供应血液或者制作、供应

---

① 参见高铭暄：《中华人民共和国刑法的孕育诞生和发展完善》，北京大学出版社 2012 年版，第 555~556 页。

② 《刑法》第三百三十四条第二款规定："经国家主管部门批准采集、供应血液或者制作、供应血液制品的部门，不依照规定进行检测或者违背其他操作规定，造成危害他人身体健康后果的，对单位判处罚金，并对其直接负责的主管人员和其他直接责任人员，处五年以下有期徒刑或者拘役。"

③ 1996 年 8 月 8 日的《刑法分则修改草稿》中规定："采集、供应不洁血液、投放传染病菌种、毒种或者其他方法故意传播、扩散传染病，情节严重的，处七年以下有期徒刑或者拘役；造成传染病流行或者致人死亡、重伤或者情节特别严重的，处七年以上有期徒刑、无期徒刑或者死刑。过失犯前款罪，造成传染病流行或者致人死亡、重伤的，处五年以下有期徒刑或者拘役；后果特别严重的，处五年以上十年以下有期徒刑。"

④ 1996 年 8 月 8 日的《刑法分则修改草稿》中规定："采集、供应不洁血液，危害人体健康，情节严重的，处七年以下有期徒刑；情节特别严重的，处七年以上有期徒刑或者无期徒刑。"

⑤ 1996 年 10 月 10 日的《刑法修订草案（征求意见稿）》第二百九十九条规定："非法采集、供应血液或者制作、供应血液制品，足以危害人体健康的，处五年以下有期徒刑或者拘役。非法采集、供应血液或者制作、供应血液制品，对人体造成严重危害的，处五年以上十年以下有期徒刑；造成特别严重后果的，处十年以上有期徒刑或者无期徒刑。经国家主管部门批准采集、供应血液或者制作、供应血液制品的部门，不依照规定进行检测或者违背其他操作规定，造成危害人民群众身体健康后果的，对单位判处罚金，并对其直接负责的主管人员和其他直接责任人员，处七年以下有期徒刑或者拘役。"

⑥ 参见高铭暄：《中华人民共和国刑法的孕育诞生和发展完善》，北京大学出版社 2012 年版，第 558~559 页。

血液制品的部门中，虽有不依照规定进行检测或者违背其他操作规定而采集、供应、制作的具体人员，但是，在这些部门中，必定存在对他们负有管理、监督职责的人员。当这些不按规定而实施的检测行为或违背其他操作规定而实施的采集、供应、制作的行为是由负有管理、监督职责的人不履行或不正确履行管理、监督职责所致时，此时的单位犯罪即监督过失型单位犯罪。

（四）医疗事故罪①

1963 年《刑法草案》第三十三稿中曾经规定了医疗事故罪，② 但是有意见认为制定该罪的时机并不成熟，所以 1979 年《刑法》没有规定该罪。③ 1987 年《医疗事故处理办法》第二十四条规定"医务人员由于极端不负责任，致使病员死亡、情节恶劣已构成犯罪的，对直接责任人员由司法机关依法追究刑事责任"。1987 年 8 月 31 日最高人民检察院发布的《关于正确认定和处理玩忽职守罪的若干意见（试行）》将严重医疗事故定性为玩忽职守的犯罪行为，④ 上述规定为《刑法》规定本罪奠定了基础。⑤ 1988 年《刑法修改稿》在"侵犯公民人身权利、民主权利罪"一章第一百二十条增设了重大医疗事故罪；⑥ 1996 年 10 月 10 日的《刑法修订草案（征求意见稿）》将本罪移至"妨害社会管理秩序罪"中，规定在第三百条，并修改了罪状；⑦ 1997 年 2 月 17 日的《刑法修订草案

---

①　《刑法》第三百三十五条规定："医务人员由于严重不负责任，造成就诊人死亡或者严重损害就诊人身体健康的，处三年以下有期徒刑或者拘役。"

②　1963 年《刑法草案》第三十三稿规定："医务人员由于严重不负责任，违反规章制度因而发生重大事故，致人重伤、死亡或者明知对于病人不给治疗就会发生危险结果，没有正当理由而拒绝治疗，致人死亡的，处五年以下有期徒刑或者拘役。"

③　参见利子平、蒋帛婷：《新中国刑法的立法源流与展望》，知识产权出版社 2015 年版，第 1097~1098 页。

④　1987 年 8 月 31 日最高人民检察院发布的《关于正确认定和处理玩忽职守罪的若干意见（试行）》在"三、玩忽职守罪的犯罪行为"中规定："（九）文教、医药卫生方面 36. 教育工作人员严重失职，造成学生重大伤亡的；37. 幼儿园领导或教师等，违反有关规定，造成幼儿重大伤亡的；38. 医务人员在诊疗护理工作中，由于极端不负责任，致使病员死亡或其他严重后果，情节恶劣的；39. 药品检验人员严重失职，致使大量伪劣药品流入市场，造成重大伤亡的；40. 单位负责人员严重失职，违反食品卫生法规定，因而发生严重食物中毒或者其他严重食源性疾患事故，造成人员死亡、残疾或者其他严重后果的；41. 卫生防疫监督检验人员，不依法履行职责，造成严重后果的；国境卫生检疫机关工作人员违反《中华人民共和国卫生检疫法》规定，引起检疫传染病传播或者有引起检疫传染病传播严重危险的。"

⑤　参见高铭暄：《中华人民共和国刑法的孕育诞生和发展完善》，北京大学出版社 2012 年版，第 559 页。

⑥　1988 年《刑法修改稿》第一百二十条规定："医务人员由于严重不负责任，致使病员重伤、死亡，情节恶劣的，处二年以下有期徒刑或者拘役；情节特别恶劣的，处二年以上七年以下有期徒刑。"

⑦　1996 年 10 月 10 日的《刑法修订草案（征求意见稿）》第三百条规定："医务人员由于严重不负责任，造成病人死亡或者严重损害病人身体健康的，处三年以下有期徒刑或者拘役。"

（征求意见稿）》将"病人"改为"就诊人"；最终形成了 1997 年《刑法》第三百三十五条的规定。[①] 可以看到，第三十三稿中的犯罪主体是医务人员，而未限于直接责任人员，而《医疗事故处理办法》却仅规定追究医务人员中的直接责任人员的刑事责任。最后成型的医疗事故罪中没有出现直接责任人员。这也从侧面表明了被追究医疗事故罪刑事责任的不止于直接责任人员。

在团队医疗中，主治医师对新进医师或实习医生负有监督职责，但其因为严重不负责任疏于监督，导致新进医师或实习医生因过失致使就诊人死亡或严重损害就诊人身体健康，此时就会涉及业务监督过失的问题。另外，如果医院对于有关诊疗的管理制度存在疏漏或不合理之处，导致就诊人没有得到应该得到的及时、有效的诊疗，从而造成就诊人死亡或严重损害就诊人身体健康，这时对于诊疗管理制度的制定和落实负有直接责任的医院主管人员而言，也会涉及业务监督过失的问题。

四、危害环境安全中的业务监督过失犯罪

污染环境罪历经《刑法修正案（八）》和《刑法修正案（十一）》两次修改。[②] 在《刑法修正案（八）》之前，本罪的罪名是重大环境污染事故罪。[③] 1979 年《刑法》中没有规定本罪，这是 1997 年全面修订《刑法》时新增的罪名。1988 年《刑法修改稿》在第一百五十五条规定了严重污染环境罪，[④] 1989 年《环境保护法》第四十三条规定对造

---

① 参见利子平、蒋帛婷：《新中国刑法的立法源流与展望》，知识产权出版社 2015 年版，第 1097~1098 页。

② 《刑法修正案（八）》第四十六条规定："将刑法第三百三十八条修改为：'违反国家规定，排放、倾倒或者处置有放射性的废物、含传染病病原体的废物、有毒物质或者其他有害物质，严重污染环境的，处三年以下有期徒刑或者拘役，并处或者单处罚金；后果特别严重的，处三年以上七年以下有期徒刑，并处罚金。'"《刑法修正案（十一）》第四十条规定："将刑法第三百三十八条修改为：'违反国家规定，排放、倾倒或者处置有放射性的废物、含传染病病原体的废物、有毒物质或者其他有害物质，严重污染环境的，处三年以下有期徒刑或者拘役，并处或者单处罚金；情节严重的，处三年以上七年以下有期徒刑，并处罚金；有下列情形之一的，处七年以上有期徒刑，并处罚金：（一）在饮用水水源保护区、自然保护地核心保护区等依法确定的重点保护区域排放、倾倒、处置有放射性的废物、含传染病病原体的废物、有毒物质，情节特别严重的；（二）向国家确定的重要江河、湖泊水域排放、倾倒、处置有放射性的废物、含传染病病原体的废物、有毒物质，情节特别严重的；（三）致使大量永久基本农田基本功能丧失或者遭受永久性破坏的；（四）致使多人重伤、严重疾病，或者致人严重残疾、死亡的。有前款行为，同时构成其他犯罪的，依照处罚较重的规定定罪处罚。'"

③ 1997 年《刑法》第三百三十八条规定："违反国家规定，向土地、水体、大气排放、倾倒或者处置有放射性的废物、含传染病病原体的废物、有毒物质或者其他危险废物，造成重大环境污染事故，致使公私财产遭受重大损失或者人身伤亡的严重后果的，处三年以下有期徒刑或者拘役，并处或者单处罚金；后果特别严重的，处三年以上七年以下有期徒刑，并处罚金。"

④ 1988 年《刑法修改稿》第一百五十五条规定："违反环境保护法规，严重污染环境，有条件治理而不治理，致人重伤、死亡或者造成公私财产重大损失的，处五年以下有期徒刑、拘役或者管制，可以单处或者并处罚金。"

成重大环境污染事故罪的直接责任人员追究刑事责任,① 为与之协调,1997 年修订《刑法》时开始构思本罪。② 本罪之表述初见于 1996 年 8 月 8 日的《刑法分则修改草稿》,该草稿分别规定了土地污染、水体污染、大气污染三种犯罪,这三种犯罪的罪状表述并不一致;③ 1996 年 8 月 31 日的《刑法修改草稿》统一了这三种犯罪的罪状,要求必须具有"导致公私财产重大损失或者人身伤亡的严重后果";1996 年 10 月 10 日的《刑法修订草案(征求意见稿)》合并了这三个罪名;④ 之后经过 1996 年 12 月中旬、1997 年 3 月 1 日两次《刑法修订草案》的修改,最终形成了 1997 年《刑法》第三百三十八条的规定;后来考虑到该罪的入罪门槛较高、犯罪对象范围过窄等原因,又在《刑法修正案(八)》种对本罪做了修改。⑤《刑法修正案(十一)》又对本罪增加了一档法定刑,详细规定了该档法定刑对应的四种情形,并增加一款从一重论处的规定。污染环境罪的主体既可以是自然人也可以是单位,且其罪过形式既有故意也有过失。这两点决定了污染环境罪中也会出现业务监督过失犯罪。

后文将在各论部分详细探讨上述业务监督过失犯罪。

第二节　我国业务监督过失犯罪的司法镜像

一、追究监管者刑事责任的典型案例

此前有论者指出,我国刑法理论虽然并没有明确提出监督过失,但实务对处于领导者地位的人并非就不追究过失责任。⑥ 随着刑法理论对监督过失问题的研究,我国司法实务中监督过失的判例也应得到重视,应在总结我国实务判例经验的基础上,对司法实践提出

---

① 1989 年《环境保护法》第四十三条规定:"违反本法规定,造成重大环境污染事故,导致公私财产重大损失或者人身伤亡的严重后果的,对直接责任人员依法追究刑事责任。"

② 参见利子平、蒋帛婷:《新中国刑法的立法源流与展望》,知识产权出版社 2015 年版,第 1105~1106 页。

③ "其中,按照该草稿的写法,'水体污染'犯罪的成立要求行为产生实际危害后果;'大气污染'犯罪的成立,要求其行为足以严重污染环境即可,而不要求产生实际污染的结果;'土地污染'犯罪的成立,既不要求其行为产生实际的污染环境的结果,也不要求其行为足以严重污染环境,只要行为人违反国家规定向耕地、森林、草原或者其他陆地排放、倾倒有放射性、含传染病病原体的有毒物质、危险废物,即可成立此罪。"参见高铭暄:《中华人民共和国刑法的孕育诞生和发展完善》,北京大学出版社 2012 年版,第 561、562 页。

④ 1996 年 10 月 10 日的《刑法修订草案(征求意见稿)》第三百零三条规定:"违反国家规定向陆地、水体、大气排放或者倾倒有放射性的污染物、含传染病原体的有毒物质或者其他危险废物,造成重大环境污染事故,致使公私财产遭受重大损失或者人身伤亡的严重后果的,处三年以下有期徒刑或者拘役,可以并处或者单处罚金;后果特别严重的,处三年以上七年以下有期徒刑,并处罚金。"

⑤ 参见高铭暄:《中华人民共和国刑法的孕育诞生和发展完善》,北京大学出版社 2012 年版,第 561~562 页。

⑥ 参见林亚刚:《犯罪过失研究》,武汉大学出版社 2000 年版,第 249 页。

指导性意见。[①] 此处列举十个安全事故犯罪案例，以供分析。

【案例1】

1994年新疆克拉玛依友谊馆火灾事故

1994年12月8日新疆克拉玛依友谊宾馆发生火灾事故，致使323人死亡，132人受伤，直接经济损失3800余万元。当日18时，克拉玛依市教委、新疆石油管理局教育培训中心组织在文化艺术中心友谊馆举办专场文艺汇报演出。演出至18时20分左右，舞台正中偏后北侧上方倒数第二道光柱灯（1000W）烤燃纱幕起火。火灾发生后，由于电工被派出差，火情没有得到及时处理，火势迅速蔓延至剧厅，产生大量有毒、有害气体，而通往剧场的七个安全门仅开一个，演出现场的组织者不积极组织指挥疏散，火灾现场秩序大乱。

1995年8月14日，克拉玛依市中级人民法院审理认为，阿不来提·卡某某（原新疆石油管理局总工会文化艺术中心友谊馆副主任）、陈某某（原友谊馆服务组组长）、努斯拉提·玉某（原友谊馆服务员）、刘某某（原友谊馆服务员）犯重大责任事故罪，该四人分别被判处有期徒刑七年、七年、六年、六年；被告人蔡某某（原新疆石油管理局总工会文化艺术中心友谊馆主任兼指导员）、孙某（原新疆石油管理局总工会文化艺术中心主任）、赵某1（原新疆石油管理局总工会文化艺术中心教导员）、岳某（原新疆石油管理局总工会副主席）、方某某（原新疆石油管理局副局长）、赵某2（原克拉玛依市副市长）、唐某（原克拉玛依市教委副主任、新疆石油管理局教育培训中心副主任）、况某（原新疆石油管理局教育培训中心党委副书记兼纪委书记）、朱某某（原克拉玛依市教委普教科科长）、赵某3（原克拉玛依市教委普教科副科长）犯玩忽职守罪，这些人分别被判处有期徒刑五年、四年、四年、四年、四年六个月、五年、五年、四年、四年、免予刑事处罚。1995年9月19日，新疆维吾尔自治区高级人民法院裁定驳回上诉，维持原判。[②]
　　在这个判决中，明显可以看到是在追究相关行为人的业务监督过失责任。有论者指出，当时的判决未自觉运用这一理论，而当时以及之后一段时间内我国刑法学界也未将类似的判例原理上升为刑法理论。[③] 一审判决认为，被告人阿不来提·卡某某作为友谊馆副主任，主管行政业务，但严重违反消防安全管理规定，对消防部门在三次防火安全检查中提出的问题都不整改；对舞台幕布曾发生过的火灾险情也没有采取措施消除隐患。其明知12月8日有演出活动，还将电工派外出差，并仅开放演出现场的七个安全门的其中一个，火灾发生后更没有积极采取措施组织疏散抢救。其是这次重大责任事故的主要直接责任者，犯重大责任事故罪。虽然1979年《刑法》中没有规定消防责任事故罪，但是，重大

---

① 参见陈洪兵：《公共危险犯解释论与判例研究》，中国政法大学出版社2011年版，第208页。

② 最高人民检察院公报案例：《阿不来提·卡某某等14人重大责任事故、玩忽职守案》，载中国审判案例数据库，http://chncase.cn/case/bulletin/1085214，2021年4月19日访问。

③ 参见赵瑞罡、杨庆玖：《监督过失论》，载《政治与法律》2001年第4期。

责任事故完全可以涵盖消防责任事故，所以发生消防责任事故后依重大责任事故罪处罚是合适的。追究卡某某重大责任事故罪的依据在于：卡某某作为友谊馆主管行政工作的副主任，没有建立完备的消防安全管理体制，将电工派外出差，存在管理过失；没有监督友谊馆服务组组长陈某某、友谊馆服务员努斯拉提·玉某、刘某某在场内巡回检查，存在监督过失。一审判决认为，被告人蔡某某作为友谊馆主任，不重视安全工作，未对职工进行安全教育，不制定应急防范措施，对安全隐患不加整改。其对火灾事故的发生负有直接责任。这也是在追究其业务监督过失责任，只是由于蔡某某是国家工作人员，所以依照1979年《刑法》第一百八十七条玩忽职守罪论处。

【案例2】

2000 年河南洛阳东都商厦火灾事故

2000 年 12 月 25 日，河南洛阳东都商厦发生特大火灾事故，309 人中毒窒息死亡。该火灾的起因是商厦地下一层东都分店非法施工，施焊人员王某 1 违章作业，电焊火花溅落到地下二层，引燃大量可燃物。火灾发生后，王某 1 等在场人员在自行灭火失败后既不报警也不通知四层东都娱乐城人员撤离，而是自己逃离。随后火势迅速蔓延，产生的大量一氧化碳、二氧化碳、含氰化合物等有毒烟雾向上蔓延扩散到四层娱乐城，使娱乐城内因疏散通道被封堵而无法通行的人员中毒窒息死亡。

2001 年 8 月 22 日，洛阳市中级人民法院一审宣判，原洛阳丹尼斯量贩有限公司东都分店养护员王某 1 犯重大责任事故罪、过失致人死亡罪被判处有期徒刑十三年；原东都商厦法人代表、总经理李某某、原东都商厦总经理助理卢某犯消防责任事故罪被判处有期徒刑七年，原洛阳丹尼斯东都店装修负责人王某 2 被判处有期徒刑九年。[①] 在这个案件中，也可以看到是在追究相关行为人业务监督过失责任。

东都商厦长期存在重大火灾隐患，[②] 被告人李某某作为法人代表、总经理，被告人卢某作为总经理助理，不建立健全也不落实消防安全管理制度，存在管理过失。据公开资料显示，王某 2 是因涉嫌重大责任事故罪和包庇罪而被提起公诉。[③] 包庇罪是妨害司法类犯罪，此处不予讨论。认为王某 2 涉嫌重大责任事故罪的根据应是其存在监督过失。因为王某 2 作为装修负责人，安排无焊工资质证的王某 1 进行电焊作业，且未作任何安全防护方

---

① 参见《洛阳"12·25"特大火灾案23人被判有期徒刑》，载中国新闻网，https：//www.chinanews.com/2001-08-22/26/115412.html，2021年4月19日访问；《洛阳特大火灾案一审宣判》，载《城市技术监督》2001年第9期。

② 具体表现有：地下两层没有自动喷水灭火系统，火灾自动报警系统损坏，四层娱乐城四个疏散通道中三个都被铁栅栏封堵，大楼周围防火间距被占用等。并且，1999年5月以来，洛阳市公安消防支队五次对东都商厦下发整改火灾隐患的文书，要求限期整改，但东都商厦除对部分隐患进行整改外，对主要隐患均以经济困难或影响经营为由拒不整改。

③ 参见《致309人死亡的洛阳特大火灾事故案今日开庭》，载中国新闻网，http：//www.chinanews.com/2001-08-13/26/112696.html，2021年4月19日访问。

面的指示和监督。所以王某 2 明显存在监督过失。另外，同时追究被告人王某 1 重大责任事故罪与过失致人死亡罪两罪的刑事责任并不妥当。因为，《刑法》第二百三十三条过失致人死亡罪明确规定"本法另有规定的，依照规定。"重大责任事故罪是过失犯罪，事故中包含的死亡后果确实是致人死亡，但不应当再论以过失致人死亡罪，直接论以重大责任事故罪即可。再者，原东都商厦工会主席张某某、原东都商厦保卫科科长杜某某均被以国有企业工作人员失职罪被判处有期徒刑七年。[1] 这两人也存在管理过失，只是因为其国有企业工作人员的身份被论以国有企业工作人员失职罪，而非重大责任事故罪。

【案例 3】

2003 年重庆开县井喷特大事故

2003 年 12 月 23 日，开县罗家 H16 井在起钻过程中发生特大井喷事故，243 人因硫化氢中毒死亡，2142 人因硫化氢中毒住院治疗，直接经济损失 6432.31 万元。该井产生溢流到井喷的直接原因之一是，作业人员在起钻过程中存在违章操作，钻井液灌注不符合规定；井喷失控的直接原因是，钻具组合中去掉了回压阀，致使起钻发生井喷时钻杆内无法控制，使井喷演变成为井喷失控。事故扩大的直接原因是，未能及时决定并采取放喷管线点火措施，以致大量含有高浓度硫化氢的天然气喷出扩散，造成事故扩大，导致重大损失。[2]

重庆市第二中级人民法院认为，被告人吴某 1 作为川东钻探公司钻井 12 队队长，系井队井控工作第一责任人，在从事该井钻井作业的过程中，忽视生产安全，未能及时发现当班工人卸下回压阀的行为，发现后也未采取有效措施进行整改；在井喷失控后，未按照有关规章制度及时安排专人监视井口喷势情况，检测井场有害气体浓度，以至于不能为上级有关部门做出点火决策提供依据。被告人王某某作为定向井服务中心工程师，系该井现场技术组负责人，在为该井提供技术服务的过程中，仅注意到其所制定的钻具组合不需要安装回压阀，忽视了该井钻开气层后在钻进过程中钻柱必须装上钻具回压阀的规定，违规决定卸下钻具组合上的回压阀。被告人宋某作为川东钻探公司钻井 12 队技术员，在从事该井钻井作业过程中，忽视生产安全，对被告人王某某违规决定卸下钻具组合中回压阀的行为本应提出异议并拒绝执行，却违规予以认可，并在班前会上宣布卸下回压阀的指令。被告人吴某 2 作为川东钻探公司副经理、总工程师、安全和井控总监、应急指挥中心主任，在该井井喷失控后，身为现场抢险负责人，本应按职责要求和有关规章制度及时查明现场情况，积极采取有效措施，阻断危害物源，却未能正确履行职责，致使事故后果扩大。被告人向某某作为川东钻探公司钻井 12 队副司钻，在从事该井钻井工作的生产作业

---

[1]　参见《洛阳特大火灾案一审宣判》，载《城市技术监督》2001 年第 9 期。

[2]　参见《12·23 开县特大井喷事故》，载百度百科，https：//baike.baidu.com/item/12%C2%B723%E5%BC%80%E5%8E%BF%E7%89%B9%E5%A4%A7%E4%BA%95%E5%96%B7%E4%BA%8B%E6%95%85/18894293？fr=aladdin#5_1，2021 年 4 月 19 日访问。

过程中，忽视生产安全，在负责灌注钻井液时，本应按井队针对该井作出的每起 3 柱钻杆必须灌满钻井液一次的规定执行，却连续起出 6 柱钻杆后才灌注钻井液。被告人肖某某作为川东钻探公司地质服务公司地质工，在从事该井录井监测工作的生产作业过程中，忽视生产安全，本应按录井队关于发现每起 3 至 5 柱钻杆未灌满钻井液一次要提醒司钻的要求进行录井监测，却违反录井队的管理要求，在发现连续起出 9 柱钻杆未灌注钻井液时没有报告当班司钻。法院认定，被告人吴某 1、王某某、宋某、吴某 2、向某某、肖某某的行为均构成重大责任事故罪。①

在这起案件中，被告人吴某 1 是井队井控工作第一责任人，是监督者。但其存在监督过失，亦即，在应当正确履行监督职责、及时发现被监督者存在违规行为之时未能及时发现，而在发现违规行为之时也未能及时纠正该违规行为。被告人吴某 2 也是监督者，但也存在监督过失。吴某 1 在该井井喷失控后，本应按照有关规章制度，及时安排专人监视井口的喷势情况，检测空气中硫化氢的含量，向上级有关部门汇报，及时为上级决策准确地提供依据，但其未能履行该职责，以致不能提供确定点火时机、控制有害气体进一步扩散的相关资料和数据。在本案中，吴某 1 需要汇报的上级，即吴某 2。吴某 2 在主任工程师曾某请示点火时认为现场情况不明不同意点火，② 但又不及时督促、指派有关人员监视井口喷势情况，检测井场周围硫化氢在空气中的含量，查明现场情况。并且在其接到四川石油管理局副局长胥某某"绝不能死一人"的指示，以及在得知"可能有人死亡"的汇报后，本应按有关规章制度，及时安排人员监视井场情况，却违反上述规定，在事故现场物资条件具备的情况下，仍未安排专人对井场进行踏勘。③

【案例 4】

2005 年江苏淮安液氯泄漏事故

2005 年 3 月 29 日，京沪高速公路淮安段发生一起液氯泄漏事故，造成 29 人因氯气中毒死亡，400 余人住院治疗，1800 余人门诊留治，1 万余名村民被迫疏散转移，并造成巨大财产损失。被告人康某某、王某是远达公司雇佣的驾驶员，具有从事危险

① 参见《开县井喷案宣判 六被告获刑 3-6 年》，载中国法院网，https：//www. chinacourt. org/article/detail/2004/09/id/131215. shtml，2021 年 4 月 19 日访问。

② 点火是为了将硫化氢有毒气体充分燃烧，以防止而二次事故，阻断危害物质。检察机关认为，被告人吴某 2 违反应急决策的基本原则，不能"权衡损益风险，决策当机立断"，延误了点火时机，致使大量含有高浓度硫化氢的天然气喷出时间延长并进一步扩散。而吴某 2 迟迟不肯做出点火决定的原因，或许是因为点火可能会导致整个钻井设备被烧毁。事发井使用的是电动钻井设备，属于比较先进的设备，价格不菲，川东钻井队公司的一位工作人员坦言：就像父母爱孩子一样，让石油人把自己辛辛苦苦钻出的井点燃，是很难的。参见《重庆开县井喷事件回顾：243 条人命换回了什么》，载凤凰资讯，https：//news. ifeng. com/opinion/specials/bale/200811/1118_ 4818_ 883829. shtml，2021 年 4 月 19 日访问。

③ 参见《开县井喷事故：四川石油管理局高层要求尽快点火》，载中国新闻网，https：//www. chinanews. com/news/2004year/2004-07-14/26/459860. shtml，2021 年 4 月 19 日访问。

品运输的专业资格。2005 年 3 月 28 日上午，受远达公司经理马某某指令，远达公司驻南京车队队长张某某安排康某某、王某驾驶鲁 H 号牵引车，牵引 LJ 号拖挂罐体车，去沂州化工公司拖运远达公司销售给其他公司的液氯。3 月 29 日上午，王某到沂州化工公司申请装货。该公司负责销售工作的销售二部经理刘某和公司副总经理朱某某违反 LJ 号拖挂罐体车的核定载重量，批准为该车充装 40.44 吨液氯。装车后，康某某驾车、王某押车，二人沿京沪高速公路由北向南行驶。3 月 29 日下午约 18 时40 分，该车左前轮轮胎突然爆裂，致使车辆方向失控，撞毁中间隔离护栏，冲入对面上行车道。LJ 号拖挂罐体车与鲁 H 号牵引车脱离，向左侧翻在道路上。事发时，鲁 Q 号半挂车在上行车道由南向北驶来，该车司机未能成功紧急避让，致使该车车体左侧与侧翻的 LJ 号拖挂罐体车顶部碰剐后冲下护坡，碰剐中，LJ 号拖挂罐体车顶部的液相阀和气相阀脱落，罐内液氯大量泄漏。康某某、王某看到液氯泄漏后，立即越过高速公路的西边护网，逃至附近麦田里。逃跑过程中，王某用手机拨打"110"电话报警称："有辆装危险品液氯的拖挂罐体车，在京沪高速公路淮阴北出口南 15公里处翻车。"道路交通事故技术鉴定书认定肇事车左右前轮、第二、三轴左后轮使用的轮胎均为报废轮胎，发生爆胎是必然现象。远达公司由于不具备运输危险品资质，遂与济宁科迪化学危险货物运输中心签订委托管理合同，将危险品运输车辆和驾驶人员挂靠入户到科迪中心名下，从而取得运输危险品资质，但车辆和人员仍由远达公司经理马某某实际管理。①

法院认为，被告人康某某、王某都持有机动车驾驶证、危险货物运输从业资格证、道路危险货物运输操作证，对驾驶存在安全隐患的机动车运输液氯可能发生的危险也事先都有充分的认识。尽管如此，康某某仍驾驶存在安全隐患且严重超载的机动车上路行驶，王某作为危险品运输的专业押运人员，不尽监管职责，纵容康某某实施违反道路交通安全法律的行为。并且，在因交通事故而导致液氯泄漏后，根据《道路交通安全法》《危险化学品安全管理条例》的有关规定，康某某、王某有义务进行应急处理、设置警戒区域、抢救对方车辆的受伤人员、及时报警并在报警时主动说明危险物品的特征、可能发生的危害、需要采取何种救助工具与救助方式，也有义务利用自己对剧毒危险化学品的专业知识以及对运输车辆构造的了解协助抢险人员处置突发事故。但康某某、王某不但未尽以上应尽的义务，反而迅速逃离现场。两人的行为与本案的特别严重后果之间存在直接因果关系，应当对本案的特别严重后果承担危险物品肇事罪的责任。

---

① 参见《淮安市人民检察院诉康某某、王某危险物品肇事案》，载北大法宝，https：//www. pkulaw. com/pfnl/a25051f3312b07f32c9c63472c3c2443ae3a045d672caf05bdfb. html，2021 年 5 月 20 日访问；《某某国等危险物品肇事案——从个案看危险物品肇事罪的认定：京沪高速公路液氯泄漏案评析》，载北大法宝，https：//www. pkulaw. com/pfnl/a25051f3312b07f03328bd2da8b60ce60ec79f520009b3bdfb. html，2021 年 5 月 20 日访问；《朱某某、刘某危险物品肇事案》，载北大法宝，https：//www. pkulaw. com/pfnl/a25051f3312b07f3c82a7fbb33112fccb648f6445d471fcebdfb. html，2021 年 5 月 20 日访问。

法院还认为，被告人马某某作为肇事车的实际车主和运输管理者，不遵守国家有关化学危险货物运输的规定和合同约定，未对车辆进行检测、维护和驾驶人员安全操作知识培训，为赚取高额利润而长期指使他人超载运输液氯，最终导致发生重大泄漏事故；被告人郜某某、荣某某未严格执行单位制定的各项安全管理制度及委托管理合同约定的具体管理措施，只注重为本单位收取管理费，引发泄漏事故，此三人的行为均构成危险物品肇事罪。被告人朱某某、刘某作为生产企业分管和主管液氯销售、审批的责任人员，违反运送液氯要审核装运车辆的安全证件、严禁超装超载车辆驶离充装单位的规定，为肇事车超装液氯，交通肇事后造成液氯泄漏的重大事故，两人的行为也构成危险物品肇事罪。

【案例5】

2005 年河北唐山刘官屯煤矿瓦斯煤尘爆炸事故

2005 年 12 月 7 日，河北省唐山市刘官屯煤矿发生一起特别重大瓦斯煤尘爆炸事故，造成 108 人死亡，29 人受伤，直接经济损失 4870.67 万元。在矿井基建过程中，该矿违规建设，非法生产，"一通三防"管理混乱（采掘及通风系统布置不合理，无综合防尘系统，电气设备失爆存在重大隐患，瓦斯检查等特种作业人员严重不足；在没有形成贯穿整个采区的通风系统情况下，在同一采区同一煤层中布置了 7 个掘进工作面和一个采煤工作面，造成重大安全生产隐患），劳动组织管理混乱（无资质的承包队伍在井下施工，对各施工队伍没有进行统一监管）。2005 年 12 月 7 日 8 时，该矿负责人无视国家法律法规，拒不执行停工指令，继续安排井下 9 个工作面基建工作。176 名工人下井作业后，担任调度员兼安全员的被告人周某某没有按照国家有关矿井安全规章制度下井进行安全检查，只是在井上调度室值班。负责瓦斯检测的通风科科长刘某某违反安全生产规定，安排无瓦斯检测证的李某 1、郑某某在井下检测瓦斯浓度。当日 15 时 10 分许，该矿发生特别重大瓦斯煤尘爆炸事故。[①]

唐山市开平区人民法院认为，被告人尚某某身为该矿矿长，主持该矿全面工作，被告人李某 2 身为技术副矿长兼安全科科长，对排除事故隐患，防止事故发生负有职责义务。二被告人无视国家安全生产法律、法规，忽视安全生产，拒不执行停工指令，对事故的发生负有直接责任。被告人吕某某作为矿长（2004 年 4 月至 2005 年 11 月间）未履行矿长职责，在得知煤矿安全监察部门向该矿下达了停止施工的通知后，对该矿继续施工不予阻止，对事故的发生亦负有直接责任。被告人朱某某作为唐山恒源实业有限公司法定代表

---

① 参见《河北唐山恒源实业有限公司"12·7"特别重大瓦斯煤尘爆炸事故》，载中华人民共和国应急管理部网，https://www.mem.gov.cn/gk/sgcc/tbzdsgdcbg/2007/200705/t20070511_245261.shtml，2021 年 6 月 3 日访问；《尚某某等重大劳动安全事故、重大责任事故案》，载北大法宝，https://pkulaw.com/pfnl/a25051f3312b07f3551948c124a7b17e693a5671298b3d8cbdfb.html，2021 年 6 月 3 日访问。

人、煤矿投资人，对该矿的劳动安全设施是否符合国家规定负有管理义务，对事故负有直接责任。四被告人的行为均构成重大劳动安全事故罪。[①] 被告人刘某某身为通风科科长，明知该矿采掘及通风系统布置不合理，无综合防尘系统，而不采取措施，明知李某1、郑某某无瓦斯检测证而违反规定安排其二人在井下检测瓦斯浓度；被告人周某某身为调度员兼安全员没有按照国家有关矿井安全规定下井进行安全检查，只是在井上调度室值班；被告人李某1、郑某某身为特种作业人员，未取得瓦斯检测证就下井检测瓦斯浓度，上述被告人对事故发生均负有责任。法院最终以重大劳动安全事故罪分别判处尚某某、李某2、朱某某、吕某某有期徒刑六年、五年、三年、三年；以重大责任事故罪分别判处刘某某、周某某、李某1、郑某某有期徒刑四年、三年六个月、三年、三年。[②]

【案例6】

2009年黑龙江鹤岗新兴煤矿瓦斯爆炸事故

2009年11月21日，黑龙江鹤岗新兴煤矿发生瓦斯爆炸事故，造成108人死亡。该次瓦斯爆炸事故的原因是，新兴煤矿在三水平113工作面作业中发生煤与瓦斯突出事故，被告人岳某某（新兴煤矿矿长）、谢某某（新兴煤矿副矿长）于现场指挥中未下令切断二水平电源，致使三水平113工作面突出的瓦斯进入二水平工作面，遇电火花后发生爆炸。而在此之前，黑龙江省煤矿监察局及鹤滨监察分局七次责令该煤矿停产整改，但该煤矿拒不执行。并且，该煤矿未按作业规程打超前钻探，属于违章作业。而2009年9月10日至10月18日，该煤矿隐患排查会及矿务会三次将未打超前钻探措施列为重大安全隐患，均确定负责"一通三防"工作的谢某某为整改责任人，但谢某某未予整改，岳某某也未督促落实。负责全矿技术管理工作的总工程师董某某（另案处理）、负责安全监督检查工作的监察处长刘某某（另案处理）亦未要求整改落实；二开拓区区长张某某（另案处理）、副区长王某某（另案处理）也继续在三水平113工作面违章施工作业。最终导致了2009年11月21日发生瓦斯爆炸事故。

黑龙江省鹤岗市兴山区人民法院判决认为，被告人岳某某作为矿长，多次拒不执行煤矿监察部门停产整改的指令，组织违法生产，对违章作业监管不力，在发生煤与瓦斯突出事故后，于现场指挥中未下令切断瓦斯突出波及的二水平区域电源，造成特别重大事故。被告人谢某某作为主管"一通三防"的副矿长，拒不执行煤矿监察部门停产整改指令，违法生产，且多次不履行打超前钻探、排除安全隐患职责，发生煤与瓦斯突出事故后，于现场指挥中未下令切断瓦斯突出波及的二水平区域电源，造成特别重大事故。两人的行为

---

① 参见《尚某某等重大劳动安全事故、重大责任事故案》，载北大法宝，https：//pkulaw. com/pfnl/a25051f3312b07f3551948c124a7b17e693a5671298b3d8cbdfb. html，2021年4月19日访问。

② 参见《唐山刘官屯矿难一审宣判 原矿长等九责任人获刑》，载中国新闻网，https：//www. chinanews. com/sh/news/2008/03-25/1202263. shtml，2021年4月19日访问。

均构成重大责任事故罪。① 矿长、副矿长作为煤矿作业的管理者、监督者，负有组织安全进行煤矿作业的管理职责、监督职责，法院追究这两人的刑事责任都在于他们作为矿长、副矿长存在管理过失、监督过失。

【案例7】

2010年江苏南京城市快速内环工程事故

2010年11月，江苏省南京市城市快速内环西线南延工程四标段项目部在进行桥面防撞墙施工时，钢箱梁发生倾覆坠落事故，造成桥面7名工人死亡、桥下3名工人受伤、直接经济损失700万元的严重后果。经法院审理查明，该项目部五联钢箱梁吊装完毕后，被告人梁某某（内环项目部常务副经理）、邵某（内环项目部总工程师）等人为赶工期、施工方便，擅自变更设计要求的施工程序，在钢箱梁支座未注浆锚固、两端压重混凝土未浇筑的情况下，安排施工人员进行桥面防撞墙施工。被告人杨某（专业监理工程师）明知施工单位擅自改变施工程序，未能履行监理职责。

南京市雨花台区法院一审判决、南京市中院二审裁定认为，被告人梁某某、邵某、杨某在施工和监理过程中，违反有关安全管理规定，发生重大伤亡事故，情节特别恶劣，三人的行为均已构成重大责任事故罪。梁某某、邵某被判处有期徒刑三年，杨某被判处有期徒刑三年，缓刑四年。②

【案例8】

2013年四川泸州桃子沟煤矿瓦斯爆炸事故

2013年5月11日，四川泸州桃子沟煤矿在生产作业过程中，因通风设施不完善、未安装瓦斯监控系统及传感器，导致井下瓦斯积聚达到爆炸浓度的情况未得到有效监测，进而导致该工作面六支巷采煤作业点放炮残余炸药燃烧引起瓦斯爆炸，致使28名井下工人遇难，另有18名工人受伤，直接经济损失2449万余元。桃子沟煤矿由被告人罗某（桃子沟煤矿出资人、法定代表人、执行董事）、李某某（出资人、实

---

① 参见《最高人民法院发布危害生产安全犯罪典型案例之二：岳某某、谢某某重大责任事故案》，载北大法宝，https：//pkulaw. com/pfnl/a25051f3312b07f3935cc5b2afa022ef707fc483eb4a76b8bdfb. html，2021年4月19日访问。

② 参见《梁某某、邵某、杨某重大责任事故案》，载中国法院网，https：//www. chinacourt. org/article/detail/2012/01/id/471260. shtml，2021年4月19日访问。经调查认定，事故直接原因为：B17-B18跨钢箱梁吊装完成后，钢箱梁支座未注浆锚栓，梁体与桥墩间无有效连接；钢箱梁两端未进行浇筑压重混凝土，钢箱梁梁体处于不稳定状况；当工人在桥面使用振捣浇筑外弦防撞墙混凝土时，产生了不利的偏心荷载，导致钢箱梁整体失衡倾覆。这是一起施工单位违反施工顺序、施工组织混乱，监理单位未认真履职，监督部门监管不到位，设计单位交底不细造成的生产安全责任事故。

际控制人）共同经营。在此前 2012 年桃子沟煤矿技改扩建期间，李某某未经审批即安排被告人陈某某（技术副矿长）设计某工作面，安排被告人谢某某（调度室主任）、姜某某（生产副矿长）等人组织工人布置该工作面，伺机违规开采。2012 年 3 月中旬，李某某经召集被告人胡某某（行政矿长、矿长助理）、徐某某（安全副矿长）、谢某某、姜某某、陈某某、杨某某（掘进副矿长）、卢某某（机电副矿长）开会讨论，决定开采该工作面。并于会后共谋以提高采煤单价的方式鼓励工人到该工作面采煤，同时采取只中班生产、不发放作业人员定位识别卡、不安装瓦斯监控系统及传感器、遇检查时提前封闭巷道等手段逃避监管；张某某（行政矿长）、陈某某（夜班副矿长兼掘进队长）发现该工作面非法开采并存在严重安全隐患的情况后，未采取有效措施予以制止；周某（股东、监事）对该工作面亦未尽到相应监管职责。

四川省泸县人民法院一审判决认为，上述被告人在生产、作业过程中违反煤矿生产安全管理规定，未经审批违规作业，对存在的安全隐患未尽到监管职责，导致发生重大安全事故，情节特别恶劣，其行为均已构成重大责任事故罪。① 在这一案件中，桃子沟煤矿的法定代表人、实际控制人、监事、行政矿长、矿长助理、安全副矿长、生产副矿长、技术副矿长、机电副矿长、掘进副矿长、夜班副矿长、调度室主任均被追究了刑事责任。这些人都是煤矿生产作业的管理者、监督者。

【案例 9】

2015 年河南平顶山康乐园老年公寓火灾事故

2015 年 5 月 25 日，河南省平顶山市鲁山县康乐园老年公寓发生特别重大火灾事故，造成 39 人死亡、6 人受伤。事故发生的直接原因是，康乐园老年公寓不能自理区西北角房间西墙及其对应吊顶内，给电视机供电的电器线路接触不良发热，高温引燃周围的电线绝缘层、聚苯乙烯泡沫、吊顶木龙骨等易燃可燃材料，造成火灾。间接原因有康乐园老年公寓违规建设运营，管理不规范，存在长期安全隐患。② 该特别重大火灾事故是一起生产安全责任事故。③

鲁山县检察院指控：2013 年 3 月，范某某（康乐园老年公寓院长兼法人代表）

---

① 参见《最高法院 12 月 15 日发布危害生产安全犯罪典型案例》，载最高人民法院网，http：// www. court. gov. cn/zixun-xiangqing-16324. html，2021 年 4 月 19 日访问。

② 具体表现在：第一，违法违规建设、运营，发生火灾建筑没有经过规划、立项、设计、审批、验收，使用无资质施工队；违规使用聚苯乙烯夹芯彩钢板、不合格电器电线；未按照国家强制性行业标准要求在床头设置呼叫对讲系统，不能自理区配置护工不足。第二，日常管理不规范，消防安全防范意识淡薄，没有建立相应的消防安全组织和消防制度，没有制定消防应急预案，没有组织员工进行应急演练和消防安全培训教育。

③ 参见《河南平顶山 "5·25" 特别重大火灾事故调查报告》，载中华人民共和国应急管理部网，https：//www. mem. gov. cn/gk/sgcc/tbzdsgdcbg/2015/201510/t20151014_ 245219. shtml，2021 年 4 月 19 日访问。

决定建设彩钢瓦房，扩大公寓规模。后范某某与冯某某（鲁山县通达卷闸门彩钢瓦门店个体老板）达成协议，由冯某某以包工包料的方式建设彩钢瓦房。冯某某在明知自己没有建筑资质、所建房屋是用于入园老人居住的情况下，按照范某某要求，违规使用易燃芯材的彩钢板进行建设，并对该彩钢瓦房进行排线架电。该彩钢瓦房建成后，范某某安排生活不能自理的老人入住。该老年公寓在经营过程中，范某某及刘某（副院长）、马某某（副院长），翟某某（电工），孔某某（消防专干）未认真对彩钢瓦房芯材易燃、用电线路接触不良等消防安全隐患进行排查治理，没有建立相应的消防安全组织和消防制度，没有制定消防应急预案，没有对员工进行应急演练和消防安全培训教育，致使 2015 年 5 月 25 日发生特别重大火灾事故。鲁山县检察院认为，应以重大责任事故罪追究被告人范某某、刘某、马某某、孔某某、翟某某、冯某某的刑事责任。[1]

鲁山县法院经审理查明，康乐园老年公寓严重违反有关法律、法规建设、运营，管理不规范，是造成事故发生的主要原因。范某某无证违规扩建，指使冯某某使用不合格易燃材料建设公寓不能自理区彩钢板简易房，冯某某在施工过程中，使用不合格易燃材料聚苯乙烯夹芯板和不合格电线建造彩钢板简易房供入园老人居住，且公寓违规运营，管理不规范，安全隐患长期存在，公寓的相关负责人员也应承担相应的责任。一审判决：范某某、冯某某犯工程重大安全事故罪，分别判处九年有期徒刑、罚金五十万元和六年六个月有期徒刑、罚金十万元。刘某、马某某、孔某某、翟某某犯重大责任事故罪，分别被判处有期徒刑五年至三年六个月不等的刑罚。[2]

【案例 10】

2018 年黑龙江鸡西东旭煤矿重大透水事故

2018 年 5 月 26 日，黑龙江鸡西东旭煤矿 702 掘进工作面发生透水事故，事故造成 3 人死亡，直接经济损失 383.7 万元。东旭煤矿隶属于东源公司，被告人王淑某系东源公司法定代表人、东旭煤矿投资人、实际控制人。被告人代某某系该矿实际上的矿长，负责煤矿全面安全生产管理工作；被告人张某某为该矿实际上的技术矿长，负责技术管理工作；被告人王凤某为该矿实际上的安全矿长，负责煤矿隐患排查治理工作；被告人孙某某系该矿实际上的生产矿长，负责生产管理工作；被告人杨某某系东旭煤矿值班井长，事故当天带班入井，值班井长对当班的安全、生产计划组织实施和生产指标完成工作负主要责任。被告人丁某系城子河区安煤局局长。2017 年 9 月，东旭煤矿地面管理人时某某向王淑某推荐让丁某管理东旭煤矿的井下业务，王淑某同

---

① 参见《鲁山"5·25"特别重大火灾事故 6 名被告人被依法提起公诉》，载大河网，http://newpaper.dahe.cn/jrab/html/2015-12/04/content_1341015.htm? div=-1，2021 年 4 月 19 日访问。

② 参见《河南致 39 老人遇难特大火灾事故案 16 人被判刑》，载新华网，http://www.xinhuanet.com//politics/2017-12/07/c_1122076191.htm，2021 年 4 月 19 日访问。

意丁某辞去局长职务后，到东旭煤矿担任矿长，辞职前先对煤矿进行管理，未与丁某约定报酬，但井下生产工作实际上均听从丁某指挥。2018 年 4 月 26 日，城子河区安煤局对东旭煤矿复工复产初验结束后，丁某告诉代某某让其安排工人将井下密闭打开进行生产，5 月 17 日，因鸡西市煤炭管理局要到东旭煤矿检查，丁某又让代某某将密闭关闭，检查人员走后再次打开。5 月 17 日，丁某指挥代某某和张某某组织工人在非东旭煤矿采煤许可证批准范围内的 702 掘进工作面放炮掘进，代某某和张某某未反对，并按照丁某指示对 702 放炮掘进。同年 5 月 26 日 0 时 16 分，东旭煤矿 702 掘进工作面发生透水事故。

经事故调查组调查认定，东旭煤矿透水事故是一起生产安全责任事故。事故发生的直接原因是 702 掘进工作面违法越界施工，未采取探放水措施，当 702 掘进工作面放炮作业时，与十二井积水巷相透发生溃水。事故原因及相关因素有三方面。第一，物的不安全状态。702 掘进工作面为越界工程；2010 年关闭的十二井采空区、巷道内存在积水。第二，人的不安全行为。该矿实际负责人和安全管理人未经安全生产知识和管理能力考核，不具备任职能力（相关文件证明，东旭煤矿任命的安全矿长、生产矿长、技术矿长、机电矿长人员与实际人员不符）；工人未经培训上岗作业，不具备井下危险源辨识能力；工人放炮作业时未进入躲避所内躲避。第三，管理上的缺陷。安全管理混乱；技术管理缺失；该矿未开展从业人员岗前安全培训工作。

法院认为，被告人丁某身为国家机关工作人员，在担任城子河区安煤局局长期间，经被告人王淑某同意，对东旭煤矿井下生产进行管理，违规指挥作业，导致透水事故发生，情节特别恶劣，在工作中徇私舞弊，滥用职权，其行为分别构成重大责任事故罪、滥用职权罪，应数罪并罚。被告人王淑某、代某某、张某某、孙某某、王凤某、杨某某在生产、作业中违反有关安全管理规定，发生重大伤亡事故，情节特别恶劣，其行为均构成重大责任事故罪。①

二、当前司法实务面临的主要困境

有论者指出，虽然我国司法实务对一些案件的处理在一定程度上暗合了监督、管理过失责任的理论，但不能因此认为我国司法实践已经成功引进并运用了监督、管理过失理论，司法实践中的许多做法仍然值得探讨。② 本书以上述典型案例为素材，经过分析后认为当前司法实务所面临的困境主要存在四个方面：一是责任主体的确定较为含糊，二是因果关系的认定较为简单，三是关联罪名的选择仍待清晰，四是理论成果转化不充分。前三处困境一方面从司法实务的角度认为其在责任主体选择、因果关系确定、罪名选择等问题上存在标准不一、大而化之的问题，另一方面也体现出现有刑法理论未能为司法实务提供更加充分的理论支撑，以至于司法实务无所适从。相较而言，第四处困境则是指司法实务吸收理论成果不充分，换言之，司法实务不主动将监督过失理论的相关内容融入裁判说理

---

① 参见黑龙江省鸡西市城子河区人民法院刑事判决书：（2019）黑 0306 刑初 22 号。
② 参见吕英杰：《客观归责下的监督、管理过失》，法律出版社 2013 年版，第 65 页。

之中，以至于裁判文书的说理论证较为薄弱。

（一）责任主体的确定较为含糊

确定监管者主体是认定业务监督过失犯罪过程中不可忽视的一环。《安全生产法》虽然指明了"主要负责人""安全生产管理机构以及安全生产管理人员"的职责，但仅止于此，在个案中还需要进一步明确应为事故负刑事责任的具体监管者，详细论证其为何应负刑事责任。准确确定主体，既要做到"不枉"，也要做到"不纵"。"'不错不漏、不枉不纵'是使人民群众在每一个司法案件中感受到公平正义的需要。"① 不过相较而言，当下的问题更多地集中在"不枉"之上。换言之，相对于"不放纵"，如今更重要的是"不冤枉"。在介绍监督过失理论的产生背景时，确实必须要提到，以往无论是理论还是实务都只注重追究造成事故的直接行为人的过失责任而"放纵"了企业的上层监管者，从而造成了一线作业者被重罚、背后组织者却逃之夭夭的不公平、不合理现象。不过，在监督过失理论已经有了较大发展的今天，在新闻报道中时常会提及"此次事故的相关责任人已被控制"的今天，这种论述只具有背景性阐述的意义。具体而言，虽然如今在业务监督过失领域，还可能存在"放纵"之嫌，即应当被追究业务监督过失刑事责任的人没有被追究刑事责任，例如，以行政责任代替刑事责任，但这类现象较之以往已经得到了很大改变。甚至于在某些案件中，由于面临极大的社会压力，被追究事故类犯罪刑事责任的主体呈现出相当程度的扩大化倾向。有论者就指出，当今认定监督过失责任的突出问题之一就是责任认定的泛化，在社会影响重大、死伤人数众多等有监督过失因素的事故中甚至是连带式地追究责任，表现出一种"问责人员的范围越宽泛，事故的处理结果即越公正"的荒诞逻辑。② 综览前述典型案例，也可以看出事故愈加严重、被追究业务监督过失责任的主体就愈多、高层被追究业务监督过失责任的可能性也就越大的倾向。例如，在 2000 年河南洛阳东都商厦火灾事故中，刑事责任追究到了东都商厦法人代表、总经理这一层。又如，在 2013 年四川泸州桃子沟煤矿瓦斯爆炸事故中，刑事责任追究到了桃子沟煤矿的出资人、实际控制人这一层。再如，在 2015 年天津瑞海公司危险品爆炸事故中，刑事责任也追究到了瑞海公司实际出资人、实际控制人这一层。

然而，事故后果越严重、影响越重大，被追究刑事责任的主体越多、层级越高，未必能体现出刑事法治的公平正义。在一起事故中，需要负责的主体确实有很多，这意味着在追究这些主体的刑事责任时，需要予以更充分的理由和论证。刑罚是对公民权益影响最大的制裁方式，必须审慎用之。如何合理确定责任主体才是当务之急。所以，相对于"不纵"，更重要的是"不枉"。司法人员只有在判决书中对为何应当追究该监管者的刑事责任展开详实的说理，才能做到"不枉"，才能在个案中实现公平正义。再者，即使在事故发生后锁定了某些监管者，但是在认定这些人应当负刑事责任之时，判决书多是仅仅指出

① 参见朱孝清：《"不枉不纵"被"宁纵勿枉"取代了吗》，载《检察日报》2020 年 5 月 7 日第 3 版。

② 参见马涛：《监督过失责任限制论要——基于新过失论的耦合式架构》，载《石河子大学学报（哲学社会科学版）》2017 年第 3 期。

这些人违反了何种国家规定或安全管理规定，从而直接得出其有罪的结论。然而，犯罪行为是主、客观要件的统一。法院在判断监管者是否应对事故负刑事责任之时，仍需要对实行行为、危害结果、因果关系、注意义务等构成要件要素展开具体论证。责任主体的准确确定，必然要由这些具体的构成要件要素之论证作支撑。概括起来，司法实务在确定责任主体上的含糊体现在以下三方面：第一，对于间接监管者（即某一监管者的上层监管者）是否要被追究监督过失刑事责任的问题，认定标准不统一。第二，对于如何认定某一监管者是否负有监管职责，说理不透彻。第三，对于某些可能负有监督过失责任的主体，有遗漏、放纵之嫌。

第一个方面其实涉及业务监督过失责任的追究层级，即责任主体的纵向范围问题。这一问题在所有案件中都会存在：将刑事责任追究至哪一层级的监管者是合理的？在 2000 年河南洛阳东都商厦火灾事故中，据公开资料显示，原郑州丹尼斯量贩百货有限公司养护部经理（负责东都店装修工作）周某、原洛阳丹尼斯量贩有限公司东都店养护科负责人来某某，因涉嫌包庇罪被提起公诉。[①] 可以看到，这两人均是以妨害司法罪被起诉，而非事故类犯罪。被告人王某 2 是原洛阳丹尼斯量贩有限公司东都店装修负责人，是具体装修工人的监督者，存在监督过失，被追究了刑事责任（被起诉的罪名是重大责任事故罪和包庇罪）。而来某某作为原洛阳丹尼斯量贩有限公司东都店养护科负责人，应是王某 2 的上层监督者；周某作为原郑州丹尼斯量贩百货有限公司养护部经理（负责东都店装修工作），应是来某某的上层监督者。而这两人显然未被论以监督过失责任。由于暂时无法获知该案判决的更多详细内容，所以无法得知这些人没有被追究监督过失责任是否妥当。但是，这一细节从侧面反映出来的责任主体的确定问题，却是这一类案件中所共同存在的。

有论者在分析案例时特别指出是否应追究"一把手"刑事责任的问题。在 2003 年重庆开县井喷特大事故中，川东钻探公司经理欧某某因为是公司安全生产的第一责任人，对事故发生及事故扩大负有主要领导责任，因此被撤职。该论者提出，欧某某作为公司经理，在事故发生后是最有权限发布命令、采取措施防止危害扩大的人，是安全生产的第一责任人，但本案中刑事责任却只追究至副经理，而没有对经理问责，这一点值得怀疑。这样做的原因或许是因为经理不是"直接"负责的主管人员（尽管重大责任事故罪没有要求追究直接负责的主管人员和其他直接责任人员，但责任事故类犯罪的主体一般也包括这些人员）。但是，如果对直接负责的主管人员都做这样的理解，将会导致任何事故都无法追究到一个相对独立的单位"一把手"的责任。然而事实上，"一把手"往往是建立单位安全体制和危险发生后的应急、救助体制的最高权责主体。尽管根据单位内部制度，往往会有其他领导具体掌管某一方面的安全事务，但能否因此而排除最高领导的监管责任还有待探讨。[②] 该论者所提出的问题即是主体的追究层级问题。后文将会详细论述主体的确定原则。

就第二个方面而言，有的判决在认定某一监管者是否在实际上负有监管职责之时

---

① 参见《致 309 人死亡的洛阳特大火灾事故案今日开庭》，载中国新闻网，http://www.chinanews.com/2001-08-13/26/112696.html，2021 年 4 月 19 日访问。

② 参见吕英杰：《客观归责下的监督、管理过失》，法律出版社 2013 年版，第 60~61 页。

"语焉不详"，不过也有判决作了较好的表率。在 2005 年河北唐山刘官屯煤矿瓦斯煤尘爆炸事故中，被告人朱某某的辩护人提出辩护意见：朱某某并未参与该煤矿的经营管理，不属于本案的直接责任人员；朱某某并不知悉该煤矿违规建设的情况，也不知悉安监部门提出安全隐患和下达停产通知的情况，更不知悉该煤矿未经许可继续施工的情况。但法院认为，朱某某作为公司法定代表人及该矿的投资人，对该矿的劳动安全设施是否符合国家规定负有管理义务，但朱某某失于管理，在河北煤矿安全监察局冀东监察分局向该矿下达停止施工的通知后，该矿继续施工，因而发生特别重大伤亡事故，朱某某主观上具有犯罪过失，其行为符合本罪的构成要件。不过，朱某某未直接参与该煤矿的经营管理，不知悉煤矿安全监察部门向该矿下达停产通知的情况，对事故的发生其责任相对较小。① 从这份法院对辩护意见的回应来看，其理由似显矛盾。因为，作为投资人、法定代表人的朱某某，虽然对该矿的劳动安全设施是否符合国家规定确实负有管理义务，但其既然未"直接参与"刘官屯煤矿的经营管理（而是任命尚某某主持煤矿全面工作），怎么能说其对事故负有"直接责任"？怎么能认定其对安全生产设施或者安全生产条件不符合国家规定"直接负责"的主管人员？

与之形成对比的是以下这份判决理由。在 2018 年黑龙江鸡西东旭煤矿重大透水事故中，被告人丁某辩解称其在东旭煤矿没有职务也没有工资。其辩护人对公诉机关指控丁某构成重大责任事故罪也有异议，理由有二。（1）丁某不具备重大责任事故罪的主体资格。首先，丁某没有从事东旭煤矿的业务，其对该矿的业务指导不能视为从事了该矿的业务，因为在企业从事业务是以劳动关系、劳动报酬为基础的。其次，丁某不是东旭煤矿人员，既不是管理人员，也不是直接从事生产作业的人员，更不是投资人。（2）丁某没有实施构成重大责任事故的行为。丁某仅对东旭煤矿提供技术指导，并且丁某指挥东旭煤矿生产的行为实际上是滥用职权的具体表现。

但法院并未采取被告人丁某及其辩护人的辩护意见，理由有四。第一，现有证据证明，丁某参与了对东旭煤矿的井下管理。其地位凌驾于实际矿长代某某之上，实际操控和指挥井下施工，亲自设计了东旭煤矿矿界范围外的 702 掘进工作面，指挥私自开启密闭，为躲避检查又指挥临时关闭密闭，已经超出了业务指导的范围，且是否管理与是否获取报酬并无实际联系。第二，虽然丁某不是直接从事生产作业的人员也不是投资人，但其对煤矿实际进行了管理和指挥行为，属于法释〔2015〕22 号第一条中规定的"对生产、作业负有组织、指挥或者管理职责的负责人、管理人员"。第三，丁某虽然是城子河区安煤局的局长，但其对东旭煤矿的"指导"已经超出了滥用职权的界限。滥用职权侵犯的客体是国家机关的正常活动，客观方面应是滥用国家机关工作人员的一般职务权限，如果行为人实施的行为与其一般的职务权限没有任何关系，则不属于滥用职权。丁某作为煤管局局长，其职务权限不包含对具体煤矿的"业务指导"，更遑论指示越界掘进、私启密闭等严重违反煤矿安全生产的行为。第四，丁某实施了数个行为，一方面指挥东旭煤矿井下越界掘进、私启密闭；另一方面又利用煤管局局长的职权，指挥下属弄虚作假，使本不具备复

---

① 参见《尚知国等重大劳动安全事故、重大责任事故案》，载北大法宝，https://pkulaw.com/pfnl/a25051f3312b07f3551948c124a7b17e693a5671298b3d8cbdfb.html，2021 年 6 月 2 日访问。

工复产验收条件的东旭煤矿通过验收并复产，已构成数罪——重大责任事故罪、滥用职权罪。[①]

上述判决理由不仅详细论证了为何认定本身职务系城子河区安煤局局长的丁某可以构成重大责任事故罪——因其实际操控和指挥井下施工，属于"对生产、作业负有组织、指挥或者管理职责的负责人、管理人员、实际控制人、投资人等人员"，而且还正确地区分了丁某的滥用职权行为和重大责任事故行为，认定其构成数罪，是确定责任主体的较好表率。在认定某一监管者是否负有监管职责时，不能仅局限于该主体表面上所承担的职务，而应同时注重行为人所实施行为的实质侧面。法释〔2015〕22号就体现了这一精神，即注重从实质上认定上层人员的监管职责。

该案中还存在另外一个值得注意的问题：当实际上承担监管职责的管理者（如丁某），与名义上承担监管职责的管理者（如代某某）[②] 不一致时，是否意味着在根据上述实质侧面的精神追究了实际上承担监管职责的监管者的刑事责任后，就不能再追究名义上承担监管职责的监管者的刑事责任？这一问题不能一概而论，而需要具体分析。如果实际上承担监管职责的监管者完全"压制"了名义上承担监管职责的监管者，致使名义上承担监管职责的监管者完全没有实际履行管理职责时，便不能追究名义上承担监管职责的监管者的刑事责任。如在该案中，郝某是挂名矿长，其以证人的身份出现，没有被追究刑事责任，因为其职位是在煤矿跑外围，办证照，并没有任何管理职责，不能称得上是一个具有监管职责的监管者。但是，如果名义上承担监管职责的监管者仍在行使一定的监管职责，尽管其权限不比实际上承担监管职责的监管者，也不排除追究其刑事责任的可能性。

在该案中，被告人代某某的辩护人提出，被告人丁某是东旭煤矿井下管理的实际负责人，由其下班后到东旭煤矿指挥代某某进行井下施工，井下全部工作听从丁某指挥。并且，代某某曾向丁某提出在702掘进工作面做探放水，但丁某说不用做，因此事故发生的主要责任人是丁某而不是代某某。法院未采取这些辩护意见，而是认为代某某作为东旭煤矿矿长，明知丁某指挥违法作业，存在重大安全隐患，仍予以执行，对事故的发生负重要

---

① 参见黑龙江省鸡西市城子河区人民法院刑事判决书：（2019）黑0306刑初22号。

② 此处先不论"名义"论合法与否，因为在丁某之前，代某某系该矿实际上的矿长，而该矿所谓的名义上的矿长另有他人。该判决书中第十一份书证显示："黑龙江煤矿安全监察局黑煤安监哈南函〔2018〕9号文件、鸡西市煤炭安全生产管理局鸡煤培训〔2018〕9文件证实：城子河区煤矿九采区七井变更为鸡西市东源煤炭经销有限责任公司东旭煤矿，及东旭煤矿任命安全矿长、生产矿长、技术矿长、机电矿长人员（与实际人员不符）"。该判决书中第二份证人证言显示："证人郝某证言证实：我是挂名矿长，实际上我负责给东旭煤矿跑外围，办证照。挂证的5个人，矿长是我、生产矿长是秦某2、安全矿长是杨某、技术矿长郭某2、机电矿长姜某。实际的矿长是代某某、生产矿长是孙某某、安全矿长王凤某、技术矿长是张某某、机电矿长是项某、管通风的是吕某1。我负责给老板跑跑事，其余那4个人不到矿上上班，我们都未真正从事矿井管理工作，除了我之外，其他人每个月从矿上领取2000元报酬。东旭煤矿的安全生产责任制和安全生产管理制度是张某某编制的，我就签名。"参见黑龙江省鸡西市城子河区人民法院刑事判决书：（2019）黑0306刑初22号，所以，郝某是合法的名义上的矿长，相对于郝某而言，代某某是实际上的矿长；但相对于丁某而言，代某某仍系名义上的矿长，这里的名义可从该矿所有人及在矿上工作的其他人一致认可的角度理解。

责任。[1] 该辩护意见即认为，既然丁某是实际管理者，那么便不应该再追究本来作为实际矿长的代某某的刑事责任。但是，代某某在实际的煤矿作业中，位于丁某之下，而位于其他人之上，实际上仍在履行一定的监管职责，如安排工人将井下密闭打开进行违法生产、组织工人在非东旭煤矿采煤许可证批准范围内的 702 掘进工作面放炮掘进。所以，理应追究代某某的刑事责任。

被告人王凤某的辩护人提出，王凤某在实际工作中并没有安全矿长的职责，其一直从事具体的采煤及掘进工作，其安全矿长"有名无实"。法院同样没有采纳该辩护意见，并认为，王凤某作为东旭煤矿的安全矿长，负有排查安全隐患职责，其到过 702 掘进工作面，知道 702 掘进工作面不在规划内，是违规的隐秘工程，其对该行为没有制止，没有履行安全矿长的工作职责；虽然王凤某在担任安全矿长的同时，做了一些具体工作，但不意味着其不当安全矿长，且王凤某也到过 702 掘进工作面，嘱咐"放炮时注意右帮，顶板不好，加强支护"，但未指出越界施工、做探放水等问题，因此王凤某对事故的发生负有重要责任。[2] 法院的这些认定均是从实际侧面而言的。

对于第三个方面，亦即，"漏网之鱼"的问题，尽管较少存在，但仍值得重视。因为，在某一具体个案中，看似被追究刑事责任的主体已经很全面了，但是细究起来，却还是有遗漏之嫌。例如，在 2009 年黑龙江鹤岗新兴煤矿瓦斯爆炸事故中，据《事故调查处理结果通报》[3] 显示，"有关责任人员"中的"司法机关已采取措施人员"包括鹤岗分公司总经理、党委副书记王某某。其虽在 2010 年 5 月 9 日因涉嫌重大劳动安全事故罪被刑事拘留；6 月 23 日被取保候审，但根据现有公开资料，无法得知其最终是否被追究刑事责任。该《通报》另外显示，事故的间接原因是"新兴煤矿及其上级单位鹤岗分公司、龙煤股份公司拒不执行政府有关部门多次下达的停产指令，违法生产，安全生产管理混乱，安全生产责任制落实不到位"。但新兴煤矿、鹤岗分公司、龙煤股份公司的多位"有关责任人员"，仍属于被"给予党纪、行政处分人员"。例如，新兴煤矿的通风区区长郑某某、通风区副区长朱某某、副总工程师蔡某、唐某某等；鹤岗分公司的开拓技术部主任工程师孟某某、开拓技术部部长涂某某、通风技术部部长谭某某、安全监察部副部长范某某、安全监察部部长李某某、总工程师严某某等；龙煤股份公司的安全生产部部长阎某等。这些人很有可能是"漏网之鱼"。

又如，在 2010 年江苏南京城市快速内环工程事故中，责任主体的确定也有遗漏之嫌。首先，杨某作为监理人员，虽然发现施工方违反施工顺序，但并未反对、制止、纠正。杨某表示，其之前从未做过钢箱梁施工，也没有学过相关知识。虽然他曾在设计图纸和要求上看到过施工步骤，明确载明钢箱梁配载之后才能进行桥面施工，但是他仍然认为配载和

---

[1] 参见黑龙江省鸡西市城子河区人民法院刑事判决书：（2019）黑 0306 刑初 22 号。

[2] 参见黑龙江省鸡西市城子河区人民法院刑事判决书：（2019）黑 0306 刑初 22 号。

[3] 参见《国务院安委会办公室关于黑龙江省龙煤矿业集团股份有限公司鹤岗分公司新兴煤矿"11·21"特别重大煤（岩）与瓦斯突出和瓦斯爆炸事故调查处理结果的通报（已失效）》，载中华人民共和国应急管理部网，http://www.mem.gov.cn/gk/sgcc/tbzdsgdcbg/2010/201012/t20101210_245244.shtml，2021 年 4 月 19 日访问。

防撞墙没有冲突，没有一定的先后顺序，所以施工方先进行防撞墙施工他也没有反对。杨某还表示，虽然他对这一项目并不是很懂，但他没有把这一施工报告给项目总监理，也没有把自己的偏差理解和总监理进行沟通。其次，邵某作为总工程师，也表示自己是第一次做钢箱梁施工，缺乏经验。① 由此可以看出，监理杨某、总工程师邵某都是在没有经验的情况下担任监理、总工程师的。监理杨某甚至坦言自己没有充分的专业知识。所以，对于选派这两人的上级，也有存在选任过失的可能性，所以也有构成重大责任事故罪的余地。再如，在河北唐山刘官屯煤矿瓦斯煤尘爆炸事故中，据原安全监管总局公布的事故调查报告，担任生产副矿长兼调度室主任的被告人李某1也因涉嫌重大劳动安全事故罪被批准逮捕。② 但根据现有公开资料，未见李某1被判犯重大劳动安全事故罪的信息。

在实务中，不仅有具体个案中某一主体可能被遗漏的情形存在，还有整案被遗漏的现象存在。例如，在2004年中国东方航空云南公司包头"11·21"特别重大空难事故中，据《中国东方航空云南公司包头"11·21"特别重大空难事故基本情况及处理结果》③显示，事故调查组经调查认定这是一起责任事故。本次事故的原因是，飞机起飞过程中，由于机翼污染使机翼失速临界迎角减小，当飞机刚刚离地后，在没有出现警告的情况下飞机失速，飞行员未能从失速状态中改出，直至飞机坠毁。飞机在包头机场过夜时存在结霜的天气条件，机翼污染物最大可能是霜。飞机起飞前没有进行除霜（冰）。东航公司对这起事故的发生负有一定的领导和管理责任，东航云南公司在日常安全管理中存在薄弱环节。该份《基本情况及处理结果》另外显示，对事故发生负有主要责任的有中国东方航空云南公司昆明维修基地电器工程师洪某、中国东方航空云南公司飞行五部经理徐某、飞机部总经理殷某某、飞机技术管理部部长仲某某；对事故发生负有重要领导责任的有中国东方航空云南公司副总经理段某某、张某某，中国东方航空股份有限公司副总经理张明明、吴某某，总经理罗某某，董事长李某某。但据公开资料，未见该案进入刑事司法程序，上述人员未见被追究刑事责任。而这些人极可能对于空难事故的发生存有刑法意义上的监督过失。可以说，该案可能整体都从刑事法网中遗漏了。

（二）因果关系的认定较为粗糙

另外一个在实务中很突出的问题是，很多判决书对于监管者的行为与事故后果之间的刑法上的因果关系的认定较为粗糙。其实，这一问题在一定程度上也是理论成果转化不充分所致。对于因果关系的认定，有诸多学说可资运用，例如，合法则的条件说、相当因果关系说、客观归属理论。但是，许多判决书仍未自觉运用这些理论。许多判决书中都是泛

① 参见《南京11.26高架桥倾覆事故报告》，载豆丁网，https：//www.docin.com/p-112246860.html，2021年4月19日访问。

② 参见《河北唐山恒源实业有限公司"12·7"特别重大瓦斯煤尘爆炸事故》，载中华人民共和国应急管理部网，https：//www.mem.gov.cn/gk/sgcc/tbzdsgdcbg/2007/200705/t20070511_245261.shtml，2021年4月19日访问。

③ 参见《中国东方航空云南公司包头"11·21"特别重大空难事故基本情况及处理结果》，载中华人民共和国应急管理部网，https：//www.mem.gov.cn/gk/sgcc/tbzdsgdcbg/2006/200612/t20061221_245272.shtml，2021年4月19日访问。

泛而谈"在生产、作业中违反有关安全管理的规定"，较详细一点的会具体列出违反了哪些安全管理方面的规定，但大多都是直接根据这些违反行政法规定的行为描述得出行为人对事故的发生负有刑事责任的结论。甚至于不排除有些判决书"照搬照抄"事故责任认定报告中的事故原因的现象。

例如，在火灾事故中，被追究监督过失责任的人通常都是消防安全责任人、消防安全管理人。火灾的发生与这些负有消防安全的监管职责的人员的不恰当履职相关。但是，关于火灾事故的判决书在论述这些监管者与火灾事故之间的因果关系时，多是总结他们违反消防安全管理规定的行为，由此直接得出他们的行为构成消防责任事故罪的结论。1994年新疆克拉玛依友谊馆火灾事故的判决理由即是如此。该判决总结了卡某某违反消防安全管理规定的事实，由此直接得出结论：卡某某是这次重大责任事故的主要直接责任者，其行为构成重大责任事故罪。又如，在 2009 年黑龙江鹤岗新兴煤矿瓦斯爆炸事故中，判决书也完全是在总结案件事实。但判决书中应当明确的是，矿长的监管不力行为、副矿长不履行职责的行为何以能够成为应负刑事责任的行为，这些行为与事故之间是否具有刑法上的因果关系。再如，在 2013 年四川泸州桃子沟煤矿瓦斯爆炸事故中，判决指出数被告人在生产、作业过程中违反煤矿生产安全管理规定，未经审批违规作业，对存在的安全隐患未尽到监管职责，导致发生重大安全事故。这样的判决理由就更加"简洁"了。因其只是在法条规定的基础上添加了"未经审批违规作业，对存在的安全隐患未尽到监管职责"的描述。对于这些行为与重大安全事故之间的刑法上的因果关系却完全没有论及。

而下面这个例子更为典型。2018 年 9 月 20 日，江西永丰县百货大楼二楼的圣云百货超市（该超市承租永丰县百货大楼购时尚有限公司的商铺）发生火灾，过火面积 1950.5平方米，未造成人员伤亡，但导致整栋大楼、商铺内和住户家财物受损，造成损失共计935.8678 万元。江西省永丰县人民法院认为，本案中七名被告人均系购时尚公司、圣云百货超市的消防安全责任人或消防安全管理人，[①] 均负有消防安全职责，在履职期间均违反了消防管理法规，经消防监督机构通知采取改正措施却无视消防隐患问题，未妥善实施整改措施，导致火灾的发生、蔓延，造成直接经济损失 935.8678 万元，均系事故直接责任人员，其行为均构成消防责任事故罪。[②] 期间，被告人任某某、秦某某、陈某某、黄某某的辩护人均提出四位被告人不构成消防责任事故罪的辩护意见。而法院认为，四位被告人分别作为购时尚公司的实际控制人和主要负责人、圣云百货超市的投资人、经营者或主要负责人，负有消防安全职责，但消防安全意识淡薄、履职不力，在经营、管理购时尚公司或圣云百货超市期间，未认真落实消防安全主体责任，未组织开展消防知识、技能的宣传教育和培训，未组织灭火和应急疏散预案的实施和演练，未确定责任人对共用的疏散通

---

① 被告人任某某、秦某某分别系购时尚有限公司的实际控制人和主要负责人，被告人王某受委托管理购时尚公司、系购时尚公司的主要负责人，被告人袁某某受雇管理购时尚公司的所有日常事务、系购时尚公司的主要负责人，被告人曾某某系消防值守人员、明知自己无建筑物消防员资格证却无证上岗，被告人陈某某系圣云百货超市的经营者，被告人黄某某作为圣云百货超市的店长及投资人、系圣云百货超市的主要负责人。

② 参见江西省永丰县人民法院刑事判决书：（2019）赣 0825 刑初 143 号。

道、安全出口、建筑消防设施、消防车通道进行统一管理，未妥善管理相关电气线路，任某某等人长期安排无证上岗、不懂消防设施正确操作规程的曾某某单独在一楼消防控制室进行夜间值守，放任二楼长期存在无人进行夜间值守、安全出口遮挡、疏散通道被堵塞、消火栓被遮挡等问题，连续两年消防监督检查均发现火灾报警控制器存在问题但未引起高度重视、未认真进行整改，陈某某等人无视消防监督机构多次提出的安全出口遮挡、疏散通道被堵塞、消火栓被遮挡等问题，被通知采取改正措施但拒绝执行，直至火灾发生时仍存在疏散通道及消防通道均被堵塞的问题，致使火情发生、蔓延成灾，四被告人均未正确履行消防安全职责，系该起火灾事故直接责任人员，构成消防责任事故罪。[①] 该判决书看似很详细，但仍是在具体说明被告人违反消防安全管理规定的种种行为，而非论述行为人的行为与结果之间的刑法上的因果关系。

　　过失犯罪一般以特定结果为要件，因此必须从规范的角度考察行为人的行为与该结果之间的因果关系。列明行为人违反了哪些安全管理规定，固然是在"践行"刑法条文的要求，也看似很详细，但是细究起来却发现，它们都没有着重论述各个监管者的行为与危害结果发生之间的刑法意义上的因果关系。亦即，没有针对成立条件给出充足的理由，说明为什么可以将事故后果归属于这些监管者。法院在追究行为人的刑事责任时，不应只满足于达到刑法条文表面的要求，而应该致力于论述为什么在达到了刑法条文表面要求的时候，就可以认为行为人的行为构成犯罪。否则，就可能会过于执着法条的形式表述而流于"浅薄"。[②]

　　在很多情况下，列明行为人违反的安全管理规定，在很大程度上要么是"重复"案件事实，要么是"总结"案件事实。而当事故有调查报告时，这种"重复"就更加明显。虽然法发〔2011〕20 号中指出"审理危害生产安全刑事案件，政府或相关职能部门依法对事故原因、损失大小、责任划分作出的调查认定，经庭审质证后，结合其他证据，可作为责任认定的依据"。但是，这些调查认定并不是可以直接作为"刑事责任"之认定依据的，而是需要裁判者说理的，说理的根据往往要结合刑法法理展开。如果直接将事故调查报告中认定的事故原因当作刑法上的因果关系去认定，就缺少了刑法规范上的价值判断，将客观事实直接当作法律事实，无法合理限缩处罚范围。事故责任认定报告确实是不可或缺的证据材料。毕竟矿井爆炸事故、矿井透水事故、火灾事故等业务领域中的事故是需要一定的专业知识来加以详细解释的。但是，判决书的说理部分的任务是论证行为人之所以负"刑事责任"的根据。这个根据不能由事故责任认定报告"自在"地得出，而是必须要用刑法专业知识来论证。

　　与日本刑法典相比，我国《刑法》中的事故类犯罪具有追究组织体上层人员过失刑事责任的"天然根据"，但深究起来却还是要回答：追究并非直接造成事故后果的监管者的过失刑事责任的合理依据何在。的确，实务判决虽然并不承载着详细论证刑事立法合理性的艰巨任务，但是至少在运用各个罪名时，要注重从客观角度阐明决断的理由，使自身

---

① 参见江西省永丰县人民法院刑事判决书：（2019）赣 0825 刑初 143 号。

② 参见吕英杰：《客观归责下的监督、管理过失》，法律出版社 2013 年版，第 65 页。

经得起刑法理论的验证，而非仅仅止步于满足"在生产、作业中违反有关安全管理的规定，因而发生重大伤亡事故或者造成其他严重后果"这样的立法上的简明条件。特别是，在负有监管职责的行为人的行为与最终危害结果的发生之间并无事实上的直接因果关系的情况下，判决书更应当着重论述它们之间如何建立起刑法上的因果关系。

在 2005 年江苏淮安液氯泄漏特大事故中，负责销售、充装液氯的沂州化工公司的朱某某、刘某的行为是否构成危险物品肇事罪一度成为比较大的争议。一审中，被告人刘某的辩护人认为：构成危险物品肇事罪要求在生产、储存、运输、使用危险物品中发生重大事故，而刘某负责的是液氯销售工作，不符合危险物品肇事罪的要件；而且，鲁 H 号罐车发生事故的直接原因是左前轮爆胎，刘某负责编制液氯销售计划的行为与发生事故之间无刑法上的因果关系。但一审法院认为，危险物品肇事罪的犯罪主体为一般主体，且相关规程明确规定，充装单位要审核装运车辆的安全证件，严禁超装超载车辆驶离充装单位，而被告人朱某某、刘某作为生产企业中分管和主管剧毒化学品液氯销售、审批工作的直接责任人员，违反国家规定为肇事车超装液氯，使该车超载行驶，根据交通事故认定书认定，肇事车发生特大交通事故的直接原因之一就是该车严重超载，因此二被告的行为均构成危险物品肇事罪。朱某某、刘某上诉后，刘某的辩护人在二审中又提到，销售不属于危险物品肇事罪所规定的生产、储存、运输、使用中的某一环节，刘某的行为不构成危险物品肇事罪。二审法院则认为，充装是运输的必然程序，不是国家危险品管理规定的独立阶段，显然应包含在危险物品肇事罪的运输阶段，朱某某、刘某对液氯的充装数量也具有绝对的决定权，肇事车辆由于长期超载运输致使轮胎处于超标状态，案发当天又因超载行驶，加速了轮胎爆裂现象的发生，超载与事故的发生具有直接的因果关系，是该起事故发生的直接原因之一，因此两人的行为也构成危险物品肇事罪。[①] 一审法院与二审法院的论述重点，均是充装液氯属于运输液氯的行为，以及超载与肇事车辆发生事故之间"具有直接的因果关系"。但是，朱某某、刘某对液氯的充装数量具有"绝对的决定权"这一因素与肇事车辆发生事故之间具有怎样的刑法上的因果关系却没有被论及。如上所述，朱某某、刘某是对超量充装液氯直接负责的主管人员，这种"直接负责"和"主管"的特性是通过他们所拥有的"绝对的决定权"表现出来的。而这种"绝对的决定权"表现在该案中就是监督过失行为、管理过失行为。而这些行为与肇事结果之间并非具有直接的因果关系，只有超载才是肇事结果的直接原因，这些行为与"肇事结果"之间仍是间接关系。所以说，如果要将肇事结果归属于对为肇事车辆超量充装液氯直接负责的主管人员，仍需要说明他们的监督过失行为、管理过失行为与肇事结果之间在刑法意义上的因果关系。

（三）关联罪名的选择仍待清晰

重大责任事故罪是责任事故犯罪的堵截罪名，因为，重大责任事故罪中的构成要件具有极大的包摄性，符合其他责任事故犯罪构成要件的行为，基本上都符合重大责任事故罪

[①] 《朱平书、刘超危险物品肇事案》，载北大法宝，https：//www.pkulaw.com/pfnl/a25051f3312b07f3c82a7fbb33112fccb648f6445d471fcebdfb.html，2021 年 6 月 2 日访问。

的构成要件。① 例如，重大责任事故罪中的"在生产、作业中违反有关安全管理的规定，因而发生重大伤亡事故或者造成其他严重后果的"，可以涵盖重大劳动安全事故罪中的"安全生产设施或者安全生产条件不符合国家规定，因而发生重大伤亡事故或者造成其他严重后果的"。所以，重大责任事故罪有时会与其他事故类犯罪在罪名的选择上产生混淆。

例如，在 2005 年河北唐山刘官屯煤矿瓦斯煤尘爆炸事故中，有的行为人的行为构成重大劳动安全事故罪，有的行为人的行为构成重大责任事故罪。具体而言，刘官屯煤矿的矿主、矿长、技术副矿长兼安全科长、党支部书记兼保卫科长的行为构成重大劳动安全事故罪。刘官屯煤矿的通风科长、安全员兼调度员、瓦斯检查员的行为构成重大责任事故罪。② 就刘某某而言，其身为通风科科长，明知该矿采掘及通风系统布置不合理，无综合防尘系统，而不采取措施，这足以证明其属于对"安全生产设施或者安全生产条件不符合国家规定"负有直接责任的人员。同时，其明知李某 1、郑某某无瓦斯检测证而违反规定安排其二人在井下检测瓦斯浓度，这又足以证明其属于"对生产、作业负有组织、指挥或者管理职责的管理人员"。如若按此理解，刘某某的行为应同时构成重大劳动安全事故罪和重大责任事故罪。但是，不宜将刘某某的行为机械地分割为两个行为认定其犯数罪。刘某某的主要行为还是在生产、作业中，明知李某 1、郑某某无瓦斯检测证而违反规定安排其二人在井下检测瓦斯浓度。而这种行为也是其明知该矿采掘及通风系统布置不合理而不采取措施的具体表现。所以，认定刘某某的行为构成重大责任事故罪是合适的。

重大责任事故罪有时也会和工程重大安全事故罪发生混淆。例如，在 2015 年河南平顶山康乐园老年公寓火灾事故中，鲁山县检察院指控被告人范某某、冯某某犯重大责任事故罪，鲁山县法院认定被告人范某某、冯某某犯工程重大安全事故罪。③ 检察院指控的罪名与法院最终认定的罪名不同。不过法院最终认定的罪名并无不妥。因为，扩大老年公寓是一项工程，该项工程的目的是为了安排不能生活自理的老人入住。但是，将公寓建设为彩钢瓦房是降低工程质量的表现。而范某某、冯某某也分别属于工程重大安全事故罪中建设单位、施工单位的直接责任人员。但是，鲁山县法院认定其余人的行为构成重大责任事故罪（包括鲁山县检察院指控被告人范某某的行为构成重大责任事故罪）的做法却是值得商榷的。因为康乐园老年公寓火灾事故的起因是电器线路接触不良发热、高温引燃易燃可燃材料。该火灾的发生并非是在生产、作业中。该次火灾应属失火。即使是在失火罪中，也存在管理过失、监督过失的问题。院长、法人代表范某某、副院长刘某、马某某是消防安全责任人、管理人，追究他们失火罪的刑事责任，是因为他们存在管理过失。孔某

---

①　参见陈洪兵：《公共危险犯解释论与判例研究》，中国政法大学出版社 2011 年版，第 209、218 页。

②　参见《尚知国等重大劳动安全事故、重大责任事故案》，载北大法宝，https：//pkulaw.com/pfnl/a25051f3312b07f3551948c124a7b17e693a5671298b3d8cbdfb.html，2021 年 6 月 2 日访问。

③　参见《鲁山"5·25"特别重大火灾事故 6 名被告人被依法提起公诉》，载大河网，http：//newpaper.dahe.cn/jrab/html/2015-12/04/content_1341015.htm？div=-1，2021 年 6 月 2 日访问；《河南致 39 老人遇难特大火灾事故案 16 人被判刑》，载新华网，http：//www.xinhuanet.com//politics/2017-12/07/c_1122076191.htm，2021 年 6 月 2 日访问。

某作为消防专干，负有监督电工翟某某的职责，可以依照监督过失追究其失火罪的刑事责任。所以，院长、法人代表范某某除了犯工程重大安全事故罪之外，还犯失火罪，而非重大责任事故罪。属于一行为触犯两罪的想象竞合犯。副院长刘某、马某某、消防专干孔某某、电工翟某某也应是触犯失火罪，而非重大责任事故罪。电工翟某某所犯之罪也应是失火罪，因为其在平常的电器线路的维护工作中不尽职尽责的行为，与该次火灾发生具有刑法上的因果关系。

另外值得一提的是，该案中没有消防责任事故罪的适用余地。因为，根据《河南平顶山"5·25"特别重大火灾事故调查报告》，火灾事故发生的间接原因还有：地方公安消防部门落实消防法规政策不到位，消防监管不力。即鲁山县公安消防大队对康乐园老年公寓消防监督检查缺失：自该公寓注册以来，消防大队从未对其进行过检查，对有关信息掌握不准，底数不清。据此可以得知，鲁山县公安消防大队从未对康乐园老年公寓下达过消防隐患整改文件，所以范某某等人未建立相应的消防安全组织和消防制度、导致长期存在火灾安全隐患的行为，不满足消防责任事故罪中"经消防监督机构通知采取改正措施而拒绝执行"这一要求。

又如，在 2010 年江苏南京城市快速内环工程事故中，该案表面上似乎属于工程重大安全事故罪，但法院认定重大责任事故罪是正确的。① 因为，三被告人的行为并非施工单位、工程监理单位违反国家规定、降低工程质量标准、造成重大安全事故的行为。被告人施工单位中的直接责任人员梁某某、邵某是"擅自变更施工顺序"，在未对钢箱梁进行压重、加固的情况下就进行防撞墙施工。而工程监理单位的直接责任人员杨某是"未制止该擅自变更施工顺序的行为"。所以，三被告的行为仍属"在生产、作业中违反有关安全管理的规定，因而发生重大伤亡事故"的行为。

（四）理论成果转化不充分

理论成果转化不充分首先体现在监督过失这一理论本身的运用之上。许多判决书虽然在追究监管者的刑事责任，却根本不提及"监督过失""管理过失"这些理论。当然，并不是在判决书中提及"监督过失""管理过失"这些字眼就意味着运用了监督过失理论。但是，没有提及"管理过失""监督过失"，至少意味着实务并没有自觉运用这些为追究监管者刑事责任而"量身打造"的理论。其次还表现在一些具体刑法理论之上，例如，选任过失、接受过失、危险升高的理论。下面以前述 2018 年黑龙江鸡西东旭煤矿重大透水事故②等为例分析这三个理论的运用问题。

第一，选任过失。被告人王淑某的辩护人提出，王淑某区别于明知违法生产而强令作业的黑心煤老板，针对本次事故，其主要负有识人不明、用人不当的领导责任。但法院没有专门针对该辩护意见做出回应，而是直接认为，被告人王淑某作为东旭煤矿实际控制

---

① 参见《梁宗刚、邵迎、杨军重大责任事故案》，载中国法院网，https：//www. chinacourt. org/article/detail/2012/01/id/471260. shtml，2021 年 6 月 2 日访问。

② 以下关于该案的案件事实、辩护意见、判决理由，参见黑龙江省鸡西市城子河区人民法院刑事判决书：（2019）黑 0306 刑初 22 号。

人、投资人，对东旭煤矿疏于管理，同意公职人员丁某对东旭煤矿井下进行管理，未尽安全生产责任，致使该矿发生重大事故，其行为构成重大责任事故罪。如果法院运用选任过失的理论，就会很好地反驳这一辩护意见。

选任过失存在的场合是：拥有挑选任用具体从业人员的权限之人未尽适当挑选任用职责，以致被挑选任用的具体从业人员因业务能力不达标等原因实施失当行为引发危害结果。其中，负有挑选任用具体从业人员的权限之人即具有选任过失。选任过失是一种管理过失。在管理过失中，管理者违反的注意义务是关于完善、维持为保持安全（为预防事故于未然）所必要的物资设备（或物理设备）和人员体制（或人事体制）方面的管理义务。① 物理设备方面的管理义务是指，管理者有义务配备性能良好的机械设备，以备具体从业人员操作使用进行生产作业。该义务之所以重要，是因为如果机械设备处于有安全隐患的状态，那么即使具体从业人员的生产作业行为是符合操作流程的，也会因为机械设备发生故障而引发事故。人员体制方面的管理义务是指，管理者有义务配备业务能力达标的具体从业人员，并合理制定适用于具体从业人员的业务分工、岗位划分、协作配合、工作流程等规章制度。该义务之所以重要，是因为如果具体从业人员不具备从事专业生产作业的能力，那么即使机械设备良好运行，也会因为具体从业人员的操作失误而引发事故；或者，即使具体从业人员具备相应的业务能力，但因分工不清、配合不畅、流程混乱，其生产作业行为也可能会引发事故。可见，管理者的管理义务所针对的主要是被"固化"（即被固定下来）的物理设备和人员体制，不同于监督者的监督义务所针对的"软化"（与"固化"相对而言）的具体从业人员。特别是，选任过失所针对的，管理者违反配备业务能力达标的具体从业人员的注意义务这一情形，与未监督具体从业人员实施正当业务行为有前后因果次序上的明显差别。亦即，选任在前，决定了由某一具体从业人员填补企业这个职位系统中的某一具体职位；监督在后，仅在具体从业人员进行生产作业活动时予以必要的指导。即使监督者正确地进行了指导，但若因该具体从业人员本身即不具备专业化的生产作业能力，那么事前的选任才是更值得谴责的。

第二，接受过失。代某某的辩护人认为，代某某没有经过安全生产知识和管理能力考核，不具备任职能力，对于丁某的决定无法做出正确的判断。王凤某的辩护人认为，王凤某文化程度低，未经安全生产培训，未获得安全矿长证书，没有安全常识，主观上无过失，不符合重大责任事故罪的主观要件。法院没有采纳这两条辩护意见，认定代某某、王凤某的行为构成重大责任事故罪。在回应代某某辩护人的意见时法院认为，代某某无证上岗是其主观意愿、自主选择，越界施工、私启密闭是严重违反安全生产的行为，代某某应当意识到该行为违法。但是，如果法院运用接受过失的理论，对于这两条辩护意见的反驳就能更加有力。

接受过失存在的场合是：行为人并无承担某一任务之能力（欠缺足够的知识、技术

---

① 参见［日］大塚仁：《刑法概说》，冯军译，中国人民大学出版社 2003 年版，第 211 页；［日］西田典之：《日本刑法总论》，刘明祥、王昭武译，中国人民大学出版社 2007 年版，第 225 页；［日］高桥则夫：《刑法总论》，李世阳译，中国政法大学出版社 2020 年版，第 211 页。

等）却承担任务，于执行任务之过程中因为能力不足而导致危害结果。① 亦即，如果行为人在接受某个风险时，知道或能够知道自己欠缺相应的知识和能力而不能有把握地控制风险，应当认定行为人具有过失。② 这是因为，如果行为人能够认识到其无法履行所接受之事的要求时，就应该避免危险行为。③ 正所谓"有所不知，必须打探；有所不能，必须放弃"。④ 若其胆敢承担超越其能力与条件的特定工作的行为，即属违反客观注意义务，具有过失犯的行为不法。⑤ 可见，接受过失谴责的是一个"能力不足"的行为人。但需要区别的是不应谴责的能力不足与应予谴责的能力不足。"无知不是刑罚的对象"。⑥ 亦即，当行为人因错误的知识或经验不足等原因未能履行注意义务时，不能以注意义务违反谴责他。⑦ 这是因为，我们不能惩罚人的愚笨。我国台湾地区学者黄荣坚指出，如果一个人因为欠缺知识而无法预见到危害结果的发生，那么以刑罚威吓他也不能使他在那一秒钟变成有知识、能预见、可避免结果发生的人，亦即，对于这种没有回避可能性的侵害行为，即使处罚也达不到预防利益侵害的目的，所以刑法必须放弃这种没有意义的刑罚。⑧ 而接受过失的不同之处在于，虽然行为人的确欠缺必要的知识、能力，与那些具备从事特定活动所需的知识、能力的人相比是一个无知的人，但其并不是无法预见到其行为的危险性以及危害结果的发生。依据接受过失理论认定行为人的刑事责任时，谴责的并非行为人在能力不足、无法控制风险时所实施的引发危害结果的行为，而是在这之前的，不顾自身能力不足、不顾无法控制风险之时的承担任务、接受风险的行为。亦即，在行为人接受了与其能力相差甚远的事情这点上，能够对其进行责任非难。⑨

另外，王凤某的辩护人思路是，王凤某无业务能力，而重大责任事故罪是业务过失犯罪，所以其主观上也无业务过失。但是，无实际的业务能力并不意味着其没有实际从事业务活动，既然实际从事了业务活动，就意味着有存在业务过失的可能。王凤某的辩护人还提到，东旭煤矿明知王凤某无安全矿长证还聘用其做安全矿长，其本身具有重大过错，出现的后果应由相关责任人承担，而不是王凤某。应当指出的是，选任过失和接受过失完全可以并存，亦即，不仅作为选任者的管理者要承担过失责任，作为被选任者的被管理者也要承担过失责任，这两者承担过失责任的依据不同。

---

①　参见黄荣坚：《基础刑法学》（上），台湾元照出版有限公司 2012 年版，第 395 页。

②　参见［德］金德霍伊泽尔：《刑法总论教科书》，蔡桂生译，北京大学出版社 2015 年版，第 340 页。

③　参见［韩］金日秀、徐辅鹤：《韩国刑法总论》，郑军男译，武汉大学出版社 2008 年版，第 446~447 页。

④　参见林东茂：《刑法总则》，台湾一品文化出版社 2019 年版，第 231 页。

⑤　参见林山田：《刑法通论》（下），北京大学出版社 2012 年版，第 113 页。

⑥　参见黄荣坚：《基础刑法学》（上），台湾元照出版有限公司 2012 年版，第 370 页。

⑦　参见［韩］金日秀、徐辅鹤：《韩国刑法总论》，郑军男译，武汉大学出版社 2008 年版，第 446 页。

⑧　参见黄荣坚：《基础刑法学》（上），台湾元照出版有限公司 2012 年版，第 371 页。

⑨　参见［韩］金日秀、徐辅鹤：《韩国刑法总论》，郑军男译，武汉大学出版社 2008 年版，第 446 页。

在 2003 年重庆开县井喷特大事故中，被告人肖某某被判处有期徒刑三年，缓刑四年，是刑罚最轻的一个，也是唯一被判处缓刑的一个。法院认为，其过失性程度较低，犯罪情节较轻，且真诚悔罪，对其适用缓刑确实不致再危害社会，符合缓刑适用的条件。肖某某的辩护人曾提出辩护意见，认为发生井喷的原因是多方面的，其中管理混乱是最主要的原因，肖某某虽然发现了连续起出九柱钻杆而未灌注钻井液，但她并不知道井队规定的是三柱，因为没有人告诉她，她平时也没听人说起过。① 也正因如此，法院才会认为其过失程度较低，犯罪情节较轻。肖某某仍有过失的原因就在于其具有"接受过失"。②

第三，危险升高。被告人代某某的辩护人提出，事故调查报告中认定东旭煤矿没有配备探放水专用设备，但是根据代某某提交的证据（ZYJ-260/160 架柱式液压回转钻机使用说明书）证明，即使做了探放水，也无法探到积水巷的积水，也不能避免此次事故的发生。但是法院认为，做探放水是当事人的职责，是必须要采取的措施，而是否能避免事故发生，还受客观因素的制约，该意见不能作为不承担责任或减轻责任的依据。

该辩护意见看似关涉有无结果回避可能性的问题。但是，这其实是危险升高的问题。《煤矿安全规程》规定的探放水是要"查清"水文地质条件。③ 这就意味着，做了探放水可能查清水文地质情况，也可能查不清水文地质情况。但如果查不清就不应该进行采掘。所以，即使做了探放水也仍然不能探清积水的辩护意见不能被采纳。这个辩护意见看似是没有结果避免可能性的辩护。但是，没有结果避免可能性是指，即使采取了合义务的替代行为，结果仍然会发生。而具体到该案中，合义务的替代行为是在查清水文地质条件的前提下安全地进行采掘，而不是说做了探放水就是实施了合义务的替代行为。在做了探放水仍然无法查清积水的情况下放弃采掘才是合义务的替代行为。所以该案并非没有结果避免可能性。

因此，矿长默许不做探放水是监督过失，而认定这种过失可以运用危险升高理论。既然事故发生的直接原因是 702 掘进工作面违法越界施工，未采取探放水措施，当 702 掘进工作面放炮作业时与十二井积水巷相透发生溃水，那么，法院就应当指出 702 掘进工作面本就是违法工程。在合法施工的情况下，如果按照施工要求做了探放水，那么即使无法探到积水巷的积水，在发生了事故的情况下，就是意外事件；然而在违法施工的情况下，若未按照常规要求做探放水，则是升高了事故发生的危险，这时矿长默许不做探放水的行为就具有过失。

第四，联系前述责任主体的确定较为含糊的问题，本书认为在具体案件中，若判决书

---

① 参见《重庆开县特大井喷案庭审 五大焦点激辩是否有罪》，载网易新闻，http：//news. 163. com/40718/9/0RIJ3FG80001124S. html，2021 年 4 月 19 日访问。

② 导致肖某某不知道录井工职责所在的管理者，也存在管理过失。

③ 《煤矿安全规程》第三百一十七条规定："在地面无法查明水文地质条件时，应当在采掘前采用物探、钻探或者化探等方法查清采掘工作面及其周围的水文地质条件。采掘工作面遇有下列情况之一时，应当立即停止施工，确定探水线，实施超前探放水，经确认无水害威胁后，方可施工：（一）接近水淹或者可能积水的井巷、老空区或者相邻煤矿时……（六）接近水文地质条件不清的区域时。"第三百一十八条规定："采掘工作面超前探放水应当采用钻探方法，同时配合物探、化探等其他方法查清采掘工作面及周边老空水、含水层富水性以及地质构造等情况。"

能明确指出被追究刑事责任的主体是监管者，自觉运用监督过失理论，那么责任主体的确定也会更加清晰。兹举一例，在 2005 年江苏淮安液氯泄漏特大事故中，法院认为，被告人朱某某、刘某作为生产企业中分管和主管剧毒化学品液氯销售、审批工作的直接责任人员，违反国家规定为鲁 H 号车超装液氯，使该车超载行驶，因而该车超载与事故的发生具有直接的因果关系，是该起事故发生的直接原因之一，因此两人的行为也构成了危险物品肇事罪。① 需要说明的是，驾驶员康某某、押运员王某所属公司并非朱某某、刘某所属的沂州化工公司，所以朱某某、刘某与康某某、王某之间并不存在业务上的监督、管理关系，追究朱某某、刘某的刑事责任并非是在追究其监督过失责任。认定朱某某、刘某犯危险物品肇事罪是因为他们充装液氯的行为是运输液氯的必然程序，亦即，实际上仍属于运输液氯的行为过程，是他们自身的行为符合危险物品肇事罪的构成要件，即"违反毒害性物品的管理规定，在运输中发生重大事故，造成严重后果的"。另外，这两人都属于对液氯充装工作直接负责的主管人员，其中刘某是公司负责销售工作的销售二部经理（乃分管负责人），朱某某是公司副总经理（乃主管负责人）。在这起案件中，具体充装的工作人员未被追究刑事责任，被追究刑事责任的直接是刘某、朱某某这样的上层监管者。准确来说，他们并非超量充装液氯的"直接责任人员"，而是"直接负责的主管人员"。判决书虽然准确地追究了这两位直接负责的主管人员的刑事责任，但是仅仅指明朱某某、刘某对液氯的充装数量具有绝对的决定权。而如果能自觉运用监督过失的相关理论，就会使这两个责任主体的确定更加清晰。

---

① 参见《朱平书、刘超危险物品肇事案》，载北大法宝，https：//www. pkulaw.com/pfnl/a25051f3
312b07f3c82a7fbb33112fccb648f6445d471fcebdfb. html，2021 年 5 月 20 日访问。

第四章　业务监督过失犯罪的构成要件

第一节　业务监督过失犯罪的构造

一、业务监督过失犯罪的主体

（一）业务监督过失犯罪主体的概念

业务监督过失犯罪主体作为类罪构成要件，明确其概念与范围是研究此类犯罪的前提与基础。第一，业务监督过失犯罪的主体界定是认定罪与非罪、此罪与彼罪及追究行为人刑事责任的基础要件；第二，界分业务监督过失犯罪主体有助于应对其他过失犯罪，防止刑罚处罚范围的不当。业务监督过失犯罪仅为过失犯罪下的一种类罪，而非具体罪名，刑法也未对业务监督过失犯罪主体予以明文规定。因此，通过对概念及特征的界定能够探视监督管理过失犯罪主体之貌。从我国刑法条文内容来看，并不存在"业务监督过失犯罪主体"的直接表述，当前其仅为学理上将犯罪主体与业务监督过失犯罪相结合的称谓。所谓业务监督过失犯罪主体，是指在生产、作业等业务活动领域，未履行必要的监管义务，使得国家和公众利益遭受重大损失而承担刑事责任的负有监督管理职责的人员。

业务监督过失犯罪主体虽然只是一个学理上的抽象概念，但其具体内容可在相关法律文件中予以发现。例如，2000年11月10日最高人民法院《关于审理交通肇事刑事案件具体应用法律若干问题的解释》第五条规定，交通肇事刑事案件中"因逃逸致人死亡"指行为人在交通肇事后为逃避法律责任而逃跑，致使被害人因未能得到救助而死亡的情形。出现交通肇事的情况后，单位主管人员、机动车辆所有人、承包人抑或乘车人指使肇事人逃逸，致使被害人因未能得到救治而死亡，以交通肇事共犯论处。第七条规定，"单位主管人员、机动车辆所有人或机动车辆承包人指使、强令他人违章驾驶造成重大交通事故，具有本解释第二条规定情形之一的，以交通肇事罪定罪处罚"。上述两条规定中所述车辆承包人、所有人抑或具体驾驶行为人的单位主管人员即为业务监督过失犯罪主体。再如2007年2月27日通过的《最高人民法院、最高人民检察院关于办理危害矿山生产安全刑事案件具体应用法律若干问题的解释》第一条规定："刑法第一百三十四条第一款规定的犯罪主体，包括对矿山生产、作业负有组织、指挥或者管理职责的负责人、管理人员、实际控制人、投资人等人员，以及直接从事矿山生产、作业的人员。"第二条规定："刑法第一百三十四条第二款规定的犯罪主体，包括对矿山生产、作业负有组织、指挥或者管理职责的负责人、管理人员、实际控制人、投资人等人员。"第三条规定："刑法第一百三十五条规定的'直接负责的主管人员和其他直接责任人员'，是指对矿山安全生产设施或者安全生产条件不符合国家规定负有直接责任的矿山生产经营单位负责人、管理人员、实际控制人、投资人，以及对安全生产设施或者安全生产条件负有管理、维护职责的电工、瓦斯检查工等人员。"可以看出，上述刑法条文的三处条款中所涉重大责任事故罪、强令违章冒险作业罪及重大劳动安全事故罪的犯罪主体的规定均系对监督过失犯罪主体的明确。从上述法律条文的规定可以获悉，不单是特定的直接生产作业人员属于业务监督过失犯罪的主体，实际控制人、单位负责人等非直接作业人员亦为该类犯罪主体，其亦可能引发危害结果。

（二）业务监督过失犯罪主体的特征

根据我国刑法，处于监督、领导及管理地位的人通常被法定为"直接负责的主管人员"。只有当这些人员在未履行或者未正确履行其职责时，导致下级工作人员的行为给社会造成了危害结果，才追究其业务监督过失责任。业务监督过失犯罪中的行为主体主要是监督者。监督者成为业务监督过失犯罪中的监督主体，主要在于其具有特殊的身份和地位，因而负担着特殊的义务，如监督管理义务等。监督者与被监督者之间一般是一种业务上的管理、领导关系，但监督者在被监督者的行为造成危害结果时所负担的并不是领导责任，而是一种监督过失责任。因为在某些文献中，其将监督人直接理解为"领导"，将监督责任直接说成是领导责任。我们认为，业务监督过失犯罪的监督人责任与领导责任是两个不同的概念。即监督人不等于领导，监督关系不等于领导关系，业务监督过失责任不等于领导责任，两者之间具有显著的区别，具体而言，首先，"领导"一词不是法律用语，而是政治用语、行政用语或者生活用语。"领导"是指率领并引导。①多用来表示某人在本单位所处的职位和地位。领导既可以指单位一把手，也可以指单位中几位主要领导人员；既可以指一个单位中的高层领导，也可以指中层领导。所以，"领导"是一个相对模糊的概念，而监督人是一个相对清晰的概念，只指负有监督管理职责的人员。其次，"监督人"的范围明显大于"领导"的范围，这决定了监督关系的范围明显大于领导关系的范围。监督人是在职务上或业务上具有特定监督权限的人员，这种监督权限是由职务、地位高低所确定，也可以由特定关系所决定。单位领导对本单位事务的监督管理权限是显见的，但在合同关系场合，不同主体间的相互监督并不能理解为领导关系下的监督，充其量是协作关系，而不能称为领导关系。这种关系中的监督人大大超越了领导的范围。最后，监督过失责任与领导责任的性质不同。领导责任不是一个法律概念，所以它的内涵是不清晰的，领导责任可以指行政责任，可以指民事责任，可以是工作中失误产生的责任，也可以包含刑事责任，等等，追究领导责任在很多情况下表述为行政责任。但监督过失责任明确为刑事责任。

和一般过失犯罪主体相比较，业务监督过失犯罪的主体具有其独特性。首先，监督主体必须具有相应的监督管理权限。从业务监督过失犯罪构成分析，监督者虽未直接对危害结果的发生提供原因力，却不能对其免除刑事处罚，监督者仍需对被监督者直接引发的刑

---

① 《现代汉语词典》，商务印书馆 2012 年版，第 827 页。

法所规定的危害后果承担刑事责任，原因为何？正是鉴于监督者担负实质的监督管理权限，虽然能对被监督者的业务操作行为进行支配控制以防危害结果的发生却怠于行使职责，故而监督者具备一定的监督管理权限是其承担业务监督过失犯罪刑事责任的逻辑基础和前提条件。这里需要强调的是，监督管理权限存在形式上与事实上的二分，倘若监督者所具有的监督管理权限仅为前者，则监督者不需要承担刑事责任，因为刑法予以评判并加以刑事处罚的是具备事实上的监督管理权限的监督者。其次，行为人虽然处于监督管理关系中，但并非存在特定监督管理义务的人都会对危害结果的发生承担相应的刑事责任，业务监督过失犯罪仅为过失犯罪中的特殊类罪，在符合前述两点的条件下，监督者才构成此罪并承担相应的刑事责任。需要明确的是，监督管理关系有两方面的含义。一方面是指监督者与被监督者之间因协同从事某项业务活动从而产生的一种支配与被支配关系。另一方面是指监督管理人员对机构体制或物资设备的一种管理关系。

（三）业务监督过失犯罪主体的范围

业务监督过失属于监督管理过失，其责任的存在决定于监督者与被监督者两者之间的关系。因此，在业务活动中，哪些人能够成为业务监督过失犯罪的责任承担者是业务监督过失犯罪主体范围所需解决的问题。具体而言，业务监督过失犯罪主体主要存在于以下几种关系之中。

1. 在上下级之间的业务监督管理关系中

此种业务监督管理关系也叫从属性监督管理关系，通常是指在公司、企业等单位中，上级主管人员对下级工作人员所具有的监督管理关系。此种监督管理关系主要存在于狭义的业务监督过失犯罪中，是最常见的业务监督管理关系。在我国刑法中，对这种具有监督管理职责的上级人员通常用"直接负责的主管人员""直接责任人"进行表述，如在《刑法》第一百三十五条"重大劳动安全事故罪"与第三百三十条"妨害传染病防治罪"中的"直接负责的主管人员"、第一百三十九条"消防责任事故罪"中的"直接责任人员"等。两高于2007年联合发布的《关于办理危害矿山生产安全刑事案件具体应用法律若干问题的解释》对"直接负责的主管人员"和"其他直接责任人员"作了进一步的解释，其是指"对矿山安全生产设施或生产条件不符合国家规定负有直接责任的生产经营单位负责人、管理人员、实际控制人、投资人，以及对安全生产负有管理、维护职责的电工、瓦斯检查工等人员"。从这里可以看出，"直接负责的主管人员"主要是指生产经营单位的负责人、管理人、实际控制人以及投资人等。"其他直接责任人"是指生产经营单位中对某一事项直接具体负责的人员，如负有维修职责的电工、负有检查职责的瓦斯工等。在业务活动中，直接负责的主管人员通常不直接实施业务操作行为，但作为生产经营单位的负责人，根据国家法律法规以及公司企业章程的规定，其对生产经营单位的安全生产具有监督管理上的义务，因此，一旦发生危害社会的后果，也应承担法律上的责任。在生产经营单位内部，根据所处层级和具体职责的不同，直接负责的主管人员主要有以下几种类型：一是现场监督管理人员，如工程监理人员、生产组组长、护士长等。二是中层监督管理人员，如公司、企业内的部门负责人、医院科室的主任等。其一般不在现场进行具体的监管，而是通过对现场直接责任人的监督指导从而管理某项业务活动。三是单位的主要负责人，如企业的法定代表人、医院的院长、实验室的中心负责人等。其主要负责本单位的各项具体业务的展开，监督管理所有下级业务人员的各项工作。

2. 在同级之间的业务监督管理关系中

除了上下级之间的业务监督管理关系之外，业务活动中实际上还存在同级之间的监督管理关系，此种监督管理关系的存在来源于团队合作中职责分工的不同。在这种业务监督管理关系中，各成员并不是上下级的隶属关系，而是一种平等的协作关系。一方根据法律法规或制度要求对另一方享有监督管理权限，另一方接受对方业务上的监督和指导，如果由于被监督方的行为导致了危害后果的发生，监督管理人员就会承担业务监督过失责任。如在团队医疗合作中，医疗团队对某一重大疑难疾病进行会诊治疗，团队中的主治医师与住院医师之间就存在监督管理关系，主治医师对住院医师的医疗行为进行监督指导。再如住院医师和护士之间、工程监理人员和工程施工项目负责人之间都存在着此种业务监督关系。

（四）业务监督过失犯罪主体的确定原则

明确了业务监督过失犯罪中的主体范围之后，如果想要解决具体业务监督过失犯罪中的主体确定问题，还需要遵循一些基本原则。这是因为在现实社会结构中，监督管理关系通常是一种科层化的治理关系，上级监督管理者并不直接负责业务事项，而是通过在其与下级业务人员之间设置中层的监督管理人员进行间接的管理。那么在上级监管者通过中层监管者实行监督管理的情形下，当下级业务人员因缺乏有效的监管造成严重的危害后果时，如何确定业务监督管理过失犯罪主体就成为案件争议焦点。一方面，如果仅仅追究直接行为人的刑事责任会使监管者逃脱法律的制裁，不利于司法公正。另一方面，如果在没有规制的情况下盲目追究上级监管者的责任，也会导致处罚范围的扩大，违背刑法的谦抑性原则。故在确定业务监督过失责任的主体时，需要遵循一定的原则，以便实现处罚上的均衡。具体而言，业务监督过失犯罪主体的确定需要参考以下几项基本原则。

1. 相关性原则

相关性原则是认定业务监督过失犯罪主体的前提条件。首先，该原则要求业务监督过失犯罪主体对被监督的对象具有管理上的职责，处于监督指导上的地位，只有这样才能产生监督管理上的联系，如果不具有监管者的身份，那么监督过失责任的追究也毫无依据。其次，相关性原则要求业务监督过失犯罪主体具有法律法规以及企业规章制度等所赋予的监管义务，只有对被监督者具有法律法规上的监管义务，才能依法追究其刑事责任。最后，相关性原则要求危害结果的发生与监管者的监督过失行为具有条件上的关系，无论是存在于狭义监督过失中的间接条件关系还是存在于管理过失中的直接条件关系，都应存在于监管者与危害结果的因果链条之间。

2. 主导性原则

主导性原则是指业务监督过失犯罪主体独立承担刑事责任，但受被监督人行为的影响。在业务监督过失犯罪中，除上级监督者之外还有下级被监督者，危害后果的发生是监督者和被监督者共同的行为所导致的，监督者和被监督者在大多数场合要承担刑事责任，但是，在少数场合，承担监督过失责任的可能是监督者，被监督者是否构成犯罪并不会对监督者产生实质影响。这是因为，监督者构成业务监督过失犯罪是在于其对法律法规所赋予的注意义务的违反，在于实施了导致危害后果发生、具有支配性的监督过失行为，其承担刑事责任的独立性大于共同性。

3. 回溯性原则

在业务监督过失犯罪中，危害后果不是由监督者直接造成的，而是由于监督者的监督过失导致被监督者实施了违规行为从而发生严重的法益侵害结果，监督者与危害结果之间是一种间接的因果关系。因此，在追究监督者的过失责任时，要从构成结果进行回溯性判断，在这一过程中，需要严格恪守罪刑法定以及罪责刑相一致原则，防止刑事责任主体追究范围的扩大。具体而言，需要注意以下几个方面：第一，对监督主体的过失责任进行追究时，一般情形下只追究直接监督者的责任。少数情形下，可以追究直接监督者的上级监督者即间接监督者的责任，但不能再进一步进行追溯。① 在生产经营单位中，直接监督者主要是指某一业务的主要负责人，如安全生产小组的组长、副组长等。他们直接管理、指挥、检查、培训业务人员，对下级工作人员的业务活动进行直接的监督和管理，并对此负责。间接监督者通常是直接监督者的上级，负责多项业务工作的统筹和管理，主要通过监督管理下级工作人员来开展工作。而对于更高级的监督管理人员，他们通常对具体的业务活动可能存在的危险没有预见的可能性，也无法及时有效地针对其危险采取有效的措施，因此不应承担监督管理过失责任。第二，在企业开展的业务活动中，一般应先追究企业主要负责人的业务监督过失，然后再考虑追究其他人员包括政府职能部门工作人员的监督过失责任。

（五）业务监督过失犯罪主体的种类

在刑法中，自然人是犯罪的一般主体，自然可以成为业务监督过失犯罪的主体。重点在于单位能否成为业务监督过失犯罪的主体。我们认为，单位成为业务监督过失犯罪主体是没有问题的。从理论和现实来看，单位犯罪包括两种情况：一是单位的代表机关成员如单位主要负责人、单位主管人员在单位的业务活动中所实施的违法行为；二是单位的普通从业人员即一般职工在单位业务活动中所实施的违法行为。② 单位代表机关人员在单位业务活动中实施的违法行为当然由单位负责，因为其是单位的代表人，也是单位的决策者，代表着单位的整体意志，其所造成的危害后果应由单位承担。而对单位中从事业务活动的人员在单位业务活动中所造成的危害结果，责任也是由单位承担的，理由在于：对于单位中的业务人员来说，他在业务活动中所实施的行为是受单位指派的，单位具有管理、指导、监督的义务，单位是其业务活动的直接管理者及利益归属主体，一旦单位中的下级业务人员所从事的业务活动造成了损害后果，那么就需要追究单位的监督管理责任。

单位犯罪中的监督过失责任是大量存在的，尤其是在因为单位的监管措施不到位或者单位安全管理体制存在一定的缺陷时，往往容易导致下级业务人员实施违法犯罪的行为。

---

① 参见童德华、马嘉阳：《刑法中监督过失的适用条件及归属限制》，载《社会科学动态》2020年第6期。

② 参见黎宏：《单位犯罪的若干问题新探》，载《法商研究》2003年第4期。

因此，此种情形所造成的危害后果虽然与单位负责人或主管人员没有直接的关系，但它是由单位自身的原因所造成的，故单位就成了犯罪主体。实际上，单位作为监督过失犯罪的主体就是单位对其下级业务人员在业务活动中所实施的违法犯罪行为所应承担的责任的主体。在此种情形下，单位所承担的责任就是监督过失责任，即单位的下级业务人员在单位不知情的情形下实施了法律规定为单位犯罪的违法犯罪行为，单位由于其自身的问题而疏于监督管理，最终由其自身承担责任。如某一企业的业务人员由于业务水平不足而误将没有处理的污水排入河流，从而造成了河流及周边生态环境的重大污染，此时，单位作为其业务上的管理者，有义务在该行为发生前对业务人员培训、指导，有义务在该行为发生后及时采取措施防止危害结果的扩大，如果这两项义务都没有做到，那么就必须承担责任，除非有证据证明其已经尽到了应有的注意义务时，那么单位就不受处罚。

二、业务监督过失犯罪的实行行为

（一）行为的概念及其理论学说

关于行为，近代刑法学创始人费尔巴哈在刑法学教科书中未曾给出明确的定义，但其通过对犯罪的表述从侧面引出了犯罪行为的概念，他认为："违反了通过国家契约保证的、刑法保障的自由，就是犯罪。因此，从最广义上说犯罪是一个刑法中规定的违法或者说由刑法加以威慑的与他人权利相违背的行为。"由此可知，费尔巴哈认为犯罪即系前述公民自由权利的行为，但何为刑法上的行为，费尔巴哈未给出明确的答案。对于行为的定义，李斯特及贝林先后在其著作中给予了阐释，前者指出，"行为是相对于外部世界的任意举止，具体地讲：这一任意行为能够改变外部世界，不论是造成某种改变的作为，还是造成某种改变的不作为"①。从李斯特对行为的界定可以看出，他认为行为包含两方面的意思，其一是行为出于行为人的意志，其二是行为可以改变外部世界。此外，李斯特进一步指出行为包括作为和不作为两种形式。贝林基于李斯特对行为的界定提出他的观点，他指出："行为与事件不同，是一种有意的身体举止。主要有两种表现形式，一是身体的肌肉运动，这是狭义的行为；二是身体肌肉的静止，这是绝对的不作为。"② 综上不难获悉，两者均认同行为系行为人的意志外化的身体举止行动，并且涵盖作为、不作为两种方式。费尔巴哈、李斯特及贝林作为行为定义的开拓者，他们的成果促使了后来学者对行为定义的继续研究。

在刑法中，行为具有重要的机能。行为的机能也就是行为所应有的作用和能力。对于行为这一概念所具有的机能，不同的学者具有不同的看法。韩国学者金日秀提出，行为的机能涵盖基础要素机能、结合要素机能、界限要素机能。首先，行为概念的基础要素机能为刑法所规定的具体犯罪类型，他们均以行为构成要件要素，行为概念为故意、过失、不

---

① 参见［德］弗兰茨·冯·李斯特：《德国刑法教科书》，许久生译，法律出版社 2006 年版，第 177 页。

② 参见［德］恩施特·贝林：《构成要件理论》，王安异译，中国人民公安大学出版社 2006 年版，第 65 页。

作为等可罚样态的上位概念。其次，行为概念的集合要素机能要求行为概念务必衔接打通整个刑罚体系，并将构成要件符合性及违法性、有责性结合起来。界限要素机能是指行为概念具有的能够在一开始就将非刑法判断对象的行为排除出去的功能。① 帕多瓦尼认为，行为的概念应具有三项基本功能。首先，应具备分类功能，即作为概念可以同时合理地解释作为与不作为；其次，具有限制功能，能够界定行为人的举止是否具有刑法意义；最后是应用功能，能够应用于实践以判断行为是否具有统一性。行为概念的机能在耶塞克看来主要表现为以下五个方面：一是作为构成要件符合性、违法性和罪责的连接点；二是具有实践功能，保证非刑法判断的东西一开始就被剔除；三是统一评价故意与过失、作为与不作为的分类功能；四是容纳刑法体系的定义功能；五是排除不能作为犯罪对待的行为方式的界限功能。② 大塚仁则引用了迈霍弗的观点，迈霍弗把行为概念的基本机能区分为作为基本要素的机能、作为结合要素的机能和作为界限要素的机能。大塚仁大致承认了刑法中的行为具有这些机能，但认为应着重关注行为的界限机能，因为其区分了某一行为能否被评价为刑法上的行为，这是确定某一行为构成犯罪的前提。曾根威彦认为，其具有四个机能：一是作为基本要素将构成要件符合性、违法性和有责性关联起来；二是作为结合要素将犯罪论体系统一起来；三是作为界定要素以区分自然现象和人的思想意志；四是将犯罪形态统一在一起。③

　　从总体上看，各国学者对刑法机能的见解一方面具有共通性的特点，如普遍都认为行为具有结合要素以及界限要素的机能；另一方面也存在认识上的差别。有的学者所概括的机能存在含混不清的地方。如德国学者耶塞克就在两个不同的地方提出了行为的界限机能；日本学者曾根威彦的基本要素机能与结合要素机能也存在含混不清的地方。还有的学者在对刑法机能内容的阐释上也存在缺失的部分，如意大利学者帕多瓦尼指出了行为要说明作为与不作为，却没有注意到行为也包括故意与过失。

　　也有学者认为行为在犯罪论中并无太大的意义，因为犯罪论体系的选择并不取决于行为理论，同时，也不能单纯期待行为概念决定罪与非罪、此罪与彼罪。对于刑法中行为的概念，张明楷教授认为行为的定义必须概括出行为的本质与因素，故其认为行为是指行为主体实施的客观上侵犯法益的身体活动。④ 而行为具有两个方面的特征：第一，行为是行为人的身体活动，这种身体上的活动包括积极的作为与消极的不作为；第二，刑法上的行为表现为对法益造成一定的侵害。而对于行为是否具有有意性，他认为大多数行为是基于人的意志实施的，但将有意性作为行为的特征并不具有现实意义。高铭暄教授和马克昌教授认为，刑法上的行为是行为人在其意志支配下所实施的，具有社会危害性的一种身体上的动静。笔者认为，高铭暄教授和马克昌教授的观点具有合理性，有意性是将人的行为和

　　① 参见［韩］金日秀、徐辅鹤：《韩国刑法总论》，郑军男译，武汉大学出版社 2008 年版，第104～105 页。

　　② 参见［德］汉斯·海因里希·耶塞克：《德国刑法教科书》，许久生译，中国法制出版社 2001年版，第 268～269 页。

　　③ 参见［日］曾根威彦：《刑法学基础》，黎宏译，法律出版社 2005 年版，第 183～184 页。

　　④ 参见张明楷：《刑法学》（上），法律出版社 2016 年版，第 142 页。

动物举动、自然事件区分的关键，应将有意性纳入行为的特征，故刑法中的行为就是指行为人在意志支配下实施的客观上侵犯法益的身体动静。刑法上的行为具有三个方面的特征：第一，行为是人身体的动静，具有客观性；第二，这种身体上的动静为行为人的意志所支配；第三，行为在法律上是对社会有危害的身体动静。上述特征还是不能表明行为的本质。目前，学界关于行为本质的学说主要有以下四种。

1. 因果行为论

因果行为论的形成受到了19世纪以来自然科学、生物学考察方法的影响，其将行为理解为一种因果事实。对于因果行为论，金日秀称其为自然的、因果的行为概念，认为其基本范畴是有意性、举动性和因果性。他认为，这一行为具有界限的功能，能够把动物的行为、单纯的反射举动等在一开始就排除在行为之外，同时也能够很好地说明过失行为。但是，却不能圆满地说明未遂和不作为。帕多瓦尼将其表述为"自然因果行为说"，认为行为是由人的意志所决定的身体运动。① 但是，他对此种学说提出了质疑，认为这种学说不能解释不作为也是行为，同时，该学说实际上将行为理解为一系列毫无联系的举动，因而无法解释行为的统一性。大塚仁则将其表述为自然行为论。他说："自然行为论是指对刑法中的行为与自然科学特别是物理学视野中的精神、身体的活动同样把握的思想。"② 大塚仁不赞成自然行为论，认为将其贯彻到底的话，就很难说不作为是物理意义上的自然性举动。而高桥则夫则认为，因果行为论是将行为理解为"根据意思而在外界所引起的因果性事象"的观点。根据该观点，基于某种意思产生结果就是行为，其意思内容是专属于责任的问题。因此，故意行为与过失行为在有意的身体性举动这一点上并无差异，于是在行为论的阶段上就无法区别这两者。根据因果行为论，难以认定不作为犯与忘却犯（基于无认识过失的不作为犯）中的行为性，于是，为了肯定其行为性，就不得不进行某种程度的修正，例如，对先行行为承认其有意性。

2. 目的行为论

目的行为论的创始人是德国的学者Welzel，他将行为理解为一种实现一定目的的活动。所谓目的性活动，是指人凭借自身的知识和经验，为了实现某种目标，而有意识地去操纵自身去实现这种目标，此即所谓目的性活动。依照该理论，行为必须是一种目的的行为，必须对于行为所造成之侵害具有目的性存在。金日秀将其称为目的的行为概念。金日秀认为，目的行为概念是与因果性概念相联系，两组概念一起连接了意思、行为、目的三种要素。③ 同时，他也认为，目的的行为概念也不能较好地解释欠缺意识的自动性行为。帕多瓦尼将其表述为"目的论的行为理论"，认为行为不仅表现为行为人的身体活动，同时也应包括行为的意向。④ 他也认为，该理论虽然能够较好地说明各种故意实施的作为，

① 参见［意］杜里奥·帕多瓦尼：《意大利刑法学原理》，陈忠林译，中国人民大学出版社2004年版，第118页。

② 参见［日］大塚仁：《刑法概说（总论）》，冯军译，中国人民大学出版社2003年版，第96页。

③ 参见［韩］金日秀、徐辅鹤：《韩国刑法总论》，郑军男译，武汉大学出版社2008年版，第107页。

④ 参见［意］杜里奥·帕多瓦尼：《意大利刑法学原理》，陈忠林译，中国人民大学出版社2004年版，第118页。

但无法令人信服地解释各种过失的作为以及不作为。在耶塞克看来，目的行为论认为，行为人的行为并不仅仅取决于自由意志所支配的因果进程，而是受其目的所控制。这种受目的支配的行为过程首先表现为思想上确立一个目标，其次再选择实现目的的方法，最后应用这种方法在现实世界中实现其意志所欲达成的结果。① 但耶塞克认为目的行为论同样遭到了异议，认为其不能包括不作为犯罪的情形以及过失行为。第二次世界大战之后，日本刑法学界深受目的行为论的影响，得到了众多学者的支持，代表有木村龟二、金泽文雄、福田平、井田良等。但是，大塚仁则认为，与自然行为论一样，目的行为论是有问题的，其重视了行为的存在论意义，不得不把不具有存在性的不作为从行为中排除出去。在这个立场上，其不能发挥行为概念的界限机能。

3. 人格行为论

人格行为论的基本观点在于将行为理解为一种行为者人格主体的实现，认为刑法中行为是一种"作为人格主体之现实化的身体动静"。这种身体的动静既包括作为行为，也包括不作为行为，同时也包含故意与过失。在日本，人格行为论的代表是团藤重光和大塚仁。大塚仁认为，行为是一般人的认识性判断能够肯定其社会意义的东西。② 德国学者耶塞克认为，人格的行为概念仅与作为个人的人格联系在一起，故一方面其包括不具有社会意义的广泛的事件；另一方面，对于刑法而言，它又过于狭窄。③ 韩国学者金日秀和耶塞克的观点相同，他认为人格是心理、精神的活动中心，人格行为是人格的发现，也就是人的心理精神活动实现于外部世界，和外部世界建立起某种联系。从这一角度来看，那些只属于人的身体领域，如直接的、物理的暴力行为不是人格行为，同时，如果人的心理活动仅仅停留在内心世界，没有在外部实现，也不是人格行为。对于人格的行为概念，金日秀认为其把行为概念视为个人的人格发现，所以即使是不具有社会重要性的行为，也将被视为刑法上的行为。但其不能把行为人没有认识到危险状况的不作为解释为犯罪行为，缺乏合理性。人格行为论也存在一定的异议，如对于具有反射性质的反作用，无意识的酩酊状态的行为是否能够评价为行为。对此，金日秀持肯定意见，认为这些事例既然表现出作为，表明心理器官对于外部世界的资料和结果的适应能力的内在的目标指向性，就应该视为人格的发现。④

4. 社会行为论

该理论认为，行为只是具有社会意义的人的身体动静，因为刑法是一种社会的统治手段，只有具有社会意义的行为才是刑法上的行为。对于社会行为论，不同的学者有不同的表述。金日秀称其为社会的行为概念。他认为社会的行为概念是替代因果行为论的"无价值的因果性、目的行为论"的"存在论意义上的目的性"，把作为规范的、评价性要素

---

① 参见［德］汉斯·海因里希·耶塞克：《德国刑法教科书》，许久生译，中国法制出版社 2001 年版，第 270~271 页。

② 参见［日］大塚仁：《刑法概说（总论）》，冯军译，中国人民大学出版社 2003 年版，第 102 页。

③ 参见［德］汉斯·海因里希·耶塞克：《德国刑法教科书》，许久生译，中国法制出版社 2001 年版，第 274 页。

④ 参见［韩］金日秀、徐辅鹤：《韩国刑法总论》，郑军男译，武汉大学出版社 2008 年版，第 110 页。

的"社会的意义性"或"社会的重要性"作为行为概念的重要判断标准。① 对于社会的行为概念，他认为其将因果行为概念的有意性与目的行为概念的目的性都包含在了社会意义这一上位要素之中，从而试图构建一种具有折中行为概念。同时，他认为社会行为概念能够很好地统摄故意、过失以及不作为等行为，很好地发挥其基础要素的机能。但是，社会的行为概念缺乏界限机能，对刑法判断没有意义的如单纯的身体反射、不可抗力等现象也可能具有社会意义。帕多瓦尼认为应根据主体的举动在社会关系中的意义来确定行为的范围，这就是社会行为论。对于这一理论，他认为其缺点在于用来确定行为范围的标准即社会意义太过宽泛，不确定，难以准确地把握。同样，后述的人格行为论也存在这样的问题。大塚仁指出，社会意义是刑法上的行为最为重要的特征。② 他认为社会行为论中的行为更多的是一种价值关系。在行为的描述中引入了规范评价的要素，因此可以把作为与不作为都统一在行为的概念之中，可以说是纠正了自然行为论固有的缺陷。由此，其成为日本刑法学的通说。但是，他认为这种行为论没有充分理解行为的存在论意义，在内容上也过于模糊，故不能有效地发挥其作为界限要素的机能。在德国，耶塞克认为，根据社会行为概念，行为是对社会有意义的人的态度，这种态度既表现在目的性活动中，也表现在不作为情形中。因此，社会行为概念包含了所有对刑法判断具有意义的人类行为，也就是说，其能够将作为与不作为置于统一概念行为之下，这与上述学者的观点具有共同性。

从以上学者的论述可以看出，社会行为论的核心在于将社会意义这一概念作为该理论的中心要素，将所有对刑法判断具有意义的行为都包含其中，将没有刑法意义的行为排除在外。同时，其将作为与不作为统合在一起。日本学者高桥则夫极力主张社会行为论。他认为，由于违反行为规范的行为是被作为第一次性的社会规范层面上的问题，因此必须将社会行为论作为基础，将行为理解成自然主义的因果行为论，显然犯了忽视法的规范性这一根本性错误。此外，由于将因果性惹起置于基础地位，结果无法说明不作为的行为性。还有，由于不得不采用因果关系论中的条件说，因此无法提供判断某种结果是不是在法律上不期望的结果的标准。而关于目的的行为论，其将人的存在视为个体的存在而不是目的性的存在，忽视了法的规范性问题，因为法作为一种规范，是规范整个社会的规范，而不是单独规制某一个人的规范。人是生活在社会中的个人，不能不与外界交流，因此，社会性是人的一种本质属性。根据社会行为论，行为主体并不是作为个体而存在，而是一种社会性存在，也即被理解为"社会性人类"，社会性人类是与违法领域相关联的人类，与此相对，与责任领域相关联的是个体性人类。从社会行为论出发，可能会产生以下情形，即根据因果行为论不被认定为行为的，从社会性视角出发却被认定为行为，反之，根据因果行为论被认定为行为的，从社会性视角出发却不被认定为行为的，前者典型如不作为的行为。根据社会行为论，可以将作为与不作为统合到一起，问题在于后者，即在自然性、物理性上被视为行为，但在社会性上不被认定为行为的情形。只能否定实行行为性，或者虽然否定相当性，但作为预备行为却不得不被承认。与此相对，根据社会行为论，从社会性

---

① 参见 ［韩］金日秀、徐辅鹤：《韩国刑法总论》，郑军男译，武汉大学出版社 2008 年版，第 108 页。

② 参见 ［日］大塚仁：《刑法概说（总论）》，冯军译，中国人民大学出版社 2003 年版，第 96 页。

的视角来看，就具有通过否定社会性意义进而否定行为性的可能性。该社会性意义的判断，例如根据被允许的危险法理、社会相当性等理论进行判断也是可能的，但被允许的危险以及社会相当性应该被消解于客观归责论中的"制造法所不允许的危险"，即消解于实行为性的判断中。对于不被允许的危险或是允许的危险的判断，都有必要添加法益抽象危险这一要素。① 行为本质的学说具有发展性，我们不能指望一种一成不变的行为概念指导刑法，社会判断标准本身有流变性和不稳定，但是，这种流变性是不可避免的，因此，行为概念必须通过社会交往的方式被理解，所以，我们坚持认为，"社会行为论根据社会的价值评价，成为作为与不作为，故意与过失的共同上位概念，揭示了行为评价中的规范性因素。故在该学说的基础上进行限定，不失为合理选择"②。

(二) 业务监督过失犯罪的行为

1. 业务监督过失犯罪行为的概念及其特征

业务监督过失犯罪属于过失犯的一种，其行为具有过失犯罪行为的基本属性，也具有过失犯罪的一般属性。在日本早期的刑法理论中，过失犯的行为本质在于对注意义务的违反，根据新过失论则是对结果回避义务的违反，正如高桥则夫教授指出的："过失犯的实行行为是违反结果回避义务的'对法益具有抽象危险的行为'。"③ 在德国，罗克辛教授用客观归属理论来解释过失行为。在我国，学界对过失犯的实行行为具有以下见解：第一种观点认为，故意犯与过失犯只存在主观心态上的区别，两者在客观行为上是一致的。④ 第二种观点认为，过失行为的判断需要依赖于犯罪的事后结果，因此，如果没有危害结果，则不能认定过失行为成立，故过失行为与危害结果是紧密联系，不可分割的。⑤ 第三种观点否认过失行为的存在，彻底将过失行为排除在行为的范围之外。⑥第四种观点来源于德日的刑法理论，认为过失实行行为的核心在于行为对注意义务的违反，过失行为就是行为人所实施的违背其注意义务从而导致法益侵害结果发生的行为。⑦

笔者认为，第四种观点具有合理性，因为过失就是意味着不注意，不注意就是对注意义务的违反，也就是说是行为人为了回避构成结果的实现而小心谨慎的义务。可以说，回避结果的注意义务是过失的核心。因此，过失行为就是行为人实施的违背其注意义务，导致法益侵害结果发生的行为。既然过失犯罪包含业务监督过失犯罪，因此，业务监督过失犯罪的实行行为的核心也是对注意义务的违反，但从业务监督过失犯罪的特征来看，其实行行为和一般过失犯罪的实行行为也具有一定区别，即业务监督过失犯罪的实行行为通常不是直接作用于法益侵害的对象，而是通过被监督者的行为间接引起法益侵害结果的发

---

① ［日］高桥则夫：《刑法总论》，李世阳译，中国政法大学出版社 2020 年版，第 70 页。

② 参见童德华：《外国刑法导论》，中国法制出版社 2010 年版，第 83 页。

③ 参见［日］高桥则夫：《刑法总论》，李世阳译，中国政法大学出版社 2020 年版，第 209 页。

④ 参见杨春洗、杨敦先主编：《中国刑法论》，北京大学出版社 2001 年版，第 53 页。

⑤ 参见范德繁：《犯罪实行行为论》，中国检察出版社 2005 年版，第 125～143 页。

⑥ 参见周铭川、黄丽勤：《论实行行为的存在范围与归责原则的修正》，载《中国刑事法杂志》2005 年第 5 期。

⑦ 参见赵俊甫：《过失实行行为研究》，载《中国刑事法杂志》2004 年第 6 期。

生。故笔者认为，业务监督过失犯罪的行为是指，在业务活动中，处于监督管理地位的行为人违背了法律法规、常识习惯等所要求的特定注意义务，实施具有社会危险性的行为。这个行为无法有效防止被监督者实施侵害社会法益的行为，从而造成严重的社会危害后果。

业务监督过失犯罪的过失行为具有以下特征：一是对特定注意义务的违反。如前所述，过失行为的核心是注意义务的违反。而监督过失犯罪的主体是处于监督管理地位的人员，其注意义务是法律法规、行业规章制度及常理习惯等基于其监督管理上的地位所赋予的，与其所具有的监督管理职责密切相关。监督者的监督管理职责要求其对整个业务活动全程进行监管，即事前制定完备的各项制度，加强对职工的培训，业务活动中对直接从事安全生产的业务人员予以相应的监督、检查和指导，在出现事故后及时采取有效的措施避免危害结果的扩大，等等。如果监督者没有履行这些与行业安全相关的注意义务，实施了违背规约的行为，造成了严重的危害结果，就应承担相应的监督过失责任。二是具有间接依附性，即监督者的行为依赖被监督者行为这一中间因素对危害后果的发生施加影响，如果没有被监督者这一介入因素，那么不会直接导致危害后果的发生。这也是业务监督过失行为区别于普通过失行为最大的特征。三是具有法益侵害的危险。对犯罪行为进行处罚的依据就在于其侵犯了社会中的法益，不具有法益侵害危险的行为不应进行处罚。在业务监督过失犯罪中，由于监督过失行为并不直接导致危害后果的发生，因此，要想追究监督者的刑事责任，要求其行为蕴含巨大的危险，有可能对社会法益造成重大的侵害。这种危险，一方面体现在监督者的行为可能引起被监督者实施存在重大危险的行为，另一方面体现在监督者的监督过失行为本身就会严重危害社会法益。

2. 业务监督过失犯罪行为的种类

作为与不作为是危害行为的两种不同形式，业务监督过失中也存在此种区分，对于业务监督过失犯罪行为的表现形式，学界目前主要存在以下几种观点：第一种观点认为业务监督过失犯罪行为是一种不作为，即业务监督过失是监督者在业务监督管理活动中，没有履行或者懈怠履行其注意义务的要求，对其监管职责敷衍了事。高桥则夫教授认为监督的实行行为是一种不作为。对此，他指出："如果将违反安全体制确立义务的行为作为过失行为，即管理过失行为，那么怠于确立安全体制或者说违反了管理监督义务的行为是不作为。"[1] 前田雅英教授也认为，广义上的监督过失通常是一种不作为。[2] 第二种观点认为，业务监督过失犯罪是以作为方式实施的。通常，这种作为表现为业务监管者由于其认识能力上的不足、业务水平较差，对被监督者实施了不当指挥或者错误命令，从而导致了危害结果的发生。在管理过失中，这种作为的方式表现为监管人员没有确立安全的管理体制，从而导致危害结果发生的情形。如山中敬一教授就认为监督过失犯罪中的作为表现在监督者事前就知道自己的行为会产生不利后果，但仍然实施了某一行为。比如酒店的老板没有对酒店的楼层配备消防设备，从而造成火灾事故。第三种观点认为，业务监督过失犯罪行为既包括作为的形式，也包括不作为的形式。

① 转引自刘丁炳：《监督管理过失理论研究》，载《求索》2008 年第 2 期。
② 参见［日］前田雅英：《刑法总论讲义》，曾文科译，北京大学出版社 2017 年版，第 189 页。

笔者认为，不作为说与作为说都只注意到了业务监督过失行为表现形式的一个侧面，没有对其进行全面把握。实际上，在业务监督过失犯罪中，行为人既可能在负有注意义务的前提下没有履行或者懈怠履行自己的注意义务，又可能是通过积极作为的方式实施了不当指挥或错误指挥，从而造成了危害后果的发生。因此，在业务监督过失犯罪中，业务监督过失中的实行行为既存在着作为的方式，也存在着不作为的方式，但通常以不作为的方式表现出来。前者主要表现为监督者对被监督者的错误指挥和瞎指挥，后者主要表现为不履行或者不完全履行监督管理义务，怠于对业务人员的培训、没有对业务场所的安全设备进行完善，没有对业务场所的安全状况进行检查。作为与不作为主要涉及以下内容：

（1）业务监督过失中的作为

业务监督过失行为的作为方式是指监管者在业务活动中没有正确履行监管义务，从而导致危害结果发生的情形。具体而言，主要包括以下几种方式：

一是不当指挥。不当指挥是指监管者因为自身业务水平的不足或注意上的不够从而发出了不当的指挥命令，进而导致危害后果发生的情形。例如邓某重大责任事故罪一案[①]，具体案情为：由于设置在 7 栋厂房二楼的原料库、包装材料库仓位不足，海晨食品公司决定在该 2 个仓库内加装钢平台以增加储物量，加装方式是根据现场空间情况，采用钢板、槽钢等材料切割、焊接施工。2019 年 7 月初，被告人李某 4 将总面积计约 650 的钢平台加装工程（其中包装材料库加装面积约 425）以包工、包料的方式口头发包给被告人廖某，廖某即安排李某 1 找人施工。2019 年 7 月 5 日前后，李某 1 带领被告人王某、薛某、李某 2、董某等 5 人，到海晨公司二楼库房进行加装钢平台施工作业，李某 1、王某、薛某负责切割、焊接，李某 2、董某为小工。至 2019 年 7 月 25 日前后，包装材料库钢平台主体已基本施工完毕，暂时中止施工。2019 年 8 月 1 日，李某 1 等 5 人来到海晨公司完成剩下的工作，即给包装材料仓库钢平台焊接楼梯和围栏等。当日 14 时许，李某 1 带领王某、薛某、李某 2、董某到海晨公司二楼包装材料库，继续上午未完成的工作，薛某焊接包装材料库钢平台栏杆，李某 1 和王某 2 人焊接平台的梯步。当日 17 时 20 分许，7 栋厂房二楼库房钢平台施工现场监督员被告人邓某 1 告诉李某 1，堆放纸板的钢平台在人员走过时有异响，要求补焊，王某即到该平台下方相应位置（此次火灾的起火部位）进行加焊，当日 17 时 56 分许，在王某加焊完成后，李某 1 等 5 人即离开现场下班。当日 18 时许，海晨公司发生火灾事故。后经法院查明，邓某 1 作为安全负责人，在准备下班时问焊工是否还要操作，他们说等下看。他当时的理解是可能还要施工，想到已经到了下班时间，加之自己身体不好，就安排包材库负责库房进出的工作人员高某帮忙看一下，等施工人员离开后再离开。高某同意后他就回厂里宿舍，一直到 6 点左右接到电话说发生了火灾。在这一案件中，邓某 1 是平台施工现场监督员，是施工业务的安全监督者，其具有确保施工现场安全的义务，应当认识到自己不在场的情况下可能会导致火灾事故的发生，但由于对作业过程中可能失火危险认识不足，让没有业务经验的高某替代自己监管，最终导致火灾事故的发生，其存在不当指挥的行为。

---

① 参见四川省广汉市人民法院刑事判决书：（2020）川 0681 刑初 227 号。

二是积极实施了违反法律规定的行为。例如李某重大责任事故罪一案[1]，基本案情为：2006 年 3 月，陈某介绍韩某同乔某相识，从中协调南召县马庄村丁家庄煤矿的开采事宜。后韩某与乔某、孙某、被告人李某商量共同对该矿进行开采。并在未经批准的情况下，擅自签订协议将该煤矿的井下采煤权承包给湖北人张某，并且约定按一定比例分成煤款。随后张某、韩某、乔某、孙某、李某等人开始组织生产。县政府多次组织职能部门对该矿进行取缔，但该矿不听劝阻，采用时采时停的办法违法开采原煤。被告人李某是该矿负责井下安全生产的矿长。该矿在生产过程中未制定相关安全规章制度，不重视安全生产工作，2006 年 8 月 5 日凌晨该矿发生透水事故，造成工头张某及矿工共计 6 人遇难死亡，2 名矿工下落不明。透水事故发生后，陈某、乔某等人在抢救无望的情况下，与李某等人相继外逃。事故发生后，法院以重大责任事故罪对李某判处有期徒刑一年零六个月。在本案中，被告人李某作为该矿负责井下安全生产的矿长，是煤矿生产作业中的监督者，对该煤矿的安全生产具有业务上的监督管理义务，应确立安全的煤矿生产管理体制，并按照相关的安全法规对煤矿工人进行培训，以提高他们的业务水平和安全意识。但其在具有监管义务的前提下实施了犯罪行为，其作为的形式主要表现在以下两方面：第一，李某作为监督者违反矿产安全管理法规的相关规定，在未取得采矿许可证的情况下擅自组织工人采矿，这是对禁止命令规范的违反。第二，李某作为该煤矿生产的组织者和实际控制人，在组织非法采煤的生产、作业中违反有关安全生产的规定，不采取任何安全措施，致使发生重大透水事故，其违反安全生产法规、违规操作的行为也是一种作为的形式。因此，李某在该煤矿未经批准开采、未制定相关安全规章制度、开采工人未经过安全生产培训的情况下，负责井下开采生产，导致重大事故的发生，从而构成重大责任事故罪。

《刑法》第一百三十四条规定了强令、组织他人违章冒险作业罪，如果监督人员在生产作业中强令、组织他人违章冒险作业的，应承担监督过失责任，本罪中的行为方式就是作为。例如陈某强令、组织他人违章冒险作业罪一案[2]，基本案情为：2019 年 3 月 5 日至 3 月 13 日，被告人陈某作为张家港宏昌钢板有限公司原料烧结五车间环冷机区域负责人，在明知该车间内环冷机台车运转时不能进行环冷机密封罩作业的情况下，仍多次向黄某带领的烧冷班组派发相关维修事项，并利用考核罚款的方式责令黄某、卢某等人违章作业，致使卢某头部被环冷机台车挤压后当场死亡。在本案中，被告人陈某在生产作业过程中明显违背了安全管理法规以及刑法的规定，强令他人违章冒险作业，因而发生重大责任事故的行为，构成强令、组织他人违章冒险作业罪。此外，重大责任事故罪中也存在作为的形式。例如杜某、罗某重大责任事故罪一案[3]，基本案情为：土默特右旗葡萄架碎石有限责任公司（以下称葡萄架有限公司）成立于 2012 年 8 月 18 日，被告人杜某系葡萄架有限公司法定代表人。2017 年 8 月份葡萄架有限公司拆除本单位的防尘彩钢房。2017 年 8 月 16 日董某受被告人杜某的委托，与被告人罗某口头议定了将葡萄架有限公司的防尘彩钢房拆

---

① 参见河南省南召县人民法院刑事判决书：（2020）豫 1321 刑初 14 号。
② 参见江苏省张家港市人民法院刑事判决书：（2020）苏 0582 刑初 554 号。
③ 参见内蒙古自治区土默特右旗人民法院刑事判决书：（2021）内 0221 刑初 2 号。

除工程承包给被告人罗某的合同，约定拆除彩钢片每平方米 4.5 元，彩钢架每吨 11 元，工程结束后一次性给付拆除工费。2017 年 8 月 19 日被告人罗某组织无高空作业证人员金某、张某 1、张某 2、张某 3、冀某、徐某到达现场与被告人杜某对接后开始拆除彩钢板，16 时许，施工人员金某不慎从钢架结构顶部踩踏坠落，后经抢救无效死亡。在本案中，杜某是公司企业的法定代表人，罗某是受其委托的业务负责人，两者都属于业务监管者，具有安全管理责任。但两人在生产、作业的管理过程中，组织无高空作业证人员金某等施工作业，明显违背安全管理法规的禁止性规定。这种积极违反法律禁止性规定的行为也是一种作为的形式。

（2）业务监督过失中的不作为

业务监督过失的不作为形式是指监督者不履行或者怠于履行监管义务，进而造成严重后果的情形。在业务监督过失犯罪中，不作为的方式包含以下两种：一是懈怠履行自身的监管义务。在企业等组织中，行业规章制度赋予了主管人员或某项业务的直接负责人以监管义务，但其在履职过程中态度不端正、敷衍行事，没有尽到自身的注意义务，从而导致了危害后果的发生。例如陈某消防责任事故罪一案①，基本案情为：自 2013 年起，被告人陈某作为杭州华仑印染有限公司（以下简称华仑公司）的生产科科长、消防安全管理人，负责公司的消防安全管理等工作。2014 年 4 月 28 日、2016 年 11 月 26 日华仑公司因占用、封闭疏散通道、安全出口等违反消防管理法规的行为，先后被杭州市公安局萧山区分局党湾派出所两次下发责令整改通知书要求整改。被告人陈某身为华仑公司的消防安全管理人，未对责令文书上的上述问题落实整改，导致被害人许某在华仑公司厂房于 2017 年 6 月 23 日 2 时左右发生的火灾中死亡，华仑公司在火灾中经济损失达 2053726 元的严重后果。经审理查明，被告人陈某在华仑公司主要负责公司消防设备检查维护、安全生产检查、消防培训、消防演练等相关工作。但其在公司的业务活动中，并没有系统地去做具体的消防工作，平时只是在应付上级部门检查公司的消防系统时才采取一些临时措施。同时，其还供称相关部门检查出问题后，他也会在消防安全生产会议上提出来，但是单位领导不同意，自己也没有权利去整改相关的消防问题。在案发当晚，陈某接到单位同事的电话说厂里三楼着火了，他赶到单位之后，马上组织人员救火。在本案中，陈某作为企业消防安全的负责人，理应对工厂的消防安全进行监督和管理，在履职过程中，应端正态度、谨慎行事，防止因自己消防安全监管不到位从而引发消防安全事故。但他平时并没有恪尽职守，反而敷衍了事，疏于对企业消防设施的检查，在上级部门来检查时又以应付为主，最终导致了危害后果的发生。本案中陈某的行为就是怠于履行自己的监管义务。在业务监督过失犯罪中，对监管义务的懈怠会使被监督者出现过失行为的可能性增加，进而增加危害后果发生的风险。二是完全不履行自己的监管义务。这主要是指监管者完全不行使自己的监管职权，对自己的监管义务视而不见，从而造成了危害结果的发生。例如朱某消防责任事故罪一案②，基本案情为：2018 年 4 月 7 日 10 时许，杭州市萧山区党湾镇杭州彩妙线业有限公司三楼仓库发生火灾，造成该公司员工王某、周某死亡，厂区内部分厂房、原

---

① 参见杭州市萧山区人民法院刑事判决书：（2019）浙 0109 刑初 1304 号。

② 参见杭州市萧山区人民法院刑事判决书：（2018）浙 0109 刑初 1346 号。

料损毁的重大事故。经查，邵某从杭州市萧山区党湾镇大西村租用集体土地后盖建厂房，上述厂房无法通过消防验收，被告人朱某又从邵某处租用其中一幢厂房后用于经营杭州彩妙线业有限公司。在公司经营期间，被告人朱某作为杭州彩妙线业有限公司法定代表人及消防责任人，在消防日常检查过程中，存在违反消防法规的情形，经消防监督机构多次通知采取整改措施而拒绝执行。在本案中，被告人朱某作为该企业的消防责任人，对该企业的消防安全设施具有监管义务，在日常经营的管理中，应按规定定期检查该企业消防设施是否安全、消防物资设备是否齐全，但其并没有履行自己的职责，且在消防监督机构多次通知整改后仍然不采取相关整改措施，最终导致危害后果的发生，此行为就是完全不履行监管义务。

三、业务监督过失犯罪的危害结果

危害结果是刑法中的一个重要概念，与行为、因果关系、犯罪的既遂与未遂问题紧密相关。对于过失犯罪而言，结果不可缺乏，因为只有在行为人造成危害结果的情形下才能对其进行处罚。对于危害结果的概念，刑法理论上存在着重大的争议，目前，争议最大的两种观点是广义说和狭义说。广义说认为，危害结果是犯罪行为人对其侵犯的对象所造成的一切社会损害事实。这种损害事实不仅包括客观上可见的物质侵害，如身体伤害、财产损害等，也包括客观上看不见的损害事实，如名誉权的损害、管理制度上的损害等。对此，麦兹格教授指出："犯罪的结果指的是所有客观构成要件的实现，因此，犯罪人身体动作所导致的每一个外界结果，如犯罪人拿起斧头行凶就是如此。此外，也可能是对其他人造成精神损害，如侮辱他人对其所造成的精神损害也是外界结果。"[1] 狭义说则认为危害结果仅仅为犯罪行为人对犯罪对象所造成的客观可见的实际损害及危险。迈耶指出："刑法上的危害结果指犯罪行为对行为客体造成的外界形态的客观变化即外界结果。故而，一切具有刑法意义的重要事实变动，均可称为危害结果，但必须是发生在行为客体之上"[2]。

长期以来，我国刑法学者对危害结果的称谓并不统一，有些学者把危害结果和犯罪结果用在同一意义上，但是有一些学者认为犯罪结果和危害结果在不同场合应指称不同的事物。目前，我国刑法学界对危害结果的称谓主要有犯罪结果、侵害结果、危害结果等几种。其中以危害结果和犯罪结果的使用率最高，在此，我们认为危害结果更具有合理性。

而对于危害结果的定义，我国刑法学界也存在争议，主要包括以下四种观点：第一种观点认为，犯罪行为侵害刑法所保护的社会关系所引起的现实危险和实际损害就是危害结果。[3] 第二种观点认为，危害结果是危害行为对犯罪客体所造成的现实威胁或者实际损害。[4] 第三种观点认为，危害结果是犯罪行为对我国刑法所保护的直接客体所造成的实际

---

①　参见蔡墩铭：《刑法基本理论研究》，台湾汉林出版社 1980 年版，第 69 页。

②　参见蔡墩铭：《刑法基本理论研究》，台湾汉林出版社 1980 年版，第 68~69 页。

③　参见马克昌：《犯罪通论》，武汉大学出版社 2001 年版，第 191 页。

④　参见王荆平、刘方：《我国刑法中的危害结果问题探讨》，载《武汉大学学报》1995 年第 3 期。

损害或危险状态。① 第四种观点认为，危害结果是指犯罪行为对我国刑法所保护的法益所造成的现实侵害事实与现实危险状态。②

从以上学者对危害结果的定义来看，其对危害结果包括何种形态存在着一定的争论，其争论的焦点就是危险结果是否应该包括在危害结果当中，即危害结果仅仅是指现实损害的结果还是包括危险结果。对于这一问题，理论界分为肯定说和否定说两种学派。持否定说的学者认为，危害结果只包括实际损害结果这一种形态，危险结果只能说是实害结果发生的一个必须经过的阶段，所以它不属于危害结果的范畴。如苏联学者别利亚耶夫主张危害结果只能是现实的而非抽象的。③ 肯定说认为，危险结果应包括在危害结果之中，结果犯又分为实害犯和危险犯两种。如日本刑法学者团藤重光教授认为，实害犯是指把侵害法益的实害或者危险作为犯罪构成要件的内容，其中，以侵害法益的实害发生作为犯罪构成要件的叫作实害犯，以发生侵害法益的危险作为犯罪构成要件的叫作危险犯。因此，持肯定说的学者认为危害结果包括实害结果和危险结果两种。

综上所述，肯定说认为危害结果包含实际损害结果与危险结果，该说并未将后者予以摒除具有合理性。一方面，从本质上看危险状态为危害行为施加于犯罪对象而存在的现实侵害风险，该风险本就因客观存在而具备客观性，绝非主观臆断。我国不少刑法学者在论述危害结果时认为事实上危害结果尚未发生，故而推论出危险状态不具备客观性不应纳入危害结果之列。④ 我们认为，此类看法是有失偏颇的。原因在于对"尚未造成严重后果"的认识不准确，因为从实质上来理解，"尚未造成严重后果"只是说实害严重结果没有发生，并未表明无任何结果的产生，其实际上也具有客观性的特征。支持肯定说的刑法学者认为危险实则是一种可能性，当此种可能性由某种客观存在的事实加以表现，且该事实为原因所导致，对于原因而言，不仅该事实作为一种结果，而且由该事实外化的内在危险亦系客观存在，不可否认其存在。⑤ 除此之外，危害结果是危害行为对刑法保护法益侵害程度的外化表现，在危险状态下，行为当前未致保护法益的现实损害，但却朝向损害结果发展。由此，笔者认为，危害结果包含危害行为对犯罪客体造成的实际损害及现实危险。具体而言，其不仅包含物质损害结果，也包含精神损害结果，且损害结果不仅可为现实损害结果，亦可为客观存在的危险状态，同时包含具体危险与抽象危险。

业务监督过失犯罪的危害结果是评判行为人行为构成业务监督过失犯罪客观方面的重要内容。鉴于业务监督过失犯罪以新过失论为理论基础，因此此类犯罪的危害结果不单单指现实的损害，同时包含危险状态。业务监督过失犯罪的危害结果为监督管理者的行为所致的侵害事实，而业务监督过失犯罪本身属于特殊的过失犯罪，故而仅当发生刑法所规定

---

① 参见熊选国：《危害结果及其特征新论》，载《政治与法律》1992 年第 3 期。

② 参见张明楷：《刑法学》（上），法律出版社 2016 年版，第 166 页。

③ 参见［苏］别利亚耶夫·科瓦廖夫主编：《苏维埃刑法总论》，北京群众出版社 1987 年版，第 131 页。

④ 参见陈兴良：《刑法哲学》，中国政法大学出版社 2000 年版，第 267 页。

⑤ 参见李洁：《犯罪既遂形态研究》，吉林大学出版社 1999 年版，第 205 页。

的监督过失犯罪危害结果时，行为人才可能构成监督过失犯罪。对业务监督过失犯罪而言，由于其自身具有一定的特殊性，这就决定了其危害结果的特征与一般过失犯罪的危害结果的特征既存在相同之处，也存在不同之处。主要表现为：第一，引起危害结果发生的原因的双重性。在业务监督过失犯罪中，危害结果发生的直接原因是被监督者的行为，间接原因是监督者的监督过失行为，即危害结果的发生是监督者与被监督者合力所导致的。第二，危害结果的多样性。业务监督过失犯罪的危害结果的形态既可能表现为抽象性，也可能表现为具体性。第三，危害结果的客观性。即危害结果独立于监督者、管理者的主观意愿之外，其反应的是一种客观存在的损害事实或者现实可能性。第四，危害结果的法定刑，即危害结果应在构成要件下进行探讨才具备刑法上的意义。

四、业务监督过失犯罪的因果关系

业务监督过失是过失犯罪的特殊类型，追究监督者的过失责任，要明确监督者的过失行为与过失危害结果之间是否存在因果关系，因果关系是监督者对危害结果负刑事责任的客观基础。业务监督过失因果关系是刑法上因果关系的一般原理在过失领域的具体运用和体现。因此，研究业务监督过失因果关系有必要探讨刑法中因果关系的基本理论。

（一）刑法因果关系概述

传统观点认为，刑法中的因果关系是指实行行为与结果之间引起与被引起的关系，研究因果关系旨在基于对法律上因果关系存在与否的推证，以正确予以定罪量刑。事实上，刑法中的因果关系研究工作十分重要却困难重重，究其原因，其不仅是法学问题，亦关涉哲学问题，需从哲学上给予根本性的探索回答。长期以来，针对此问题各国刑法学者均进行了不懈的探索努力，渴望探寻出最为科学合理的因果关系评判标准。因此，刑法理论涌现出一些经典因果关系理论学说，各学说众说纷纭，莫衷一是。纵观当代世界各国的刑法理论——条件说、原因说、相当因果关系说以及客观归属理论相继发轫于大陆法系国家，并成为大陆法系国家判定因果关系的主要标准。

大陆法系刑法中的因果关系理论是以近代自然科学知识的发展为基础逐渐形成的，其理论来源于自然主义和实证主义，正如日本学者所指出的："因果关系作为理论问题在德国的提出是19世纪后半叶的事情，提出并发展该理论的是布利和毕克麦耶。在此之后的学者对因果关系理论的研究或多或少均是对前述学者截然对立的理论之调和。此乃德国刑法学者基于实证主义、自然主义思想产生的理论成果。"[1] 事实上，刑法因果关系理论最早提出者奥地利刑事诉讼法学者尤利乌斯·格拉泽（Julius Glaser）在1858年发表的《奥国刑法专论》一书中亦认为，并非人的物理力量为致使结果发生的唯一原因，且人本身亦非引发结果的第一推动力，进一步讨论，只需人的活动作为因果流程中的基本力量，加以其他的中间因素予以推动亦存在引发危害结果的可能性，这足以肯定因果关系的存在。

---

[1]　参见［日］小野清一郎：《犯罪构成要件理论》，王泰译，中国人民公安大学出版社2004年版，第75页。

科拉哲指出，倘使不存在原因这一始作俑者，则结果不会产生抑或依照不同途径产生，因此可确证此结果系行为人的行为作为引发原因所产生的，该结果理应归责于此行为人。[①]格拉泽确立了因果关系的反证公式，即"非 A 仍 B，则 A 非 B 之原因"。之后，德国法官布黎在其 1873 年的著作《论因果关系及其责任》中提出了因果关系的条件说，并将其学说引入了司法判决，在刑法学界一度颇为流行。条件说是从一种事实出发对因果关系的判断，具有一定的科学性。但是也存在明显的缺陷，故后续的原因说、相当因果关系理论以及客观归属理论等都是对其缺陷进行限制和修订。目前，因果关系理论主要存在以下四种观点。

1. 条件说

布黎首次提出了刑法中因果关系理论条件说，他认为"促成结果发生的一切条件都是结果发生的原因"[②]，条件说是世界各国司法实务中的通说。在德国，条件说又被称为"条件理论"或"等值理论"。如罗克辛就指出："司法判决和主流理论在确定因果关系时，都使用等值理论。"[③] 条件说的逻辑关系是，如果行为与结果之间存在"没有前者就没有后者"的逻辑关系，那么前者就是后者的原因，后者就是前者的结果，前者与后者也就相应地存在刑法因果关系。[④] 这种逻辑关系也可以用一个公式来表达，罗克辛将其称为"想象中不存在公式"，即一个在刑法上有意义的结果的原因是各种不取消这个结果就不能想象其不存在的条件。因此，作为原因的就是各种不能不考虑的条件，就是各种没有它们本来就不会出现这种结果的条件。[⑤] 意大利刑法学者帕多瓦尼认为，"任何先于结果存在，并为结果发生的必不可少的条件都是原因"。同时，其将条件说确定因果关系的方法称为"排除思维法"，即设想如果该事实不存在，某结果是否同样会发生。如果答案是否定的，那该事实就是结果的必要条件；如果所得结论相反，就可将该事实排除于原因之外。[⑥] 通过这种排除思维法就可确定那些对于结果发生具有条件作用的就是原因。在日本学者高桥则夫看来，条件关系一般是指如果不存在某种先行事实，就不存在某种后行事实这种理论性关系。在刑法学上是指"如果没有该行为，就不发生该结果"这种关系。[⑦]

从以上阐释可以看出，条件说的基本观念就是，对于结果的发生，只要是在经验上具

---

① 参见［德］克劳斯·罗克辛：《德国刑法学总论（第 1 卷）》，王世洲译，法律出版社 2005 年版，第 233 页。

② 参见马克昌：《近代西方刑法学说史》，中国人民公安大学出版社 2008 年版，第 246 页。

③ 参见［德］克劳斯·罗克辛：《德国刑法学总论（第 1 卷）》，王世洲译，法律出版社 2005 年版，第 232 页。

④ 参见［日］大塚仁：《犯罪论的基本问题》，冯军译，中国政法大学出版社 1993 年版，第 99 页。

⑤ 参见［德］克劳斯·罗克辛：《德国刑法学总论（第 1 卷）》，王世洲译，法律出版社 2005 年版，第 233 页。

⑥ 参见［意］杜里奥·帕多瓦尼：《意大利刑法学原理》，陈忠林译，中国人民大学出版社 2004 年版，第 136 页。

⑦ 参见［日］高桥则夫：《刑法总论》，李世阳译，中国政法大学出版社 2020 年版，第 101 页。

有关联性的条件，就需要同等地加以考虑，而不问其发生的先后或影响力的大小。可以说，条件说是以定型化的经验作为观察的基础，是一种判断经验因果关系的方法。条件说有其科学性，是因果关系存在的基础。正如大塚仁所说："无视条件关系就难以论及刑法中的因果关系。在不能肯定条件关系的地方，就不可能存在因果关系。"① 但条件说也存在较大的缺陷，无论是学界还是实务界都承认，条件说为刑事责任确立了一个客观的范围，但这一范围过大是其难以克服的弊端。大塚仁指出："认为只要肯定了条件关系就存在刑法上的因果关系，是不妥当的。为了对行为人的行为进行刑法的评价，有必要在刑法学的观点中进一步讨论刑法学的因果关系。"② 为了避免根据条件说得出不恰当的结论，出于对条件范围的限制，学者们提出了不同的意见。有的学者认为，条件说虽然广泛地肯定了因果关系，但可以通过限定责任的范围，给予行为人妥当的处罚。有的学者提出了"因果关系中断"，旨在解决存在多个前后行为的情况下，如何确定前一行为与结果之间是否存在因果关系。以李斯特为代表，这种观点认为，在因果进行中，如果介入了基于自由而且故意的第三者的行为或自然力时，就由此中断了进行中的因果关系。此外，还有溯及禁止说。这种观点认为，先行于自由而且有意识地指向引起结果的条件，不是原因。而对于这两种观点，有学者提出了批判。大塚仁认为，刑法中的因果关系，本来应该是存在或不存在，认为进行了又中断，是不妥当的。中断论以条件说为基础，却在承认条件关系的情形中否定因果关系，也就是放弃了条件说，陷入了自我矛盾。而对于溯及禁止说，他认为这一理论与中断说没有实质上的不同。高桥则夫也认为，这一学说（因果关系中断）试图消解条件说的不当性，但该学说不仅包含了后述的相当性判断，而且中断事由仅仅限定于自然人现象与第三人的故意行为的介入，其意义并不明确。③ 但在德国学者耶塞克看来，第三人过失或甚至故意地介入，均不会导致因果关系的中断。对于第三人故意介入的情形，同样被认为存在因果关系。④

2. 原因说

原因说也是为了纠正条件说不当扩大因果关系的范围而提出的，德国学者巴尔（V. Bar，1836—1913）提出了原因说。该说认为，应根据某种既定的标准，从众多条件中找到应当成为原因的东西，其他只能视为单纯的条件，不能纳入刑法因果逻辑链条。鉴于条件理论适应因果关系的经验的符合法则性，它在理论上将导致无穷尽。故而，需得找寻因果概念引发的众多结果条件中最具法律重要性的原因条件。⑤ 由于原因说是想就具体

---

① 参见［日］大塚仁：《刑法概说（总论）》，冯军译，中国人民大学出版社 2003 年版，第 160 页。

② 参见［日］大塚仁：《刑法概说（总论）》，冯军译，中国人民大学出版社 2003 年版，第 160 页。

③ 参见［日］高桥则夫：《刑法总论》，李世阳译，中国政法大学出版社 2020 年版，第 103 页。

④ 参见［德］汉斯·海因里希·耶塞克：《德国刑法教科书》，许久生译，中国法制出版社 2001 年版，第 342 页。

⑤ 参见［德］汉斯·海因里希·耶塞克：《德国刑法教科书》，许久生译，中国法制出版社 2001 年版，第 347 页。

的事态判断因果关系的有无，所以原因说也被称为个别化说。作为其内容，又可以根据如何把握原因将其区分为，认为对结果而言在时间上处于最后的条件是原因的最终条件说（奥尔特曼），认为违反生活上的常规而进行的行为是原因的异常行为原因说（巴尔），认为给结果的发生提供了决定性方向的条件是原因的优势条件说（宾丁），认为对结果而言最有力的条件是原因的最有力条件说（比克迈尔），认为给结果的发生提供了动力的条件是原因的动力条件说（科勒）等。[①] 原因说为规避条件连锁反应的适用泛化，必须以必要的原因条件加以限缩，作为评判结果的责任依据，由此可悉该说对因果中断理论的丰富发展十分重要。但原因说也因存在着一定的缺陷而遭到了批判。譬如大塚仁指出规避条件说的不恰当意图具有正当性，倘若仅从指向危害结果的众多条件中择选一个作为原因，现实难度太大并且难以符合现实。同时，从以上各种关于条件与原因区别的学说来看，根据原因说认定因果关系具有标准上的歧异性，因而难以操作。罗克辛也认为，在判断因果关系的同时，如果依照原因说的见解，势必需要认定各种条件在经验判断上的评价，必然会增加规范判断前的负担。[②]

　　3. 相当因果关系说

　　相当因果关系说最早由心理学家冯·克里斯提出，并将其应用于刑法上。根据此种理论，在刑法意义上，原因仅仅是一种具有导致符合构成结果的一般倾向的举止行为，同时，仅仅是偶然地引起了这个结果的条件在法律上并不重要。[③] 根据这种理论，故相当因果关系说能够较好地消除不寻常的条件关系，能够避免条件说的无限追溯。由此，其能够限制条件说范围的扩大。在德国，相当因果关系说几乎不被支持，在理论上被客观归属论所取代。但在日本，相当因果关系说则占支配性的地位，其也被称为相当说、适当条件说、定型的因果关系说、一般观察说。该观点认为："通过一般性地观察某种事态，当一般人在经验上认为存在某种先行事实就会发生某种后行事实是通常的，就肯定法上的因果关系也就是说，在肯定了条件关系之后，判断从该行为产生该结果是否相当。"[④] 根据相当因果关系说，在进行相当性判断之际，将什么范围的事情作为这一判断的基底成为重要问题。这是因为，根据在判断基底中所纳入事实的不同，相当性判断也不得不存在差异。在相当性的判断标准上，主要存在三种观点：一是主观说，这种观点是将行为当时行为人所认识到的事（或者能够认识到的事情）纳入判断基底的立场。二是客观说，这种观点是立足于裁判当时，将在行为当时的所有事情以及虽在行为之后但在经验上具有预见可能性的事情纳入判断基底，也就是站在法官立场上进行事后的预测。三是折中说，这种观点是将行为当时一般人所能够认识到的事情以及虽然一般人不能认识到但行为人特别认识到的事情纳入判断基底。对于这三种观点，不同的学者有不同的看法。大塚仁认为主观说过

---

　　① 参见［日］大塚仁：《刑法概说（总论）》，冯军译，中国人民大学出版社 2003 年版，第 162页。

　　② 参见［德］克劳斯·罗克辛：《德国刑法学总论（第 1 卷）》，王世洲译，法律出版社 2005 年版，第 238 页。

　　③ 参见［德］克劳斯·罗克辛：《德国刑法学总论（第 1 卷）》，王世洲译，法律出版社 2005 年版，第 243 页。

　　④ 参见［日］高桥则夫：《刑法总论》，李世阳译，中国政法大学出版社 2020 年版，第 107 页。

于狭隘，客观说又会不当扩大相当性的判断基准。因此，他支持折中说的观点。他认为折中说考虑了行为当时一般人以及行为人特别认识到的情况，具有恰当性。① 故其是折中说的坚定支持者。但另一位日本刑法学者高桥则夫则认为，相当因果关系中相当性判断的构造可以被客观归属论所容纳。具体而言，广义的相当性是制造法不容许的危险的问题，可以被放在事前判断的实行行为性的问题这一位置上；狭义的相当性是危险实现的问题，可以被放在作为事后判断的因果关系问题这一位置上。② 可以看出，高桥则夫主张客观归属论。他认为，相当因果关系说关于行为之后的事情的判断构造并不明确，故不能应用到判例实务之中。德国多数学者也赞同相当因果关系说是一种归责理论，代表如梅茨格尔，他说："与此相对应，适当理论是一个责任理论，一般说来，是一个在法律上意义重大的理论。"

4. 客观归属论

最早提出客观归属概念的是卡尔·拉伦茨，其后，霍尼格明确提出了用法或规范的客观归属的判断来取代因果关系的判断。20 世纪 70 年代，罗克辛在前人研究的基础之上提出了为大多数刑法学者所接受的客观归属论。他经过一系列的研究，提出了危险增加原理、规范的保护目的等概念，从而构建起了客观归属论的框架。他认为，行为只有在创造了法所不容许的危险，并且这种危险在法规范所保护的目的内实现时，才能够对其进行归责。③ 罗克辛的理论在德国得到了众多学者的支持，并且逐渐成为德国的理论通说，其后，该学说传播到日本，虽然日本学界占据主流地位的依然是相当因果关系理论，但客观归属论也得到了山中敬一、高桥则夫等著名学者的认可，但在大塚仁看来，客观归属论与相当因果关系说一样，其目的都是为了限制条件说条件范围的过大。但是，所谓客观归属的观念本身和其刑法理论体系上的地位等，尚缺乏明确性，存在不少问题。故没有放弃相当因果关系说而采用客观归属论的必要。④

罗克辛的客观归属理论将因果关系与归属问题相区别，因果关系以条件说为前提，在与结果有条件关系的行为中，只有当行为制造了不被允许的危险，而且该危险是在符合构成要件的结果中实现时，才能将该结果归属于行为人。具体来说，为了判断行为人能否对某一结果承担刑事责任，客观归属理论提出了如下判断规则：（1）制造了法所不容许的风险，据此，作为其反面，下列情形应当排除客观归属：其一，行为减少了已经存在的风险；其二，行为虽然没有减少风险，但是也没有以法律上的方式加重风险；其三，行为人制造了被允许的风险。（2）实现了法所不容许的风险。下列情形可以予以排除：其一，行为制造的风险与结果的发生之间没有风险关系；其二，行为没有实现不被允许的风险。（3）结果没有超出构成要件的保护范围。下列情形可以予以排除：其一，结果发生在第

---

① 参见［日］大塚仁：《刑法概说（总论）》，冯军译，中国人民大学出版社 2003 年版，第 163 页。

② 参见［日］高桥则夫：《刑法总论》，李世阳译，中国政法大学出版社 2020 年版，第 109 页。

③ 参见［德］克劳斯·罗克辛：《德国刑法学总论（第 1 卷）》，王世洲译，法律出版社 2005 年版，第 246 页。

④ 参见［日］大塚仁：《刑法概说（总论）》，冯军译，中国人民大学出版社 2003 年版，第 164 页。

三人负责的领域；其二，被害人自己负责的情形。

童德华教授在罗克辛教授的研究基础上，也对客观归属论提出了自己的见解。首先，他肯定了客观归属论的理论价值和意义，对此，他指出，"拘泥于因果关系的概念来研究行为和结果之间的联系，无论是英美法系还是大陆法系的因果关系理论，都将陷入泥潭的桎梏中，而客观归属论克服了因果关系理论中潜在的思维偏差，是一种具有价值的新方法和新理论"①。其次，他指出客观归属的核心在于三个层次的判断：第一，因果关系论；第二，危险增加论；第三，规范的保护目的论。由于因果关系论的判断采取的是条件说，因此，客观归属论的核心在于危险增加论以及规范的保护目的论。对于危险增加论来说，在考察危险增加原理时，主要考察行为人是否制造了一个不被容许的危险，即当行为人的行为不仅制造了一个不被容许的危险，且这个危险超越了被容许的危险范围时，就存在客观归属的可能。而如何判断危险是否增加？具体表现为直接危险的制造和危险状况的制造。但其同时指出，当存在以下几种情形时，可以排除对行为的归责，即缺乏重要危险、制造的危险被容许以及减少了危险。② 规范的保护目的论指出，虽然行为制造了危险且危险得以实现，但也并不能表明结果能够归属于行为人，因此，还必须考察规范的保护目的。这种规范的保护目的范围的判断，应当以刑法的目的和形势政策为标准，通过对业务监督过失行为导致的危害结果这一事实与相对应的具体刑法条文保护的法益进行合致性的评价。③

综上，在因果关系理论的诸多学说中，条件说是基础，在因果关系的判断中不能否定条件关系这一前提，但仅仅依靠条件说会造成惩罚范围的过于扩大，故需要在条件说的基础上进一步明确具体的因果关系判断方法。相较于相当因果关系说，客观归属理论更为优越，而在具体应用客观归属论时，需要重点判断危险是否增加以及行为制造且实现的结果是否符合规范的保护目的。

（二）业务监督过失犯罪中结果对于行为的归属

学界对于业务监督过失中的因果关系的认定存在很多争议。第一种观点认为，业务监督过失中的因果关系存在于监督者的过失行为与被监督者的行为之间。第二种观点认为，业务监督过失犯罪中的因果关系是监督者行为与最终的危害结果之间的关系，这种观点得到了大多数学者的支持。例如，有论者认为，刑法中的因果关系是实行行为与危害结果之间的关系，而不是行为与行为之间的关系。如果认为业务监督过失中的因果关系是存在于监督者的过失行为与被监督者的行为之间的关系，则是片面地强调了被监督者的行为对危害结果的影响，而忽视了监督者对构成要件结果实现的作用。④ 也有论者认为："不管采

---

① 参见童德华：《刑法中的客观归属——关于因果关联的新视角》，载《暨南学报（哲学社会科学版）》2008 年第 6 期。

② 参见童德华：《刑法中的客观归属——关于因果关联的新视角》，载《暨南学报（哲学社会科学版）》2008 年第 6 期。

③ 参见童德华：《刑法中的客观归属——关于因果关联的新视角》，载《暨南学报（哲学社会科学版）》2008 年第 6 期。

④ 参见谢雄伟：《监督过失中因果关系的"二阶判断"》，载《政治与法律》2016 年第 5 期。

取何种学说，对于因果关系的判定均是行为与结果之间的经验判断。据此可知：过失犯的行为如果在客观上有预见的可能性或已经预见却轻信能够避免而结果最终发生，即可推断出行为与结果确有因果关系的存在。"①

笔者认为，业务监督过失中的因果关系存在于监督者过失行为与危害结果之间。对此张明楷教授指出，监督过失之间的关系是一种间接的因果关系，且认为作为间接原因的行为比作为直接原因的行为的社会危害性更大。② 如前所述，违反注意义务是业务监督过失的核心，那么业务监督过失犯罪中的危害结果从本质上来说就是由监督者对其注意义务的违反所造成的。日本学者前田雅英认为，应着重考虑客观的注意义务违反行为所具有的实质的危险在结果中得以现实化，可以说基于被告人的义务违反的危险现实化了，所以能够认定两者之间具有因果关系。由此，危险实现的判断是关键。其又指出，在监督过失案件中，将其理解为不作为与结果的因果关系更能凸显问题。即在不作为犯中，如果没有结果回避的可能性，那么就不能认定作为义务，即不能回避结果时，就欠缺因果关系。③ 例如，日本京岔道口案件判决（大判昭和 4 年（1929 年）4 月 11 日新闻第 3006 号第 15 页），该案中，列车在视野不好的岔道口将婴儿轧压而过。关于该案，上述判决认为，无论如何鸣笛并采取非常情况下的刹车制动措施也不能回避结果的发生。既然如此，那么违反注视前方义务与死亡结果之间欠缺因果关系，从而指出，即便完全履行了该义务，结果还是会发生的，就不能将没有履行该义务评价作为发生结果的原因。

不同于一般的过失犯罪，在业务监督过失犯罪中，存在着一个介入的中间项，也就是被监督者的行为，这就使得业务监督过失中因果关系的讨论变得复杂起来。笔者认为，业务监督过失中的因果关系由两个部分组成，一是监督者的行为与被监督者行为之间的因果关系，二是被监督者的过失行为与危害结果之间的关系。但实际上，在业务监督过失中，危害结果的发生最开始的原因在于监督者的违规过失行为，可以说被监督者与监督者之间是直接因果关系，监督者与危害结果之间是间接因果关系。而对于监督过失中因果关系的判断，客观归属理论是一种较好的选择，因为无论是单一的条件说、原因说抑或相当因果关系说，都无法从根本上解决监督过失中因果关系认定上的难题。而客观归属理论在因果关系的认定上以结果能否归入行为的思路来判断是否具有因果关系，这种方式一方面能够直接将被监督者的行为包含于监督过失犯罪的因果链条之中，从而摆脱监督过失犯罪中因果关系研究对象的混乱。④ 另一方面，其对行为本身制造的危险的关注能够排除监督过失犯罪因果关系判断中其他因素的影响，从而明确责任承担的主体。同时，该理论主张的实现的危险必须包含在法规范的保护目的之内，也能够规制监督过失理论的适用，防止其滥用，故在监督过失犯罪的因果关系判断上，有必要发挥客观归属论的价值。

---

①　参见赵瑞罡、杨庆玖：《监督过失论》，载《政治与法律》2001 年第 4 期。

②　参见张明楷：《监督过失探讨》，载《中南政法学院学报》1992 年第 3 期。

③　参见［日］前田雅英：《刑法总论讲义》，曾文科译，北京大学出版社 2017 年版，第 192 页。

④　参见童德华、马嘉阳：《刑法中监督过失的适用条件及归属限制》，载《社会科学动态》2020 年第 6 期。

五、业务监督过失中责任的承担

学界普遍认为，监督过失责任是一种间接责任。在企业中，监督者的责任来源于监督者职责履行上的不注意或者管理上的疏忽，上级监督者本来负有对下级被监督者的管理和指导上的义务，但由于其过失行为没有尽到自身的义务，如疏于业务的指导和培训或者懈怠于对场地设施安全性的检查，最终使得下级人员造成了法益侵害的结果，其必然承担着过失责任。因为所造成的侵害结果不是由监督管理者直接造成的，是其过失行为与下级人员所实施的行为的竞合所造成的，故其承担的实际上是一种间接责任。与直接责任相比，监督过失所承担的间接责任在归责上具有一定的复杂性。而要追究监督管理人员的监督过失责任，就必须排除其不承担责任的情形，具体而言，主要涉及以下几种情形。

第一，被监督者存在故意时，监督者不承担监督过失责任。支持这种观点的学者认为，被监督者故意所造成的侵害结果，监督者在履行谨慎注意义务的情形下，不承担责任。如王安异教授认为，对于被监督者故意实施的违法行为，在监督者恪尽职守以及能够合理信赖被监督者的情形下，其不承担责任。同时，其认为被监督者故意在客观上中断了监督者的过失，从而不成立监督过失犯罪。钱叶六教授认为，对于监督者的故意，被监督者不承担过失责任，不构成监督过失犯罪。还有论者认为，被监督者的故意行为中断了监督过失行为的进程，排除了监督过失责任的成立。[①] 但也有学者认为，被监督者的故意是否阻却监督者的责任存在着争议，应具体考量。如吕英杰副教授认为，监督过失中，被监督者或第三人的故意能否使被监督者的责任免除需要分两种情形予以考虑。其一，在狭义的上下级监督过失中，如果是被监督者基于有目的故意行为导致了法益侵害结果的实现时，可以免除监督者的责任，因为监督者对于被监督者故意实施的行为无法预料，不能掌控，其不具有注意义务上的过失。其二，在监督管理过失中，还需要再分情形予以讨论：（1）当介入了被害人的行为时。例如，当存在被害人自杀或者自伤的行为时，管理者不承担责任。（2）当存在被害人基于过失的自我伤害行为时，此种情形不会导致原有因果关系的偏离，即管理者不能免除责任。（3）在介入了第三人的故意行为时，从一般意义上来说，可以免除监督管理者的责任，但此结论并非绝对，还需要考察介入行为的危险程度或者是否具有异常。如果介入的是第三人的过失行为，则不能免除监督管理者的责任。[②]

此外，根据客观归属理论，在存在被监督者故意行为的情形下，属于客观归属判断中的介入第三人的故意行为的情形，监督者对此是否要承担监督过失责任，取决于监督者是否充分正确履行了监督职责。理由在于：一方面，被监督者的故意行为属于介入了第三者的故意行为，其是否可以中断监督者的行为与所发生的危害结果之间的因果关系，还取决于监督者是否有义务发现和排除该故意行为。另一方面，即便介入了第三人的故意行为，

---

① 参见郭智媛：《客观归责视域下的监督过失责任再思考——以生产安全事故为背景》，载《长治学院学报》2019 年第 4 期。

② 参见吕英杰：《监督过失的客观归责》，载《清华法学》2008 年第 4 期。

还要考察监督者是否能够对结果的产生提供一定的影响力，此时，导致危害结果发生的主要行为是被监督者的故意行为，但在业务流程中，该故意行为未必能控制因果进程的发生，而监督者行为的原因力也未必会被监督者的故意行为所中断。所以，只有当监督者的故意行为超出了被监督者的预料，超出了其预见可能性和防控能力，无论监督者如何防范，也不能预料到被监督者的故意行为，无法阻止行为导致结果的发生时，才不能追究其监督过失责任，否则应追究其责任。

第二，在监督者对被监督者不存在实际上的监督义务的场合，监督者不承担责任，只有基于特殊的义务和监督管理关系，能够对被监督者施加影响的管理者和指挥者才能承担监督过失责任。而对于那些形式上具有上下级的监督管理关系，而不存在实质上的监督管理义务的监督者，则不需要承担监督过失责任，否则便会扩大监督过失的处罚范围。对此，前田雅英教授指出，如果仅以预见可能性来限定监督过失的成立范围，那么监督过失的处罚范围会不当地扩大。例如，当没有安装喷水设备的旅馆中发生火灾导致多人死亡时，有厨师认识到了这一点，则其有应该建议安装喷水设备的义务，因此存在追究该厨师过失责任的可能性。但是，不应该承认这样的建议义务，这是因为，厨师不是负有防火义务的管理者，没有作为义务。在这样的监督过失（违反安全体制确立义务）的案件中，有时需要通过考虑不作为的作为义务来限定处罚范围。① 可见，前田雅英教授认为，在不作为的监督管理过失中，只有监督者存在作为上的义务却没有履行时才能够追究其监督过失责任。这个问题其实与结果是否在规范的规制范围之内有关，由于无监管义务者不在监管规范的规制范围之内，所以结果无法归属于他的行为。

第三，监督者基于合理的信赖，充分信任被监督者时，由于被监督者的行为造成了社会危害结果，监督者也不承担监督过失责任。此即信赖原则的适用。也就是说，在存在合理信赖的场合，就能够免除行为人的监督过失责任。

上述观点各自具有其合理性，但笔者认为，在业务监督过失中，监督者承担责任与否与被监督者的故意或过失并无实质关系，也就是说，监督者在业务监督过失中具有相对独立性，被监督者的故意或过失并不影响其责任的承担，其责任承担的依据在于监督者的过失使得被监督者实施了造成危害结果的行为，从而造成了社会危害结果，其过失行为与危害结果之间具有因果关系。

第二节　业务监督过失犯罪中的注意义务

一、注意能力

（一）注意能力的概念

注意义务是监督过失犯罪的核心，谈到注意义务的概念时，就不得不厘清注意能力的

---

① 参见［日］前田雅英：《刑法总论讲义》，曾文科译，北京大学出版社 2017 年版，第 190 页。

概念及其与注意义务的关系问题。目前，学界对注意能力的探讨主要有以下两种观点：第一种观点认为注意能力就是认识能力。甚至有学者认为注意能力、认识能力、注意可能性和认识可能性这几组概念具有相同的本质，并无核心区别，只是表述不同。① 基于该观点，疏忽大意与过于自信两种过失都与注意能力紧密相连，在疏忽大意过失中，行为人具有预见结果发生的能力，但没有发挥这种能力。在过于自信的过失中，行为人已经预见到危害结果的发生，看起来与注意能力并无联系，但实际上还是行为人对危害结果的发生没有准确的预见到，才会出于自信对结果的发生作了误判，这里存在一个没有正确、充分发挥注意能力的问题。由此可以看出，这种观点是在主观范畴内来理解注意能力。②

第二种观点认为，注意能力与认识能力无关。刑法上的注意不仅包括主观范畴内的注意，即内部的心理活动，还包括外部的注意，即基于心理活动实施的行为。因此，此处的注意能力的概念有两层含义：一是内部注意能力，也就是行为人认识、预见危害结果发生的能力；二是外部注意能力，也就是在预见危害结果发生的基础上采取一定的措施，避免危害结果发生的能力。刑法学上的注意能力，就是这种认识能力和避免能力的统一。可以看出，与第一种观点不同，第二种观点对注意能力的理解已经超出了主观的范畴，从客观范畴来理解注意能力。③

从上述学者们对注意能力的界定来看，有学者认为，第一种观点将注意能力等同于认识能力，且将其同时贯彻到疏忽大意过失和过于自信过失中，没有区分出疏忽大意过失中行为人的注意能力与过于自信过失中行为人的注意能力的差异，因而不够妥当。笔者认为，这种批评并不见得一定恰当，因为这种观点虽然没有完全揭示出疏忽大意的过失中行为人的注意能力与过于自信的过失中行为人的注意能力之间的内在差异，但也不能说完全没有揭示出这种差异，这从其对注意能力的阐释中就可以看出来。此外，如果纯粹在主观范畴内理解注意能力，那么这种能力实际上就是行为人对自己行为可能发生危害结果的认识，以及基于这种危害性的认识从而采取何种回避措施防止危害结果发生的能力，从这一点上看，认为注意能力等于认识能力是可行的。第二种观点从主观范畴外来理解注意能力，认为注意能力不仅是主观上认识、预见危害结果发生的能力，而且也是行为人在客观上所具有的在认识、预见到危害结果可能发生的基础上采取措施，以避免危害结果发生的能力。这种观点不像第一种观点那样将注意能力局限于认识、预见危害结果可能发生的能力上，而是把行为人具有的认识究竟采取怎样的措施方能避免危害结果发生的能力也一并涵括于注意能力之中，具有一定的合理性。

基于上述不同的见解，对注意能力的理解涉及两个不同的方向，一是从完全主观层面来考量；二是超出主观层面，在其之外进行理解。如前所述，笔者认为，第二种观点具有合理性，因为要认定行为人构成过失犯罪，不仅需要看行为人是否在主观上具有结果预见的可能性，还需要考量行为人在客观实际中是否具有避免危害结果发生的能力。故可以将注意能力界定为：行为人所具有的能够认识到自己的行为会发生社会危害后果的能力，以

①　参见姜伟：《犯罪故意与犯罪过失》，群众出版社 1992 年版，第 273 页。
②　参见刘志伟、聂立泽：《业务过失犯罪比较研究》，法律出版社 2004 年版，第 18 页。
③　参见刘志伟、聂立泽：《业务过失犯罪比较研究》，法律出版社 2004 年版，第 18 页。

及认识到自己应采取何种措施避免危害结果发生的能力。①

在业务监督过失犯罪中，行为人的注意能力与一般过失犯罪中行为人的注意能力其基本内涵并无本质上的区别，只是在行为主体和注意能力的具体内容上具有一定的差异。在业务监督过失犯罪中，行为人是处于监督管理地位的上级监督者，其注意能力是监督者在履行注意义务时所具有的基本能力，即能否预见到自己的监督过失行为和被监督者的过失行为会导致危害结果发生的能力以及是否能够采取有效的措施防止危害结果发生的能力。

（二）注意能力的判断标准

如前所述，注意能力是行为人所具有的能够认识到自己的行为会造成危害结果发生的能力，以及认识到自己应采取何种措施避免危害结果发生的能力。而根据不同的参考对象，注意能力的判断标准也不一样，目前，学界主要存在着以下四种观点：

第一种观点是主观说，也被称为具体预见可能性说。这种观点主张结果预见义务的有无，应以具体行为人的注意能力为标准。② 认为判断能否预见，应以行为人本人的具体能力、水平以及当时的具体条件来判断。行为人的具体能力和水平主要取决于其受教育水平、知识程度、业务熟练程度、年龄、心理健康状态、工作年限等。在日本，前田雅英教授认为，虽然随着不安感说的出现，关于预见可能性的内容产生了对立，但可以说，现在是在具体的预见可能性说的框架内判断过失的预见可能性。③ 日本的多个案例都从实务上采用了此观点。例如，有大阪高判昭和 54 年（1979 年）4 月 17 日（刑月第 11 卷第 4 号第 281 页）等。该判决认为，由于身体存在特殊异常的缺陷而导致的事故中，即使驾驶时在某种程度上感到了身体的异常，也属于预见不可能。另外，关于与森永毒牛奶案件相关联的食品事故，长野地判昭和 52 年（1977 年）12 月 24 日（判时第 886 号第 113 页）等以欠缺对食用河豚中毒死亡的预见可能性为由，宣告了无罪。还有，与工程现场起重机倒塌事故相关的广岛地判昭和 51 年（1976 年）1 月 23 日（刑月第 8 卷第 1~2 号第 33 页）、与企业灾害事故的典型案件即出光化学德山联合厂事故相关的山口地判昭和 54 年（1979 年）10 月 12 日（判时第 948 号第 21 页），也否定存在着对事故发生的具体的预见可能性。在我国，持该论的某些学者认为，"确定行为人有无预见能力，只能根据行为人自身的生理心理条件，从年龄、智力状况，受教育程度、职业等方面综合决定，而不能把主观因素与客观因素等放在一起作为衡量有无预见能力的标准。因为预见能力并不是预见义务，不能把确定预见义务的因素用来衡量预见的能力"。④

赞同此种观点的学者强调说，"同样一种行为，对有专门知识的人来说，就预见到行为可能发生危害后果，对无专门知识的人来说，就难以预见到。因此，在认定疏忽大意过失时对行为人能否预见到危害后果可能发生，应以主观说为主要标准。以免把无罪过的

---

① 参见刘志伟、聂立泽：《业务过失犯罪比较研究》，法律出版社 2004 年版，第 20 页。
② 参见张明楷：《刑法学》（上），法律出版社 2016 年版，第 289 页。
③ 参见［日］前田雅英：《刑法总论讲义》，曾文科译，北京大学出版社 2017 年版，第 193 页。
④ 参见刘志伟、聂立泽：《业务过失犯罪比较研究》，法律出版社 2004 年版，第 22 页。

人，当作有罪过的人，扩大了追究刑事责任的范围"。① 陈兴良教授亦赞同此种观点，认为，"刑事责任的承担者是具体的行为人，应以该行为人的注意能力为标准判断其是否需要承担违反注意义务的过失责任。如果以社会一般人的水平判断行为人的注意能力，有客观归罪的嫌疑。而且，在刑事责任的追究中，随着个别化的呼声越来越高，也应当肯定以具体人为标准的主观说更加具有合理性"。②

第二种观点是危惧感说。这种观点主张以是否具有危惧感作为判断是否具有预见可能性的标准。即对监督管理过失中预见可能性的判断只需要达到概括性的程度就可以了。也就是说，只需要大体上对什么场合什么原因会导致人的死亡、伤害或财产的损害具有预见的可能性就可以了。这也是采用新新过失论的立场，根据新新过失论的见解，过失犯的预见可能性被理解为：并没有预见到结果发生的具体因果经过，只要一般人认为至少可能发生该种结果，并具体地抱有危惧感的程度就够了。可以说，这种观点是将预见可能性的内容理解为一种抽象的危惧感或不安感。③

第三种观点是客观说，也被称为一般人的预见可能性说、客观标准。该说认为，是否具有结果预见义务，应以一般人的注意能力为标准。④ 也就说，要想判断一个人能否预见，应该考量一般人的认知能力，在某一具体情形下，如果一般人都能够预见，那么就可以认为行为人也能够预见。如果一般人都不能预见，那么就可以否定行为人具有预见可能性。日本学者高桥则夫教授认为危惧感说是不妥当的，而在过失犯的情形中，由于构成要件结果其本身并没有形成为行为提供方向的行为规范，因此可以认为，并没有必要对构成要件结果形成具体的预见可能性，只要有一般人的预见可能性就足够，即抽象的预见可能性说。⑤ 日本也存在支持此种观点的相关判例，如在新日本饭店火灾事件中⑥，具体案情为：因经营饭店的董事长 A 与两名主管人员的过失而在都市中心的近代性高层酒店中引发不明火灾，导致 32 名住宿旅客死亡、24 名住宿旅客受不同程度的伤害。对于这一案件，裁判所认为，董事长 A 对于本案在旅馆内引发火灾的情形，应该说负有为了回避住宿旅客的死伤结果而事前确立防火管理体制的义务，A 也不存在难以采取这些措施的原因。因此，可以认定如果 A 没有懈怠以上义务而采取这些相应措施，就可以回避由本案火灾所导致的住宿旅客的死伤结果。据此肯定业务上过失致死罪的成立。因为，在这一案件中，被告人认识到既没有设置自动喷水设备也没有设置代替防火区划，此外也认识到了防火管理者应该实施的消防计划，并基于该消防计划而实施消防训练、检查、维持、管理用于防火或消防的设备，以及其他防火防灾对策也不完善。因此应该肯定危险状况及其认识的存在，当然能够肯定过失犯的实行行为性。也就是说，在该情形中，存在行为人关于具有实行行为性的抽象危险的认识，而且，由于对于死伤结果以及发生火灾，从一般人来

---

① 参见刘志伟、聂立泽：《业务过失犯罪比较研究》，法律出版社 2004 年版，第 22 页。
② 参见陈兴良：《过失责任论》，载《法学评论》2002 年第 2 期。
③ 参见［日］高桥则夫：《刑法总论》，李世阳译，中国政法大学出版社 2020 年版，第 193 页。
④ 参见张明楷：《刑法学》（上），法律出版社 2016 年版，第 289 页。
⑤ 参见［日］高桥则夫：《刑法总论》，李世阳译，中国政法大学出版社 2020 年版，第 194 页。
⑥ 参见［日］高桥则夫：《刑法总论》，李世阳译，中国政法大学出版社 2020 年版，第 195 页。

看，能够产生危惧感，因此被告人就当然地负有应当谨慎地采取结果回避措施的义务。

第四种观点是折中说，这种观点又可以被分为主客观统一说与主客观统一说，但以主观标准为主的观点。主客观统一说认为主观说与客观说都有问题，因此，解决这个问题要坚持主客观相统一的原则，即既要考虑到行为人的年龄、知识、智力、发育、工作经验以及所担负的职务、技术熟练程度，又要考虑行为人当时所处的具体环境和条件，将这两方面的情况综合地加以考虑，进行科学分析，作出符合行为人实际情况的判断。如，有学者指出行为人是否具有注意能力，应坚持主客观综合判断的原则。首先要判断一般人在当时的具体条件下是否具有预见或避免危害结果发生的能力。在此基础上，再根据行为人的年龄、智力、职业、工作经验等个体特征判断其在当时的情况下是否具有注意能力。[1] 也有学者认为，行为人的认识能力总是具体的，脱离当时的客观条件的认识能力是不存在的。人的认识能力是对客观现实的认识，决定于当时的客观条件。行为人在此时此地可以认识的事物，在彼时彼地便可能无法认识，行为人借助某种物质手段可以认识的事物，脱离了该种手段，也会无法认识。因此，任何认识能力都是行为主体的主观能力与客观现实的具体条件相互作用的产物，片面强调行为人的主观能力的做法是不合适的。[2]

主客观统一但以主观标准为主的观点。这种观点认为，行为人注意能力的判断原则上采取主客观相统一的标准，但在具体的判断情形中，应主要参考主观标准。因为行为人能否预见取决于行为人的认识能力，但每个人的认识能力是不同的。有的人受教育程度高、知识水平高，其认识能力较强；有的人文化水平低，阅历较少，其认识能力可能就存在不足，低于一般人的水平。因此，我们不能以其不能达到的客观水平来要求他，如果在其不具备较高认识能力的前提下提高其预见能力，则明显不符合实际。故在判断行为人能否预见危害结果的发生时，应以主观标准为主，结合考虑客观标准。目前，该说已逐渐成为我国理论界的通说，如马克昌教授指出："一般理智正常的人能够预见到的危害结果，理智正常的行为人在正常条件下也应当能够预见到。但是，判定行为能否预见的具有决定性意义的标准，只能是行为人的实际认识能力和当时的具体条件。就是说，要根据行为人本身的年龄状况、智力发育、文化知识水平、业务技术水平和工作、生活经验等因素决定其实际认识能力，以及行为当时的客观环境和条件，来具体分析他在当时的具体情况下，对行为发生这种危害结果能否预见。按照这个标准，一般人在普通条件下能预见的，行为人可以因为自身认识能力较低或者行为时的特殊条件而不能预见，反之，一般人在普通条件下不能预见的，行为人也可以是因为自身知识能力较高（如有专业知识和这方面的经验等），或者行为时的特殊条件而能够预见。因此，既不应无视行为人的实际认识能力，而拿一般人的认识能力来衡量他能否预见；也不宜脱离行为当时的具体条件，而按普通情况来判断行为人能否预见，而只能按照行为人的实际认识能力和行为当时的具体客观条件，来分析和判定行为人能否预见。"[3] 张明楷教授也赞同这种观点。他认为，"对于过失责任应当从知能水平到规范能力进行判断。从知能水平来说只能采取主观的标准。因为每个人

---

[1]　参见刘丁炳：《监督管理过失犯罪研究》，中国人民公安大学出版社2009年版，第41页。

[2]　参见姜伟：《犯罪故意与犯罪过失》，群众出版社1992年版，第277~278页。

[3]　参见高铭暄、马克昌主编：《刑法学》，北京大学出版社2019年版，第112页。

的知能水平不同，不能够采取一般人的标准。但是，在司法实践中，可以按照从客观标准到主观标准的顺序判断行为人是否具有预见可能性。亦即，在行为导致了结果发生的情况下，应首先考察行为人所属的一般人或像行为人这样的一般人（而不是抽象的一般人）能否预见结果的发生。如果行为人为普通农民，则首先考察一般的普通农民能否预见类似结果的发生；如果行为人为医生，则首先考察像行为人这样的医生能否预见类似结果的发生，如此等等。其次，考察行为人的知能水平是高于一般人还是低于一般人。如果一般人能够预见，但行为人的知能水平低于一般人，则不宜认定行为人具有过失；反之，一般人能够预见，而行为人的知能水平并不低于甚至高于一般人，则宜认定行为人具有过失。基于同样的理由，如果一般人不能预见，但行为人的知能水平明显高于一般人，则可能认定为过失。不过，如果由于行为人一直粗心大意、马马虎虎就认为他不能预见结果的发生，进而否认过失，也是不合适的。因为过失责任表明的是行为人对法益的不保护、不尊重态度，法律对每一个人必须对法益持保护、尊重态度的要求是相同的，不能因为行为人一直对法益持不保护、不尊重的态度就否认其过失责任。所以，在规范能力方面必须采取一般人的标准。倘若行为人具有一般人对法益的保护、尊重态度就能预见结果发生时，便应认定行为人具有过失责任"。① 还有学者认为："判断能否预见，应当从实际出发，实事求是，在具体分析行为人对其行为的危害结果能否预见时，要注意到在当时的具体条件下一般具有正常理智的人对这种结果的发生能否预见，初步作出判断，但更重要的是根据行为人自己的年龄状况、智力发育、文化知识水平、技术熟练程度等，来具体分析他在当时的具体情况下对这种结果的发生能不能预见。"②

对于上述几种观点，各自具有其合理之处，但也存在一定的缺陷，就客观说而言，其合理性在于以一般人的认识水平来衡量行为人能否预见，标准比较统一，认定比较方便简单，但其缺陷也显而易见，根据客观说的主张，以社会一般人或平均人的注意能力为标准来确定监督过失犯罪中监督者在具体案件中是否违反监督义务的做法显然是不妥当的。实际上，客观说以一般人的标准来衡量无数社会个体的认识能力本身就是存在问题的，因为生活在社会中的每一个人，其认识能力都具有差别，有的人认识能力和业务水平相较一般人高，尤其是对于那些特定领域的专业技术人才，如果以一般人的标准来衡量他的认识能力，那么就可能使其不负应该由他来承担的刑事责任，从而逃脱刑法的制裁。而对于那些受教育程度低、文化水平不高的人，如果也以一般人的平均标准来衡量其认识能力，那么就有可能让其承担本来不应该负担的刑事责任，从而侵害其正当权利。最重要的是，一般人的标准过于笼统和不确定，很难从社会千差万别的个体中抽象出一个绝对统一、正确的标准，如果在司法实践中依赖于司法人员的个人经验进行判断，那么也会因为其主观判断上的随意性而造成司法不公。正如某位学者所指出："以社会一般人或平均人的注意能力衡量行为人的注意能力，有时会忽略行为人内心层面的个性，在这种情况发生时以致对其要求过于严苛，从而极易扩大过失责任的适用。"③ 同时，社会一般人标准这一概念较不

---

① 参见张明楷：《刑法学》（上），法律出版社 2016 年版，第 289 页。
② 参见王作富：《中国刑法适用》，中国人民公安大学出版社 1987 年版，第 120 页。
③ 参见陈子平：《刑法总论》，中国人民大学出版社 2009 年版，第 148 页。

明确，这种社会一般人是指全体国民中的一般人还是行为人所述业务领域的一般人更是有待商榷。

对于危惧感说，由于其是监督过失理论的来源，其在处理某些业务监督过失案件中具有一定的作用。但由于它只要求监督者对抽象的、一般的危害结果具有预见就可以，那么如果发生危害结果就要求监督者承担责任，显然是不合理的。因为如果监督者只对危害结果具有抽象的预见，就不可能去采取有效的措施去避免危害结果的发生。如果对结果的预见只要求有抽象的危惧感就足够，也会扩大业务监督过失犯罪的成立范围。事实上，人的一切行为都是可能存在某种危险性的，如果人对其行为一有不安感和危惧感就要求其采取结果回避措施，那么无疑是强人所难，也会阻碍社会的发展。

对于主观说，其合理之处在于，它充分地考虑了社会上各个人的认识能力、认识水平千差万别的实际状况，在一定程度上克服了客观标准说的弊端，坚持了刑法主客观相一致、罪责自负的原则。但其以监督者自身的能力作为判断其有无预见能力或避免能力的标准也存在一定的问题，因为监督者本人的注意能力具有较强的个体化特征，每个人的业务能力、技术水平和工作经验等方面不完全相同，以每个人的具体能力作为认定标准，在事实层面上认定起来较为困难，正如某位论者指出的："主观说不符合逻辑，犯了用论题的真实性来论证论据的真实性的'循环论证'错误，没有正确区分判断标准和判断对象。故以自身为标准来判断自身，是不能得出正确结论的。"①

相较其他几种观点而言，笔者认为，以主观标准为主的折中说具有一定的合理性。理由如下：首先，社会上的人都是具体的人，由于年龄、生理状况、心理状况、文化水平、职业、生活阅历等不同，就决定了每个人所具有的认识能力是各不相同的，如果抛开各个人所特有的认识能力而以所谓一般人的认识能力判断行为人能否预见，必然会得出不合实际的结论。其次，每个人所具有的认识能力不是抽象地存在着，而是存在于一定的具体客观外部环境和条件之中，就是说行为人的认识能力要得以正常发挥必须具备一定的外部环境和条件，完全抛开这些外部环境和条件去判断行为人能否预见，必然得不出科学、正确的结论。再次，坚持主观说，结合行为人自身的认识能力和行为时的客观环境和条件去判断行为人能否预见，就会得出与实际情况相符的准确结论，既不会产生客观归罪，也不会轻纵犯罪，从而使刑法保障机能和保护机能达到完美的统一，而不会偏废任何一个方面。最后，我们虽然强调主观说的决定作用，同时并不忽视客观说的参考意义。因为社会上的人尽管各种各样，但也具有一定程度的共同性，依据各类人的共同性抽象出来一个一般的标准作为判断行为人能否预见的参考，就为判断时提供一个一般的客观的尺度，也许以客观说判断出来的结论并不准确，但应该说基本上与正确结论比较接近，然后再以主观说加以判定，得出的结论就会更加科学合理。因此，以主观说为基础，以客观说为参考的标准具有合理性。正如有论者指出的："这种做法既强调主观标准的决定作用，又没有忽略客观标准的参考意义，而且在主客观统一说的基础上合理分配了主观标准与客观标准在判定

---

① 参见刘期湘：《论刑法中的违反注意义务标准》，载《求索》2007 年第 1 期。

过失犯罪中所起的作用。"① 但这里需要注意的是，客观说的标准过于模糊，需要结合具体的情况进一步丰富其内容。

（三）业务监督过失中的注意能力

由于业务监督过失犯罪首先是一种过失犯罪，因此，业务监督过失中注意能力的判断标准也可以适用上述判断标准，即采用主客观相统一但以主观标准为主。但由于业务监督过失犯罪是一种特殊的过失犯罪，因此，对监督者注意能力的判断需要注意几个方面的问题。一是应具体考量业务监督者的实际业务水平，以其实际业务水平来判断该监督者是否具有注意能力。因为不同的业务人员具有不同的业务能力和专业水平，当其处于监督管理地位对下级人员进行监管时，在能否认识到自己的监督过失行为可能造成危害后果以及能否采取措施避免危害结果的发生上，存在着认识能力上的差别，因此，不能以通常情况下一般的业务监督者都具有这种注意能力就认为行为人一定具有这种注意能力，也不能推定一般业务监督者都不具有这种注意能力就否定行为人不具有注意能力。故应具体考量行为人的实际业务水平。例如，药剂师在一般情形下不具有判断医生所开处方是否具有危险的能力，但如果该药剂师以前是某疾病诊疗方面的专家，那么在依照该处方配药时，就能够判断这种处方是否具有危险性。也就是说，其具有预见危害后果发生和采取措施避免其发生的能力。二是在判断行为人的注意能力时，还需要综合考量其个人业务水平和所处的客观环境。因为行为人的注意能力总是不可避免地会受到外部客观环境的影响，离开具体的客观环境去判断行为人的注意能力是不现实，也是不准确的。

二、注意义务

（一）注意义务的概念

过失犯罪成立的核心要件是注意义务，也是区分过失与无过失的关键。对此，高桥则夫教授指出：注意义务是过失犯罪与非过失犯罪区分的要件，其指的是行为人应当履行的规避一定犯罪事实发生的小心谨慎的义务。② 由此可见，想要判断某个行为人是否成立过失犯罪，必须以判断行为人有无违反注意义务为前提。有关注意义务的概念，各国学者对此的见解并不相同。在日本，如前所述，高桥则夫教授将注意义务理解为一种为避免犯罪事实实现的小心谨慎的义务。在英美法系国家，注意义务指的是一种合理的预见可能，即判断在一定情形下，行为人的行为是否是合理的，如果是合理的，就不存在过失。在我国刑法中，对注意义务的理解主要有以下四种观点：第一种观点区分了作为与不作为之间注意义务的差异，该观点认为，不论是作为还是不作为均存在注意义务，以作为方式所实施的过失行为的注意义务的核心是行为人有没有预见到其行为将会带来法益的实际侵害或者

---

① 参见汪自成、胡丙超：《过失犯的标尺：注意能力和注意义务》，载《法学杂志》2005年第5期。
② 参见〔日〕高桥则夫：《刑法总论》，李世阳译，中国政法大学出版社2020年版，第192页。

危险，而不作为的注意义务的核心是行为人是否违背法律所规定的特定义务。① 第二种观点将理论的基点立足于危害结果是否发生，该观点认为注意义务应理解为行为人在作出某项行为时应当注意是否存在导致某个危害结果产生的义务。② 第三种观点认为，注意义务是指刑法规范要求行为人预见到某种危害结果可能会发生，并采取必要的措施制止危害结果最终发生的义务，这种观点不仅要求行为人预见到结果可能会发生，还要求行为人能够避免结果的发生。③ 第四种观点认为，注意义务指的是刑法规范要求行为人应当预见到自己所实施的行为可能会导致某种危害社会的后果而产生的义务。④

从上述对注意义务的定义来看，第一种观点将注意义务的基准点放在是否预见到危害结果会发生这个问题上，这种仅从行为人的主观层面考察注意义务的观点并不能完全说明注意义务的内涵。事实上，刑法之所以处罚过失犯罪，不仅在于行为人在主观上没有预见到危害结果的发生，而且在于行为人没有实施客观行为以避免结果的发生。第二种观点与第一种观点类似，但与第一种观点不同的是其将注意义务的内容扩展至包含结果回避义务，然而，该观点认为结果回避义务应从行为人的主观层面进行理解的论述具有片面性。第四种观点认为注意义务是过失犯罪成立的必要条件，其表达不恰当。事实上，过失犯罪的核心是对注意义务的违反，而不是注意义务本身。例如，重大责任事故犯罪要求管理者在监督过程中违反安全监督检查义务。相对而言，第三种观点将结果预见义务和结果回避义务包含在注意义务之中，该观点从规范意义上阐明了注意义务的来源，更加适合理解注意义务的内涵，相较其余三种观点而言更为合理，笔者也赞同这种观点。

对于业务监督过失犯罪而言，其属于过失犯罪的类型之一，故过失犯罪的理论也同样适用于业务监督过失犯罪，因此业务监督过失中注意义务的内容也包含结果预见义务和结果回避义务两个方面。但与一般过失犯罪中的注意义务相比，业务监督过失犯罪中注意义务的来源具有一定的特殊性，即业务监督过失犯罪中监管人员的注意义务既来源于法律法规的规定，也来源于行业规章制度以及常理和习惯。此外，在业务监督过失犯罪中，行为人所作出的行为性质显然均属于业务行为。因此，业务监督过失犯罪中注意义务的概念可以概括为：法律法规或者行业规则所要求的监督管理人员在业务活动过程中应当尽到的避免危害结果发生的谨慎义务。

（二）注意义务的内容

过失犯罪注意义务的内容一直是国内外刑法学界争论不休的问题。目前，关于过失犯罪注意义务的内容，刑法学界主要存在以下三种观点。

第一种观点被称为预见义务说。根据这一理论，注意义务是指行为人对结果的预见义务，这是完全从行为人的主观层面来理解过失犯罪的注意义务。旧过失理论认为过失犯罪

---

① 参见陈兴良：《刑法哲学》，中国人民大学出版社 2015 年版，第 227 页。

② 参见林亚刚：《犯罪过失研究》，武汉大学出版社 2000 年版，第 114 页。

③ 参见程皓：《注意义务比较研究——以德日刑法理论和刑事判例为中心》，武汉大学出版社 2009 年版，第 7 页。

④ 参见张小虎：《犯罪论的比较与建构》，北京大学出版社 2014 年版，第 327 页。

违法性的核心是造成法益的侵害，因此持旧过失论观点的学者认为注意义务的内容应为行为人是否预见到结果的发生。正如日本学者曾根威彦所指出的，旧过失论的理论基础是结果无价值论，结果无价值论是一种将法益侵害作为违法性本质的理论，这种观点认为故意犯罪与过失犯罪均造成了危害结果的发生，二者在违法性层面上没有太大的差异，只有在有责性层面上才能区分二者的不同，在有责性层面过失就被理解为是否预见到结果可能会发生。[①]这一观点也被日本判例所采纳，日本判例认为，过失犯罪的成立，是行为人虽然可能知道、也应当知道行为的结果，但由于违反注意义务、缺乏注意而不知悉，从而导致结果的发生。[②] 大塚仁教授则认为，过失犯罪的违法性本质要素是行为无价值，但行为无价值并不能够合理解释过失犯罪，过失犯罪的理论核心是行为人对最终结果发生所抱有的主观心理态度，结果回避义务并未阐述清楚过失行为人的这种主观心理态度。[③] 比如，日本关税法第一百一十六条的规定即为行为人就算未造成结果的发生仍然能够成立过失犯罪。因此，结果预见义务可以被定义为行为人对可能发生结果所抱有的主观心理态度。过失犯成立的理论核心是行为人内心的态度，如果说故意是一种对规范违反持有的积极态度，那么过失就是行为人对违反规范持消极的心态。例如，汽车驾驶员在市区行驶时，就应预见到路上有可能有行人穿越马路，从而应降低速度行驶。在旧过失论中，其理论核心是行为人对结果的预见义务，认为过失是指行为人没有完全履行对结果的预见义务，进而导致有害结果发生的情形。

第二种观点是结果回避义务理论。根据这种观点，注意义务就是避免结果发生的义务，而所谓避免结果发生的义务就是行为人在已经预见结果的情况下采取一定措施防止危害结果出现的义务，结果回避义务理论是从新过失论出发所得出的结论。日本有学者认为，新过失论是将有关过失犯罪的刑法条文理解为刑法要求行为人需避免结果发生的强制性规范，这种观点是从违法性论的角度对过失犯罪本质的解读。[④] 新过失论认为旧过失论存在扩大过失犯罪处罚范围的缺陷，根据旧过失论的观点，行为人只要对危害结果具有预见的可能性且与危害结果的发生具有因果关系，行为人就应当承担责任。新过失论并不认为行为人承担过失责任的前提仅有预见到结果可能会发生，根据新过失论的观点，还应当包括行为人有没有采取必要的措施制止结果的出现。由此可见，新过失论认为注意义务的本质并不在于预见到危害结果的发生，而在于是否采取有效的措施防止危害结果的发生。

此外，新过失论否定了旧过失论关于注意义务的内容应是行为人主观方面的认识，而将其所注重的结果回避义务确定为行为人应该履行的客观义务。在当前的刑法理论界，有大批学者赞同新过失论的观点，结果回避义务是注意义务的本质要素的观点也因此在刑法理论界得到了不少学者的支持。如日本学者藤木英雄认为，注意义务作为判断行为人是否成立过失犯罪的要件，指的是行为人在预见到结果可能会发生的情况下采取何种措施防止

① 参见［日］曾根威彦：《刑法学基础》，黎宏译，法律出版社 2015 年版，第 117 页。

② 参见刘志伟、聂立泽：《业务过失犯罪比较研究》，法律出版社 2004 年版，第 29 页。

③ 参见［日］大塚仁：《犯罪论的基本问题》，冯军译，中国政法大学出版社 1993 年版，第 248 页。

④ 参见［日］曾根威彦：《刑法学基础》，黎宏译，法律出版社 2015 年版，第 118 页。

结果最终发生的义务。① 高桥则夫教授也赞同结果回避义务是过失犯罪注意义务的核心要件。② 我国周光权教授认为，过失犯设立的宗旨是避免具有法益侵害性的实害结果的发生，将注意义务理解为结果回避义务正是这种宗旨的题中之义。③ 这种观点虽将结果预见义务作为结果回避义务的前提，但其明确指出注意义务的核心仍然是结果回避义务。

第三种观点将预见义务与结果回避义务的核心观点进行了整合，刑法理论界将其称为预见义务和结果避免义务并重说。该观点认为过失犯罪注意义务既包括结果预见义务，又包括避免结果义务。目前，这一观点已经成为学术界的主流见解。在日本，前田雅英教授认为，注意义务为过失犯认定的核心要素，应当由结果预见义务和结果回避义务所共同构成，其概念可被定义为假使行为人主观上存在谨慎小心的心理态度便能够预见到结果的出现，但由于自身存在失误未采取必要措施而造成结果发生所应当承担的责任。④ 山口厚教授也指出，对过失犯罪的注意义务的理解应包含结果预见义务和结果回避义务，如若缺失两者中的任何一种，则无法认定过失犯罪能够成立。⑤ 木村龟二认为，注意义务指的是当行为人预见到危害后果可能发生时，采取必要措施防止危害后果发生的义务，由此可见木村龟二认为结果回避义务包含结果预见义务，二者均是注意义务的核心要素。例如，当医生在手术后发现遗漏医疗器械时，应及时检查，避免手术器械遗留在病人体内。再如，司机在行车过程中发现前方有行人时，应降低车速，避免撞到行人。⑥ 井上正治也指出注意义务既包括结果预见义务又包括结果回避义务，并将结果预见义务视为责任要件，将结果回避义务视为违法要件。⑦

我国大多数学者认为注意义务主要包括结果预见义务和结果回避义务。比如说张明楷教授就赞同注意义务的内容应包含结果预见义务和结果回避义务的观点。张明楷教授认为，如果行为人预见了结果，其应该采取必要的制止结果出现的行动，但其并未实施应该采取的行动而造成结果的发生，就可以认定行为人违反了注意义务。⑧ 同时，从我国刑法立法的角度来看，刑法第十五条即有关过失犯罪概念的规定就是从立法上肯定了通说的观点，由此可见，我国刑法规定的过失犯的注意义务包括对结果的预见义务和对结果的避免义务两方面的内容。其中，疏忽大意的过失的注意义务的核心和关键是结果预见义务，也就是说在疏忽大意的过失中行为人因违反结果预见义务而产生结果回避义务；而在过于自信的过失的情形下，仅预见到结果可能会发生并不能说明注意义务的全部内涵，还应包含结果回避义务，只有在行为人未履行结果预见义务和结果回避义务的情况下才能认定过失犯的成立。

以上何种观点具有合理性？首先，就结果预见义务而言，日本学者西原春夫认为，对

① 参见［日］藤木英雄：《公害犯罪》，丛选功等译，中国政法大学出版社 1992 年版，第 57 页。

② 参见［日］高桥则夫：《刑法总论》，李世阳译，中国政法大学出版社 2020 年版，第 192 页。

③ 参见周光权：《注意义务研究》，中国政法大学出版社 1998 年版，第 75 页。

④ 参见［日］前田雅英：《刑法总论讲义》，曾文科译，北京大学出版社 2017 年版，第 178 页。

⑤ 参见［日］山口厚：《刑法总论》，付立庆译，中国人民大学出版社 2011 年版，第 229 页。

⑥ 参见徐朝阳：《中国刑法溯源》，商务印书馆 1934 年版，第 125 页。

⑦ 参见徐朝阳：《中国刑法溯源》，商务印书馆 1934 年版，第 271~273 页。

⑧ 参见张明楷：《刑法学》，法律出版社 2016 年版，第 287 页。

于已经认识到结果可能会发生的过失，也就是过于自信的过失，行为人既然已经预见到结果的发生，那将结果预见义务作为注意义务的内容没有太大的意义，也就是说，结果预见义务不能够全面解释过失犯罪的注意义务。① 此外，从认定过失犯罪的实际操作来看，对于疏忽大意的过失而言，以结果预见义务为核心确实能降低认定的难度，但在过于自信的过失的认定中，仅关注行为人是否预见到结果的发生就会显得困难重重。关于回避结果义务理论，西原春夫指出，结果预见义务虽然在过失犯罪的认定程序方面极具优势，但其存在无法区分过失犯与不作为犯差异的缺陷，而且"注意"一词表达的是行为人的主观状态，结果回避义务理论将其作为客观义务进行表述有偏离原主观方面判断用语范围的嫌疑。② 在笔者看来，上述观点所提出的优点当然存在，但其指出的缺点仍有待进一步探讨。"注意"一词从词义上看，原本指的就是行为人的主观心理状态，结果回避义务将注意义务等同于客观义务，这确实是混淆了主观状态范围的行为，因此，前述批评具有一定的合理性。而且，结果回避义务理论在总体上未能反映出过失犯罪全部的注意义务，这也应该说是一个缺陷。虽然认定过失犯是否成立的关键在于危害结果是否发生，但从另一个角度来看，如果行为人没有预见到结果可能会发生，何谈采取措施避免结果的发生？因而预见到结果可能会发生是避免结果发生的前提。如果注意义务的内容仅有结果回避义务却没有结果预见义务，就无法说明过失犯罪的本质。对于西原春夫教授指出结果回避义务将注意义务视为行为人的客观义务，亦即"在客观上必须行为的义务"，以至于无法区分过失犯罪与不作为犯罪的问题，笔者认为，这只是看待问题的角度不同而已。如果按照他的观点，注意义务仅仅是行为人主观层面的"考虑到结果回避措施的义务"，那么行为人在客观上仍然负有以作为或者不作为方式实施的防止危害结果发生的义务。不能认为行为人只要在主观上有采取某项措施的意愿而无制止结果发生的身体动作，便认定行为人已经履行了注意义务。因此，我们认为，过失犯的注意义务可以概括为行为人采取适当行动以避免危害结果发生的义务，该义务与结果回避义务理论中行为人应承担的"在客观上必须行为的义务"是一致的。可见，将注意义务定性为行为人在客观上应当从事适当行为，以避免危害结果发生的义务，并不会造成难以区分过失犯和不作为犯的困境。

通过对上述学者观点的分析可以看出，单纯持结果预见义务理论或结果回避义务理论都存在一定的问题。相比之下，将结果预见义务理论和结果回避义务理论结合起来的观点在一定程度上是合理的。因为过失犯罪的成立必须有实害结果的发生，因此，行为人在行为过程中，仅仅保持谨慎小心、预见到行为可能造成的危害结果，并考虑实施回避行为的主观态度是不够的，还需要在主观层面表现出"注意"的心理认知，并在客观方面实施规避行为，以防止危害结果的发生或扩大。也就是说，当行为人能够在主观上谨慎地认识

---

① 参见〔日〕西原春夫主编：《日本刑事法的形成与特色》，李海东等译，中国法律出版社、日本国成文堂1997年联合出版，第254页；转引自刘志伟、聂立泽：《业务过失犯罪比较研究》，法律出版社2004年版，第31页。

② 参见〔日〕西原春夫主编：《日本刑事法的形成与特色》，李海东等译，中国法律出版社、日本国成文堂1997年联合出版，第253~254页；转引自刘志伟、聂立泽：《业务过失犯罪比较研究》，法律出版社2004年版，第31页。

到即将发生的危害结果，并在此基础上实施有效的回避行为时，即视为已经履行了法律赋予的义务。因此，笔者认为注意义务的内容应包括预见到危害结果发生的义务以及采取适当措施避免危害结果发生的义务。同时，这种注意义务应该从两个方面来理解：主观的内在心理状态和客观的外在行为。即行为人预见到自己的行为可能会产生某种危害社会的结果并将主观上的预见可能性转化为采取必要措施避免危害结果最终发生的客观行为的义务。

（三）业务监督过失中注意义务与注意能力的关系

有关注意义务与注意能力的关系讨论，当前学界主要存在两种观点：第一种观点认为，预见能力为预见义务的前提条件，换言之具备预见能力必有预见义务，不具备预见能力必无预见义务。预见义务指行为人应当预见到自身行为可能引发危害社会的结果。法律并未对所有人提出此义务，只有具备预见能力之人才具有此种法律义务，如果行为人不能预见危害后果的发生，法律就不对其提出应尽的预见义务。故而，预见能力为预见义务的充分前提，只有存在预见可能的行为人才具有预见义务。① 另一种观点认为预见能力与预见义务之间并非对应关系，虽具预见能力并不一定具有预见义务，具有预见义务的人在一定条件下亦可能不具有注意能力。例如，台湾地区学者洪福增先生提出，注意义务应以现实中的一般行为为对象，即具备一般性与客观性，因此不可针对特定事件行为人提出注意义务，他人身处同一情境下，只要具备责任能力并存在履行注意义务可能性亦应承担相同的注意义务。若因周围状况或行为人生理缺陷等原因存在不能履行注意义务的可能除外。故而，虽具备责任能力，若不具备履行注意义务之可能，虽未能履行注意义务亦不视作过失。②

就业务监督过失中行为人的注意义务和注意能力而言，其关系如何是一个值得探讨的问题。笔者认为，首先，在业务监督过失犯罪中，有注意能力并不一定具有注意义务。如前所述，行为人的注意义务来源于法律规章制度、相关的行业准则以及常识习惯等，并不取决于行为人个人是否具有注意能力，因此，注意能力并不是注意义务的前提条件。其次，有注意义务也并不一定具有注意能力，行为人的注意能力受个人实际业务水平和外部客观环境的影响，具有不确定性，负有注意义务的监督者如果处于极其不利的外部环境下，其注意能力也会下降，因此，不能绝对地认为具有注意义务就具有注意能力。

三、业务监督过失犯罪中的注意义务

业务监督过失犯罪属于过失犯罪的一种，根据前文所述，其注意义务的基本内容与一般过失犯罪的注意义务的基本内容是一致的，亦即业务监督过失犯罪的注意义务也主要包括结果预见义务和结果回避义务。但业务监督过失犯罪是一种特殊的过失犯罪形态，其与普通过失犯罪相比具有一定的特殊性。在一般过失犯罪中，危害结果的发生是由行为人的行为直接导致的，而在业务监督过失犯罪中，行为人的过失行为并未直接造成实害结果的

---

① 参见刘志伟、聂立泽：《业务过失犯罪比较研究》，法律出版社 2004 年版，第 59 页。
② 参见洪福增：《过失论》，载台湾《刑事法杂志》1972 年第 3 期。

发生，而是由被监督者的行为所导致的。因此，业务监督过失犯罪中的注意义务的内容有其独特性和复杂性，但从整体上看，应在结果预见义务和结果回避义务的范围内予以考虑。具体而言，业务监督过失犯罪中的注意义务是结果预见义务还是结果回避义务，抑或两者兼有。目前，刑法理论界存在不同的见解。

第一种观点认为，业务监督过失的注意义务是结果预见义务，此种预见义务以结果预见可能性为前提。第二种观点认为，业务监督过失的注意义务是结果回避义务，且认为作为其注意义务前提的预见可能性只要存在一种危惧感和不安感就可以，故该观点又被称为"危惧感"说。这种理论的基础是新过失论，因而其仍然将结果回避义务作为落脚点，但其为维护社会秩序，引入结果预见的可能性以达到将过失犯罪判断的标准加以抽象的目的。也就是说，"危惧感"说认为过失犯罪判断的核心不是认定行为人是否存在预见可能性的问题，而是行为人在预见到结果可能会发生的情况下是否采取行动防止结果发生的问题。该理论也是日本监督过失理论的来源，即只要监督者对危害结果具有危惧感或不安感，就可以追究其监督过失责任。第三种观点认为，在业务监督过失犯罪中，既包括结果预见义务也包括结果回避义务，两者同样重要，不存在以谁为核心的问题，此即所谓的"同等说"。这种观点的代表是日本学者松植正则。他认为，一般来说，只有当行为人预见到结果可能会发生才采取措施避免其发生，如果行为人预见到结果可能会发生但未采取必要措施防止其发生，那么这个结果被预见的事实是没有意义的，因而，结果预见义务和结果回避义务均是过失犯罪中行为人的注意义务。[1]

目前，同等说是学界的通说。如王良顺教授认为，从监督过失产生的社会背景来看，监督过失中的注意义务应包括结果预见义务和结果回避义务，而且，结果回避义务应处于核心地位。从这一表述可以看出王良顺教授赞同以结果回避义务为中心的同等理论。其理由在于，企业中的犯罪通常是由从业人员直接实施，监管者往往难以预见企业人员的行为会造成何种危害结果，而要想避免危害结果的发生，其关键在于监管者能够及时有效地采取措施。而对于结果回避义务的范围，他认为，应该包括两个方面的内容：一是在事前采取措施预防危险的出现；二是在事后及时采取措施避免危害结果的扩大。具体而言，就需要在业务管理过程中制定防止危险发生的规章制度，制定防止危险后果扩大的应急处置预案；在生产作业场所配备完备的设备和物资；同时，在从业人员培训阶段应加强其业务能力的培训，提高其业务技能水平，加强从业安全教育培训，提高业务人员的安全生产意识。对于管理人员来说，需要督促其对从业人员的监督和检查，对业务场所的监督和管理，提高其在事故发生后的处理能力，以便及时采取措施避免损害的扩大。[2] 此外，有学者认为，在不同的注意义务中，应区分疏忽大意的过失与过于自信的过失中注意义务的不同，疏忽大意的过失以预见到结果可能会发生为核心要素，而过于自信的过失的注意义务的核心应是避免结果的发生。[3]

笔者认为，第一种观点将业务监督过失的注意义务理解为结果预见义务，具有扩大业

---

① 参见洪福增：《刑事责任之基础》，载台湾《刑事法杂志社》1982 年版，第 272 页。

② 参见王良顺：《管理、监督过失及其判断》，载《政法论坛》2010 年第 6 期。

③ 参见赵瑞罡、杨庆玖：《监督过失论》，载《政治与法律》2001 年第 4 期。

务监督过失犯罪的打击范围之嫌。因为根据这一观点，如果监管者已经预见到了结果可能会发生，并且采取了措施以防止结果的发生，然而被监管者依然造成了危害结果的发生。此时，也会认为监管者违反了注意义务，应承担刑事责任。在这种情况下，就会造成业务监督过失犯罪成立范围的扩大。第二种观点认为，只要监督者有所谓的危惧感和不安全感，就可以追究其监管过失的责任。一方面，监督过失处罚范围将会扩大，存在客观归罪的嫌疑，有违责任原则的要求；另一方面，这种危惧感和不安全感的概念非常模糊、难以确定，在司法实践中缺乏可操作性。因为我国各地法官在具体案件的认定过程中，对"危惧感"这一概念的认识必然出现不同的理解，如果以"危惧感"作为评判标准，那么将会造成司法不统一、不公正的后果。相比之下，第三种观点较为合理。

综上所述，笔者认为业务监督过失的注意义务中应包含结果预见义务和结果回避义务，只注重二者中的任何一个，都会导致犯罪范围的扩大，尤其是认为监督者只需要具备危惧感和不安感就已经达到业务监督过失所要求的注意义务的观点更不可取。只有预见了结果的发生，才有可能去实施某种避免结果发生的行为，从而防止犯罪结果的出现。因此，业务监督过失中的注意义务应包括结果预见义务和结果回避义务。其中，结果预见义务是注意义务的前提，结果回避义务是注意义务的核心，二者从主客观两个方面共同组成了业务监督过失注意义务的构成要素，结果预见义务是行为人的主观心理状态，结果回避义务是行为人客观外在行为的表现形式，这两者对于认定业务监督过失的注意义务都是必不可少的。需要指出的是，业务监督过失是一种监督过失，虽然同一般过失犯罪没有太大的差异，但其注意义务中结果预见义务和结果回避义务也具有其自身的特点。

（一）业务监督过失中的结果预见义务

根据我国《刑法》第十五条的规定，过失犯罪包括疏忽大意的过失和过于自信的过失两种类型，疏忽大意的过失是指行为人能够预见到自己的行为将会产生危害社会的后果，但由于其自身的疏忽没有预见到结果的发生，进而未采取规避措施以至于结果最终发生的过失犯罪的类型。根据前文的观点，可以说，疏忽大意的过失的本质属性就是对结果预见义务的违反。

为了明确业务监督过失中预见义务的内涵，有必要明确业务监督过失中预见义务的对象。学术界对此也有不同的看法。第一种观点认为，业务监督过失犯罪的预见对象是对被监督人的行为的预见，而不是对危害结果的预见。这是因为在业务监督过失犯罪中，犯罪结果可直接归因于被监管者的行为，监管者只能预见到被监管者有没有实施该行为，无法预见到最终的结果是否会发生。第二种观点认为，监管者的预见对象是对监管者行为以及被监管者行为的预见。正如前田雅英教授所说，一般而言只要监督者能够预见到自己存在监督过失行为以及被监督者存在职务上的不当行为，就可以推定监督者能够预见到危害结果可能会发生，这种情形下就可以将被监督者的不当行为理解为"中间项"，中间项虽然直接导致最终结果的出现，但倘若监督者能够预见到中间项发生的可能性，就可以认定监督者具有结果预见的可能性，因此中间项的预见可能性与结果预见可能性之间可以相互置换。① 也就是说，监督过失行为认定的困难之处在于，并非是监督者本人的行为而是被监督者的不当行为导致危害后果的发生，监督者的行为同结果之间的关系并非直接的因果关系而是间接的因果关系。而通过将直接导致危害结果发生的被监督者的行为作为认定监督者是否具有结果预见可能性的做法确实降低了认定的困难度。同时，这种观点也得到了钱叶六教授的支持，他指出：监督者的预见可能性并非是对结果的预见，而是对自身的过失行为以及由其所引起的被监督者的过失行为的预见。② 第三种观点认为，监督者自身的行为、被监督者的不当行为以及被监督者的行为所造成的危害结果均是监督者应当预见到的对象。例如，张明楷教授指出，监督过失与疏忽大意的过失有相似之处，但在疏忽大意的过失的情形下，通常是行为人的过失行为直接造成结果的发生，而在监督过失的场合，出现了被监督者的过失行为这一个中间要素，这时监督者的疏忽大意与最终结果的出现之间就呈现出一个间接的关系。③ 再如刘丁炳也认为，监督过失中监督者应预见到的内容包括监督者自身的过失行为是否可能造成被监督者从事不当行为，以及监督者的过失行为是否会造成最终结果的出现。④ 上述情形主要存在于狭义的监督过失犯罪中，而在广义的监督过失犯罪中，即包括监督管理过失犯罪，其预见的对象也有一定的争议。如王良顺教授认为，监督过失的预见对象涵盖监督者所监管的事物、被监督者的行为以及被监督者的行为所造成的后果。⑤ 而王安异教授认为监督者的预见对象仅包含监督者所监管的事物和被监督者，是否应包含最终的危害结果需视具体的情况而定。⑥ 也就是说，其认为预见对象主要还是被监督人实施的行为和被管理的物。

笔者赞同第三种观点，认为在狭义的业务监督过失犯罪中，监督者的预见对象是监督者的过失行为、被监督者的违规行为以及其可能造成的危害结果。因此，在狭义的业务监督过失中，监督者的结果预见义务是监督者对因其过失或不注意，从而造成被监督者实施了违规行为，导致了严重的社会危害结果的预见。基于前文对业务监督过失注意义务的阐述，根据监督者所处的职业地位的不同，可将结果预见义务分为一般预见义务和特殊预见义务。一般预见义务是指法律要求一般人预见到其行为可能产生的有害后果的义务。特殊预见义务是指法律规范对从事特殊业务或职业的人所要求的预见行为后果的义务。在业务监督过失中，监督者的过失并不是最终损害结果的直接原因，与结果的发生具有直接因果关系的因素是被监督者的不当行为、第三者的行为或者不可抗力，鉴于其特殊性，监督者应承担的义务属于特殊的可预见义务。这种特殊义务不仅要求监督者时刻关注自身的行为是否可能造成危害结果的发生，还要履行其所处职位要求的预见义务，即预见到自己所监管人员存在的不当行为可能造成危害后果的发生。例如，在并非为了身体健康而确定的禁

---

① 参见［日］前田雅英：《刑法总论讲义》，曾文科译，北京大学出版社 2017 年版，第 189 页。

② 参见钱叶六：《监督过失理论及其适用》，载《法学论坛》2010 年第 3 期。

③ 参见张明楷：《刑法学》（上），法律出版社 2016 年版，第 297 页。

④ 参见刘丁炳：《监督管理过失犯罪研究》，中国人民大学出版社 2009 年版，第 45 页。

⑤ 参见王良顺：《管理、监督过失及其判断》，载《政法论坛》2010 年第 6 期。

⑥ 参见王安异：《浅谈监督过失的注意义务》，载《华中科技大学学报（社会科学版）》2005 年第 6 期。

烟场地，监督者对于明知有吸烟嗜好的某个被监督者就要给予更多的关注和提醒。

业务监督过失还包括业务管理过失，在业务管理过失中，与监督过失不同的是，监督过失中的监督者与被监督者之间的关系为上下级的从属关系，而管理者与被管理的物之间则不存在这种上下级的关系。我们认为，业务管理过失中的预见义务是管理者应当预见到自己的不当管理行为会造成危害结果的发生。管理过失中行为人主观上通常表现为疏忽大意，具体而言就是根据法律法规或者行业规则所规定的管理职责行为人应当预见到危害结果可能会发生，但由于其主观的疏忽大意没有预见到危害结果发生的主观心理态度。

（二）业务监督过失中的结果回避义务

结果回避义务无疑是业务监督过失中注意义务的核心。前文论述了结果回避义务的基本内容，笔者认为结果回避义务是指行为人基于对危险的认识，应当采取适当的措施，以避免具体损害结果的发生。如果行为人违背自身的注意义务从而实施了有可能导致危害结果发生的行为，且没有采取有效的措施防止结果发生时，就应承担造成不利后果的法律责任。而对于业务监督过失犯罪中的结果回避义务，自然也不能抛开过失犯罪的结果回避义务去进行探讨。目前，学界对监督过失中注意义务的探讨也是在普通过失注意义务的范围内进行讨论的，如日本学者山口厚认为，防止被监督者的行为造成危害后果发生是业务监督过失中结果回避义务的核心要件。① 高桥则夫教授认为，监督过失中监督者违反的是其所处地位所应承担的监管义务，这种义务是指，监督管理者在直接行为人或其他人作出可能产生危害后果的行为前制止该行为发生，或者在行为已经发生时采取措施防止最终危害后果发生的义务。②

我国有学者认为，避免因监督过失从而导致危害后果发生的义务包括建立安全制度的义务、采取具体有效措施消除事故隐患的义务、防止有害结果扩大的义务和消除有害结果的义务。③ 也有学者认为，监督过失中的结果回避义务在实践中可从事前、事中和事后三个层面进行把握：在被监督者行为前，监督者应尽到安全检查、员工业务培训等职责；在被监督者行为时，如发现被监督者的行为存在安全风险，应责令被监督者立即停止作业；在被监督者行为后，如果结果最终不幸发生，应采取措施将危害降到最低。④ 还有学者从危害结果发生前和发生时阐述结果回避义务：结果回避义务是指在有害结果发生之前，监督者有保持谨慎态度并采取积极措施防止有害结果出现，以及当有害结果发生时，监督者应及时采取有效措施，避免有害结果进一步扩大的义务。⑤ 此外，有的论者分别从狭义的监督过失以及管理过失来讨论其回避义务，如易益典博士认为，在监督管理过失中，需要监督人严格按照管理体制进行管理，严格对生产、作业环境的安全性进行检查，尽量排除人为危险性因素的出现。在对人的监督管理中，需要对生产、作业的相关人员进行安全教

---

① 参见［日］山口厚：《刑法总论》，付立庆译，中国人民大学出版社 2011 年版，第 241 页。

② 参见［日］高桥则夫：《刑法总论》，李世阳译，中国政法大学出版社 2020 年版，第 213 页。

③ 参见刘丁炳：《监督管理过失犯罪研究》，中国人民公安大学出版社 2009 年版，第 56~58 页。

④ 参见钱叶六：《监督过失理论及其适用》，载《法学论坛》2010 年第 3 期。

⑤ 参见殷榕榕：《监督过失犯罪注意义务之判断》，载《上海法学研究》2020 年第 12 卷。

育和培训，在公司企业人员生产、作业时需要进行有效的监管和指挥，在生产、作业中出现危险后需要及时有效地采取措施避免危害结果的发生和扩大。简而言之，在管理过失中，结果回避义务主要涉及以下三种：第一，确立相应的安全管理体制；第二，事故发生前对其进行有效的制止；第三，事故发生后避免其进一步扩大。

从上述学者的分析可以看出，无论是狭义的监督过失还是管理过失，学者们都是从事故发生前和事故发生后两个阶段，对监督者在客观上所采取的避免危害结果发生及其扩大的义务进行描述。但是，笔者认为，结果回避义务的主观方面也需要加以考虑。也就是说，结果回避义务包含主观心理态度和客观行为方式两个层面的内容，其客观上表现为实施防止危害结果发生的行动，主观层面则表现为行为人是否具有对危害结果的发生保持谨慎小心的心理态度。具体而言，从主观方面来看，作为承担特殊监管职责的监管者不仅应当预见到自己的疏忽行为是否会造成被监管者不当行为的出现，还要考虑采取哪些措施来避免被监管人员的行为可能会造成结果的发生；而在客观方面，监管者应将自己主观上已经预想的后果转化为客观的行为，即必须存在防止结果出现的实际行动。总之，监管者主观上具有谨慎小心的心理态度是其采取行动防止结果发生的前提，因此监管者主观的心理态度是结果回避义务的总体要求。

结果回避的义务包括危害结果发生前和危害结果发生后应承担的义务两个方面的内容：在危害可能会发生的情况下监管者应采取必要措施防止其发生，而在危害结果已经发生后监管者应尽全力防止危害结果的扩大。因此，笔者认为，监管者的结果回避义务可以以被监管者行为的时间线为标准，从被监管者的前行为阶段、行为阶段以及后行为阶段三个时间点进行讨论。

首先，被监管者前行为阶段监管者的结果回避义务。第一，从主观方面来看，监管者的主观心理状态为：在被监管者未从事业务行为之前，判断被监管者是否具有该项业务能力，也就是说，在指定被监管者从事某项业务前，充分考虑被监管者从事该项业务是否具有产生某个危害结果的可能性。此外，监管者还需考虑如何防范危害结果的发生以及在危害结果发生之后将采取哪些措施防止其扩大。第二，从客观上来看，监管者应制定安全生产规则，对自己管理的人员开展业务培训，考察被监管者是否具有从事某项业务行为的能力，如果发现被监管者不符合工作性质的要求，不得让其从事该业务或者将其调离工作岗位。

其次，被监管者行为阶段监管者的结果回避义务。监管者在被监管者行为阶段的结果回避义务主要表现为当被监管者在从事某项业务活动过程中监管者应密切关注被监管者的行为，如果发现存在危害结果发生的可能性，应立即制止被监督者的行为。从行为人的主观方面来看，被监管者行为阶段的结果回避义务要求监管者考虑被监管者的业务行为是否符合安全规定，并思考如何采取措施防止危害结果的发生。从行为人的客观行为来看，监管者在被监管者行为阶段应当密切关注被监管者的行为动态，如果发现被监管者的行为存在提高某项结果发生的风险或者存在被监管者未发现的安全隐患，应立即阻止被监管者的行为并排除安全隐患。此外，倘若被监管者的行为已经造成结果的发生，应立即采取措施防止结果的扩大。

最后，被监管者后行为阶段监管者的结果回避义务。被监督者后行为阶段的结果回避义务是指被监管者业务工作已进行完毕后作为监管者应履行的后续安全监督检查工作的义务。在某些特殊情况下，被监督者的行为实施后，仍然存在可能产生危害结果的风险，这就要求监督者履行监管责任。例如，在某座大坝完工后，工程负责人员或者安全监管人员应及时关注大桥的动态，当发生自然灾害时，应采取措施防止大坝坍塌造成不可逆转的后果。在这个阶段，行为人主观上的心理状态与前两个阶段大致相同，即应随时关注自己监督管理的事物是否存在安全隐患；而在客观的行为表现上，监管者应对被监管者的工作完成情况进行检查，如在检查过程中发现存在安全风险应立即予以排除；倘若被监管者的行为不存在风险，应督促被监管者继续完成善后工作，并防止善后工作造成危害结果的出现。

四、业务监督过失中注意义务的来源

业务监督过失本质上是一种过失，想要明确业务监督过失注意义务的来源，需要对普通过失注意义务的来源进行探讨。

在韩国学者金日秀看来，过失的客观注意义务依据有三个，首先是法规及行政规章。他认为，与规范一致的行为不仅为在社会上相当的行为，亦为被允许的危险范围内的行为。故而，行为人在遵循法规实行行为的时候，就算因为不可能预测的方法导致了危害结果，也应排除行为人违背客观注意义务的定性。正是由于此行为是被允许的危险范围内的行为，因此该行为产生的结果并不可能为不法，而应该只能算作不幸的事件。关于判定客观注意义务违背与否的法律规范主要散见于道路交通法规领域。①

其次是往来的习惯、规则及社会规范。金日秀认为，当对行为的要求无法律规定的时候，彼此间往来的习惯、规则抑或社会规范则为评判客观注意义务违背与否的标准依据。此种依据既有可能为书面形式所确定，亦有可能以口头方式予以流传。不管彼此往来的习惯、规则抑或是社会规范，它们的共同之处在于均不具备法律的性质。例如，运动规则、医疗技术的规则、商务习惯、商事往来规则以及勤务规则等均为如此。

再次是裁判者所作出的判决。当欠缺法规范或社会规范时，可以根据法官的判决个别地确定客观的注意义务及被容许的危险的界限。在法官所作出的判决中，根据行为人自身的情况，用规范所定的具体标准为评定依据并以此来推定行为人的行为方法从而确定界限。例如，思维深远、洞见力强的人处在行为人的立场上应具有规避危害后果、防止侵害风险的注意义务。同时，为使此义务不脱离现实的观念，应结合行为人的往来范围及不同时间节点予以具体情况的判断。在个案中，裁判者必须考量行为人是否实施了法秩序及社会秩序要求下，如一般的医生、一般的司机、一般的商人等一般人应实施的行为。如果行为人作为正常的职业者实施了符合往来习惯或社会规范的行为，即使因不可预测的事情发生了结果也将排除客观的注意义务违反。②

由此可以看出，韩国学者认为，过失注意义务的根据不仅来源于法律规范，还来源于

---

① 参见［韩］金日秀、徐辅鹤：《韩国刑法总论》，郑军男译，武汉大学出版社 2008 年版，第 433 页。

② 参见［韩］金日秀、徐辅鹤：《韩国刑法总论》，郑军男译，武汉大学出版社 2008 年版，第 433 页。

社会习惯以及社会规则。日本学者高桥则夫认为，注意义务的内容有时是法令规定的。例如，在驾驶汽车时的安全驾驶义务及其他交通规则，其本身虽然是行政取缔性质的作为或不作为义务，但在与具体交通事故的关系上，也可以被认为是被类型化的注意义务。但是，将所有导致实现犯罪事实的具有过错的行为均在法律上类型化是不可能的，因此，注意义务只能根据一般性的规范或习惯等社会规范来决定其成立与否及其范围。① 对于监督过失中注意义务的来源，学者也提出了自己的看法。王良顺教授认为，"监督、管理过失的注意义务来源于监督、管理者的职责，而监督、管理职责主要来源于三个方面的依据：一是法律法规的规定；二是职务的要求；三是单位管理制度、合同的约定或者法人机关的授权。也有论者认为，监督过失中的监督义务来源于行政法规、习惯及条理"。② 吕英杰教授则认为，"监督过失中的注意义务一方面来源于安全管理、医疗、环境等生产事业领域的相关规范，另一方面也来源于立法上对特定危险业务领域的相关安全行政规则"。③ 虽然这些规则规范是行政法意义上的，但与刑法规范保护生命、健康法益的目的是一致的。甚至行政法上的某些违法行为，在造成严重危害结果的情形下，通常被规定为刑法上的犯罪。故在一般意义上来说，只要违反了行政法意义上的安全保障义务，也可以说是制造了法不容许的危险。此外，还存在一些由私人利益团体在技术领域和体育领域发展出来的交往规范以及存在于企业组织内部的安全制度等。这些都是监督管理过失中注意义务的来源。

结合上述学者的分析，笔者认为，业务监督过失中注意义务的来源即监督过失犯罪的根据主要有两个方面：一是法律规范上的正式依据；二是非法律规范上的非正式依据。具体而言，法律规范上的正式依据主要包括：（1）刑法及行政法等相关法律规范的规定。（2）相关行业的规章制度、业务管理规章制度。这些法律规范规章都较为明确地规定了业务主体的注意义务，为相关业务人员提供了清晰的指引，由此可以成为监督过失中注意义务的来源。非法律规范上的非正式依据主要包括：（1）职业、职务或所经营业务要求的注意义务。一般而言，法律法规或者规章已经就相关业务监督管理人员的注意义务作了较为明确的规定，但是某些特殊职业或者某些行业的特殊岗位的注意义务却并没有法律规范上的明确规定，因此，对于此类职务或者职业的特别注意义务，就需要根据这些职务或者职业本身的性质或者要求来进行确定。例如，张三为某乡镇小学的校长，该校一教学楼为老式的木质结构，年久失修且没有配备相应的防火、灭火设备。师生多次向其反映该教学楼存在安全隐患，张三熟视无睹，没有解决相关问题，以致发生重大火灾事故。在这个案例中，张三作为校长，对学校的教学楼负有监督管理义务，对师生的安全也负有注意义务，这些义务是其所属职业和职位要求的注意义务，但他违反了安全管理义务的要求，以致造成了严重的危害结果，应当负刑事责任。（2）业务活动中的习惯和常理所要求的注意义务。在社会生活中，每个行业内部都有着长久以来所形成的业务习惯和常识常理，这些习惯和常识常理虽然不具有法律上的强制力，但是得到了行业内部从业人员的一致认

---

① 参见［日］高桥则夫：《刑法总论》，李世阳译，中国政法大学出版社 2020 年版，第 200 页。
② 参见王良顺：《管理、监督过失及其判断》，载《政法论坛》2010 年第 6 期。
③ 参见吕英杰：《监督过失的客观归责》，载《清华法学》2008 年第 4 期。

可，为从事这一业务活动的人员所遵守。这些业务活动中的习惯和常识常理也为相关的业务人员提出了一定的注意义务要求，这些注意义务要求也是业务监督过失犯罪中注意义务来源的根据。例如，在医疗业务领域，对医院的院长来说，应该要求其确保医院药品的安全性和有效性。对从事医疗救治活动的医生来说，也应要求其在手术过程中注意确保助手或护士的手术辅助行为的安全性，防止诸如手术器械遗漏在患者体内风险的发生。再如在建筑施工活动中，建筑行业内的习惯和常理就要求安全监督管理人员必须定期检查施工作业现场，确保相关设备正常的运行。（3）监督管理人先前行为所产生的注意义务。此类注意义务的来源在于监督管理人员先前实施的行为所产生的注意义务。因为其在先实施的行为可能造成刑法所保护的某项法益处于危险的状态，故其负有采取一定的措施防止危险结果的出现或扩大的义务，监督管理人员如果因为自身的疏忽或者过于自信没有实施一定的行为来避免这种结果的出现，那么其自然应承担监督过失责任。例如，在煤矿开采行业，企业管理人员应监督相关专业技术人员对矿工进行安全教育和培训，如果管理人员没有履行这项义务，忽视了对工人的培训和指导，那么对此造成的危害结果就应该承担相应的责任。

第三节　信赖原则在业务监督过失犯罪构造中的地位

一、信赖原则的概念

过失犯罪与信赖原则存在着密切的联系，故讨论业务监督过失还必须进一步厘清其与信赖原则的关系问题。在此，首先需要明确的是信赖原则的概念及其内容。信赖原则指基于对被害人或第三人将采取适当行为的合理信赖，当被害人抑或第三人采取不当行为引发侵害后果时，行为人对此不承担刑事责任。[1] 信赖原则通过 1935 年德国帝国法院对交通领域的判例方式加以确立。[2] 这一原则认为，从事交通运输的人在遵守交通规则而实施行为时，在不存在其他特殊情况时，就能合理相信其他人也能够遵守交通规则，如果其他人没有按照交通规则行事，即便引发危害结果，亦不由行为人承担责任。该原则于二战后由西原春夫教授最早将其引入日本，西原春夫教授指出："信赖原则是指现代交通关系的参与者在交通体制完善的情形下可以相互信任对方会依交通规则行事，在这种信赖是合理的

---

[1]　参见张明楷：《外国刑法纲要》，清华大学出版社 2016 年版，第 239 页。

[2]　该案的基本事实为：某行为人驾驶车辆在市内道路上行驶，被害人步行横穿车道，如果其直接横穿过去则并无危险，但被害人在看到车辆驶来的时候吓得后退几步，从而进入汽车行驶路线，造成了交通事故。原审认为，被告在视野良好的情形下，只要充分注意就能判断被害人想在自己前方横穿汽车道，就应采取鸣笛、减速等预防措施，但其没有，故判处其过失致人死亡罪。判决后，被告不服，上诉至帝国法院。帝国最高法院认为，汽车驾驶员虽然应对行人违反交通规则具有心理准备，但对驾驶员来说，也应考虑日常生活的要求以及汽车作为交通工具的本质及特性。一般来说，在白天视野良好的情况下，汽车驾驶人员不会预见到行人会突然横穿马路靠近自己的汽车。因此，判决认定被告对被害人的行为不具有预见可能性，没有违反注意义务，因此，不承担刑事责任。参见王海涛：《过失犯罪中信赖原则的适用及界限》，中国人民公安大学出版社 2011 年版，第 18~20 页。

情形下，如果因为被信赖的交通参与者不适切的行为导致发生交通事故，行为人对此不承担责任。"① 随后，其在日本司法实务的判例中得到了应用。最早适用信赖原则的是最判昭和 41 年（1966 年）6 月 14 日（刑集第 20 卷第 5 号第 449 页），基本案情为：深夜，一醉汉从到站的电车上下车时掉入铁轨中，被夹在电车与站台之间死亡。对于这案件，最高裁判所作出了以下判示："原裁判理由中，具有职责的乘务员在从事其业务之际，当认识到了旅客中有醉酒者时，就当然地负有密切关注其行为举止、防止其与车辆接触或掉入铁轨之危险的义务。但是，另一方面，利用铁路的一般公众也认识到了铁路交通的社会效用与危险性，从这一点来看，社会公众当然应该自己谨慎地防止该危险，即使是饮酒者也不例外。因此，除非乘务员在醉酒的乘客下车时，参见该乘客的醉酒程度与步行姿势、举止及其他从外部容易观察到的表现，能够肯定其具有引起与电车接触或掉入铁轨的危险这种特殊的状况，否则，认为该乘务员能够信赖乘客会为了维持安全而采取必要的行动，在此基础上疏导乘客，是妥当的。"据此否定乘务员成立过失犯。②

随着技术的发展和广泛应用，信赖原则的适用范围也得到了扩展，其不仅适用于交通事故，在企业活动与医疗活动以及其他活动中也适用这一原则。日本的多项判例中已经参考了信赖原则。例如，在札幌高判昭和 51 年（1976 年）3 月 18 日（高刑集第 29 卷第 1 号第 78 页）中：在给当时两岁半的患者实施手术时，由于错接了手术用电子手术刀的导线，导致患者右小腿部出现重度烧灼伤以致对该小腿截肢。负责手术的主刀医师与负责电子手术刀等器具操作的护士被起诉。裁判所认为，护士 B 错接了电子手术刀端的导线与对侧电极板一端的导线，存在过失。但主刀医师信赖老练的护士，没有检查导线的连接是否妥善，这在当时的情况下无可厚非，所以没有违反注意义务，因此不承担过失责任。③又如在大阪高判昭和 50 年（1975 年）8 月 29 日中：在制造集装箱的工厂里，现场负责人指挥用顶上的吊车吊起集装箱使其移动的操作时，没有注意到有工人走近，使该人被夹在集装箱和台柱子之间，致其当场死亡。裁判所认为，"在吊起时，既然确认了在集装箱和与其邻接的北边台柱子之间没有人，那么，只要没有特别情况，其后信赖其他工人都会遵守上述工作规则，按照铃声的警告不走近被吊起的集装箱，从而指挥吊车的操作就够了，认为不存在预想其他工人可能竟然违反上述规则和警告走近移动中的集装箱并被夹在集装箱和台柱子之间，确认移动中的集装箱与台柱子之间的安全，应该事先防止事故的发生于未然的注意义务，是妥当的"，判决现场负责人无罪。④

如今，信赖原则已被传播到瑞士、澳大利亚等多个国家和地区，并得到了学术界和实务界的广泛认可。

二、信赖原则与业务监督过失的关系

作为限制过失犯罪成立范围的重要准则，信赖原则能否适用于监督过失犯罪？对此，

---

① 参见［日］川端博：《刑法总论二十五讲》，余振华译，中国政法大学出版社 2003 年版，第 32 页。
② 参见［日］高桥则夫：《刑法总论》，李世阳译，中国政法大学出版社 2020 年版，第 204 页。
③ 参见［日］前田雅英：《刑法总论讲义》，曾文科译，北京大学出版社 2017 年版，第 188 页。
④ 参见［日］大塚仁：《刑法概说（总论）》，冯军译，中国人民大学出版社 2003 年版，第 202 页。

当前学界存在不同的看法。第一种观点是肯定说。这种观点以德国的罗克辛、斯特拉腾韦特以及将信赖原则引入日本的西原春夫、米田泰邦、佐藤文哉为代表。肯定说认为，随着社会分工的精细化发展与其他分业领域的紧密协作，信赖原则不仅适用于交通事故领域，亦可适用于具有分工协作关系的其他行业领域，其中就包括监督过失领域。在分工协作的领域，某一环节业务从业者基于通常的情事判断，相信其他环节业务分担者能够审慎处理自己职责范围内的事情并采取适当的手段预防危害结果的发生，在此情境下，只要行为人处于合理信赖立场，则行为人不对被信赖者引发的危害结果承担刑事责任。西原春夫教授指出："在造成损害的数行为之间存在过失竞合的情形中，尤其是对损害结果负主要责任的行为人是处于上位的监督义务者的场合，理论及实务界对其过失有无的解释较之于交通事故略显落伍，应援用践行于交通事故领域中的信赖原则，以谋求过失行为性质之准确判定。"① 高桥则夫教授认为："信赖原则与监督过失并不冲突，只要监督者进行了彻底的安全教育和指示，就可以信赖被监督者，从而肯定信赖原则的适用余地。"② 米田泰邦也认为："在判断是否存在可罚的违反监督义务的行为时，首先应当从分工中被容许的危险的角度找寻使信赖成为可能的基本事实，其次再对该信赖的相当性与合理性进行判断，只要没有出现动摇信赖原则适用的特殊情事，原则上都应当允许信赖原则的适用。"③

第二种观点是否定说。这种观点认为，信赖原则仅仅是交通事故领域的一项例外原则，不能扩展到其他领域，在诸如医疗团体等同样具有社会风险性的分工领域的成员之间确实存在着监督关系，无论该监督关系是在何种空间、以何种形式存在，均不得适用信赖原则。持这种观点的主要有神山敏雄、大塚裕史、本土武司和板仓宏等学者。持这种观点的理由如下。

首先，监督过失与信赖原则本就是相互排斥的概念。因为信赖原则认为在行为人能够合理信赖第三人采取适当行为的情形中，如果第三人采取了不适当的行为造成了危害结果，那么可以免除行为人的责任。而监督过失则认为行为人如果具有监督注意义务，就应该承担过失责任。由此可以看出，信赖原则与监督过失理论存在冲突。例如，前田雅英教授也认为，"作为限定过失犯罪成立范围的信赖原则与监督从理论上讲是不相容的。以进行了细致内部分工的现代企业为例，信赖原则适用的范围越广、程度越深入，负有监督义务的行为人就越不会被追究以相应的过失责任。换言之，只有在不能或者无法适用信赖原则的情形中，监督过失方得有存在之余地"。④ 更有学者直言不讳地指出，信赖原则是强者的逻辑，对于管理者过于放纵，却对下层的行为实施者太过严厉。

其次，信赖原则适用于交通事故领域具有特定目的，不可随意对其适用范围加以拓宽。现代交通体制运行的目的旨在实现人物或货物的高效运输，因此交通参与人均应遵守

① 参见［日］西原春夫：《监督责任的设定与信赖的原则》，西田典之、山口厚、佐伯仁志主编：《刑法的争点》，冯军译，中国政法大学出版社2010年版，第146页。

② 参见［日］高桥则夫：《刑法总论》，李世阳译，中国政法大学出版社2020年版，第214页。

③ 参见［日］米田泰邦：《火灾死伤事故中的信赖原则》，西田典之、山口厚、佐伯仁志主编：《刑法的争点》，冯军译，中国政法大学出版社2006年版，第152页。

④ 参见［日］前田雅英：《监督过失》，载《法曹时报》2002年第2期。

既定的交通法规，同时各方参与人要以他方参与人遵守交通规则为基础，才能发挥交通运输应有的机能。鉴于交通领域的特殊情形，将信赖原则作为交通事故领域的例外处理原则具有必要性，而其他存在监督过失可能性的领域则不适用信赖原则。如神山敏雄教授指出，"设立现代交通制度的目的是为了使交通顺畅化以提高运输效率，要实现这一目的交通参与者都必须遵守交通规则是最基本的要求，同时另一个显然的前提是其他参与者也会严格遵守相关规则"。① 因此神山敏雄教授认为，应将信赖原则"特别地视为社会生活以及国家政策需要下的一项适用于交通领域的特别恩典。未处在国家确立政策覆盖范围内的其他领域，在是否能适用信赖原则这点上不能比照交通肇事领域"。②

最后，信赖原则的判断标准在监督过失犯罪中具有模糊性。由于信赖原则在交通事故领域的长期适用性，大量判例的积累，信赖原则在交通事故领域的适用条件、判断标准、例外情形逐渐明确化、规范化，在具体的司法使用中具备实际操作性。但在组织模式下的监管者双方的关系中，业务分担者间的危险分配及危害结果回避注意义务尚缺乏权威理论指导，在具体的司法实务适用中亦未形成普遍认可的划分标准或认定准则，虽然在个别案例中通过信赖原则加以确定，但是由于实践本身的反复性及实践中监督过失情形的复杂多样性，在尚未形成清晰判断标准的情况下将信赖原则贸然引入责任判定过程，可能存在因缺乏明确操作依据而难以判定业务从事者的信赖正当性以致司法不公的情况。实际上，之所以一部分学者认为监督过失与信赖原则的适用相冲突，反对将信赖原则适用于监督过失，其主要缘由在于，如果承认在监督者对下级具有合理信赖的场合，当下级行为人造成危害结果之后，监督者能够以其对被监督者的合理信赖为由而免于责任，那么就会使监督者懈怠履行自己的监督义务，从而不利于企业或机构的安全生产管理。

第三种观点是限制适用说。这种观点认为，信赖原则可以适用于监督过失中，但存在着一定的限制。支持这种观点的主要有甲克斐则、大谷实、大塚仁等。大塚仁教授认为，信赖原则在日本的汽车事故、医疗事故以及集装箱工厂内事故的判例中得到了广泛的应用，被认为是确定过失犯的注意义务上应广为考虑的原理。③ 他进一步指出，谈及监督过失时虽可适用信赖原则，但其与一般过失犯罪有所不同。相较于一般过失，监督者在组织中的上位地位使其对身处下位地位的被监督者的信赖更具合理性，同时，履行对下级业务人员的监督从而防止危害结果的发生也是监管者的职责。由此，对信赖原则的适用条件予以限制确有必要，尤其在被监督者承担较高预防义务（防止危害他人性命或有损他人身体健康）或者被监督者不具备业务防范危险的能力时，应对上位监督者提出更为严格的义务要求，此时不适合运用信赖原则。④ 佐藤文哉认为监督过失领域的监督行为可类型化为直接介入型与间接介入型，信赖原则仅能附条件地适用于间接介入型的监督过失行为

---

① 参见［日］神山敏雄：《信赖原则的界限》，洪复青译，法制出版社 2006 年版，第 241 页。

② 参见［日］神山敏雄：《信赖原则的界限》，洪复青译，法制出版社 2006 年版，第 241 页。

③ 参见［日］大塚仁：《刑法概说（总论）》，冯军译，中国人民大学出版社 2003 年版，第 201 页。

④ 参见廖焕国：《侵权法上信赖原则初探》，载《广东社会科学》2007 年第 4 期。

中，不可适用于直接介入型的监督过失中。① 甲克斐则教授指出，尽管在存在监督关系的领域里，监督者及被监督者所承担的法定注意义务并非指向完全一致，但这并不是对两者存在信赖关系的否定。二者起码在对危险结果回避的期待性上存在共同的注意义务，故而仅仅将双方的监管关系界定为命令与服从的关系不甚合理。此外，如果轻易放宽信赖原则的适用范围，将会导致在某些采用分工合作的场合下，出现监督者由于对被监督者的合理信赖而免责的结果。因此，正确的解决方法不是简单地否定信赖原则适用的可能性与必要性，而应在解决此种缺陷后再适当引入该原则。② 大谷实教授认为，信赖原则在监督过失中的适用必须具备三个标准：一是下级被监督者具有较高的业务水平；二是具有科学合理的分工体制；三是所从事的是否是高度危险的业务。也就是说，如果被监督者具有专业的、较高的业务能力，事先又进行了明确的分工，那么对于不是从事高度危险业务的被监督者，就能够合理的信赖。那么，对于所从事的是具有高度危险业务的被监督者，是否能够信赖呢？一般观点认为，在前两个条件都具备的情形下，对从事高度危险业务的被监督者，也是可以信赖的，理由在于在从事高度危险的业务时，只能说对监督者的注意义务及被监督者的业务水平提出了更高的要求，并不是完全排斥了信赖原则的适用。我国有学者也认为，监督过失中信赖原则的适用除了具备上述三个条件之外，还需要具备一些消极条件，主要包括以下情形：一是监督者给被监督者制造了使其不能正常工作的条件，如使其工作过于疲惫；二是在某些危险已经显现或者说有征兆的情况下，仍然让被监督者实施行为；三是接到被监督者的报告或者说警告建议的情形下，仍然不履行自己的义务，采取回避措施。在这些情形下，信赖原则不具有可适用的空间。③

笔者认为，监督过失与信赖原则并不冲突，两者并不是非此即彼的关系，能够协调应用。首先，允许信赖原则在监督过失中的适用，不仅可以合理限缩监督过失犯罪的成立范围，而且可以合理、准确评判监督过失犯罪成立与否，在此基础上评判监督过失程度，确保定罪量刑的正确性以维护公民正当权利。其次，较之一般过失犯罪，监督过失并不会直接引发危害结果，其社会危害性较小，因此将信赖原则引入对行为是否构成过失犯罪的定性过程以抑制犯罪对注意义务的泛化适用，体现了刑法谦抑性内核。此外，将信赖原则引入监督过失犯罪，有助于缓解社会发展过程中产生的新的矛盾与冲突，维护社会秩序的稳定。故我们认为，可以将信赖原则应用于业务监督过失之中。最后，共同的注意义务加上业务行为中的效率原则，往往要求监管者与被监管者形成高度合作，为此，他们之间彼此信赖的意义更为凸现。但是，如前所述，信赖原则的适用需要一定的条件，不能在任何情形下的监督过失犯罪中都主张信赖原则。只有当被监督者具有较高的业务水平和专业能力，同时在业务活动中谨慎认真履行了自己的职责时，上级监督者才有理由能够对其合理信赖。

---

① 参见廖正豪：《过失犯论》，台湾三民书局 2009 年版，第 234 页。
② 参见高铭暄、赵秉志：《过失犯罪的理论基础》，法律出版社 2002 年版，第 102 页。
③ 参见吕英杰：《监督过失的客观归责》，载《清华法学》2008 年第 4 期。

第五章 业务监督过失犯罪的各论

第一节 重大飞行事故中的业务监督过失犯罪

一、重大飞行事故中业务监督过失犯罪的主体

分析重大飞行事故罪①中业务监督过失犯罪之主体，必须首先明确重大飞行事故罪之主体。这是因为，只有确定重大飞行事故的直接主体，才能依循对该直接主体负有相应监督管理职责的线索，找寻其中可能存在业务监督过失的主体。有论者指出，相关资料表明，百分之九十的飞行事故是由人为因素造成的，其中航空人员的责任因素又占有相当比例。② 这也表明确定航空人员责任主体尤为重要。根据《刑法》第一百三十一条规定，重大飞行事故罪的主体是航空人员。航空人员并非仅指负责飞行的航空人员，而是也包括空勤人员和地面人员。《民用航空法》第三十九条对此做了详细规定："本法所称航空人员，是指下列从事民用航空活动的空勤人员和地面人员：（一）空勤人员，包括驾驶员、飞行机械人员、乘务员；（二）地面人员，包括民用航空器维修人员、空中交通管制员、飞行签派员、航空电台通信员。"这些人员从事的是与民航飞行安全相关的工作，是本罪的适格主体。反之，如果是从事与民航飞行安全并不直接相关的工作的空勤人员和地面人员，如机场保安人员、机场安全检查人员等，则并非本罪主体。③

实务中，应注意避免遗漏认定驾驶员以外的其他航空人员的责任。在前述第三章第二节提到的2004年中国东方航空云南公司包头"11·21"特别重大空难事故中，事故调查组经过调查，认定机翼污染是导致事故发生的重要原因，结合当时天气条件，机翼污染物最大可能是霜，且飞机起飞前没有进行除霜（冰）。④《飞行基本规则》第六十九条第（六）项规定："航路、航线飞行或者转场飞行的航空器的起飞，应当根据飞行人员和航空器的准备情况，起飞机场、降落机场和备降机场的准备情况以及天气情况等确定；有下

---

① 《刑法》第一百三十一条规定："航空人员违反规章制度，致使发生重大飞行事故，造成严重后果的，处三年以下有期徒刑或者拘役；造成飞机坠毁或者人员死亡的，处三年以上七年以下有期徒刑。"

② 参见杨惠：《重大飞行事故罪的构成特征与思考》，载《中国刑事法杂志》2002年第5期。

③ 参见马长生、田兴洪等：《责任事故犯罪热点问题研究》，湖南师范大学出版社2010年版，第55页。

④ 参见《中国东方航空云南公司包头"11·21"特别重大空难事故基本情况及处理结果》，载中华人民共和国应急管理部网，https://www.mem.gov.cn/gk/sgcc/tbzdsgdcbg/2006/200612/t20061221_245272.shtml，2021年7月11日访问。

列情况之一的，不得起飞……（六）航空器表面的冰、霜、雪未除净的……"据此可知，飞机起飞前未除霜是人为原因所致。该起事故正如事故调查组所指，是一起责任事故。那么谁是这起责任事故的直接责任人？《民用航空法》第四十五条规定："飞行前，机长应当对民用航空器实施必要的检查；未经检查，不得起飞。机长发现民用航空器、机场、气象条件等不符合规定，不能保证飞行安全的，有权拒绝起飞。"据此可知，机长对飞机在未除霜情况下就起飞负有责任。有律师指出，除了机长之外，失事飞机的起飞是否与有权放行的签派员有关？该律师的依据是《中国民用航空飞行规则》第五十九条的规定："飞行放行单是放行航空器起飞的依据。每次放行航空器起飞前，机长和航空公司的飞行签派员（代理人）都必须在放行单上共同签字，方能生效。"[1] 据此可知，该次飞行的飞行签派员对飞机在未除霜情况下就起飞也负有责任。但正如前文在第三章第二节中所述，遗憾的是，该案并未进入刑事司法程序，故此处的分析仅指出应注意避免遗漏认定驾驶员以外的其他航空人员的"责任"。

另外值得注意的是，有观点认为，乘客在特定情况下也可以成为本罪主体，这是因为，飞机一旦升空，机组人员与乘客均是相关责任主体，危险分配是平衡的，信赖原则也没有超过必要限度，如果因为乘客的违章行为造成重大飞行事故，该行为又不触犯劫持航空器罪、暴力危及飞行安全罪等罪名，则可以适用本罪。[2] 但是，该观点明显违背了重大飞行事故罪中"航空人员"的主体规定。既然认为机场安全检查人员的漏检行为都不能按照本罪处理，那么何以能认为机上乘客将未经安全检查的物品带入航空器内的行为可以按照本罪处理？不得不说这是前后矛盾的。如果机上乘客有违反规章制度的行为并因其行为造成重大飞行事故，完全可以按照交通肇事罪来论处。交通肇事罪并非身份犯，航空人员以外的人员造成重大飞行事故的，成立交通肇事罪。[3]

在上述空勤人员与地面人员中，如果某一主体违反规章制度的行为直接造成重大飞行事故，则其行为构成重大飞行事故罪，并无疑义。只是当该主体处于被监督、管理之地位时，若对其实施监督、管理的其他主体也有违反规章制度的行为，并且是监管者违反规章制度的行为导致了被监管者违反规章制度的行为，进而导致被监管者造成重大飞行事故，那么这其中就存在业务监督过失犯罪。不过，在具体的重大飞行事故案件中，存在业务监督过失的行为人的行为并非均能构成重大飞行事故罪。因为本罪主体已经被严格限制为"航空人员"。当"非航空人员"对重大飞行事故负有业务监督过失刑事责任之时，其触犯的罪名就并非重大飞行事故罪。此处首先分析存在业务监督过失的主体可能有哪些。

首先，机长是可能存在业务监督过失的主体。《民用航空法》第四十四条规定："民用航空器的操作由机长负责，机长应当严格履行职责，保护民用航空器及其所载人员和财产的安全。机长在其职权范围内发布的命令，民用航空器所载人员都应当执行。"《民用航空安全保卫条例》第二十二条规定："航空器在飞行中的安全保卫工作由机长统一负

---

[1]　参见赵霄洛：《"重大飞行事故罪"还要冷藏多久？》，载《中国律师》2007年第7期。

[2]　参见马长生、田兴洪等：《责任事故犯罪热点问题研究》，湖南师范大学出版社2010年版，第56页。

[3]　参见张明楷：《刑法学》（下），法律出版社2016年版，第719页。

责。航空安全员在机长领导下，承担安全保卫的具体工作。机长、航空安全员和机组其他成员，应当严格履行职责，保护民用航空器及其所载人员和财产的安全。"《公共航空旅客运输飞行中安全保卫规则》第七条规定："航空安全员在机长的领导下负责维护航空器内的秩序，制止威胁民用航空飞行安全的行为，保护所载人员和财产的安全，依法履行下列职责……（六）防范和制止非法干扰行为等严重危害飞行安全的行为……"上述种种规定都表明，在机组人员中，对于副驾驶、其他机组人员等而言，机长是最高级的管理者、监督者，负有监管职责。机长负有业务监督过失责任的情形，最典型的就是其在副机长操纵驾驶飞机之时，不履行监督职责，没有及时发现副机长的操作失误，或者即使发现也没有进行正确指导，结果因副机长操作不当导致发生重大飞行事故。

其次，对空勤人员和地面人员负有相应的监督管理职责的人员是可能存在业务监督过失的主体。例如，在乘务方面，乘务长对乘务员而言负有相应的监督管理职责。又如，在航空器维修方面、空中交通管制方面、飞行签派方面、航空电台通信方面，也有对负责某次具体飞行的航空器维修人员、空中交通管制员、飞行签派员、航空电台通信员负有相应的监督管理职责的人员。举例说明，《飞行基本规则》第九十二条规定："在飞行期间，所有参加飞行和保障飞行的人员，必须服从飞行指挥员的指挥。"第九十三条第二款规定："飞行副指挥员负责向飞行指挥员报告民用航空器的航行诸元和有关飞行情况，并且按照飞行指挥员的指示，对民用航空器实施指挥。"根据这些规定可以得知，飞行指挥员负有相应的监督管理职责。

具体负责航空器维修的人员，空中交通管制单位中具体负责提供空中交通管制服务、飞行情报服务、告警服务的空中交通管制人员，飞行签派机构中的飞行签派人员，违反规章制度致使发生重大飞行事故的，当然触犯重大飞行事故罪。但是，对这些具体航空人员负有相应的监督管理职责的监管者也可能存在业务监督过失。这是因为，既然负有相应的监督管理职责，那么监管者就应当正确履行职责，及时发现上述具体航空人员的工作失误，予以纠正、指导，若其没有履行或正确履行监管职责，导致具体航空人员实施了违反规章制度的行为引发重大飞行事故，就存在业务监督过失。例如，在前述包头"11·21"特别重大空难事故中，对于飞机起飞前没有进行除霜这一情况而言，具体负责该工作的飞行机械人员、飞行签派员固然有责任，但对该项工作负有管理、指派、督导职责的监管人员未必就没有责任。

最后，航空公司中对民航飞行安全负有相应监督管理职责的人员是可能存在业务监督过失的主体。《民用航空安全管理规定》第五条规定："民航生产经营单位应当依法建立并运行有效的安全管理体系。相关规定中未明确要求建立安全管理体系的，应当建立等效的安全管理机制。"第十七条规定："民航生产经营单位应当依法建立安全生产管理机构或者配备安全生产管理人员，满足安全管理的所有岗位要求。"这些规定足以说明航空公司等相关单位中存在对民航飞行安全负有监管职责的人员。有论者就指出，存在监督过失的主体，既可以是对被监督者负有直接监督责任的自然人，也可以是对整个安全体系负有管理责任的自然人。其中，懈于监督的责任主体是造成事故的作业者的直接上级，负有及时指导、改正被监督者作业的职责；怠于管理运行安全体制的责任主体一般是企业的高级管理人员，对企业的整体安全承担责任。①

由于重大飞行事故罪限定了主体范围，即航空人员，而对具体负责民航飞行安全的工作人员负有监督管理职责以及对民航飞行安全制度负有管理职责的监管者并非都是航空人员，所以在重大飞行事故中，监管者所触犯之业务监督过失犯罪的罪名，除了重大飞行事故罪之外，还有其他罪名。有论者就指出，在航空运输领域，国有航空公司的主要负责人和对安全运营负有监督管理职责的人，例如，国有航空公司的董事长、副董事长、经理、副经理、部门经理和总监等，因为失职造成重大损害后果的，可以依据国有公司、企业、事业单位人员失职罪处罚。② 该观点思路正确，但有两点需要补充。

一方面，国有公司、企业、事业单位人员失职罪要求"造成国有公司、企业破产或者严重损失，致使国家利益遭受重大损失"。亦即，该罪的危害后果着眼于经济损失，未提及人员伤亡标准，而重大飞行事故中人员伤亡的结果更常见。并且，在第二章危害公共安全罪中，其他责任事故犯罪中的事故一般都包括人员伤亡结果和经济损失结果。所以，国有公司、企业、事业单位人员失职罪的评价范围不够全面。另一方面，航空公司也并非全是国有的，也存在私营的航空公司。私营航空公司中的监管者的行为不能构成国有公司、企业、事业单位人员失职罪。本书认为，此时可以考虑重大责任事故罪。因为重大责任事故罪是安全事故犯罪的兜底罪名。民航运输属于"生产、作业"，监管者违反的也是"有关安全管理的规定"，人员伤亡或者航空器受损等也属于"发生重大伤亡事故或者造成其他严重后果"。

二、重大飞行事故中业务监督过失犯罪的注意义务

一方面，法条中"违反规章制度"的表述意味着本罪是行政犯。航空人员中负有监督管理职责的主体的注意义务之来源主要就是航空规章制度。另一方面，即使是非航空人员，认定其存在监督管理职责之时也需要依据航空规章制度。因为这些规章制度中与保障民航飞行安全有关的内容，不仅规制具体执行飞行任务的各个航空人员，也规制对具体执行飞行任务的航空人员负有监督管理职责的人员。"航空运输本身是一项复杂的、风险大的行业，必须有一整套航空运行规章制度、安全管理制度，才能有效地保障飞行活动的正常和安全。"③

被违反的"规章制度"，不仅包括《刑法》第九十六条所规定的全国人大及其常委会制定的法律和决定，国务院制定的行政法规、规定的行政措施、发布的决定和命令，还包括航空主管部门规定的行政规章，也包括航空公司规定的规章制度。此处规章制度的范围是比较广泛的。民用航空器的飞行是极为专业、规范的事务，上至国家法律、行政法规，下至部门规章、公司制度，无一不规定着具体、详细、完整的民航飞行安全保障措施。它

---

① 参见钱赟：《飞行安全事故中的监督过失责任研究》，中国民航大学 2019 年硕士学位论文，第12 页。

② 参见钱赟：《飞行安全事故中的监督过失责任研究》，中国民航大学 2019 年硕士学位论文，第22 页。

③ 杨惠：《飞行事故与刑事责任》，载《中国民用航空》2003 年第 3 期。

们都是业务监督过失犯罪主体的注意义务之来源。例如国家法律方面的《民用航空法》（2018 年 12 月 29 日第五次修正）；又如行政法规方面的《飞行基本规则》（国务院、中央军事委员会制定）、《民用航空安全保卫条例》（国务院制定）；再如行政规章、规范性文件方面的《民用航空安全管理规定》（交通运输部制定）、《公共航空旅客运输飞行中安全保卫规则》（中国民用航空局制定）、《一般运行和飞行规则》（中国民用航空局制定）；还如民航飞行领域的行业规章制度，航空公司内部为了细化国家规定、行业规定而制定的规章制度（在伊春"8·24"特别重大飞机坠毁事故中，河南航空制定了《飞行运行总手册》，其中规定"首次执行某机场飞行任务应将着陆最低能见度增加到 3600 米"，法院认为飞行机组未按照河南航空《飞行运行总手册》中的这一规定，违规操纵飞机实施进近并着陆，致使飞机坠毁，造成机上人员重大伤亡的严重后果①）。需要注意的是，这里的规章制度需要限定为与保障民用航空器飞行安全有关的各项规章制度，而不是民用航空器领域的任何规章制度。更何况，如果违反与保障民用航空器飞行安全无关的规章制度，则与重大飞行事故也没有刑法上之因果关系。

三、重大飞行事故中业务监督过失犯罪的因果关系

依据客观归属理论，探讨业务监督过失犯罪中的因果关系问题，就是探讨个案中的危害结果能否归属于行为人的业务监督过失行为。具体到重大飞行事故案中，就是要探讨重大飞行事故的结果能否归属于对具体负责民航飞行安全的工作人员负有监督管理职责以及对民航飞行安全制度负有管理职责的监管者的业务监督过失行为。首先需要指出的是，在过失犯中，注意义务的认定除了为犯罪主体的认定服务之外，还为实行行为的确定服务。前已述及，业务监督过失犯罪的实行行为是行为人违背特定注意义务而实施的具有法益侵害的危险的行为。所以，仅仅是违反注意义务本身还不足以认定实行行为，违反注意义务的行为必须具有法益侵害的危险，才是业务监督过失犯罪的实行行为。

另外需要明确的是重大飞行事故罪的危害结果。根据《民用航空器飞行事故等级（GB14648—1993）》，飞行事故等级根据人员伤亡情况及对航空器损坏程度确定，分为三类：特别重大飞行事故、重大飞行事故、一般飞行事故。特别重大飞行事故是指有下列情形之一者：人员死亡，死亡人数在四十人及其以上；航空器失踪，机上人员在四十人及其以上。重大飞行事故是指有下列情形之一者：人员死亡，死亡人数在三十九人及其以下；航空器严重损坏或迫降在无法运出的地方（最大起飞重量 5.7 吨及其以下的航空器除外）；航空器失踪，机上人员在三十九人及其以下。一般飞行事故是指由下列情形之一者：人员重伤，重伤人数在十人及其以上；最大起飞重量 5.7 吨（含）以下的航空器严重损坏，或迫降在无法运出的地方；最大起飞重量 5.7 吨~50 吨（含）的航空器一般损坏，其修复费用超过事故当时同型或同类可比新航空器价格的百分之十（含）；最大起飞重量 50 吨以上的航空器一般损坏，其修复费用超过事故当时同型或同类可比新航空器价

---

① 参见黑龙江省伊春市中级人民法院刑事裁定书：（2015）伊中刑一终字第 2 号。

格的百分之五（含）。

可见，依据上述标准，造成人员死亡就属于重大飞行事故。有论者据此认为，造成人员重伤，重伤人数在十人及其以上的因为是一般飞行事故，所以不符合本罪的结果要件。[①] 也有论者认为，在立法机关和司法机关尚未对本罪的危害结果做出有效解释之前，重大飞行事故的确定只能以行业标准为依据。[②] 然而，根据《刑法》第一百三十一条的规定，只要造成人员死亡，就要适用第二档法定刑（三年以上七年以下有期徒刑）。显然，在认定重大飞行事故罪时不能按照民用航空器飞行事故等级认定本罪的危害结果。有观点也认为，本条中的重大飞行事故应根据刑法本条中有关法定刑的幅度来判断，而非根据民航飞行事故的划分标准来确定。[③] 本书认同。以下观点也可资借鉴："国务院关于重大、特别重大安全事故分级调查处理中的'重大'、'特别重大'概念与刑事法律上关于'重大'、'特别重大'犯罪的概念是含义不同的两码事。前者是行政上的分工，是依据工作、危害程度、社会影响、处理效果划分的，后者是根据犯罪和刑罚的分配确定的。"[④] 因此，"重大飞行事故"作为本罪的后果，有两种情形：一是造成飞机坠毁或者人员死亡以外的严重后果，二是造成飞机坠毁或者人员死亡的后果，这两种情形分别对应第一档、第二档法定刑。"造成飞机坠毁或者人员死亡的"以外的严重后果，可以是机上人员受伤、财物受损、民用航空器受损、被迫中途降落等情形。[⑤]

本书在因果关系的判断上采取客观归属理论。在客观归属理论的运用中，最重要的两个判断理论是危险增加理论和规范保护目的理论。[⑥] 具体到重大飞行事故中的业务监督过失犯罪而言，最重要的就是判断行为人的业务监督过失行为是否增加了被监督者实施导致重大飞行事故的违规行为的危险，以及行为人所制造的危险是否实现了规范保护目的所包含的结果（重大飞行事故）。例如，在伊春"8·24"特别重大飞机坠毁事故中，对事故发生负有"主要领导责任""重要领导责任"的监管人员都存在不同程度的业务监督过失。然而他们存在的业务监督过失，是否均达到了应当承担刑事责任的程度，就需要根据危险增加理论和规范保护目的理论来进行具体判断。其中更为重要的是危险增加的判断。

根据事故调查报告[⑦]，时任河南航空飞行技术管理部经理的李某1以及时任河南航空总飞行师的戚某军，主要负责或主管飞行员的技术管理，但两人均未能发现并纠正机长齐

---

① 参见杨惠：《重大飞行事故罪的构成特征与思考》，载《中国刑事法杂志》2002 年第 5 期。

② 参见曲伶俐：《重大飞行事故罪几个问题质疑》，载《政法论丛》1999 年第 6 期。

③ 参见黎宏：《刑法学各论》，法律出版社 2016 年版，第 56 页。

④ 逄锦温、邱利军：《〈关于办理危害矿山生产安全刑事案件具体应用法律若干问题的解释〉的理解与适用》，载《法律适用》2007 年第 4 期。

⑤ 参见马长生、田兴洪等：《责任事故犯罪热点问题研究》，湖南师范大学出版社 2010 年版，第 54 页。

⑥ 参见童德华：《刑法中的客观归属——关于因果关联的新视角》，载《暨南学报（哲学社会科学版）》2008 年第 6 期。

⑦ 参见《河南航空有限公司黑龙江伊春"8·24"特别重大飞机坠毁事故调查报告》，载中华人民共和国应急管理部网，https://www.mem.gov.cn/gk/sgcc/tbzdsgdcbg/2012/201206/t20120629_245232.shtml，2022 年 8 月 24 日访问。

某军长期存在的关键技术问题。这意味着，他们对机长齐某军负有直接的监督管理职责，但是未正确履行职责。以客观归属理论观之，他们的业务监管过失行为增加了机长齐某军的技术失误导致重大飞行事故的风险，这种危险不仅不被刑法所允许的，而且也是刑法意义上的重要的、实质的危险。因此，可以认定这两人的业务监督过失行为与重大飞行事故之间存在刑法上的因果关系，可以将重大飞行事故的结果归属于其业务监督过失行为。但是，对于时任河南航空飞行部经理的周某、时任河南航空副总经理的朱某、时任河南航空总经理的李某2而言，其业务监管失职行为中表现出来的过失并未达到刑事规制的程度。周某的责任主要在于对飞行人员的安全教育、安全整顿等工作跟踪督促落实不够；朱某的责任主要在于未能有效解决公司运行安全、技术管理等方面存在的问题和隐患；李某2的责任主要在于未能有效解决公司安全运行和人员培训、飞行技术管理等方面的问题。可见，与李某1、戚某军相比，这三人，尤其是时任河南航空总经理的李某2，在及时发现、纠正、指导齐某军的技术问题方面所能发挥的作用力过于间接，尽管其业务监管失职行为也给最终的危害结果带来了不被允许的危险，但是这种危险对最终的危害结果而言还不是实质性的危险。

第二节　铁路运营安全事故中的业务监督过失犯罪

一、铁路运营安全事故中业务监督过失犯罪的主体

确定铁路运营安全事故中业务监督过失犯罪的主体，需要首先明确铁路运营安全事故罪①的主体。如果与重大飞行事故罪关于主体的理解保持协调，就也应当以铁路方面的法律法规的明文规定为依据解释本罪主体。但是，《民用航空法》明确了何为"航空人员"，而《中华人民共和国铁路法》（以下简称《铁路法》）并没有明确何为"铁路职工"。因此，需要结合铁路运营单位的实际情况认定何谓"铁路职工"。

一般而言，在铁路运营单位工作的人员属于铁路职工。但是，没有铁路运营单位工作人员身份的人员是否一律不是铁路职工，不能一概而论。有观点认为，按照我国铁路职工分类目录的相关规定，结合我国铁路单位的实际用人情况，行为人是否具有本罪主体身份并不在于其是否具有铁路职工的身份，而是看其是否在从事铁路运输、管理、施工等与铁路运行安全直接相关的业务活动，例如，从事后勤、环卫、医疗等工作的人员，其工作性质就与铁路运营安全没有关系，因此这些人不能成为本罪主体，但是，即便是不具有正式铁路职工身份的临时工，只要其从事的是与铁路运输作业直接联系的工作，其行为就具有铁路运营业务的性质，可以成为本罪主体。② 本书认同这一观点。

铁路职工的实际涵盖范围很广泛，车务段、机务段、工务段、电务段等都有门类复杂

---

① 《刑法》第一百三十二条规定："铁路职工违反规章制度，致使发生铁路运营安全事故，造成严重后果的，处三年以下有期徒刑或者拘役；造成特别严重后果的，处三年以上七年以下有期徒刑。"

② 参见马长生、田兴洪等：《责任事故犯罪热点问题研究》，湖南师范大学出版社2010年版，第70页。

的具体职工分类。以检修工作为例，航空器的检修是极为专业的事物，一般均由专业的航空器维修人员负责。但是，例如铁路轨道的枕木抽换工作，实践中会聘请外部作业人员实施具体作业。所以，如果是这种直接从事与铁路营运安全直接相关的工作的外部作业人员，也可以成为本罪主体。但是，无论是在铁路运营单位工作的人员，还是外部作业人员，其从事的都必须是保障铁路运营安全的工作，这样其才能成为本罪的规制主体。另外，《铁路法》第二条规定该法所称铁路包括国家铁路、地方铁路、专用铁路和铁路专用线。[①] 据此，企业的专用铁路，以及铁路专用线上的铁路职工也是本罪的适格主体。

正如前述，铁路职工的工种较为复杂，与铁路运营安全相关的业务活动范围较为广泛，这其中必定存在监督管理关系。并且，《铁路职业分类目录》按照铁路职工职业的工作性质分类排序，将铁路职工分为管理人员、生产人员、后勤保障人员三大类。[②] 可以看到，管理人员也属于铁路职工的范畴。所以，与重大飞行事故中业务监督过失犯罪的罪名在一定程度上因"航空人员"的明文规定而需要选择性适用重大飞行事故罪与重大责任事故罪不同，在铁路运营安全事故中，业务监督过失犯罪的罪名适用并无选择性。换言之，采用铁路运用安全事故罪即足以规制铁路运营安全事故中的业务监督过失犯罪行为。

法条中的"违反规章制度"表明本罪同样是行政犯。这里的规章制度是与保障铁路运营安全有关的各项规章制度。包括交通法规、技术操作规程、运输管理工作制度等，不按规定检修铁路运营设备、擅离职守不及时扳道、不及时发出信号就是其具体表现。[③] 具体如：法律方面的《铁路法》（2015 年 4 月 24 日第二次修正）；行政法规方面的《铁路安全管理条例》（国务院令第 639 号）；部门规章方面的《铁路技术管理规程》（铁道部令 2006 年第 29 号）、《铁路危险货物运输安全监督管理规定》（交通运输部令 2015 年第 1 号）等。依据这些规章制度，可以确定在具体的铁路运营安全方面负有相应的监督管理职责的人员。

例如，《铁路安全管理条例》第五条规定："从事铁路建设、运输、设备制造维修的单位应当加强安全管理，建立健全安全生产管理制度，落实企业安全生产主体责任，设置安全管理机构或者配备安全管理人员，执行保障生产安全和产品质量安全的国家标准、行业标准，加强对从业人员的安全教育培训，保证安全生产所必需的资金投入。铁路建设、运输、设备制造维修单位的工作人员应当严格执行规章制度，实行标准化作业，保证铁路安全。"据此，铁路的运营单位、设备维修单位等都是安全生产主体，负有安全生产主体责任，按法律规定必须要设置安全管理机构或配备安全管理人员。这些人员就是负有相应的监督管理职责的监管者。所以，如果这些负有相应的监督管理职责的铁路职工违背监管职责，未能及时发现被监管对象的操作失误，或即使发现也未纠正或做出错误的业务指

---

① 《铁路法》第二条规定："本法所称铁路，包括国家铁路、地方铁路、专用铁路和铁路专用线。国家铁路是指由国务院铁路主管部门管理的铁路。地方铁路是指由地方人民政府管理的铁路。专用铁路是指由企业或者其他单位管理，专为本企业或者本单位内部提供运输服务的铁路。铁路专用线是指由企业或者其他单位管理的与国家铁路或者其他铁路线路接轨的岔线。"

② 参见《铁路职业分类目录》，中国铁道部出版社 2000 年版，目录页。转引自邓君韬：《铁路事故监管责任研究——兼谈大部制改革对铁路检察实务的影响》，载《河北法学》2014 年第 6 期。

③ 参见黎宏：《刑法学各论》，法律出版社 2016 年版，第 56 页。

导，导致被监管者造成铁路运营安全事故，那么这些人就存在业务监督过失，有触犯铁路运营安全事故罪的可能。

实务中铁路运营安全事故罪的适用相比重大飞行事故罪稍多。[①] 但是，在其中大多数案例中，被追究刑事责任的都是操作失误的一线铁路职工。[②] 从判决书内容来看，这些案件中都不存在业务监督过失的问题。不过，有的案件涉及业务监督过失的问题。第一，在贾某铁路运营安全事故案中，被告人存在业务监督过失行为。被告人贾某明知某货物列车在龙门河车站的发车时间，却没有电话告知道口员将某某该次列车已经发车要进行看护，并且贾某在接到列车司机要通过的电话后，在明知并已能预见道口看护员可能来不及出场接车的情况下，没有执行道口看护员通知未果时预告司机减速运行的规定，而是通知列车司机正常通过并给列车开放道出站信号，然后才电话告知道口员该次列车要通过，致使道口员出场接车不及时未能防止该起事故的发生。[③]

《铁路技术管理规程》第二百七十六条规定："车站应不间断地接发列车，严格按列车运行图行车。接发列车时，车站值班员应亲自办理闭塞、布置进路（包括听取进路准备妥当的报告）、开闭信号、交接凭证、接送列车、指示发车或发车。由于设备或业务量关系，除布置进路（包括听取进路准备妥当的报告）外，其他各项工作可指派助理值班员、信号员或扳道员办理。"据此，车站值班员对负责布置进路之外的派助理值班员、信号员、扳道员负有相应的监督管理职责。

襄河站站长吴某的证言证实，贾某是 2004 年通过考试被任命为襄河站值班员，从 2009 年开始襄河站的值班员开始负责通知道口员的工作职责，贾某是老职工，清楚工作职责，之前工作中从未发生不通知的情况。法院认为，7 时 20 分该次列车从龙门河车站发车后，贾某没有确认闭塞机的闭塞灯已变红灯，而是将闭塞电话按键恢复定位，在中间站行车日志记录上该次列车从龙门车站发车时间为 7 时 20 分后，因感冒服药导致睡着，没有履行电话告知道口员将某某列车发车时间、坐岗监视列车、叫醒助理值班员的职责，致使道口员离开搬道房到工区打水，助理值班员在带班站长休息室睡觉，足以证实其失职且处置不当，是该起事故的第一责任人，应对该起事故的发生负重要责任。可见，在身为车站值班员的被告人贾某与道口员、助理值班员的工作衔接过程中，被告人贾某的失职中存在业务监管过失。

第二，在郝某等铁路运营安全事故案中，被告人也存在业务监督过失行为。2011 年 12 月 15 日 15 时 40 分，孝义铝矿自备机车在阳泉曲站 4 道挂 X25 辆集装箱空车回铝矿二

---

① 2021 年 7 月 12 日在威科网以"铁路运营安全事故罪"为刑事案由检索案例，共七个，分别是：第一，哈尔滨铁路运输中级法院刑事裁定书：（2019）黑 71 刑终 8 号；第二，哈尔滨铁路运输法院刑事判决书：（2019）黑 7101 刑初 5 号；第三，黑龙江省哈尔滨市南岗区人民法院刑事判决书：（2018）黑 0103 刑初 877 号；第四，安康铁路运输法院刑事判决书：（2017）陕 7101 刑初 2 号；第五，临汾铁路运输法院刑事判决书：（2016）晋 7101 刑初 10 号；第六，哈尔滨铁路运输法院刑事判决书：（2015）哈铁刑初字第 15 号；第七，黑龙江省黑河市中级人民法院刑事裁定书：（2014）黑中刑一终字第 22 号。

② 七个案例中，有五个是因为铁路道口员工作失误，致使火车与汽车相撞，进而追究了道口员铁路运营安全事故罪的刑事责任。

③ 参见黑龙江省黑河市中级人民法院刑事裁定书：（2014）黑中刑一终字第 22 号。

期专用铁路线，16 时 20 分，该调车列因制动无效溜回阳泉曲站内与 1 道停留的 DF 机车相撞，造成 4 辆货车和 DF 机车脱轨，直接经济损失人民币 240.60406 万元，此次事故系被告人郝某峰、白某、张某分别违反铁路规章制度、简化操作程序所导致。具体而言，被告人郝某峰系孝义铝矿当班调车长，在负责机车与车辆的连挂时，未打开机车折角塞门，未确认调车列制动贯通状态，盲目显示启动信号，导致列车制动无效，是事故发生的原因之一；被告人白某系孝义铝矿当班机车司机，在自备机车挂车后，未按规定进行列车制动机试验，在列尾与机车未建立一对一关系的情况下，盲目开车，造成列车溜逸并相撞事故的发生；被告人张某系孝义铝矿当班调车连结员，在负责列尾作业过程中，简化操作程序，未按规定配合司机进行列车制动机试验，亦是列车溜逸事故发生的原因之一。[①]

《铁路技术管理规程》第二百二十二条规定："调车作业由调车长单一指挥。利用本务机车进行调车作业时，可由车站值班员或助理值班员担任指挥工作。遇有特殊情况，可由有任免权限的单位鉴定、考试合格的连结员代替。"第二百二十三条规定："调车长在调车作业前，必须亲自并督促组内人员充分做好准备，认真进行检查。在作业中应做到：1. 组织调车人员正确及时地完成调车任务；2. 正确及时地显示信号（发出指令），指挥调车机车的行动；3. 负责调车人员的人身安全和行车安全。"据此，调车长对进行调车作业的人员负有相应的监督管理职责。可见，身为当班调车长的被告人郝某峰负有相应的监督管理职责。不过，该案中其不仅存在业务监督过失行为，也存在直接的操作失误行为，所以是直接过失与间接性的业务监督过失的重合。

另外还有一个案例值得注意，其中的被告人存在典型的业务监督过失。2000 年 6 月 13 日，被告人蒋某云、徐某艾、马某运负责兰新线 k644+345m 处新建 1M～4.0M 框架桥工程的施工工作。在施工中蒋某云与徐某艾、马某运商议，擅自决定利用列车运行间隙，将原计划用两天时间完成的抽换枕木作业，改为一天完成。6 月 14 日 15 时许，三人在既没有掌握兰新线 k644+345m 处下行无缝线路轨温已超过锁定轨温值，又没有对施工精心组织防护、合理分工的情况下，盲目违章作业，致使施工现场管理混乱。出现了胀轨、k644+348.24m 处连续两根轨枕两端无道钉固定、k644+352m 处连续四根轨枕无垫板、道钉固定，轨枕与钢轨之间最大间隙达 70mm 的现象。当三人发现情况后，既没有组织民工采取补救措施，又没有采取有效的防护措施，而是盲目轻信列车能够通过，加之 X295 次行包专列 8 至 18 位 11 辆车存在严重超载和偏载现象，致使该次列车于 17 时 12 分行至兰新线 k644+352m 处时，发生颠覆。

法院认为，该次列车脱轨重大事故的主要原因是违章蛮干造成枕木缺钉、线路失稳、胀轨跑道；列车严重超载、偏载也是本次事故发生的原因之一。被告人蒋某云身为施工现场的负责人，违反规章制度，擅自变更作业计划，盲目追求进度，致使发生铁路运营事故，造成严重后果；被告人徐某艾身为施工现场负责技术的工作人员，违反规章制度，致使现场出现胀轨、连续四根轨枕无垫板、道钉，造成线路失稳，而不采取有效防护措施，导致重大行车事故发生，造成严重后果；被告人马某运身为承包方的现场负责人，违反铁路规章制度隔六抽一的规定，致使施工现场出现连续二根轨枕无道钉、连续四根轨枕无垫

---

① 参见临汾铁路运输法院刑事判决书：（2016）晋 7101 刑初 10 号。

板、道钉的现象，导致铁路行车重大事故，造成严重后果。三人的行为均已构成铁路运营安全事故罪。[①]

在本案中，被告人蒋某云乃施工现场的负责人，被告人马某运乃承包方的现场负责人。被告人蒋某云担任兰州工务大修段六队领工员，领工员的工作标准是：领工员在队长领导下，组织领导所属工班努力完成各项生产任务。被告人马某运担任兰州市西固区第三建筑安装工程公司第二工程处处长，该公司的工程处长岗位安全责任制规定，工程处长对本处的安全生产活动负全面责任，在施工中实行全面管理，包括生产组织、工程质量、安全技术、人员管理，对承建单位工程项目的施工安全技术措施，负责监督检查落实，消除不安全因素。由此可见，两人均对抽换轨枕作业负有监管责任，但均指导失误，存在明显的监督过失。另外，公诉机关认为被告人蒋某云、徐某艾身为铁路职工，触犯铁路运营安全事故罪；被告人马某运身为民工的负责人，触犯重大责任事故罪。可以看到这里出现了铁路运营安全事故罪之犯罪主体的认定争议。法院认为，被告人马某运从事的工作直接和铁路运营安全紧密相关，且其行为受铁路桥隧施工合同的约束，应视为铁路职工，其行为构成铁路运营安全事故罪。法院的意见是正确的。

二、铁路运营安全事故中业务监督过失犯罪的因果关系

如前所述，业务监督过失犯罪的因果关系应根据客观归属理论来判断。亦即，判断监管者违反监督管理职责的行为是否制造了不被刑法允许的危险，被监管者实施违规行为而导致的危害结果是否能归属于监管者制造危险的行为。只是，在监管者所制造的不被刑法允许的危险与处于规范保护目的范围之内的危害结果之间，因为存在被监管者的违规行为，所以于监管者而言，该危险的实现在事实上具有"间接性"。有时这种间接性可能会影响将危害结果归属于监管者的监督过失行为，而运用客观归属理论中的危险增加理论可以较好地解决这一问题。下面以"4·28"胶济铁路特别重大交通事故中被告人郭某某的刑事责任为例进行分析。

之所以选取该案，一是因为，郭某某的行为同时符合铁路运营安全事故罪与玩忽职守罪，存在特殊的竞合问题。二是因为，由于是一行为同时触犯两罪的想象竞合犯，在与行为有关的因果关系的判断中，玩忽职守罪的因果关系的认定较铁路运营安全事故罪而言相对宽松，所以以同一行为（并且也是相同的危害结果）为基础对比两罪的因果关系的认定，更能突显出以客观归属理论之危险增加理论进行判断的合理性。

对于监督过失而言，有业务监督过失与职务监督过失之分。用以规制职务监督过失行为的罪名集中在分则第九章渎职罪中，例如，玩忽职守罪、失职致使在押人员脱逃罪、国家机关工作人员签订、履行合同失职被骗罪、环境监管失职罪、食品监管渎职罪、传染病防治失职罪、商检失职罪、动植物检疫失职罪、失职造成珍贵文物损毁、流失罪等。一般情况下，由于渎职犯罪的犯罪主体必须是"国家机关工作人员"，所以业务监督过失与职务监督过失较易区分，在罪名的适用上没有太大疑义，至少不具有国家机关工作人员身份

---

① 参见武威铁路运输法院刑事判决书：（2000）武铁刑初字第 39 号，载北大法宝网，https：//pkulaw. com/pfnl/a25051f3312b07f33c6df58fc161ebeb0b43e0a5388fb18cbdfb. html，2021 年 4 月 19 日访问。

的监管者在罪名适用的选择上并不会涉及相关渎职犯罪。但是，符合渎职犯罪之主体要件的监管者却会因为通常用来规制业务监督过失行为的犯罪没有限定特殊主体而面临同时触犯渎职犯罪与非渎职犯罪的问题，例如，教育设施重大安全事故罪。而在铁路运营安全事故罪中，由于铁路系统较为复杂，业务、公务有时会出现混杂的情况，特别是铁路职工又涵盖了管理人员，而正是管理人员中会出现业务、公务的混杂情形，所以业务型监督过失与职务型监督过失在特殊情形下就会发生竞合问题。"4·28"胶济铁路特别重大交通事故中原任济南铁路局副局长的郭某某的行为同时符合铁路运营安全事故罪与玩忽职守罪就是适例。

2008年4月28日4时41分，北京开往青岛的T195次旅客列车运行至山东境内胶济铁路周村至王村间脱线，第9节至17节车厢在铁路弯道处脱轨，冲向上行线路基外侧。此时，正常运行的烟台至徐州的5034次旅客列车刹车不及、与脱轨车辆发生撞击，机车和第1至第5节车厢脱轨。胶济铁路列车相撞事故造成72人死亡，416人受伤。①

据《"4·28"胶济铁路特别重大交通事故事故调查报告》②，该次事故的原因如下。第一，T195次列车严重超速。在本应限速80公里每小时的路段，实际时速高达131公里每小时，这是导致该次事故发生的直接原因；第二，调度命令传递混乱。济南铁路局4月23日印发了《关于实行胶济线施工调整列车运行图的通知》，其中包含对该路段限速80公里的内容，但该通知仅在局域网上发布，对外局及相关单位以普通信件的方式传递；从23日到28日，济南铁路局在大约五天的时间里连发三道命令，从限制速度到解除限速，随后又再次限速；列车调度员对"胶济线施工路段临时限速"的命令传达存在玩忽职守，命令最终未能传达到T195次列车乘务员。第三，漏发调度命令。济南局列车调度员在接到有关列车司机反映现场临时限速与运行监控器数据不符时，4月28日4时02分济南局补发了该段限速每小时80公里的调度命令，但该命令没有发给T195次机车乘务员；而王村站值班员对最新临时限速命令未与T195次司机进行确认，也未认真执行车机联控。第四，T195次列车司机没有认真瞭望。其在时速131公里的列车上没有看到插在路边的直径约为30厘米的黄底黑字"临时限速牌"，失去了防止事故发生的最终时机。第五，事发路线是一条呈"S"形的临时线路，该临时线路的工程质量不过关。

青岛铁路运输法院经审理查明，胶济铁路特别重大交通事故因多个环节违规造成。法院认为，原北京机务段机车司机李某某、原王村站助理值班员崔某某、原王村站值班员张某某、原济南铁路局调度所列车调度员蒲某某、原济南铁路局调度所施工调度员郑某某、原济南铁路局副局长郭某某身为铁路职工，违反铁路规章制度，导致发生特别重大交通事

---

① 参见《4·28胶济铁路特别重大交通事故》，载百度百科，https：//baike.baidu.com/item/4%C2%B728%E8%83%B6%E6%B5%8E%E9%93%81%E8%B7%AF%E7%89%B9%E5%88%AB%E9%87%8D%E5%A4%A7%E4%BA%A4%E9%80%9A%E4%BA%8B%E6%95%85/5209613？fr=aladdin，2021年7月12日访问。

② 载百度文库，https：//wenku.baidu.com/view/e89e03af504de518964bcf84b9d528ea81c72fc0.html，2021年7月12日访问。

故，后果特别严重，均构成铁路运营安全事故罪。[1]

在本案中，由于被告人郭某某原任济南铁路局副局长，公众疑惑的是为什么没有按渎职罪中的玩忽职守罪追究其刑事责任？对该疑惑，有观点指出，铁道部下属的铁路局都是独立的企业法人，其领导人不属于法律意义上的国家机关工作人员。[2] 但是，有论者认为，对渎职罪犯罪主体的认定应采取"公务论"而非"身份论"，[3] 既然依照《铁路安全监督管理办公室职责规定》规定，被告人郭某某作为原铁路局副局长还同时兼任安全监督管理办公室副主任，负责分管与业务有关的安全监督管理工作，[4] 那么其在开展"铁路安全监督管理"活动时显然属于"依法执行公务"，若违背职责要求、玩忽职守致使公共财产、国家和人民利益遭受重大损失构成犯罪的，当然触犯渎职罪。[5] 所以，被告人郭某某的行为既符合铁路运营安全事故罪，也符合玩忽职守罪。对铁路运输安全负有法定监管责任的行为人以玩忽职守罪认定更具合理性与现实意义。[6] 也有论者指出，铁路检察机关查处铁路渎职犯罪较少，其中一个重要原因就是对渎职罪犯罪主体采用"身份论"，认为铁路系统是运输企业，不符合渎职犯罪的主体要件，所以，将"公务论"作为界定铁路系统渎职罪主体的标准是解决问题的关键，铁道部机关具有管理职权的人员、铁路局机关具有管理职权的人员、铁路局内站段一级领导等履行管理职权但失职的人员均是渎职罪的适格主体。[7]

根据《全国人民代表大会常务委员会关于〈中华人民共和国刑法〉第九章渎职罪主体适用问题的解释》，[8] 可以认为最高立法机关对渎职罪主体的认定已经采取了"公务

---

[1]　参见《4·28 胶济铁路特别重大交通事故案一审宣判》，载中国法院网，https：//www.chinacourt.org/article/detail/2009/12/id/384033.shtml，2021 年 7 月 12 日访问。

[2]　参见陈煜儒：《胶济铁路事故刑事责任追究展开 6 人涉嫌犯罪被刑拘》，载《法制日报》2008年 5 月 12 日第 1 版。

[3]　参见邓君韬：《铁路事故监管责任研究——兼谈大部制改革对铁路检察实务的影响》，载《河北法学》2014 年第 6 期。

[4]　参见陈佳、邓君韬：《从监督过失理论再谈"4·28"胶济铁路事故判决》，载《经济研究导刊》2012 年第 25 期。

[5]　参见邓君韬：《铁路事故监管责任研究——兼谈大部制改革对铁路检察实务的影响》，载《河北法学》2014 年第 6 期。

[6]　参见邓君韬：《铁路事故监管责任研究——兼谈大部制改革对铁路检察实务的影响》，载《河北法学》2014 年第 6 期。但是，在论者署名的另一篇文章中，认为郭某某并没有违反法律明确规定的规章制度，法院认定其犯铁路运营安全事故罪不当，应对其以玩忽职守罪定罪处罚（参见陈佳、邓君韬：《从监督过失理论再谈"4·28"胶济铁路事故判决》，载《经济研究导刊》2012 年第 25 期）。两文观点的不同之处在于，前文认为郭某某的行为同时符合铁路运营安全事故罪与玩忽职守罪，应按照玩忽职守罪定罪处罚；后文认为，郭某某的行为不构成符合铁路运营安全事故罪，只构成玩忽职守罪。

[7]　参见赵征东：《渎职罪主体宜采"公务论"标准》，载《检察日报》2009 年 2 月 24 日第 3 版。

[8]　"在依照法律、法规规定行使国家行政管理职权的组织中从事公务的人员，或者在受国家机关委托代表国家机关行使职权的组织中从事公务的人员，或者虽未列入国家机关人员编制但在国家机关中从事公务的人员，在代表国家机关行使职权时，有渎职行为，构成犯罪的，依照刑法关于渎职罪的规定追究刑事责任。"

论"。正如论者所言："行为人是否属于国家机关工作人员，不是取决于其固定身份，而是取决于从事活动的内容及其根据。"① 所以，被告人郭某某是玩忽职守罪的适格主体并无疑义。同时该案也提示我们，渎职罪的主体认定需要具体情况具体分析。亦即，我国当前公权运作生态现状复杂多变，实际发生的渎职案中，主体表现形式具体多样，所以渎职罪的主体认定，不单纯是一个刑法问题，而是与公务职责密切相关、与国家管理体制、权力运作方式密切相关的系统判断，它要求跳出刑法语境，结合人事制度、机构设置、运作程序等实际情况，具体分析，综合定论。②

但值得注意的是，有论者认为，郭某某虽然属于管理人员，但其签发文件的行为应该与铁路运营安全没有直接联系（因为与铁路运营安全有实质性联系的应是制定文件的行为），郭某某并未违反漏签、不签或者延迟签发文件的职责，造成事故发生的原因是文件传达的混乱、调度员遗漏传达命令等，所以，郭某某并没有违反法律明确规定的规章制度，法院认定其犯铁路运营安全事故罪不当。根据监督过失理论，郭某某处于监督管理地位，属于特定职责人，负有监督管理的特殊职能，其应当履行注意义务而未履行，应对其以玩忽职守罪定罪处罚。③ 可见，论者认为郭某某签发文件的行为与事故发生"没有直接联系"，不符合铁路运营安全事故罪中"违反规章制度"的要件；但是，郭某某确实存在未正确履行监督管理职责的行为，而该行为无论是否与事故发生有"直接"关联，都符合玩忽职守罪的构成要件（因为论者并未提及玩忽职守罪的认定是否需要郭某某的行为与事故发生有"直接关联"，所以可以表明论者实际上是认为只要两者之间有关联即可）。

但问题或许不在于郭某某是否有"违反规章制度"的行为，而在于论者所理解的两罪的因果关系有别。本案中郭某某仅有一个行为，既然认为郭某某未正确履行监督管理职责，那么郭某某必然存在违反规定的行为，而该行为恰好需要依据铁路方面的规章制度来认定。论者既然认为郭某某玩忽职守的行为"致使公共财产、国家和人民利益遭受重大损失"，同时又不认为郭某某未正确履行监督管理特殊职能的行为"致使发生铁路运营安全事故"，就意味着论者实际上是对同一行为的同一结果归属问题做了不同的理解：玩忽职守罪中的结果归属较铁路运营安全事故罪中的结果归属更为宽松。其核心论点是造成事故发生的原因是文件传达的混乱、调度员遗漏传达命令等，郭某某签发文件的行为与铁路运营安全没有"直接"联系。

但该理解存在疑问。第一，断然切割"签发文件"的行为与"制定文件"的行为，并认为与铁路运营安全有实质性联系的是制定文件的行为而非签发文件的行为，进而认为郭某某既然并未漏签、不签或延签就没有违职责是否合适？不合适。郭某某既然是签发文件之人，就证明其是所签发内容的责任人。再者，签发文件的行为固然存在问题，因为限速应该以"临时限速命令"的形式而不是"文件"的形式发布，济南铁道局"用文件代

---

① 张明楷：《刑法学》（下），法律出版社 2016 年版，第 1238 页。

② 参见魏颖华、李莉：《论渎职罪主体的刑事司法判断》，载《中国刑事法杂志》2011 年第 8 期。

③ 参见陈佳、邓君韬：《从监督过失理论再谈"4·28"胶济铁路事故判决》，载《经济研究导刊》2012 年第 25 期。

替临时限速命令"的做法极不严肃,① 但是不论载体形式为何,传达实质的限速内容的过程中存在极不规范的情形才是更重要的事故发生原因,而作为签发人,郭某某不可能不对所签发内容的传达负监管责任。第二,为何在铁路运营安全事故罪的构成要件该当性判断中,仅提到郭某某签发文件的行为,而不提及其未正确履行监督管理职责的行为?事实上,整个事件中郭某某只有一个行为,即未正确履行监督管理职责的行为,只是这一社会意义上的行为由许多具体的举动所组成。这些举动共同反映了郭某某未正确履行监督管理职责。第三,郭某某未正确履行监督管理职责的行为是否因为与铁路运用安全没有"直接"联系就不能构成铁路运营安全事故罪?郭某某未正确履行监督管理职责的行为是否没有增加一线铁路职工实施违规行为导致事故发生的危险?

据有关资料,济南铁路局对施工文件、调度命令的管理及传达系统存在着严重缺陷,有论者指出,也正是这样的"组织因素"造成了管理高层职务行为中的随意性。② 那么,对确保调度命令的发布及传达负有管理职责、对具体传达调度命令的人员负有监督职责的人员未正确履行监督管理职责的行为就存在监督过失。从事故原因的分析来看,调度命令传达混乱是导致事故发生的重要原因。原王村站助理值班员崔某某、原王村站值班员张某某、原济南铁路局调度所列车调度员蒲某某、原济南铁路局调度所施工调度员郑某某在整个调度命令传达的过程中确实存在违反规章制度的情形,理应追究他们铁路运营安全事故罪的刑事责任。但是,他们的严重不负责任不仅表明他们自身存在过失,而且还表明了管理系统的混乱。而管理系统的混乱恰恰又证明了对该系统负有管理职责、对系统内具体工作人员负有监督职责的人员存在监督过失。这种不恰当的管理和监督,明显增加了一线铁路职工实施违规行为进而导致最终事故发生的危险。所以重点不在于监管者的不当监管行为与事故的发生究竟是否具有"直接"关联,而是该行为是否增加了刑法所不允许的危险。因为从事实来看,这种不当监管行为与事故的发生确实只有"间接"关联,超速才与事故的发生具有"直接"关联。而如果仅仅将研究目光局限在"直接"或"间接"的界定上,并认为只有"直接"关联才足以认定因果关系,那么恐怕连上述值班员的行为都不能认为符合了铁路运营安全事故罪的构成要件。

有论者一方面认为,铁路安全事故的发生往往不仅有直接负责列车运行等职工的责任,也可能有其他的诸如铁路信号缺陷等责任,所以监管铁路正常运行的领导对于铁路事故的发生也负有不可推卸的责任,应当对其进行监管领导责任的追究;另一方面又认为,判断铁路职工是否符合本罪的主体要件,关键点不在于其有没有在铁路一线工作,而在于该职工的违法违规行为是否在其从事铁路运输安全的过程中出现,对铁路运营安全事故的发生有没有"直接"的因果关系。③ 简言之,其一方面认为监管者对事故的发生负有责任

---

① 参见刘湘丽:《安全事故的人为因素与组织因素——4·28 胶济铁路事故试析》,载《经济管理》2008 年第 21~22 期。

② 参见刘湘丽:《安全事故的人为因素与组织因素——4·28 胶济铁路事故试析》,载《经济管理》2008 年第 21~22 期。

③ 参见刘森雨:《胶济铁路事故中的刑事责任分析》,西南交通大学 2012 年硕士学位论文,第 23 页。

（并认为郭某某兼具国家机关工作人员和铁路职工的性质，其行为同时触犯了玩忽职守罪和铁路运营安全事故罪①），另一方面又认为铁路运营安全事故罪的犯罪主体需要与危害结果的发生有"直接"因果关系。这是前后矛盾的，因为监管者与事故的发生没有直接因果关系。可见，混淆事实上的直接或间接因果关系与刑法上的因果关系，不利于构成要件结果的归属。只有跳脱出直接或间接的"纠缠"，运用危险增加理论判断构成要件结果的归属，才能正确认定业务监督过失犯罪中的因果关系。

第三节　交通肇事中的业务监督过失犯罪

一、交通肇事罪概述

交通肇事中的业务监督过失犯罪存在于交通肇事罪之中，是交通肇事罪中具有特定监督管理义务主体所实施的犯罪行为，因此，研究交通肇事中的业务监督过失犯罪首先需要明确交通肇事罪的相关构成要件。

首先，本罪所侵犯的客体是交通运输安全。然而，学界对"交通运输"具体范围却有着不同的解释。有人认为"交通运输"是指"与一定的交通设备相联系的公路、水上交通运输，而不包括铁路和空中交通运输"。② 也有人认为，"交通运输"包括铁路、公路、水上、航空、管道（石油、天然气）运输。③ 不同见解争论的焦点在于交通肇事罪的客体是否包括航空、铁路交通运输。因为《刑法》已在第一百三十一条及一百三十二条分别规定了重大飞行事故罪与铁路运营安全事故罪，而对于发生在铁路、航空运输领域的犯罪，是应根据交通肇事罪进行定罪量刑还是适用《刑法》第三十一条或第一百三十二条之规定，是一个值得考量的问题。在我国 1979 年《刑法》中，只在第一百一十三条规定了交通肇事罪，一般认为，其侵犯的客体是交通运输安全，包括航空、铁路、公路、城市交通以及水上交通运输的安全。而 1997 年《刑法》除交通肇事罪之外，增加了重大飞行事故罪和铁路运营安全事故罪，对于危害航空、铁路运输安全的交通运输重大事故，构成犯罪的，应当分别依照《刑法》第一百三十一条、第一百三十二条的规定处理。这两条规定看似限定了交通肇事罪的客体范围，即限于公路、水上和城市交通运输安全，而将航空、铁路交通运输安全排除在外，事实上，从对法条的分析来看，《刑法》第一百三十一条及一百三十二条的规制主体是特定的主体，即航空人员和铁路职工。也就是说，对于航空人员和铁路职工这两类特定主体在航空运输和铁路运输中发生重大交通责任事故，应根据这两条进行定罪。但是，这并不排斥一般主体在航空运输和铁路运输中违反保障铁路运营安全、飞行安全的规章制度可以构成交通肇事罪。④ 张明楷教授也指出："航空人员、

---

① 参见刘森雨：《胶济铁路事故中的刑事责任分析》，西南交通大学 2012 年硕士学位论文，第 31 页。

② 参见赵秉志主编：《中国刑法案例与学理研究——分则篇》，法律出版社 2001 年版，第 233 页。

③ 参见高铭暄、马克昌主编：《刑法学》，北京大学出版社 2019 年版，第 353 页。

④ 参见高铭暄、马克昌主编：《刑法学》，北京大学出版社 2019 年版，第 352 页。

铁路职工以外的人员造成重大飞行事故或铁路运营事故的，成立本罪；航空人员违反交通运输法规，造成飞行事故以外的交通事故的，成立本罪；铁路职工违反交通运输法规，造成铁路运营安全事故以外的交通事故的，成立本罪。"① 综上，交通肇事罪的客体是交通运输安全，而交通运输的范围应从一般意义上来理解，即包括航空、铁路、公路、水上、管道运输。

其次，本罪的客观方面表现为行为人违反交通运输管理法规，因而发生重大交通事故，致人重伤、死亡或者使公共财产遭受重大损失的行为。其中，重大交通事故必须发生在交通运输过程中以及与交通运输有直接关系的活动中。虽然刑法对交通肇事罪的发生场所并没有明确规定。但一般而言，本罪的成立要求发生在交通运输活动的过程中。如果与交通运输活动没有直接联系，例如，在自家大院、驾校场地、地下停车场等场所，造成交通事故的，一般不构成交通肇事罪。此外，在利用非交通工具从事交通运输违章造成重大事故的情形中，能否以本罪论处？例如，张三夜晚骑自行车由西向东经过某一路段的转弯口，此时，李四骑电动车从对面开过来，但张三由于没有在转弯过程中让道路内正常行驶的汽车优先通过，从而与骑电动车的李四相撞，导致李四死亡。在这一案例中，有人认为自行车车速较慢，并非交通运输工具，因此并不能认定张三构成交通肇事罪，只能以过失致人死亡罪追究其责任。也有人认为，张三构成交通肇事罪，因为其虽然骑的是自行车，但是违反了交通运输管理法规，造成了被害人的重伤和死亡，理应追究其交通肇事责任。笔者认为，随着我国道路交通的发展，交通事故越来越多，构成交通肇事罪的主体范围也应扩大。无论是机动车驾驶人员还是非机动车驾驶人员，只要其行为违反了交通运输管理法规，存在过失的心理状态，造成了严重的社会危害结果，都应构成交通肇事罪。

再次，本罪的主体是指从事交通运输的人员。而对于非交通运输人员能否成立本罪的主体，1979 年《刑法》第一百一十三条第一款规定交通肇事罪的主体是"从事交通运输的人员"，第二款又规定"非交通运输人员犯前款罪的，依照前款规定处罚"。1997 年《刑法》从立法技术上作了改变，第一百三十三条对本罪不写明主体，表明其主体既可以是交通运输人员，也可以是非交通运输人员，故从我国的立法上来看，非交通运输人员也可以成为本罪的主体，即本罪的主体是一般主体。其实，认定某人是否构成交通肇事罪，关键不是看其有无特殊的身份资格，而是看其所从事的活动是否属于交通运输活动或者与交通运输活动相联系，以及是否违反了交通运输管理法规，造成了交通事故的严重后果。也就是说，不论是什么人，只要其行为符合《刑法》第一百三十三条的主客观要件，并且达到法定年龄，有责任能力，就应以交通肇事罪论处。但区别交通运输人员与非交通运输人员也具有一定的意义，如在航空、铁路运输领域，一般主体如果违反了相关规定，成立本罪；如果是航空人员和铁路人员等特殊主体，则成立重大飞行事故罪或铁路运营安全事故罪。

最后，本罪的主观方面是过失，包括疏忽大意的过失和过于自信的过失两种情形。即应当预见自己违反交通运输管理法规的行为会造成严重的危害结果，但因疏忽大意没有预见或者已经预见到这种严重的危害结果却轻信可以避免。这里的过失，是就行为人对行为

---

① 参见张明楷：《刑法学》（下），法律出版社 2016 年版，第 719 页。

可能造成的严重后果而言的。就行为人违反交通运输管理法规的行为本身来看，司法实践中往往是明知故犯。例如，行为人明知不准强行超车却强行超车；明知酒后不能驾车却在喝醉酒后开车；明知行驶中遇到情况应该鸣笛、减速或者避让，却不采取任何措施等。这在日常生活中可以说是"故意"的，但不成立刑法上的故意，在这种情况下，行为人对行为可能引起的结果往往是轻信能够避免，因而在罪过形式上仍然是过失。如果行为人对违规所造成的后果持故意的态度，那么就不能认定为交通肇事罪。

二、交通肇事中业务监督过失犯罪的主体

业务监督过失犯罪主体作为这一类型犯罪的构成要件之一，对业务监督过失责任的追究具有重要的意义。其虽然只是一个学理上的概念，但具体内容仍可从刑法分则的相关条文之中体现出来。就交通肇事中的业务监督过失犯罪而言，其犯罪主体也存在于交通肇事罪的犯罪主体之中。如前所述，交通肇事罪不属于身份犯，交通运输人员及其他相关的非交通运输人员也可以成为本罪的主体。即在交通运输犯的认定过程中，关键在于明确其是否从事了交通运输活动或者与这种业务活动相联系，是否违反了交通运输法规并造成了重大的交通事故。因此，那些对于交通工具具有监督管理职责的非交通运输人员如单位主管人员、借给他人车辆的车辆所有人、强令他人违章驾驶的人等就成为交通肇事中业务监督过失责任的主体。其法律依据主要为最高人民法院于 2000 年颁布的《关于审理交通肇事刑事案件具体应用法律等问题的解释》（以下简称《交通案件解释》）第七条之规定。[①]条文中的单位主管人员、机动车辆所有人或者机动车辆承包人并不直接驾驶机动车，而是处于管理、监督直接驾驶人的地位，当其指示、强令他人违章驾驶而造成重大交通事故之时，构成交通肇事罪，对其处罚的依据就来源于监督过失理论。

但该条文在适用过程中也出现了一些争议。一种观点认为，第七条中的指使、强令他人违章驾驶仅限于单位主管人员、机动车辆所有人或者机动车辆承包人与违章驾驶人员同在现场的情形，并不包括上述人员不在现场的情况下所发出的指使和强令。另一种观点认为，无论单位主管人员、机动车辆所有人或者机动车辆承包人与违章驾驶人员是否同在现场，其只要指使、强令违章驾驶人员违章驾驶，造成了严重的交通事故，都应承担刑事责任。我们认为，第二种观点值得肯定，理由如下：首先，从司法实践来看，主管人员是否在现场，并不是适用监督过失的必要条件，只要其违反了对车辆驾驶人员的监督管理义务，都应承担业务监督过失责任。实际上，在众多的司法案例中，被告人虽然没有在驾驶现场，但其只要实施了指使、强令他人违章驾驶的行为，就会受到刑法的制裁。例如，黄某交通肇事罪一案。[②]本案的基本案情为：被告人黄某明知其所有的三轮摩托车属无号牌车辆，仍指使同案人陈某 1 驾驶该车上路运载猪肉。2020 年 5 月 4 日 5 时许，同案人陈某 1 驾驶与准驾车型不符的被告人黄某所有的无号牌三轮摩托车从潮揭公路往白竹村委方向行驶，途经汕头市潮阳区某某某工业区路段时，与行人陈某 2 发生碰撞，造成被害人陈某

---

① 该解释第七条规定："单位主管人员，机动车辆所有人或者机动车辆承包人指使、强令他人违章驾驶造成重大交通事故，具有本解释第二条规定情形之一的，以交通肇事罪定罪处罚。"

② 参见广东省汕头市潮阳区人民法院刑事判决书：（2021）粤 0513 刑初 53 号。

2 受伤住院。事故发生后，陈某 1 驾车逃离现场，法院最终判处被告人黄某犯交通肇事罪。在本案中，被告人黄某明知其所有的车辆属无号牌车辆，仍指使他人违章驾驶，造成重大交通事故，虽然其并没有与陈某 1 同行，但仍然受到了刑法的制裁，可见实践中主管人员并不会因为与违章驾驶人员不在同一现场而免于追责。其次，从刑法的解释来看，对刑法的解释应当遵循法条文字的基本意思，不能随意限缩，而《交通案件解释》第七条的规定从字面意思上来看，并没有明确规定主管人员必须在当场指使或者强令，因此，将其理解为不在现场的指使、强令，从法理上来看，并无不妥。最后，从立法的目的来看，当前我国交通领域安全问题频发，而如何查处交通事故背后监管者的领导责任已成为不容回避的问题。因此，为了有效追究交通领域直接肇事者背后的监管人员责任，减少交通领域风险事故的发生，有必要扩张本条的适用范围，针对那些指使、强令他人违章驾驶的主管人员，尽管其不在驾驶当场或事故现场，仍然要追究其监督过失责任。

此外，车主如果将自己的机动车交给酒醉者、无驾驶资格者驾驶，造成重大交通事故的，车主也成立业务监督过失犯罪。因为当车主将自己的汽车交给醉酒者或无驾驶资格者驾驶时，就应当预见其有可能造成交通肇事的危险，其具有预见交通事故发生的可能性，也有义务采取措施防止交通事故的发生。如果没有履行这种结果回避上的义务，就应承担监督过失责任。近年来，随着社会发展、经济水平的提高，机动车数量增加，随之而来的是恶性交通肇事案件不断涌现，一些机动车辆由于成本低、易操控而在车辆管理、人员监督方面极易出现漏洞，而这些正在成为刑法追究相关监督管理人员刑事责任的客观基础。例如，张某交通肇事案。① 本案基本案情为：2014 年 11 月 20 日，被告人张某因订婚与冯某等人驱车到阳城乡董家庄村；返回时，被告人张某明知冯某饮酒，仍让冯驾驶其中华牌小型轿车，并载张某、雷某（张某未婚妻）、白某（雷某朋友）。当日 11 时 20 分许，行驶至某路段处时，另一被告人张某红驾驶解放牌重型仓栅式半挂车因超速、超载，未让优先通行的车辆先行，与左转弯掉头后冯某驾驶的中华小轿车发生碰撞，造成冯某、雷某、白某当场死亡，张某受伤，双方车辆损坏的重大交通事故。在本案中，张某为肇事车辆所有人，其在明知司机冯某饮酒仍指使其驾驶车辆，而张某对事故的安全隐患具有实际的支配控制作用，也具有对酒后驾车可能造成交通事故的危害结果的预见义务，但其忽视了这项结果预见义务，作为车辆实际控制人也没有采取措施，如找没有喝酒的其他人代替冯某开车或者等冯某酒醒后再开车，没有履行结果回避义务，故其作为车辆所有人应被追究业务监督过失责任。故在本案中，法院认为，被告人张某作为机动车所有人，明知他人饮酒，仍指使他人违章驾驶造成重大交通事故，依法应以交通肇事罪定罪处罚，其行为构成交通肇事罪，判处其有期徒刑十个月，缓刑一年八个月。

最后，需要讨论的一个问题是单位能否成为交通肇事中业务监督过失犯罪的主体？对这一问题，学界主要存在否定说和肯定说两种观点。否定说认为只有自然人才能成为危及交通安全犯罪的主体，排除单位犯此类犯罪的可能性。目前，我国刑法即采用此种观点，如我国《刑法》第一百一十九条、第一百三十一条、第一百三十二条、第一百三十三条等罪名的主体都是一般自然人。除我国刑法之外，日本刑法也持否定说，因为日本刑法虽

---

① 参见山西省汾阳市人民法院刑事判决书：（2015）汾刑初字第 95 号。

然也承认了单位犯罪，只是在行政刑法中承认，但刑法典本身却并没有承认单位犯罪，故刑法典中的犯罪都不处罚单位，如刑法典第十一章的"妨碍交通罪"、第二十八章过失伤害致死罪中的"业务过失致死罪""业务过失致伤罪"等都是以自然人作为处罚对象。肯定说则认为单位能够成为危及交通安全犯罪的主体，英美法系国家大多持有这种观点。例如，在英国伊利洛斯州豪拉格中央铁路公司案件中，就承认了单位构成暴力犯罪的可能性。此后，就出现了单位被判帮助和唆使危险驾驶汽车造成死亡罪的判例。① 印度刑法也承认单位能够成为交通案件中的犯罪主体，根据其第十一条的规定，"人"一词在刑法中的含义十分广泛，不仅包括了自然人，也包括了任何公司、法人团体或者非法人团体。而其第二百七十九条规定，无论任何人，在公共道路上，以粗野或漫不经心的方式驾驶或乘骑车辆，以致危及他人生命，或引起他人损害的，可处以 6 个月监禁或 1000 卢比以下的罚金，或者二者并处。在上述犯罪中，如果主体是自然人犯罪，处以自由刑或罚金，如果是单位，则单处罚金。在大陆法系国家，1994 年的法国刑法典也规定了单位可以成为危及交通安全犯罪的主体。因为法国刑法并没有专门规定危及交通安全的犯罪，对相关行为的处罚则参考一般的过失犯罪。如刑法第 222-19 条规定，因笨拙失误，轻率不慎，缺乏注意，漫息疏忽，或者因未履行法律或条例强制规定的安全或审慎义务，致他人在超过 3 个月时间里完全丧失工作能力的，处 2 年监禁并科 20 万法郎罚金。蓄意不履行法律或条例强制规定的安全或审慎义务者，可处刑罚加至 3 年监禁并科 30 万法郎罚金。第 222-20 条规定，蓄意不履行法律或条例强制规定的安全或审慎义务者，致他人在 3 个月或 3 个月时间里完全丧失工作能力的，处 1 年监禁并科 10 万法郎罚金。第 222-21 条规定，法人得依第 121-2 条规定之条件，被宣告对第 222-19 条及第 222-20 条所指犯罪负刑事责任。可见，法人单位可以成为非故意伤害生命罪的犯罪主体。我们认为，肯定说的观点较为合理。首先，单位是有可能危及交通安全的。虽然否定论者认为交通肇事的行为只能由自然人实施，而不能由单位进行，但这种观点实际上是背离了单位犯罪理论的。在单位犯罪中，只有行为人所实施的行为是基于单位的集体意志，那么便可以看作是单位的行为，只是这种犯罪的过程是由单位中的个人所实施的，但这种行为造成的危害结果应该归属于单位。例如，春运期间，公交公司为了盈利强制下属的司机超载营业，从而发生了重大交通事故，那么就可以认为公交公司构成交通肇事罪。其次，从当代社会的发展来看，有惩治单位危及交通安全行为的必要性。因为现代社会的发展，对交通事务提出了越来越高的要求，交通系统也日趋复杂。对复杂的交通系统方方面面的因素的调配，已非单纯的个人能力所及，往往必须依赖于专业的公司，运用丰富的管理经验和高效、紧密的部门配合来完成。因此，单位在对交通安全的维系中发挥着重要的作用，也承担着重要的责任。如航空公司对空运安全的责任，铁路公司对铁路安全的责任，航运公司对航运安全的责任等。一旦这些公司疏于对安全责任的分担，极易导致交通意外，而且往往造成比自然人犯罪更大的人身伤亡和财产损失。因此，有必要从刑法的角度加强对承担交通安全义务的单位的规制。最后，预防单位危及交通安全比纯粹预防自然人犯罪，更能得到预防犯罪的效果。在单位的过失犯罪中，包括两个方面的过失：（1）对人的过失，即疏于对单位成员进行监

---

① 参见刘志伟、聂立泽：《业务过失犯罪比较研究》，法律出版社 2003 年版，第 98 页。

管的过失；（2）对物的过失，即疏于建立严谨的制度以防范危害发生的过失。对单位犯罪的预防，就是要督促其在上述两个方面履行管理义务，一方面加强对每个成员的监督，使每个成员都恪尽职守，防止个人的过失；另一方面建立严谨的管理制度，加强对日常工作的监督，强化交通事务各方面的协调，以防止危险的出现。如果说对自然人过失犯罪的预防是对点的预防，仅涉及交通事务系统中具体的个人因素，那么对单位过失犯罪的预防则是立体的预防，涉及交通系统的方方面面。所以，对单位的预防要比单纯对自然人的预防，能收到更全面的预防效果。实际上，我国颁布的《交通案件解释》第七条规定单位主管人员强令、指使他人违章驾驶的，以交通肇事罪定罪处罚，从某种意义上就是对单位在危及交通安全犯罪中作为犯罪主体的承认。

三、交通肇事中业务监督过失犯罪的注意义务

如前所述，业务监督过失属于过失犯的一种，而过失犯的责任依据在于注意义务的违反，注意义务包括结果预见义务和结果回避义务，业务监督过失犯罪则既违反了结果预见义务，也违反了结果回避义务。在交通肇事领域，适用业务监督过失理论的主要是《交通案件解释》第七条的规定，即单位主管人员、机动车辆所有人或者机动车辆承包人在违反其结果预见义务和结果回避义务时，将会被追究业务监督过失责任。在此，我们将分别进行讨论。对单位主管人员而言，其结果预见义务是应当预见到下属工作人员因不具有驾驶资质或者驾驶技术不熟练有可能导致重大交通事故的发生。例如，当快递公司的主管人员向快递小哥发出业务指令时，应当预见无驾驶资质或者技术不娴熟的快递小哥有可能造成交通事故的发生。其结果回避义务是采取有效的措施防止重大交通事故的发生或者扩大。具体而言，在事前，应采取有效的措施防止危害结果的发生，如快递公司应在岗前培训中加强快递工作人员的技能培训，提升快递工作人员的业务水平。同时，及时清查无驾驶资质的快递运输人员，防止其参与到快递运送服务中。在事中，应要求有问题的快递运输人员停止运输，并及时解决相关问题。在事后，应采取有效的措施防止危害结果的进一步扩大。对车辆所有人和车辆承包人而言，他们的结果预见义务是应当预见到其车辆使用者不具有合规性，如无驾驶证书、驾驶技术不过关、醉酒驾驶等。他们的结果回避义务也是预防重大交通事故和防止重大交通事故的扩大而采取相应措施的义务。例如，李某交通肇事罪一案①，本案的基本案情为：2020年8月18日7时10分许，被告人李某明知邵某未取得机动车驾驶证，仍指使邵某驾驶无号牌三轮汽车运输建筑材料，当邵某驾驶该车辆沿郏县安良镇高庙村内道路由西向东行驶至郏县安良镇高庙村路段向左转弯时，因操作不当致使所驾驶车辆冲到道路西侧"帅举"超市门口，将在超市门口的温某撞伤。温某经抢救无效死亡。经郏县公安局物证鉴定室检验，温某系头部及胸部受到外力作用致颅脑、内脏严重损伤而死亡。经查明，邵某系李某雇佣的建筑工人，邵某驾驶的三轮汽车系李某购买的报废车辆。在本案中，李某作为车辆的所有人，是车辆使用人员的监督管理人员，具有法规所赋予的注意义务。这种注意义务体现在：第一，在邵某无驾驶资格且其购买的车辆是报废车辆的情形下，应当预见邵某可能存在操作失误的情况，且也应预见到其操作

---

① 参见河南省郏县人民法院刑事判决书：（2021）豫0425刑初36号。

失误可能造成重大交通事故；第二，作为报废车辆所有人，李某事前就应告知邵某谨慎驾驶，或者禁止其驾驶此报废车辆，以防止危害结果的发生。但李某同时违背了结果预见义务和结果回避义务，在明知邵某未取得机动车驾驶证的情况下，仍指使邵某驾驶报废车辆，因而发生交通事故，致一人死亡。其强令指使邵某违章驾驶的行为与重大危害结果的发生也具有刑法上的因果关系，因此法院最终认定其构成交通肇事罪。

再如，温某某等交通肇事案。[①] 本案的基本案情为：2014 年 6 月 11 日 23 时许，被告人温某某、李某某与胡某等人在重庆市开县郭家镇美滋特色烤鱼店用餐，并大量饮用啤酒。次日凌晨 2 时许，温某某、李某某等商定前往开县汉丰镇玩耍。李某某欲驾驶其轻型普通货车搭乘温某某、胡某等人，温某某提出自己驾车，李某某在明知温某某当晚饮酒且无驾驶资格的情况下同意温某某驾车。温某某上车后挂不进倒车挡位而无法将车倒出停放处，便让李某某将该车挪出。李某某将车挪出后交给温某某驾驶，温某某遂驾驶该车沿开县汉郭路 102 省道向开县汉丰镇行驶。当日凌晨 2 时左右，杨某某驾驶渝 F6B786 号轻型普通货车搭载谢某某等菜农及蔬菜沿开县汉郭路前往开县汉丰镇，途中行至开县汉郭路 102 省道 306km+250m 路段时，因陈某某等 8 名菜农在公路右侧等候该车而停靠路边。此时，温某某驾车以 90 千米/小时的速度行至该处（该处限速 70 千米/小时），并撞向陈某某等 8 名菜农和渝 F6B786 号车。温某某发现撞击后即采取制动措施，但该撞击仍致陈某某等四人死亡，谢某某等十人受伤，渝 F6B786 号车受损。事故发生后，被告人温某某、李某某等人即下车逃离现场，并商定由李某某顶替温某某承担责任。后二人在公安民警电话通知下投案，并作如实供述。重庆市第二中级人民法院经审理，以交通肇事罪判处温某某有期徒刑 5 年，判处李某某有期徒刑 3 年，缓刑 4 年。在本案中，温某某构成交通肇事罪无可争议，问题在于李某某是否构成交通肇事罪？根据《中华人民共和国道路交通安全法》第二十二条第三款之规定，任何人不得强迫、指使、纵容驾驶人违反道路交通安全法律、法规和机动车安全驾驶要求驾驶机动车。2000 年最高人民法院《交通案件解释》第七条规定，单位主管人员、机动车辆所有人或者机动车辆承包人指使、强令他人违章驾驶造成重大交通事故的，以交通肇事罪定罪处罚。虽然该解释中并没有对机动车辆所有人纵容他人违章驾驶机动车，进而造成重大交通事故的规定，但如前所述，从应然角度分析，应当将"纵容"行为纳入该解释第七条规定的客观方面的行为。这里规定的人员客观方面的行为种类应同监督人员不履行或者不正确履行自己的监督或者管理义务的行为种类相一致。如驾校教练员"纵容"他人违章驾驶的行为与"指使""强令"他人违章驾驶的行为样，都属于不履行或者不正确履行监督义务的行为。故在本案中，李某某作为车辆所有者，在知道温某某醉酒且无驾驶证的情况下仍将车倒出并交予温某某驾驶，却并没有采取适当措施防止危害结果的发生，是对其结果回避义务的违反，应承担监督过失责任，故构成交通肇事罪。

四、交通肇事中业务监督过失犯罪的行为与结果

在业务监督过失犯罪中，监督者的监督过失行为既可以是作为的方式，也可以是不作

---

① 参见重庆市第二中级人民法院刑事判决书：（2015）渝二中法刑初字第 00013 号。

为的方式，交通肇事中亦是如此。第一，当单位主管人员怠于履行自己的监管义务，从而造成重大交通事故发生时，其应承担监督过失责任。例如，2019 年发生的江苏无锡高架桥坍塌事件，基本案情为：江苏无锡某高架桥突然坍塌，直接砸中桥下正常通行的白色轿车，造成重大交通事故。事后查明高架桥倒塌的原因是路过的车辆超载所致。在这一案件中，超载的运输车辆属于无锡运输有限公司，其法定代表人为刘某，刘某作为企业的运输管理人员，具有保证货车运营安全的注意义务，但刘某没有履行安全管理的职责，使得司机超载运输，导致交通事故的发生，这就属于一种不作为的行为。第二，交通肇事中作为形式的业务监督过失犯罪主要表现为单位主管人员、机动车辆所有人或者机动车辆承包人指使、强令他人违章驾驶的行为。例如，常某交通肇事一案。[1] 基本案情为：2008 年 9 月 22 日，被告人常某在明知自己的车在严重超载的情况下仍指使司机张某驾驶该车，致使张某在驾车沿玉林路由东向西行驶至涉县井店镇玉林路铁道桥下路段时，在严重超载情况下，驶入道路左侧，撞到铁道桥西南侧防撞梁立柱上，致使主、挂车脱离，主车左侧与对向来车刘某驾驶的三轮车相刮擦，挂车与三轮车正面相撞，造成刘某及车上乘车人付某当场死亡，刘某 2 经抢救无效死亡；张某及车上乘车人吴某受伤住院和两车严重损坏的特大道路交通事故。在本案中，被告人常某作为机动车辆所有人，明知车辆超载，仍指使司机违章驾驶，这种强令、指使的行为就是以作为方式实施的。其造成三人死亡、二人受伤、两车严重损坏的特大交通事故，构成交通肇事罪。值得注意的是，此处有一种见解认为，"指使、强令"是一种故意作为的行为，这一情况则意味着排除监督过失理论的适用。对此，我们认为，此处的指使、强令虽然是一种作为的形式，但从对交通事故这一危害结果的心理态度上来看，单位主管人员、机动车辆所有人或者机动车辆承包人所秉持的是一种过失的心理，即并不希望危害结果发生，故此种行为方式并不排斥监督过失理论的适用。

交通肇事中单位主管人员、机动车辆所有人或者机动车辆承包人承担业务监督过失责任还要求直接行为人的过失行为造成了重大交通事故发生的危害结果，即致人重伤、死亡或者使公私财产遭受重大损失。如果行为人只是单纯违反交通运输管理法规，没有造成危害结果发生的，则上述人员也不构成业务监督过失犯罪。

五、交通肇事中业务监督过失犯罪的因果关系

如前所述，业务监督过失中的因果关系由于介入了被监督者的行为而具有其自身的特点，在因果关系中，监督者的行为只有通过中间媒介才能对危害结果的产生施加影响，故业务监督过失犯罪中的因果关系具有间接性和多因一果的特点。这造成了其中因果关系判断的复杂性，而条件说、原因说、相当因果关系说等理论无法有效的解决业务监督过失犯罪中因果关系的判断问题，应根据客观归属理论来进行判断。客观归属理论的判断应从三个层次来进行，第一，条件关系的判断，即判断监督者的行为与被监督者的违规行为之间、被监督者的违规行为与危害结果之间是否具有"如无前者，便无后者"的条件上的关系。第二，监督者的过失行为是否对被监督者的行为制造了法不允许的危险。因为只有当行为人制造或实现了超过被容许的危险的危险，或者说制造、实现了不被容许的危险，

---

[1] 参见河北省涉县人民法院刑事判决书：（2019）冀 0426 刑初 211 号。

他的行为才有归属的前提，否则，根本不能考虑为是符合构成要件的行为。① 而监督过失行为对危险制造的判断，应采用危险增加的原理。在此，可以结合业务监督过失犯罪中的作为与不作为两种方式来进行分析。当业务监督过失犯罪以作为方式实施时，应看监督者的过失行为是否制造了直接的危险或危险状态。当其是以不作为的方式实施时，应看监督者在能够减少、消除危险或危险状态的情况下是否维持了危险或危险状态。但需要注意的是，当监督者的监督过失行为减少了危险或者制造的危险在被允许的范围内抑或制造的危险不具有重要性时，则可以排除监督者对被监督者危险行为的制造。② 第三，判断监督过失行为造成的危害结果是否在规范的保护目的范围内实现。因为在业务监督过失犯罪中，危害结果的发生有可能是被监督者偶然的行为所导致的，并不一定缘于监督者的行为，只有当监督过失行为实现的危害结果在具体的刑法规范保护范围之内，才能对监督者进行追责，这种对结果归属的限制就是为了防止责任追究的扩大化，避免将不负刑事责任的行为当作犯罪进行惩罚。而这种规范的保护目的的范围的判断，应当以刑法的目的和形势政策为标准，通过对业务监督过失行为导致的危害结果这一事实与相对应的具体刑法条文保护的法益进合致性的评价。③

在交通肇事中，如何确定单位主管人员、机动车辆所有人的监督过失行为与危害结果的发生具有因果关系？首先，需要明确单位主管人员、机动车辆所有人的过失行为与驾驶人员的违规驾驶之间是否具有条件关系，即如果没有单位主管人员、机动车辆所有人的强令和指使，驾驶人员就不会违章驾驶。同时，还要求驾驶人员的违章驾驶直接导致了重大交通事故的发生。其次，需要明确单位主管人员、机动车辆所有人强令、指使的行为是否增加了驾驶人员违章驾驶的危险，如果没有增加驾驶人员驾驶的危险，则不能认定其具有因果上的联系。最后，还需要明确上述人员强令、指使他人违章驾驶的行为所导致的危害结果能够归属于刑法规范的保护目的范围之内。如果超出了这一刑法规范的保护目的的范围，则不能将重大交通事故这一危害结果归属于单位主管人员、机动车辆所有人等监督管理人员。例如，交通运输管理法规禁止没有驾驶证书的人员驾驶，如果交通事故的发生并不是因为无驾驶资质的人员技术不娴熟所导致，而是由于汽车突发的刹车故障所导致，那么单位主管人员也不能够具体预见到这一情况，其不能以交通肇事罪论处。

第四节　重大责任事故中的业务监督过失犯罪

一、重大责任事故罪概述

随着科学技术的发展和提高，人类逐渐进入了社会化大生产的工业时代。在这个时

---

① 参见童德华：《规范刑法原理》，中国人民公安大学出版社 2005 年版，第 165 页。

② 参见童德华、马嘉阳：《刑法中监督过失的适用条件及归属限制》，载《社会科学动态》2020 年第 6 期。

③ 参见童德华：《刑法中的客观归属——关于因果关联的新视角》，载《暨南学报》（哲学社会科学版）2008 年第 6 期。

代，科技的进步和机器大工业生产虽然给人们的社会生活带来了各种便利，但也给人们的社会生活造成了各种各样的风险，此种情形下，就要求从事危险业务活动的人必须严格恪守业务规范，以避免重大事故的发生。然而，无情的社会现实却表明，业务人员因违反特定的业务规范所导致的重大责任事故过失犯罪越来越多，而这些重大责任事故中有很大一部分是由于生产、经营单位主管人员的监管失职所造成，这种行为构成了重大责任事故领域的业务监督过失犯罪。而要想厘清重大责任事故中的业务监督过失犯罪，需要明确重大责任事故罪的相关构成要件。

重大责任事故罪，指在生产、作业中违反有关安全管理的规定，因而发生重大伤亡事故或者造成其他严重后果的行为。本罪在 1979 年《刑法》中有规定。① 1997 年《刑法》并未对其进行修订，但随着社会的发展，由强令违章冒险作业导致的重大责任事故频发，有必要在刑法中作出强调，加重处罚。于是，2006 年 6 月 29 日通过并施行的《刑法修正案（六）》对本罪作出修改。修改后的重大责任事故罪由两个条款组成，第一款规定："在生产、作业中违反有关安全管理的规定，因而发生重大伤亡事故或者造成其他严重后果的，处三年以下有期徒刑或者拘役；情节特别恶劣的，处三年以上七年以下有期徒刑。"第二款规定："强令他人违章冒险作业，因而发生重大伤亡事故或者造成其他严重后果的，处五年以下有期徒刑或者拘役；情节特别恶劣的，处五年以上有期徒刑。"这样，就将强令违章冒险作业罪作了特别规定。为便于叙述，对于强令违章冒险作业罪，本书将单独进行阐释，在此主要讨论该条第一款的内容。

首先，本罪侵犯的客体是生产、作业安全。这种生产作业的安全既包括不特定多数人的生命、健康安全，也包括生产单位的公私财产安全。所谓的生产、作业则是指通过采用一定的工具和方法进行劳作，以改变作用对象的性质和属性，以便满足人类的需求。② 生产、作业活动都带有一定的危险性，因此国家制定了专门的法律法规来规范生产、作业活动，如果违反了相关的法律规范，就要受到刑法的制裁。

其次，本罪的客观方面表现为在生产、作业中，违反有关安全管理的规定，因而发生重大伤亡事故或者造成其他严重后果的行为。

再次，本罪的主体是自然人，主要包括对生产、作业负有组织、指挥或者管理职责的负责人、管理人员、实际控制人、投资人等人员，以及直接从事生产、作业的人员。企业的性质并不影响本罪的成立，从业人员是否具有资质也不影响本罪的成立。但单位不能成为本罪的主体。③

最后，根据我国刑法理论的通说，本罪的主观方面是过失，既存在疏忽大意的过失，也存在过于自信的过失。即应当预见自己的违规行为会造成重大责任事故的发生因疏忽大意没有预见或已经预见到却轻信能够避免，由此导致发生严重的社会危害结果。但学界也

---

① 1979 年《刑法》第一百一十四条规定："工厂、矿山、林场、建筑企业或者其他企业、事业单位的职工，由于不服管理、违反规章制度，或者强令工人违章冒险作业，因而发生重大伤亡事故，造成严重后果的，处三年以下有期徒刑或者拘役；情节特别恶劣的，处三年以上七年以下有期徒刑。"

② 参见胡鹰：《过失犯罪的定罪与量刑》，人民法院出版社 2008 年版，第 359 页。

③ 参见张明楷：《刑法学》（下），法律出版社 2016 年版，第 729 页。

存在一定的争议，有人认为本罪中存在着间接故意的情形，即明知自己的违规行为会造成重大责任事故的发生却放任其发生。笔者认为，本罪中只存在过失的情形。

二、重大责任事故中业务监督过失犯罪的主体

业务监督过失犯罪的主体可在相关刑法条文中予以发现，而重大责任事故中业务监督过失犯罪则与重大责任事故罪密切联系，故重大责任事故中业务监督过失犯罪的主体就存在于重大责任事故罪的犯罪主体之中。从重大责任事故罪的立法沿革来看，其主体范围根据社会现实的需要在不断地变化。早期的重大责任事故罪主体范围较为狭窄，主要为"工厂、矿山、林场、建筑这四类企业的职工"，这就使得现实中从事社会生产的其他企业的全部职工在造成重大责任事故后无法追究责任，从而逃脱了法律的制裁。其后，1979年《刑法》的颁布对重大责任事故罪作了新的规定，扩大了其主体范围，增加了"其他企业、事业单位的职工"。1997年《刑法》的修订则保留了对重大责任事故罪的规定，将此罪的主体范围明确为："工厂、矿山、林场、建筑企业或者其他企业、事业单位的职工。"2006年《刑法修正案（六）》为保护生产作业领域的安全，再次对重大责任事故罪进行了修改，修订后的主体范围为在生产作业中违反有关安全生产规定的人员，使得本罪的主体范围更为开放，究其目的就是为了更加适应生产经营主体多元化的社会状况。即无论是国营生产单位还是私人生产、经营企业，无论是本企业正式员工还是非正式员工，都可以成为本罪的主体，主要为对生产、作业负有组织、指挥或者管理职责的负责人、管理人员、实际控制人、投资人等人员，以及直接从事生产、作业的人员。但在重大责任事故中，并不是所有从事生产、作业的人员都构成业务监督过失犯罪，因为业务监督过失犯罪的主体需要具有一定的监督管理权限，其并不是直接从事生产、作业的工作人员。故在重大责任事故中，能够成为业务监督过失犯罪的主体主要为对生产、作业负有组织、指挥或者管理职责的负责人、管理人员、实际控制人、投资人等人员，并不包括直接从事生产、作业的人员。

随着我国社会的快速发展，社会生活中的重大责任事故出现的频率越来越高，尤其是在矿山安全领域，重大责任事故更是凸显，我们可以看一组近年来部分伤亡较多的矿难数据，如下表：①

时间	事件
2004 年 11 月 11 日	河南省平顶山市新生煤矿南店非法矿井发生瓦斯煤尘爆炸事故，造成 34 人死亡，5 人受伤，直接经济损失 907 万元。
2005 年 11 月 27 日	黑龙江省七台河重大煤尘爆炸事故，造成 171 人死亡，伤 48 人。
2006 年 2 月 1 日	山西省晋城煤业公司寺河煤矿发生瓦斯爆炸事故，死亡 23 人。
2006 年 2 月 10 日	河南省郑煤集团马岭山煤炭责任有限公司发生的煤与瓦斯突出事故中，15 人遇难。

---

① 以上统计数字及案例均来源于国家矿山安全监察局网站。

续表

时间	事件
2007 年 01 月 12 日	山西忻州地区牛心会煤矿局部瓦斯爆炸，4 人重伤，5 人轻伤，13 人死亡。
2007 年 01 月 28 日	贵州六盘水市盘县迤勒煤矿发生瓦斯爆炸事故，16 人死亡。
2007 年 02 月 02 日	河南三门峡市渑池县天池镇兴安煤矿发生火灾事故，24 人死亡。
2008 年 7 月 14 日	河北省张家口市蔚县李家洼煤矿新井发生特别重大炸药燃烧事故，事故造成 34 人死亡，1 人失踪，直接经济损失 1924 万元。
2010 年 12 月 7 日	河南义煤集团发生瓦斯爆炸事故，26 人遇难。
2011 年 10 月 29 日	湖南省衡阳市衡山县长江镇霞流冲煤矿发生一起瓦斯爆炸事故，造成 29 人遇难。
2012 年 4 月 6 日	吉林省蛟河市丰兴煤矿掘进工作面发生透水事故，造成 12 人死亡。
2013 年 3 月 12 日	贵州省六盘水市水城县贵州格目底矿业有限公司马场煤矿造成 25 人死亡。
2014 年 5 月 14 日	陕西省榆林市榆阳区中煤大海则煤矿发生溜灰管坠落事故，造成 13 人死亡。
2015 年 11 月 20 日	黑龙江鸡西市龙煤集团鸡西矿业公司杏花煤矿，发生重大火灾事故，造成 22 人死亡。
2016 年 3 月 6 日	吉煤集团通矿公司松树镇煤矿发生一起重大煤与瓦斯突出事故，造成 12 人死亡。
2016 年 10 月 31 日	重庆市永川区金山沟煤业有限责任公司发生一起特别重大瓦斯爆炸事故，造成 33 人死亡。
2017 年 2 月 14 日	湖南娄底市涟源市斗笠山镇腾飞煤业有限公司祖保煤矿发生瓦斯爆炸事故，造成 10 人死亡。
2018 年 5 月 9 日	湖南省邵东县湖南宝电群力煤矿有限公司发生瓦斯爆炸，造成 5 人死亡。
2019 年 11 月 25 日	贵州三甲煤矿发生煤与瓦斯突出事故，共造成 7 人死亡。
2020 年 11 月 29 日	湖南省衡阳市耒阳市导子煤业有限公司源江山煤矿发生重大透水事故，造成 13 人死亡，直接经济损失 3484.03 万元。
2020 年 8 月 20 日	山东省肥城矿业集团梁宝寺能源有限责任公司发生较大煤尘爆炸事故，造成 7 人死亡，9 人受伤，直接经济损失 1493.68 万元。
2020 年 11 月 4 日	陕西省铜川市乔子梁煤业有限公司发生较大煤与瓦斯突出事故，造成 8 人死亡，直接经济损失 1732 万元。
2021 年 3 月 25 日	山西石港煤业发生煤与瓦斯突出事故，4 人遇难。

由于篇幅所限，本书只列出了近年来我国煤矿业中发生的极小部分重大责任事故。根据相关统计数据，在 2020 年，我国就发生煤矿事故 122 起，造成 225 人死亡。虽然近年来我国煤矿事故总体上在下降，但数量依然较高，给国家带来了巨大的经济损失，也给人

民群众的生命安全造成了巨大的威胁。实际上，随着我国社会经济的快速发展和生产能力的逐步提高，各行业的重大责任事故发生得愈加频繁，煤矿行业只是较为突出，除了煤矿行业，交通、建筑、医疗、工程、环境等行业也是重大责任事故发生的领域，究其原因，很大程度上就在于行业内的监管者忽视了自身的职责，从而造成危害结果的发生。虽然上述行业的监管者应当承担业务监督过失责任，但对于单位本身能否成为重大责任事故中业务监督过失犯罪的主体？这是一个值得我们着重考量的问题。

如前所述，我国刑法规定重大责任事故罪的行为主体是自然人，不包括单位。但在国外，关于重大责任事故罪的立法是否包括单位主要有四种情形。

第一种情形以法国刑法为代表，承认法人作为重大责任事故犯罪的主体地位。在法国新刑法典通过之前，对于法人能否成为犯罪的主体，法国理论界存在着争议。第一种观点是否定说，认为法人不能成为犯罪的主体，也即法人不负刑事责任论。持这种观点的学者认为，刑事责任要求有个人方面的过错，而法人不具有"智能"和"意志"，故不能将某种过错归咎于没有实际生命，也没有意志的法人。同时，从刑罚的角度来看，不能将适用于自然人的剥夺自由、限制自由的刑罚施加于法人，故对法人的惩罚无现实意义。[①] 另一种观点是肯定说，认为法人可以作为犯罪的主体，即法人应负刑事责任论。持这种观点的学者认为，法人已不再是虚拟的实体，而是法律现实；与自然人一样，法人也具有其自身的集体意志，可以承担责任。同时还指出，虽然不能对法人予以监禁刑，但可以施加金钱性质的制裁或者判处其解散的刑罚，法人的解散也意味着法人生命的终结，不再具有从事业务活动的能力。[②] 实际上，现代越来越多的犯罪是自然人以法人名义或在法人的掩盖下实施的，在此种情形下，如果企业负责人没有个人支付能力，那么就有必要追究其所属法人的刑事责任。而出于这种理论上和实务上的考量，法国新刑法典便明确规定了法人可以承担刑事责任。其第121-2条规定，"除国家外，法人依121-4条至第121-7条所定之区分，且在法律或条例有规定之场合，对其机关或代表为其利益实施的犯罪行为负刑事责任"。就重大责任事故而言，法国刑法在规定了自然人犯罪以后，往往在同条或单独另一条规定法人的刑事责任。例如，刑法第221-6条规定了不履行法律或条例规定的安全与审慎义务导致他人死亡的犯罪。其后，在第221-7条规定了法人的刑事责任："法人得依第121-2条所规定的条件经宣告对第221-6条所指犯罪负事责任。"总之，如果法人的组织或领导人为了法人的利益而强令工人违反法律或条例的义务进行生产作业，最终导致重大责任事故发生的，法人应承担刑事责任，即法人可以构成重大责任事故罪的主体。

第二种情形不承认单位能够作为重大责任事故罪的主体，主要代表为俄罗斯。在俄罗斯，根据《俄罗斯联邦刑法典释义》的解释，因不当履行自身的职责致人死亡或者伤害

---

① 参见［法］卡斯东·斯特法尼等：《法国刑法总论精义》，罗结珍译，中国政法大学出版社1998年版，第287页。

② 参见［法］卡斯东·斯特法尼等：《法国刑法总论精义》，罗结珍译，中国政法大学出版社1998年版，第288页。

的，其主体是从事一定职业、根据该职业行使职能的人。①

第三种情形则是不完全承认单位能够作为重大责任事故罪的主体，主要代表是西班牙。在西班牙刑法中，单位并不能成为所有重大责任事故类犯罪的主体，但在"违反劳动保护规则罪"中，则可以成为追究刑事责任的犯罪主体。

第四种情形并没有明确规定单位能否构成重大责任事故罪的主体，主要代表是日本。在日本，日本对重大责任事故类犯罪的规定，主要体现在以下几个条文中：第一百一十七条"业务失火罪""业务过失使爆炸物破裂罪"；第一百二十九条"业务过失导致交通危险罪"；第二百一十一条"业务过失致人死伤罪"。这些犯罪的主体是已满 14 周岁从事一定业务的人员，没有从事业务活动的人员不能构成该类犯罪。可见，日本刑法中重大责任事故类的犯罪是特殊主体，单位能否构成此类犯罪主体则没有明确规定。

虽然我国刑法规定了重大责任事故罪的犯罪主体是自然人，但将单位作为本罪的犯罪主体在世界范围逐渐成为一种趋势。同时，随着煤矿、交通、工程领域重大责任事故的频发，为了更好地规制此类犯罪的发生，基于业务监督过失理论，笔者认为，有必要将单位纳入重大责任事故罪主体范围。理由如下：第一，从社会现实来看，随着我国社会经济建设的发展，由单位造成的重大责任事故层出不穷，但我国的刑法条文却没有对此明确予以规定，由此导致责任追究上的不到位，故有必要将生产单位作为本罪的犯罪主体。实际上，社会中部分重大事故的发生就在于单位监督管理上的疏忽和不注意，如没有制定完善的生产管理制度、负责人员任免上的疏忽、生产流程上的监督管理不到位等。第二，将单位作为重大责任事故罪的主体，有利于提升我国企业的安全生产意识，因为如果只对自然人追究刑事责任，那么则不利于打击重大责任事故中的以单位犯罪为主导的犯罪，这也容易造成被害人法益保护的不足。

综上，笔者认为重大责任事故中业务监督过失犯罪的主体既包括自然人，也包括单位。就自然人而言，其行为主体主要是在企业的生产、作业中负有组织、指挥和管理职责的负责人、管理人员、实际控制人等。如厂矿企业的负责人、质检员、安全科的工作人员等。需要注意的是，企业的性质对业务监督过失犯罪的成立并无影响，如无照施工经营者、个体经营户、无证开采的小煤矿负责人等均可成为业务监督过失犯罪的主体。这些监督管理人员在业务活动中违背了安全生产的相关规定，疏于监管、不当指挥或者错误指挥使得直接从事生产作业的人员造成了严重的社会危害结果，故应承担业务监督过失责任。就单位而言，只要上述单位的负责人在生产、经营中为了单位的利益作出的决策，导致重大责任事故发生的，也需承担业务监督过失责任。

三、重大责任事故中业务监督过失犯罪的注意义务

重大责任事故中的业务监督过失犯罪是指生产、作业中负有监督管理职责的企业负责

---

① 参见［俄］斯库拉托夫·列别捷夫主编：《俄罗斯联邦刑法典释义》，黄道秀译，中国政法大学出版社 2000 年版，第 300 页。

人、管理人、实际控制人等违反有关安全管理的规定，造成重大责任事故的行为。而过失行为的核心是注意义务的违反，故此类业务监督过失犯罪的核心就是对安全生产、作业中所要求的注意义务的违反。那么，此类业务监督过失犯罪的注意义务包括哪些内容呢？在此，首先需要明确重大责任事故中业务监督过失犯罪注意义务的来源。如前所述，业务监督过失的注意义务主要有两个方面的依据，一是法律规范上的依据；二是非法律规范上的依据。具体而言，法律规范上的依据主要包括：（1）刑法及行政法等相关法律规范的规定。（2）相关行业的规章制度、业务管理法规。而非法律规范上的依据主要包括：（1）职业、职务或所经营业务要求的注意义务。（2）业务活动中的习惯和常理所要求的注意义务。（3）监督管理人先前行为所产生的注意义务。因此，在重大责任事故中，上述业务监督管理人员的注意义务也来源于两个方面，一是法律规范所赋予的注意义务，主要包括：（1）有关安全生产、作业的相关法律法规及其解释，如《安全生产法》《煤炭法》《安全生产许可证条例》《最高人民法院、最高人民检察院关于办理危害矿山生产安全刑事案件具体应用法律若干问题的解释》《关于办理危害生产安全刑事案件适用法律若干问题的解释》等。（2）企业内部有关安全生产、作业的规章制度，这种规章制度主要包括企业、事业单位及其上级管理机构制定的反映安全生产、安全管理等方面的规程、规则、章程、条例、办法和制度等。① 二是非法律规范上的依据，主要是指虽无明文规定，但却反映了生产、科研、设计、施工安全操作的客观规律和要求，在实践中为职工所公认的行之有效的操作习惯和惯例等。②

　　明确了重大责任事故中业务监督过失注意义务的来源后，就需要具体讨论本罪中的注意义务。如前所述，业务监督过失犯罪中的注意义务既包括结果预见义务，也包括结果回避义务。而在重大责任事故中，其结果预见义务是生产企业中具有监督管理职责的管理人、负责人对直接从事生产、作业的工作人员的违规行为的预见，即应当预见到一线工作人员有可能从事违规的操作行为，而这种行为具有引起重大责任事故的危险。其结果回避义务在于应及时采取有效的措施防止重大责任事故的发生或者在重大责任事故发生后避免其扩大。具体而言，在事故发生前，企业的管理人、主要负责人应严格监督检查生产作业环境的安全性，如是否具备必要的安全设施、是否制定完善的监督管理流程、是否对一线生产、作业人员进行必要的技能培训等；在事故发生时，是否及时下达停止生产、作业等指令、是否采取相应的针对措施等。在事故发生后，是否采取妥善的处置办法，以便将危害结果降到最低。为更好地阐释重大责任事故罪中业务监督过失犯罪的注意义务，在此用案例进行说明。例如，上海海保码头责任事故案，2013年5月，浙江某船务公司货轮停靠在上海海保码头卸货时，当值水手邓某未按照规定在船上放置安全网，水手长梁某也没有按照操作规定进行监督检查，从而导致该公司理货员盛某在作业过程中不慎落水溺亡，后经上海市杨浦区安全生产监督管理局等单位联合组成的事故调查组认定，该事故是一起

---

① 参见刘志伟、聂立泽：《业务过失犯罪比较研究》，法律出版社2004年版，第162页。

② 参见陈兴良：《重大责任事故罪研究》，21世纪第一次中日刑事法学术讨论会论文。

生产安全责任事故，被告人梁某负有管理责任。在这一案件中，要想认定被告人梁某承担重大责任事故中的业务监督过失责任，就要明确其过失犯罪的注意义务。本案中，梁某作为水手长是邓某的直接上级，对邓某的生产、作业具有直接的监督管理权限，应对其缺乏监督或监督不当的行为导致被监督者业务过失的结果具有预见义务和回避义务。其结果预见义务表现为应当预见到自己没有监督邓某放置安全网的过失行为，有可能发生因缺乏安全网而引起人员溺水死亡的结果。其结果回避义务表现为，在预见到其不作为会引起邓某的业务过失后，有义务监督邓某及时放置安全网，以避免重大责任事故发生。

四、重大责任事故中业务监督过失犯罪的行为及其结果

如前所述，业务监督过失犯罪的行为是指在业务活动中，处于监督管理地位的行为人违背了法律法规、常识习惯等所要求的特别注意义务，实施了具有社会危险性的行为。如果监督者没有实施违反规章制度或行业习惯的行为，即使其处于重大责任事故相关的社会组织体系中，也不能认定其有罪。可以说，违规行为是承担业务监督过失责任的前提。从表现形式来看，重大责任事故中业务监督过失犯罪的行为既可以是作为，也可以是不作为。

第一，不作为的方式主要表现为企业对生产、作业中负有组织、指挥和管理职责的负责人、管理人员、实际控制人不履行或者怠于履行其监督管理职责，实施了违反有关安全管理规定的行为。例如，在前文中的上海海保码头责任事故案中，船舶的操作规章制度明确规定水手长对水手的业务活动具有指导、检查、命令等监督管理职能，但水手长梁某完全没有履行其应有的监管职责，没有及时检查邓某是否放置了安全网，属于严重的违规失职行为。再如在李某、陈某重大责任事故罪[1]一案中，本案的基本案情为：2019 年 8 月，被告人李某承建连云港某技术开发区朝阳街道韩李村 3 组 9 户居民联排老宅翻建工程，被告人陈某负责其中一户，被害人单某跟随陈某做模板工。其中，被告人李某无任何建房资质，该工地无安全员，未按要求配备安全帽、安全绳等安全设备，未设置防护栏等防护设施，且李某及陈某均未对施工人员进行相关安全教育及培训。2019 年 10 月 30 日中午，被害人单某在施工现场拆楼梯模板时从高处坠落死亡。在本案中，存在着两个监督管理人员，被告人李某作为房屋翻建工程的承建人，虽然其并无建房资质，但并不影响其作为本罪主体的资格，其属于该项业务的主管人员。被告人陈某是部分业务的负责人，是本案中的直接责任人，两者都对本次施工作业的安全负有监督管理上职责，主要表现为：一是在施工作业前组织对工人进行安全教育培训，提高工人的安全意识。二是应确保施工作业场所安全设施的齐备。三是在房屋翻修作业过程中应定期进行监督检查，纠正工人的不当操作行为。但是，两人并没有完全履行其相应的职责，如未按要求配备安全帽、安全绳等安全设备，未设置防护栏等防护设施，李某及陈某均未对施工人员进行相关安全教育及培训等。正是这些违背其监督管理义务的行为导致了安全事故的发生。

---

[1]　参见江苏省连云港经济技术开发区人民法院刑事判决书：（2020）苏 0791 刑初 144 号。

第二，作为的方式表现为上述监督管理人员在生产、作业中违反有关安全管理的规定，发布了不当的指挥和命令，从而使得一线生产、作业人员实施了产生危害结果的行为。例如，田某重大责任事故罪一案，[①] 基本案情为：2019 年 12 月 4 日，南阳天宇钢结构公司的授权代表胡某与被告人田某签订《工程安装合同》，由被告人田某以包工不包料形式承揽内乡县乍曲乡泰隆水泥厂工地大棚的钢结构安装工程。2020 年 4 月 29 日下午，被告人田某安排工人在其承包的泰隆水泥厂钢结构安装施工工地施工，在施工过程中，违反安全管理规定指使卷扬机操作手罗某使用手扶拖拉机改装自制的卷扬机吊装钢拉杆，自制卷扬机的钢丝绳断裂，导致工人田某超从十米高的钢结构架子上坠落，后经内乡县人民医院抢救无效死亡。在本案中，田某是施工队负责人，应对工程的施工安全负责，不能发布违背安全生产管理规范的命令，而田某在工人施工过程中，却违规指使罗某进行不当操作，造成了危害结果的发生，应承担业务监督过失责任。此外，要成立重大责任事故的业务监督过失犯罪，还要求监督者的过失行为引起了重大责任事故这种危害结果的实现。

五、重大责任事故中业务监督过失犯罪的因果关系

如前所述，业务监督过失中的因果关系应根据客观归属理论来判断，具体而言，首先，是条件关系的设定，即厘清监督者的违规行为与危害结果之间是否具有条件关系。其次，在明确存在条件关系的基础上，还要看监督者的违规行为是否对被监督者的行为制造了法不允许的危险。此时需要运用危险增加的原理，即判断监督者的违规行为是否制造了直接的危险或危险状态。最后，判断监督过失行为造成的危害结果是否在规范的保护目的范围内实现。只有具备这三个条件，才能准确地判断监督过失行为与危害结果之间是否存在因果上的联系。为较好的阐释重大责任事故中业务监督过失犯罪中的因果关系，我们可用几起相关案例来说明。例如，陈某某重大责任事故案，[②] 本案的基本案情为：2013 年 2 月 2 日 8 时许，黔东南运发汽车有限公司从江分公司驾驶员周某驾驶客运车（核载 19 人，实载 34 人），擅自改变行车路线行驶至从江县谷平乡境内谷四线 5km+800m 处时翻下边坡，导致包括周某在内的 12 人死亡、22 人受伤及车辆报废的重特大交通事故。在该车行驶过程中，作为公司负责人的陈某，其自己没有按照相关规定进行车辆监控，也没有安排专职人员实施全程监控，由此导致了此次事故的发生。首先，从基本案情可知，陈某作为该汽车有限公司的经理，根据道路交通相关法规及该公司各项规章制度（主要包括安全生产、GPS 系统使用管理职责、车辆 GPS 动态监控操作规程等）应对该车辆的行驶进行监管，也必须安排专职人员实施全程监控，但其没有履行这些注意义务，使得周某擅自改变行车路线，从而导致危害结果的发生。换句话说，如果陈某认真履行了监管义务，及时阻止周某改变行车路线，就能够避免车辆翻下边坡。可见，陈某的违规行为与危害结果之间存在间接的条件关系。其次，陈某在汽车行驶过程中既没有自己对该车辆进行监控，也

---

① 参见河南省内乡县人民法院刑事判决书：（2021）豫 1325 刑初 214 号。
② 参见贵州省榕江县人民法院刑事判决书：（2014）榕刑初字第 27 号。

没有安排专职人员对车辆实施全程监控，这种行为无疑增加了汽车行驶的危险，因为客运公司的车辆在行驶过程中，需要有专业的人员进行全程监控，以防备危险事故的发生。但陈某作为公交公司的负责人，怠于履行自己的监管职责，其在能够减少危险的状况下并没有降低危险状况。最后，陈某的行为完全符合《刑法》第一百三十四条第一款的规定，并没有超出规范的保护目的范围，因此，应该承担监督过失责任。法院认为，被告人陈某在企业生产经营管理中违反安全管理的规定，对隶属本公司的客运车及驾驶员监管不到位，导致发生重特大交通伤亡事故，构成重大责任事故罪。

此外，工厂企业中物资设备的维修人员在其业务活动中也会构成此罪，这主要表现为维修管理上的监督过失。如在周某重大责任事故罪一案中，[①] 本案基本案情为：2017 年 3 月 7 日上午 8 时许，亳州市鼎宏农产品冷藏加工有限公司（以下简称鼎宏公司）职工曹某在制冷机房检查时发现 11 号冷库和 14 号冷库风机控制器的两个交流接触器中的一个不吸合，经鼎宏公司员工董某联系冷库设备安装方上海夷安制冷设备工程有限公司（以下简称夷安公司），该公司派遣无维修资质的被告人周某前来对鼎宏公司冷库的制冷设备进行检修。检修过程中，周某判断交流接触器损坏需更换，遂断开冷库空气开关后外出购买配件。在周某和曹某外出购买配件的路上，鼎宏公司的冷库失火，火灾造成 8 个冷库及储存的中药材全部损毁。后经亳州市谯城区价格认证中心鉴定，失火冷库价值人民币352.5023 万元，因火灾损毁的中药材共价值人民币 8312.5 万元。本案中，首先，被告人周某作为公司安全设施的维修人员，在其维修作业时，应当预见自己违规操作的行为可能造成电气故障引发火灾的严重后果，具有结果预见义务；同时，周某在违规操作后也没有采取相应的措施来防止火灾事故的发生，从而违背了结果回避义务。其次，被告人周某在维修中也实施了违规的操作行为，因为从法院披露的该案件事实来看，其在操作过程中，仅在机房对交流接触器进行操作，未进入冷库对受损风机进行检测，便断定系交流接触器故障引起的设备停工，周某未能全面查找问题根源，且其在进入机房前和离开机房后，11号、14 号库控制风机的交流接触器处于断电状态，周某在维修过程中因不确定具体交流接触器开关如何对应相应冷库而要求他人启动并自己多次启动、关闭交流接触器开关进行检修，从而造成了电器的故障。最后，从因果关系上看，第一，周末断开冷库空气开关的行为明显是冷库失火的直接原因，如果周某不断开冷库空气开关，冷库便不会失火，两者存在条件上的关系。第二，周某的违规操作行为也增加了冷库失火的危险，因为作为维修人员，周某在没有确定断开冷库空气开关是否会引起火灾的情形下，理应维持现场的情况，但其并没有减少危险的发生，反而通过断开冷库空气开关这种行为增加了火灾发生的危险。第三，《刑法》第一百三十四条第一款的规定的目的在于保护生产、作业中过程中的人身、公私财产安全，如果生产、作业中的某一违规行为造成了这些法益的侵害，就应受到该条款的处罚，周某在无维修资质的情形下，对生产设备违规操作，给公私财产造成了重大的损失，符合该条款的规制目的，构成重大责任事故罪。

---

① 参见安徽省亳州市中级人民法院刑事判决书：（2020）皖 16 刑终 142 号。

第五节　强令、组织他人违章冒险作业中的业务监督过失犯罪

一、强令、组织他人违章冒险作业罪概述

强令、组织他人违章冒险作业罪，是指生产单位的领导者、指挥者、调度者等强令他人违章冒险作业或者明知存在重大事故隐患而不排除，仍然不顾相关法律规定，威胁强迫他人进行作业，从而造成严重危害结果的行为。如前所述，本罪是《刑法修正案（六）》对重大责任事故罪的修改而来，通过对《刑法修正案（六）》的修订，重大责任事故罪有两个条款组成，2020 年 12 月 26 日通过、2021 年 3 月 1 日起施行的《刑法修正案（十一）》再次对本罪第二款做出修改。[①]

首先，本罪的客体是生产、作业的安全，既包括人身安全，也包括公私重大财产的安全。其次，经过《刑法修正案（十一）》的修订，本罪的客观方面主要表现为强令他人违章冒险作业或者明知存在重大事故隐患而不排除，因而发生重大伤亡事故或者造成其他严重后果的行为。再次，本罪的主体是自然人，包括对生产、作业负有组织、指挥或者管理职责的负责人、管理人员、实际控制人、投资人等人员。不具有上述职责的生产、作业人员，也能成为本罪的主体。[②] 最后，本罪的主观方面是过失，既包括疏忽大意的过失，也包括过于自信的过失，即行为人应当预见自己威胁、强迫他人违章冒险作业的行为会造成严重的危害结果，但由于疏忽大意没有预见或者已经遇到到但却轻信能够避免，由此发生重大伤亡事故和公私财产的重大损失。

二、强令、组织他人违章冒险作业中业务监督过失犯罪的主体

当前，我国的工业化、城镇化正处于持续推进过程中，各类安全事故的隐患和风险交织叠加，社会的安全生产面临着极大的压力。而原来的某些安全生产法律规范存在一定的漏洞，使得某些危害安全生产的行为并没有纳入法律的规范。如强令违章冒险作业罪，其主要是指在强令他人违章冒险作业，因而发生重大伤亡事故或造成其他严重后果的行为。但在司法实践中，相较于重大责任事故罪，此罪的适用率偏低，一方面，在于对"强令"理解不当，将某些能够适用本罪的情形当作普通责任事故罪处理，刑罚较低；另一方面，当某些生产经营单位的负责人在明知存在重大隐患时仍然强制组织他人冒险作业，此种情形难以适用原来的法条。因此，为了适应社会新情形，进一步打击危害安全生产的行为，《刑法修正案（十一）》扩大了该罪的适用范围，增加了"明知存在重大事故隐患而不排

---

① 　将《刑法》第一百三十四条第二款修改为："强令他人违章冒险作业，或者明知存在重大事故隐患而不排除，仍冒险组织作业，因而发生重大伤亡事故或者造成其他严重后果的，处五年以下有期徒刑或者拘役；情节特别恶劣的，处五年以上有期徒刑。"

② 　参见张明楷：《刑法学》（下），法律出版社 2016 年版，第 730 页。

除，仍冒险组织作业"的情形。实现刑法对安全生产严重违法行为的早期干预。从罪名的形式来看，本罪是典型的业务监督过失犯罪。由于强令、组织他人违章冒险作业罪是从重大责任事故罪中分离出来的一个罪名，因此，其犯罪主体与重大责任事故罪的犯罪主体具有相同的地方。而根据2015年最高人民法院、最高人民检察院《关于办理危害生产安全刑事案件适用法律若干问题的解释》的规定，可知强令违章冒险作业罪的主体为对生产、作业负有组织、指挥或者管理职权的负责人、管理人、实际控制人、投资人。此处的实际控制人、投资人是基于社会现实状况所规定的。因为在实践中可能存在某些具有特定身份的人员形式上并不是企业的负责人、管理人，但实际上却以他人名义投资、入股公司、企业。如受制于国家法律规定并不能投资入股生产经营企业的国家工作人员、某些不能违规从事与所任职公司、企业同类业务等方面的禁止性规定的公司、企业管理人员，这部分人员为了获取更大的利益以他人名义投资入股公司、企业，充当"隐名持股人"。虽然从表面上看，这些人员并非公司、企业的法定代表人，但却对公司具有实际上的控制权，而在责任事故发生后调查追究责任时，他们会阻碍调查、追责情况，因此，有必要追究这些责任人员的责任。此外，组织他人作业的一般为业务、生产、经营、工程等直线管理人员，如分管领导、部门经理、车间主任、班组长等。

三、强令、组织他人违章冒险作业中业务监督过失犯罪的注意义务

业务监督过失犯罪中的注意义务包括两方面，一是结果预见义务；二是结果回避义务。如前所述，在强令、组织他人违章冒险作业中，业务监督过失犯罪的主体为对生产、作业负有组织、指挥或者管理职权的负责人、管理人，具体而言，主要包括业务、生产、经营、工程等直线管理人员，如分管领导、部门经理、车间主任、班组长等。这些人员所具有的结果预见义务是应当预见到其强令、组织违章冒险作业这种违规行为会使得直接从事生产、作业人员造成严重的危害结果。其结果回避义务是：在事故发生前及时停止组织他人违章、冒险作业的行为；在事故发生时，应立即停止生产、作业，并采取针对性的措施，而不能继续强令他人违章作业；在事故发生后，应采取有效的措施防止危害结果的扩大。例如，王某某强令违章冒险作业罪案中，[①] 本案的基本案情为：2012年9月2日，被告人王某某受胡某聘请，担任通山景元·隆某丽都二期B-01、B-02、B-03建筑基础冲桩工程安全责任人监督施工，并在胡某的安排下组织未经安全培训的工人施工。施工期间，被告人王某某不服从监管机构监管，在存在重大安全隐患和接到监理机构下达的"暂时停工指令"的情况下，仍然组织工人施工挖桩。2012年10月10日上午9时许，工人吴某、周某在B-02工地挖桩时，因使用空压机钻石时诱发坍塌，导致吴某被泥石掩埋后窒息死亡。原审法院认为，被告人王某某强令他人违章冒险作业，导致发生重大伤亡事故，致一人死亡，其行为已构成强令违章冒险作业罪。但王某某提出上诉，认为（1）其不具备强令违章作业罪的主体特征。通山县景元·隆某丽都二期B-01、B-02、B-03建筑基础

---

① 参见湖北省咸宁市中级人民法院刑事裁定书：（2016）鄂12刑终131号。

冲桩工程由胡某承接，胡某是负责该工程的直接负责人。王某某是在其手下打工听从胡某的指挥帮其找工人进行人工挖桩，在监理公司下达停工通知时，也是按照胡某的指示照常开工；（2）上诉人王某某主观上没有强令工人违章冒险作业的故意及客观上有强令工人违章作业的具体行为。在本案中，王某某是否属于本罪的主体值得讨论。如前所述，本罪的主体是对生产、作业负有组织、指挥或者管理职责的负责人、管理人员、实际控制人、投资人等人员。而王某某是被聘请来担任建筑基础冲桩工程安全责任人，从其所担负的职责来看，王某某一方面监督工人的施工，防止安全事故的发生，另一方面，在胡某的安排下组织工人施工，是施工活动的直接组织者和负责人。故王某某实际上是具有监督和管理职责的负责人，其应属于本罪的主体。王某某既然是施工活动的安全责任人，其也具有防止工人的建筑施工活动造成危害结果的义务，但其在监管机构下达暂停命令后仍忽视存在的严重安全隐患，没有采取相应的措施防止安全事故的发生，仍然组织工人进行施工，造成了施工人员的死亡，是对结果回避义务的违反。故其违反注意义务的前提下以错误指挥的方式造成了危害结果的发生，应当承担该罪的业务监督过失责任。

　　再如在康某、王某强令违章冒险作业罪一案中，① 本案的基本案情为：2019 年 5 月份，被告人康某在担任濮阳市诚诚房地产开发有限公司技术员时，在濮阳市公园一路"诚诚·幸福里"工地违章指挥施工方进行挖土放坡，导致实际放坡坡度不足，未达到设计标准要求，形成坍塌隐患。后在明知基坑西侧边坡存在安全隐患的情况下，未采取有效措施，指挥施工方对西侧边坡进行支护，加重基坑边坡荷载，加大坍塌的可能性。2019年 5 月 22 日，被告人王某在担任河南省创胜建筑工程有限公司项目经理时，在明知基坑西侧边坡存在安全隐患的情况下，指挥施工人员进入基坑进行灌沙工作，基坑西侧边坡突然发生坍塌，致施工人员宋某、许某被掩埋死亡，陈某受伤。案发后，被告人康某、王某赔偿被害人近亲属 1520000 元。在本案中，存在着两个行为主体，即康某和王某。从二人所处的地位来看，康某是房地产开发公司的技术人员，王某是建筑工程有限公司的项目经理，可以说两人都是业务活动的监督管理人员。从二人所具有的监督管理职责来看，被告人康某作为该公司的技术人员，是工程施工业务的直接指挥人，其理应具有较高的业务水平，在具体施工作业中，应根据相关安全生产、作业规范谨慎履行其业务职责，恰当指挥工人进行施工作业，同时应仔细检查，防止工程出现重大安全隐患。而被告人王某作为建筑工程有限公司项目经理，对其所负责的业务也具有监督管理上的职责，应确立安全管理体制，保证施工作业的安全。在具体施工时，应仔细检查工程是否存在重大安全隐患，当存在安全隐患时，应停止施工，积极排除存在的安全隐患。从两人所具有的注意义务来看，康某应当预见其强迫工人违章操作的行为可能导致工程存在重大安全隐患，从而发生重大伤亡事故，也应采取有效措施检查工程质量和相关标准或及时提醒其他施工人员可能存在的安全隐患，以避免危害结果的发生。被告人王某应当预见其不排除安全隐患的行为会导致重大伤亡事故的发生，也应在存在安全隐患时及时决定停止施工，通知相关人员对

---

① 参见河南省濮阳市华龙区人民法院刑事判决书：（2020）豫 0902 刑初 527 号。

安全隐患进行排除，防止工作人员死亡。但两人都违背了其具有的注意义务，最终造成了宋某、徐某的死亡。本案在判决时，新的刑法修正案还没有颁布，因此，法院认定被告人康某构成强令违章冒险作业罪；被告人王某构成重大责任事故罪。但《刑法修正案（十一）》对本条内容进行了修改，故根据新的修正案，应认定两者都构成强令、组织他人违章冒险作业罪。

四、强令、组织他人违章冒险作业中业务监督过失犯罪的行为及其结果

从行为方式上看，强令、组织他人违章冒险作业中的业务监督过失犯罪是以作为的方式所实施，即监督者强令、组织他人违章冒险作业，使得被监督者实施了导致危害结果发生的行为。而其行为的内容又包括两方面，一是强令他人违章冒险作业。二是明知存在重大事故隐患而不排除，仍冒险组织作业。具体而言，所谓"强令他人违章冒险作业"，根据 2015 年两高《关于办理危害生产安全刑事案件适用法律若干问题的解释》的规定，其具体情形包括：一是利用组织、指挥、管理职权，强制他人违章作业的；二是采取威逼、胁迫、恐吓等手段，强制他人违章作业的；三是故意掩盖事故隐患，组织他人违章作业的。对于"明知存在重大事故隐患而不排除，仍冒险组织作业"则是《刑法修正案（十一）》新增加的内容。因为随着我国工业化的大发展，实践中某些生产经营单位和相关人员基于利益的驱使和侥幸心理的作祟，对生产、作业中的安全隐患视而不见，使得重大事故频发。因此，《刑法修正案（十一）》在原来的强令违章冒险作业罪中增加了此部分内容，将明知存在重大事故隐患而不排除的行为纳入刑法的规制范围。可以说，"强令工人违章冒险作业"以及"明知存在重大事故隐患而不排除，仍冒险组织作业"是较为明显地体现了追究业务监督过失犯罪的意思。一方面，就强令他人违章冒险作业来说，下达强制命令行为人大多是公司、企业中相关业务的负责人、管理人，这些业务负责人和管理人虽然并不直接从事生产、作业活动，但依据公司、企业规章制度以及相关安全法规的规定，对具体的生产、作业负有监督管理上的职责，当操作人员因这些强制命令而违章冒险作业以致发生重大伤亡事故时，作出强制命令的监管者应当承担业务监督过失责任。另一方面，就明知存在重大事故隐患而不排除，仍冒险组织作业来说，如前所述，组织他人作业的一般为业务、生产、经营、工程等直线管理人员，如分管领导、部门经理、车间主任、班组长等，这些行为人也对具体的生产、操作业务活动具有监督管理权限，负有法律、企业规章制度以及操作常识所赋予的注意义务，当其违背这些注意义务，不在重大安全隐患未排除的情形下就组织生产作业，从而造成了危害结果的发生时，更要承担业务监督过失责任。

例如，王某强令、组织他人违章冒险作业案，[①] 本案的基本案情为：2018 年 12 月 7 日下午 14 时左右，被告人王某指派其个体经营的兴化市建机叉车配件门市部驾驶员，即被告人邵某驾驶单位重型专项作业车（以下简称"吊车"），替江苏永祥电气有限公司法

---

① 参见江苏省扬州市江都区人民法院刑事判决书：（2020）苏 1012 刑初 150 号。

人刘某将该公司一抛丸机吊载至江苏昆泰科技有限公司内。当日 16 时 30 分左右，被害人刘某在被告人邵某将抛丸机吊载至指定地点后，要求被告人邵某继续帮其吊载 2 个抛丸机附件。被告人邵某见天色昏暗、无法看清场地及被吊物，遂将现场施工环境及可能的危险等情况通过电话向被告人王某汇报，被告人王某明知当时的现场环境已不能继续开展吊装作业，仍然安排被告人邵某继续进行吊装作业。接到指令后，被告人邵某在无法看清场地及被吊物的情况下，继续驾驶吊车将 2 个抛丸机附件吊载至被害人刘某指定的位置，后在协助被害人刘某进行抛丸机安装作业时，因吊车在吊提升机向上微调的过程中，初步固定的两颗螺母蹦脱，导致提升机晃动，遂将被害人刘某撞出施工平台坠落至抛丸机北侧的地面，致使被害人刘某头部流血，后经抢救无效死亡。经鉴定，被害人刘某符合头部受伤致重型颅脑损伤死亡。在本案中，被告人王某作为个体经营单位的负责人，对其职工邵某的业务活动具有监督管理职责。在邵某工作时，应监督其谨慎操作，防止安全事故的发生。但在邵某向其请示具体的业务指令时，王某明知当时环境已经不能继续正常作业，仍然安排其继续实施吊装作业，属于利用组织、指挥、管理职权，强制他人违章作业的情况，这种强制行为使得邵某操作失误，导致了被害人刘某的死亡，即以作为的方式实施了业务监督过失犯罪的行为。

要成立强令、组织他人违章冒险作业中的业务监督过失犯罪，还要求危害结果的出现。那么在此处要求的结果是一种实害结果还是一种危险状态？从以前的法律条文来看，尤其是我国刑法规定的危害安全生产的犯罪均为结果犯，使得只有在发生法益侵害的严重结果后才能追究行为人的刑事责任。而对于那些很有可能导致严重后果发生危险的行为，如恶意破坏安全设施设备、拒不执行重大事故隐患整改指令以及未经许可从事高度危险的生产作业活动等，却并没有规定相应的惩罚措施，这最终引发了一系列严重的责任事故，给社会安全带来了极大危害。从这一点上看，我们认为，强令、组织他人违章冒险作业中业务监督过失犯罪的危害结果除了现实的危害结果之外，还包括具有导致其他严重后果的现实危险。

五、强令、组织他人违章冒险作业中业务监督过失犯罪的因果关系

强令、组织他人违章冒险作业中业务监督过失犯罪因果关系的判断也应根据客观归属理论来进行。即首先判断条件关系是否成立，其次运用危险增加的原理判断监督者的行为是否对被监督者的行为制造了法不允许的危险，最后判断行为造成的危害结果是否在规范的保护目的范围内实现。例如，柯某强令违章冒险作业案，[①] 本案的基本案情为：泌阳县条山铁矿 6 号矿系 2008 年整合到泌阳县顺达矿业有限公司（以下简称"顺达公司"）。2010 年 3 月 19 日，泌阳县安全生产监督管理局对顺达公司各矿进行安全检查，以未按批准的安全设施设计施工等原因，责令正在生产的顺达公司 6 号矿立即停产停业。但 6 号矿矿长柯某在接到通知后，仍不停工，继续生产。2010 年 3 月 22 日 0 时许，顺达公司 5 号

---

① 参见河南省泌阳县人民法院：（2010）泌刑初字第 106 号。

矿爆破员张某进行爆破作业时引发透水，造成巷道相通的 5 号矿、6 号矿、8 号矿正在作业的 11 名工人被困井下，造成 9 人死亡的严重后果。其中 6 号矿造成 2 名工人死亡。本案经审理查明：顺达公司条山铁矿 6 号矿在 2008 年泌阳县人民政府治理整顿矿产资源开发秩序中被整合到顺达公司，柯某为该矿矿长（兼安全员）。2005 年至 2008 年，由于乱挖滥采，该矿井下巷道与顺达公司 5 号、8 号矿井下巷道被打通，柯某明知上述安全隐患的存在，但没有采取任何措施予以防范或消除。2010 年 3 月 22 日凌晨，顺达公司 5 号矿在爆破作业时引发透水，致使作业巷道相互贯通的顺达公司 5 号、6 号、8 号矿同时被淹，造成 6 号矿正在井下作业的 2 名工人被困，后 2 人因溺水死亡。在本案中，这种因果关系表现为：首先，柯某的监督管理过失行为与重大伤亡事故的发生具有条件关系。具体而言，柯某作为 6 号矿长，根据《安全生产法》的规定，应保证生产经营单位的安全生产，督促、检查本单位的安全生产工作，及时消除生产安全事故隐患。但其在明知矿井巷道存在巨大安全隐患的情况下没有采取任何措施消除隐患，使得 6 号矿的巷道与 5 号、8 号矿巷道打通相连，因此，该矿巷道施工安全早已存在重大事故隐患，安全生产条件不符合国家规定。结果在 5 号矿发生透水后殃及该矿，造成正在矿井下施工的 2 名工人溺水死亡。工人的溺水死亡看似与柯某的行为并无直接关系，但深入分析，可以发现，柯某作为矿长兼安全员，本身具有确保矿井安全生产、作业的职责，但其在明知事故隐患的存在，仍没有采取任何预防或者消除措施，继续让工人组织生产，致使发生了危害公共安全的后果。如果其在发现安全隐患时就采取有效的措施排除安全隐患，抑或及时停止生产、作业，就不会导致危害结果的发生，可以说，柯某的监督过失行为与危害结果的发生具有条件关系。其次，柯某的监督过失行为增加了工人生产、作业的危险。具体而言，柯某作为矿井负责人，对矿井的乱挖滥采视而不见，使得 6 号矿井下巷道与 5 号、8 号矿井下巷道被打通，这是一项巨大的安全隐患，但其并没有采取有效的措施排除危险，如积极组织维修被打通的通道、停止生产、作业等，明显增加了工人在矿井下生产、作业的危险。最后，由柯某的监管失职行为所导致的危害结果符合刑法规范的保护目的范围。从相应的刑法条文来看，《刑法》第一百三十四条第二款所规定的强令、组织他人违章冒险作业罪其保护法益在于生产、作业中的人身、财产安全。在本案中，柯某的监督过失行为导致下属矿井工作人员 2 人死亡，其他矿井 7 人死亡，其所造成的法益侵害结果符合《刑法》第一百三十四条第二款的规定。同时，从刑法的目的来看，追究生产、作业中业务负责人的刑事责任更有利于规范公司、企业的安全生产，有利于保证人民群众的人身及财产安全。故柯某的业务监督过失行为能够归属于刑法规范的保护目的范围之内。

第六节　重大劳动安全事故中的业务监督过失犯罪

一、重大劳动安全事故罪概述

从重大劳动安全事故罪的犯罪构成来看，其属于典型的业务监督过失犯罪，因此，重大劳动安全事故罪中的犯罪主体、注意义务、行为、结果及其因果关系也属于重大劳动安全事故中业务监督过失犯罪的相应构成要件。具体而言，所谓重大劳动安全事故罪指因安全生产设施或者安全生产条件不符合国家规定因而引发重大伤亡事故或造成其他严重后果的行为。本罪在1979年《刑法》中并没有规定，是1997年修订《刑法》时新增的罪名。其原因在于随着社会生产的发展，劳动安全事故问题频发，而旧《刑法》对劳动安全问题并没有专门进行规定，劳动安全领域发生的事故只是比照重大责任事故罪、玩忽职守罪处罚，已经不能满足社会现实的需求，因此，1997年《刑法》将其从重大责任事故罪中分离出来，单独规定罪名。虽然《刑法》专门规定了劳动安全事故罪，但一方面由于其本身存在一定的缺陷，另一方面由于各生产经营单位对此罪的规定并不在意，使得企业生产中的劳动安全问题仍然层出不穷。故2006年又出台《刑法修正案（六）》对本罪进行修订，其对主要的安全生产方面的罪名都作了调整。① 扩大了其主体的适用范围，使得其更加有利于维护社会劳动生产安全。

二、重大劳动安全事故中业务监督过失犯罪的主体

重大劳动安全事故罪在《刑法修正案（六）》出台之前，一直将生产企业的直接责任人员规定为此罪的主体。所谓的"直接责任人员"，一般被理解为企业单位中的直接主管人员以及专门从事劳动安全设施的人员，这两类人主要是负责安全项目的副厂长和企业的安全专业人员。但这就意味着在重大劳动安全事故发生时，企业的主要负责人一般不会被追究刑事责任。因为他们往往不仅仅负责企业的安全生产事项，还负责其他业务活动，故其在理论上不是刑事责任的直接承担者。但在实践中，应对重大劳动安全事故负主要刑事责任的还是企业直接负责的主管人员。因此，《刑法修正案（六）》将本罪的主体修改为直接负责的主管人员和其他直接责任人员。实际上，直接负责的主管人员无论是否管理安全事项，都应对企业的重大劳动安全事故承担刑事责任。这在《煤炭法》《安全生产法》等相关法律规范中都有明确规定，故《刑法修正案（六）》的修改也是为了与这些法律规范更加协调。那么"直接负责的主管人员和其他直接责任人员"具体又是指哪些人？根据2015年最高人民法院、最高人民检察院《关于办理危害矿山生产安全刑事案件具体应用法律若干问题的解释》的规定，"直接负责的主管人员和其他直接责任人员"主要包括两种人。一是生产单位的负责人、管理人、实际控制人、投资人等。当其负责的安全生产设施和安全生产条件不符合国家规定时，应承担相应的刑事责任。通俗而言，这部

---

① 修改前的《刑法》第一百三十五条规定："工厂、矿山、林场、建筑企业或者其他企业、事业单位的劳动设施不符合国家规定的，经过有关部门或者单位职工提出之后，对于事故隐患仍不采取措施因而发生重大伤亡事故或者造成其他严重后果的，对直接责任人员，处三年以下有期徒刑或者拘役；情节特别恶劣的，处三年以上七年以下有期徒刑。"之后2006年的《刑法修正案（六）》将刑法的第一百三十五条修改成："安全生产设施或者安全生产条件不符合国家规定，重大伤亡事故或者造成其他严重后果的，对直接负责的主管人员和其他直接责任人员，处三年以下有期徒刑或者拘役；情节特别恶劣的，处三年以上七年以下有期徒刑。"

分人一般指的是公司、企业的总经理以及生产厂的厂长，这些人属于业务的总负责人。除了这部分人之外，还有专门负责公司、企业安全事务的人，通常是副经理、项目经理、副厂长等。这些人作为安全生产的专门负责人，一旦公司、企业发生重大的劳动安全事故，则要承担直接的刑事责任。二是其他对安全生产设施或安全生产条件负管理、维护职责的人。这类人又可细分为两种人，第一种是生产单位岗位上的责任人员和在岗职工。他们的职责一方面是在业务活动中操作安全设备进行生产作业，另一方面又担负着操作、管理等职责。第二种人是企业的安全技术人员，如电工、机器设备维护员、瓦斯检查工等。他们的职责在于管理、监督、检查、维护企业安全生产设施及设备的正常运转，当因其职责上疏漏导致重大劳动安全事故发生时，就需要承担业务监督过失责任，通常，此种业务监督过失是管理上的过失。

虽然《刑法修正案（六）》将重大劳动安全事故罪的犯罪主体规定为"直接负责的主管人员和其他直接责任人员"，但此罪的主体在学界却一直存在争议。有学者认为此罪的主体只能是自然人，但也有学者认为，重大劳动安全事故罪的真正主体只能是单位，只不过没有为单位设置具体的罚金刑，而是处罚单位的相关负责人。对此，支持第一种观点的学者认为：第一，从《刑法修正案（六）》去除了原来犯罪主体的限制来看，表明立法者认识到随着社会经济的发展，已经不能将此罪的犯罪主体限制在正式单位范围内，对于某些非单位主体，如个体经营户或不具有单位资质的无照经营组织，在其行为造成重大劳动安全事故时，也应按照重大劳动安全事故罪进行定罪处罚。所以，从立法者的角度而言，其立法本意并非是想将此罪的主体限制在单位范围，对于非单位的主体如施工队、个体经营者等非单位主体，也可以构成此罪。第二，对于单位犯罪来说，要刑法明确规定才可以处罚，但我国刑法并没有明确规定此罪为单位犯罪，也没有设置具体针对单位的刑罚。支持第二种观点的学者认为：第一，在现代企业中，无论是日常生产还是安全管理事务的决策都是由单位集体意志所决定的，也是为了单位利益所作出。因而由于安全设施或安全条件的隐患而引发的重大劳动安全事故就不能归责于单位的个人，应由单位来承担。第二，从实践中来看，绝大多数劳动安全事故的发生还是由单位的违规行为所造成的，往往是由单位集体基于单位利益所作出的决策，负责人的行为应该归咎于单位的行为，故此罪的主体是单位较为合适。

基于业务监督过失理论，笔者认为，重大劳动安全事故中业务监督过失犯罪的主体既包括自然人，也包括单位。自然人即生产单位的负责人、管理人、实际控制人、投资人等直接负责的主管人员以及其他对安全生产设施或安全生产条件负管理、维护职责的人。因为，立法者设立此罪的目的在于保护劳动者的合法权益，防止因安全生产事故造成劳动者的人身损害，只要是因安全生产设施或者安全生产条件的缺陷导致了重大伤亡事故的发生，在行为满足其他构成要件时，就应追究行为人的业务监督过失责任，这时无论主体是单位还是单位负责人，都具有业务监管职责。在确定具体刑罚时可以采取双罚制，既对单位实行罚金刑，又对相关负责人实行自由刑和罚金刑。如此，一方面，有利于打击生产企业的业务犯罪行为，另一方面，又可以更全面的保护劳动者的合法权益。

三、重大劳动安全事故中业务监督过失犯罪的注意义务

重大劳动安全事故中业务监督过失的成立也要求行为主体违背了结果预见义务和结果回避义务。首先，其注意义务产生的根据有以下三个方面：一是相关安全生产法律法规，如《安全生产法》《工厂安全卫生规程》《工业企业设计卫生标准》等；二是各企业内部有关安全生产管理的规章制度；三是行业内涉及安全生产的习惯和常理。其次，由于重大劳动安全事故中业务监督过失犯罪主体有两种人，即"生产单位的负责人、管理人、实际控制人、投资人等以及其他对安全生产设施或安全生产条件负管理、维护职责的人"，因此，每一类型的主体其结果预见义务和结果回避义务并不相同，故需分开讨论。具体而言，对生产单位的负责人、管理人、实际控制人、投资人等直接负责的主管人员来说，如前所述，这部分人要么是公司、企业的总负责人，如总经理、厂长；要么是负责专门安全业务的人，如副经理、副厂长。他们作为企业的主要负责人和主管人，是从宏观上对企业的安全生产业务进行管理，故其结果预见义务是应预见到企业的安全规章制度、安全生产设施及安全生产条件不完善会导致安全事故的发生；其结果回避义务是制定完备的安全规章制度，改善安全生产设施及安全生产条件，防止安全事故的发生。而其他对安全生产设施或安全生产条件负管理、维护职责的人，其主要负责管理、维护具体的安全生产设施。故其结果预见义务是应预见到安全生产设施不符合国家规定的标准，存在安全隐患，有可能造成严重的社会危害结果。其结果回避义务在于设置合格的安全生产设施及安全生产条件，防止危害结果的发生。

例如，在陈某、蒋某重大劳动安全事故罪案[①]中，生产经营单位的主要负责人陈某及蒋某就因其监管过失行为构成重大劳动安全事故罪。本案的基本案情为：丹阳市访仙镇春方车辆附件厂系被告人陈某、蒋某共同投资开办的个体工商企业。两被告人于2010年共同办厂后，未履行消防主体职责，在该厂门卫室西侧违章搭建了"打磨车间"作为生产、储存部位，未制定消防安全管理制度，未配备任何消防设施，未开展消防安全管理及自查，也未对员工进行任何消防安全知识培训。2013年2月2日0时许，该"打磨车间"因电气线路故障引燃周围大量可燃汽车塑料保险杠而发生火灾。在本案中，被告人陈某与蒋某是生产车间的主要负责人，理应根据《建筑法》《安全生产法》《消防法》等相关法律的规定完备生产车间的安全实施和消防设备，但其违章搭建了"打磨车间"，未申报消防审核验收，也未配备任何消防设施，因而发生重大伤亡事故。从注意义务上看，他们分别对火灾事故这种危害结果应具有预见和回避义务，因为作为企业的投资人，陈某与蒋某在事前应了解企业管理的相关知识，也了解此类企业应配备安全的生产设施，如果不具备安全的生产设施和条件，肯定会发生安全事故。同时，其在具有预见义务的情形下，并未完善企业的安全生产设施和条件，没有履行防止危害结果发生的回避义务。因此，其违背了结果预见义务和回避义务，同时，陈某与蒋某的不作为的行为也违反了国家的安全生产

---

① 参见江苏省镇江市中级人民法院刑事判决书：（2014）镇刑终字第48号。

规定，从而造成了严重的危害结果，构成重大劳动安全事故罪。

再如，石某犯重大劳动安全事故罪案，① 本案的基本案情为：2013 年 1 月至 2013 年 8 月，被告人石某在经营宁江区繁荣街迎春花园内开设的钱雨塑钢门窗厂期间，未对工人进行上岗前安全操作培训及制定各项安全规章制度、各项操作规范；私拉乱接厂房内电线及设备，同时在施工现场未配备安全警示标志情况下便组织工人进行塑钢门窗生产。2013 年 8 月 16 日 15 时，该厂工人唐某甲在操作塑钢窗热熔机时被电击伤，后经医院抢救无效死亡。经鉴定：被害人唐某系电击死亡。经松原市安全生产监督管理局认定：钱雨塑钢门窗厂安全设施、安全生产条件均不符合国家标准。在本案中，首先，被告人石某作为生产经营单位的负责人，在生产经营活动中，未对工人进行岗前培训，也没有制定相关的安全规章制度，其安全设施以及安全生产条件也没有达到国家标准。此种情形下，就应预见自己的违规生产行为会造成生产过程中职工的伤亡后果，同时，其在工厂管理中，也并没有制定完备的规章制度或者保证其生产设施和条件符合国家的规定，从而防止危害结果的发生。因此，其管理行为同时违背了结果预见义务和结果回避义务。其次，从案件事实来看，其监督管理行为并不符合刑法的相关规定，存在违背法律规范的行为。最后，其违规生产经营的行为直接造成了工人唐某的死亡结果，具有因果上的关系。因此，其属于业务监督过失犯罪，构成重大劳动安全事故罪。

四、重大劳动安全事故中业务监督过失犯罪的行为及其结果

在重大劳动安全事故罪中，《刑法修正案（六）》之前，其在客观方面的行为方式为"劳动安全设施不符合国家规定，经有关部门或者单位职工提出后，对事故隐患仍不采取整改措施"，修改后的法条，不仅取消了"经有关部门或单位职工提出后，对事故隐患仍不采取整改措施"的条件要求，而且将"劳动安全设施不符合国家规定"变更为"安全生产设施或安全生产条件不符合国家规定"。而从业务监督过失犯罪的角度而言，如前所述，重大劳动安全事故中业务监督过失犯罪主体有两种：一是生产单位的负责人、管理人、实际控制人、投资人等；二是其他对安全生产设施或安全生产条件负管理、维护职责的人。行为主体的不同也会导致行为方式有区别，但都属于不作为的方式。具体而言，第一，就生产单位的负责人、管理人、实际控制人、投资人而言，其行为方式表现为怠于改善不符合国家标准的安全生产设施和安全生产条件，从而导致重大伤亡事故以及其他严重危害结果的发生。第二，就其他对安全生产设施或安全生产条件负管理、维护职责的人而言，其行为方式表现为未设置合规的安全生产设施及安全生产条件，从而引发重大伤亡事故的发生。其中，所谓劳动安全设施包括保护劳动者人身安全的多种硬件设施和设备，而安全生产设施或安全生产条件则既包括硬的设施、设备，也包括软的环境和条件。这里安全生产设施或者安全生产条件不符合国家规定，主要是指不符合《安全生产法》《工厂安全卫生规程》《工业企业设计卫生标准》等法律法规。

---

① 参见吉林省松原市中级人民法院刑事判决书：（2014）松刑终字第 12 号。

此外，我国刑法目前规定，要构成重大劳动安全事故罪，需要发生重大伤亡事故或者造成其他严重后果。可见，重大劳动安全事故罪属于结果犯。但是，在实践中，一般企业发生安全事故时，后果往往极其严重，会给人民群众的生命以及公私财产的安全带来极大的损害。同时，此种立法上的规定，也会助长企业管理人员的侥幸心理，使其忽视了对企业安全生产设施或生产条件的改善、放松对企业安全生产的监管。因此，我们认为，有必要在重大劳动安全事故罪中设置一定的危险犯规定。实际上，从我国近年来对某些过失犯罪的立法来看，已经有对业务过失犯罪设置危险犯的立法规定。如 2015 年出台的《刑法修正案（九）》对违反相关安全驾驶管理作了规定，虽然没有造成直接的危害后果，但是若足以危及公共安全的行为规定为犯罪，按照危险驾驶罪论处。

五、重大劳动安全事故中业务监督过失犯罪的因果关系

最后，本罪业务监督过失的成立也要求上述人员的过失行为和危害结果之间存在着因果关系，即上述行为人的过失行为制造了刑法所不允许的危险且在刑法规范的保护目的范围之内实现。例如，周某、赵某重大劳动安全事故案。[①] 本案的基本案情为：2017 年 11 月 1 日，被告人周某与马某等人合伙租赁被告人赵某的鑫泉加油站，租赁期限 10 年，合同是以马某的名义跟被告人赵某签的，对上级主管部门报备还是以赵某的名义运营。租赁合同签订后，2018 年春上，鑫泉加油站承包人周某等人在赵某允许的情况下未向上级主管部门报备擅自追加两个单层油罐，后投入运营，2020 年 4 月下旬，马某因加油站生意不赚钱撤股，由被告人周某对加油站进行实际经营管理。2020 年 5 月 10 日，因油罐区双层罐与单层罐连接处漏油，被告人周某和时任加油站站长的被害人杨某在与被告人赵某商量后未向上级主管部门报备便对油罐区进行改造，在油罐区修建巷道及入口，便于进出巷道作业。但违反了有关技术规定，留下安全隐患。2020 年 8 月 15 日 17 时 30 分许，加油站站长杨某下油罐巷道作业时窒息在巷道出入口内，后被当时值班的加油工张某发现，张某紧急呼救，加油站邻居被害人师某闻讯后火速赶到现场，后下窨井内救人，也窒息在窨井内。后二人被赶来的消防队员救出，但已经死亡。本案中，首先，周某和赵某作为加油站的直接负责人，是业务监督过失责任的承担主体，二人的行为与被害人的死亡具有条件关系。从其具有的监督管理职责来看，第一，确立完善的安全管理体制，确保加油站内安全生产设施的完备。第二，对加油站的经营和管理应符合有关安全法规的规定，例如，对加油站内的设施进行改造时应向上级部门报备，获得批准以后再进行施工建设。再如应根据安全技术的有关规定进行改造，确保生产设施和条件的安全。第三，加强员工培训，提高其业务水平，提醒其树立安全作业意识，在其作业时也应进行有效监管，防止安全事故发生。二人怠于履行其应有的监管职责，导致被害人死亡，如果他们认真履行了这些监管职责，就能够避免被害人的死亡，因此，二人的行为与被害人的死亡具有条件上的关系。其次，从危险增加的理论来看，周某与赵某的行为增加了被害人死亡的危险。其主要表现

---

① 参见河南省长葛市人民法院刑事判决书：（2021）豫 1082 刑初 135 号。

为：第一，周某在赵某允许的情况下未向上级主管部门报备擅自追加两个单层油罐，便投入运营，而单层油罐的安全性又未可知。第二，周某与赵某在擅自追加油罐后又未向上级主管部门报备便对油罐区进行改造，且违反有关技术规定。这两个行为都违背了二人作为经营单位负责人应有的注意义务，对被害人杨某的死亡制造了法不容许的危险。最后，周某与赵某违背其监管职责的不作为所导致的危害结果实现于刑法规范保护目的范围内。因为重大劳动安全事故罪的保护法益在于公私财产以及劳动者的人身安全。周某与赵某身为加油站直接负责人员，未经许可违法扩建油罐，未履行其安全生产职责，造成二人死亡的结果，对重大劳动安全事故罪的法益造成了严重侵害，其行为已构成重大劳动安全事故罪。

第七节　大型群众性活动重大安全事故中的业务监督过失犯罪

一、大型群众性活动重大安全事故罪概述

大型群众性活动重大安全事故罪也可体现为业务监督过失犯罪。所谓大型群众性活动重大安全事故罪，是指举办大型群众性活动违反安全管理规定，因而发生重大伤亡事故或者造成其他严重后果的行为。本罪是《刑法修正案（六）》新增设的罪名。1979年《刑法》及1997年《刑法》均没有规定本罪。近年来，随着社会经济的持续发展，有关部门举办的大型群众性活动越来越多，规模和人数也在不断扩大，相应地也带来了重大的安全隐患，经常发生因组织不力而导致的重大伤亡事故，社会影响非常恶劣。为了预防大型群众性活动引发的事故，在活动举行前必须恪守相关的安全管理规定，必须将预防工作做在前面，建立预案，消除事故隐患，防止危害结果。因举行大型群众性活动违背相关安全规范导致重大伤亡事故或其他严重危害结果的行为，有必要进行处罚直至追究刑事责任。因此，《刑法修正案（六）》对此罪予以规定非常必要。

二、大型群众性活动重大安全事故中业务监督过失犯罪的主体

本罪的主体是举办大型群众性活动的单位直接负责的主管人员和其他直接责任人员。直接责任人员和其他直接责任人员，既包括主管举办大型群众性活动的组织、领导人员，也包括在举办大型群众性活动中负责群众安全的技术人员，如安全疏导员、安全监察员等。在大型群众性活动重大安全事故罪中，举办单位不仅包括企业、事业单位，也包括民间组织和临时组织等。直接负责的人员既包括国家机关的工作人员，也包括非国家机关的工作人员。但在成立业务监督过失犯罪时，主体只能是非国家单位的上述人员，如果是国家单位举办的大型活动，则该单位的组织、管理人员承担的是职务监督过失犯罪。

明确了本罪的主体是"举办大型群众性活动的直接负责的主管人员和其他直接责任人员"，此处还有几个争议问题需要说明。第一，大型群众性活动重大安全事故中业务监督过失犯罪的主体是否应包括单位？关于这一问题，无论是理论界还是实务界，均存在着

争议。第一种观点认为，本罪的主体只限于自然人；第二种观点认为，本罪的主体除自然人外，也包括单位。笔者支持第二种观点，认为本罪的主体应包括单位。理由如下：首先，构成本罪的前提在于举办大型群众性活动，何为"大型群众性活动"？根据 2007 年通过的《大型群众性活动安全管理条例》的规定，大型群众性活动，是指法人或者其他组织面向社会公众举办的每场次预计参加人数达到 1000 人以上的活动。可见，大型群众性活动的举办者是单位，如此，单位在举办大型群众性活动过程中，违反安全管理规定造成重大事故的，理应成为犯罪的主体。其次，从社会发展状况来看，随着我国社会经济水平的提高，人民群众的文化需求也越来越多，因而举办大型群众性活动的次数也不断增加，导致活动过程中的安全隐患逐渐突出。而如果不将单位纳入责任追究的主体范围，有可能导致在发生重大安全事故时，无法追究刑事责任的情形，如某一组织负责人在活动举办后卸任、离职。因此，从刑事政策的角度而言，为了预防此罪的发生，规定单位可成为本罪的主体十分必要，也是符合社会的发展状况。最后，虽然《刑法修正案（六）》第三条规定大型群众性活动重大安全事故罪的主体是"直接负责的主管人员和其他直接责任人员"，但就此并不能认为单位不能构成本罪的主体，实际上，从本罪的罪状和构成特征来看，单位完全可以成为本罪的主体。《刑法修正案（六）》第三条只是规定对本罪采取单罚制而已。因此，本书认为单位亦可成为本罪的主体。

第二，"直接负责的主管人员和其他直接责任人员"是否包括对事故负有责任的雇主和法定代表人？从法条的字面意思来看，似乎不能得出肯定的结论。对此，有观点就认为法条规定本罪的主体为直接负责的主管人员和其他直接责任人员，实际上是将企业及相关法人代表和雇主排除在刑事责任范围之外，如私营企业的雇主就可以让其雇佣的直接管理人承担刑事责任而自己则可以逃避责任。但有关人员对立法原意进行说明时指出，这里的"直接主管人员"和"其他责任人"包含了对事故负有责任的雇主和法定代表人。[1] 可见，立法原意和条文的文义存在着一定的偏差，对此，笔者认为，应遵从立法原意，将对事故负有责任的雇主和法定代表人也作为本罪的主体。

第三，在司法实践中还存在一种情形，即前任单位直接负责的主管人员在举办大型群众性活动中违反安全管理的有关规定，但重大伤亡事故发生在新任的主管人员任内。如前任主管人员在举办大型群众性活动前，没有预先制定安全监督以及突发事件的应急方案，从而给活动安全埋下重大隐患。其后，在前任主管人员离任后，新的主管人员上任，在举办活动时就发生了重大伤亡事故，而造成事故发生的原因又在于前任主管人员留下的安全隐患。那么此时应追究谁的业务监督过失责任？具体而言：首先，是否应追究前任主管人员的刑事责任？本书对此持否定态度。因为前任主管人员已经离任，不符合刑法条文直接负责的主管人员的规定，如若追究其刑事责任，则有违罪刑法定的基本原则。其次，追究现任主管人员的刑事责任显然也不合理。因为，现任主管人员刚刚上任，其并不了解活动

---

[1]　参见彭新林：《大型群众性活动重大安全事故罪主体疑难问题探讨》，载《安全与健康》2008 年第 23 期。

过程中的具体事项，也不了解可能存在的安全隐患，从注意义务的角度而言，其也并不具有相应的预见义务，因此，如若追究现任的刑事责任，则有违刑法的谦抑性。综上，既然既不能追究前任主管人员的刑事责任，又不宜追究现任主管人员的刑事责任，同时也不可能不追究刑事责任，那么应如何处理？笔者认为，这种情况下可以根据刑法条文的规定追究单位中其他直接责任人员的刑事责任。同时，也有必要将单位纳入进来，给予单位罚金刑。

三、大型群众性活动重大安全事故中业务监督过失犯罪的注意义务

如前所述，业务监督过失犯罪的核心在于注意义务的违反。本罪中的注意义务也包括结果预见义务及结果回避义务。首先，其注意义务主要来源于三个方面：一是有关大型群众性活动安全保卫工作方面的各种规范性文件，如《消防法》《关于加强公园、风景区游览安全管理的通知》等；二是单位主管人员所具有的职责上的要求；三是单位管理制度、合同的约定或者法人机关的授权。其次，就结果预见义务而言，本罪主体的结果预见义务为：单位直接负责的主管人员和其他直接责任人员，应预见到自己在大型群众性活动过程中违反安全管理规定的不作为，有可能造成重大伤亡事故或者其他严重后果。其结果回避义务在于采取有效措施防止重大伤亡事故的发生以及在危险发生后避免危害结果的扩大。具体来说：一是事前制定完善的大型群众性活动的安全监督方案和突发事件处置方案，以防止危害结果的发生；二是强化对活动工作人员的安全培训；三是及时检查活动中工作人员的行为，督促其认真履职；四是有效的处理突发安全事故，如疏散聚集的群众、及时报告有关部门；五是采取进一步的措施防止危害结果的扩大。

本罪中注意义务的分析可参考这一案例。即李某某大型群众性活动重大安全事故罪。[①] 基本案情为：2017 年 4 月 18 日，被告人李某某作为某某摩托车运动协会法定代表人，与某某人民政府签订承办协议，定于 2017 年 4 月 29 日至 2017 年 5 月 1 日在某某景区举办第四届"穿越某某沙漠英雄会"活动，活动内容包括全地形车 U2 挑战赛等内容。2017 年 4 月 27 日，某某公安局作出不予受理该大型群众性活动安全许可申请的决定。2017 年 4 月 29 日至 5 月 1 日，被告人李某某在公安机关作出不予受理该大型群众性活动的决定情况下，仍然决定组织承办了该活动。活动期间现场聚集逾千人，某某汽车摩托车运动协会作为承办方在组织全地形 U2 挑战赛过程中，比赛场地内未设置安全标示及安保人员，致使 5 月 1 日在全地形车 U2 挑战赛过程中游客谭某某驾驶越野摩托车闯入比赛场地内与参赛选手尚某某驾驶 UTV 赛车相撞，造成谭某某死亡、尚某某受伤。

事故发生后，辩护人认为，被告人李某某构成大型群众性活动重大安全事故罪不成立，因为李某某在本次活动中处于被支配的辅助地位，所起到的是辅助作用，应当追究真正承办方的责任。本案是一起较为典型的业务监督过失犯罪。对于李某某是否是该罪的责任主体，应具体分析。笔者认为，李某某作为某某摩托车运动协会法定代表人，其与政府

---

① 参见内蒙古库伦旗人民法院刑事判决书：（2018）内 0524 刑初 13 号。

签订一些共同举办此次大型活动，当然是该活动的组织者、领导者。尽管其在活动中是与政府合作，但不影响其属于该活动的组织者的事实，不能因为其是次要承办人就将其排除在直接责任人员之外。既然李某某是该罪的主体，那么其就具有结果预见义务和结果回避义务。该事故的发生在于，比赛场地内未设置安全标示及安保人员，致使5月1日在全地形车U2挑战赛过程中游客谭某某驾驶越野摩托车闯入比赛场地内与参赛选手尚某某驾驶UTV赛车相撞，是管理过失，那么李某某的预见义务就是应当预见自己对比赛场地的疏于监管，即未在比赛场地内未设置安全标示及安保人员，就有可能会发生重大伤亡事故。其结果回避义务在于并未及时采取措施设置安全提示、配备安保人员或者停止举办比赛，以防止危害结果的出现。李某某违反了这两项注意义务，从而导致了重大伤亡事故的发生，理应承担管理过失责任。法院也认为，大型群众性活动的承办者对其承办活动的安全负责，承办者的主要负责人为大型群众活动的安全责任人。某某汽车摩托车运动协会作为沙漠英雄会赛事活动的承办方，与某某人民政府签订的承办协议中约定由其保证赛事活动安全有序的完成赛事各项议程及比赛内容，要配备相应的安保人员并对赛事活动安全负总责，可见被告人李某某作为某某汽车摩托车运动协会的法定代表人是本次大型群众活动安全责任人，但是某某汽车摩托车运动协会在某某公安局已作出不予受理该大型群众性活动安全许可申请决定的情况下，仍违反相关安全管理规定，违规举办大型群众性活动，造成一人死亡的事故，被告人李某某的行为构成大型群众性活动重大安全事故罪。

四、大型群众性活动重大安全事故中业务监督过失犯罪的行为及其结果

本罪中的行为是不作为，即在举办大型群众性活动中违反安全管理的规定，不履行或者怠于履行自己的监管义务，从而造成了重大伤亡事故或其他严重后果。因为，依照法律、法规、规章以及其他保障公共场所安全的惯例，单位直接负责的主管人员在举办大型群众性活动时，无论是对活动过程中的场所、安全设施等物品，还是负责具体活动流程的工作人员，都具有监督和管理上的职责；也有义务采取措施以防止重大安全事故发生，保障不特定多数人的生命、健康及其他公私财产安全。当其不履行或者不完全履行这种监督、管理上的职责时，此种不作为的行为就应承担业务监督过失责任。在实践中，这种不作为的表现形式主要有以下三种：一是监管者完全没有履行其负有的注意义务。如在举办大型活动时没有向有关上级申请；申请后还未批准就擅自举办；不顾场地容量超额售票造成踩踏事故；举办大型活动的场地安全设施不完善等。二是没有有效履行其负有的注意义务。例如在对活动举办地安全设备检查不完善；在发生安全事故后应对措施还不足，等等。三是懈怠对活动中从业人员在活动中的监管，或者疏于对活动场地设施的检查，由此造成了严重的伤亡事故。最后，还要求违规行为所造成的危害结果达到一定的标准。具体标准参见前文《安全案件解释》中之有关规定。

五、大型群众性活动重大安全事故中业务监督过失犯罪的因果关系

在业务监督过失犯罪的因果关系认定方面，运用客观归属理论来进行判断是一种较好

的选择，重点需要运用危险增加理论来进行阐释和说明。根据危险增加论，在考虑危险增加理论时，需要考量行为人的行为是否制造了一个不被容许的危险，即在什么时候行为人的行为对行为客体不仅制造了危险，而且这个危险超越了被容许的危险范围。那么就可以将该行为造成的结果归属于行为人。① 如果这种结果能够实现于规范的保护目的范围内，那么就可以肯定行为与结果之间存在着因果关系。

例如，王某、赵某大型群众性活动重大安全事故案，② 本案的基本案情为：2016 年 4 月，被告人王某、赵某商议决定，于"五一"节前后在重庆市沙坪坝区嘉陵江磁器口段举办"庆五一冬泳、皮划艇漂流嘉陵江活动"，由二人共同负责活动相关审批手续的办理及活动方案的制定和实施。王某负责冬泳活动参加人员的召集，赵某负责与赞助商联系、媒体宣传及皮划艇活动参加人员的召集。

随后，王某、赵某共同或各自进行活动的相关筹划、准备等工作，赵某还联系了国富沙磁实业公司作为活动赞助商及协办单位，并在国富沙磁巷组织的新闻发布会上向媒体介绍了该活动的详细情况。赵某还通过微信、QQ 等方式将该次活动进行宣传并组织皮划艇参与人员。王某在重庆冬泳爱好者中宣传该次活动消息，通过电话、QQ 等方式大量邀约组织各冬泳爱好者前来参加活动，并同意其他从媒体宣传等渠道得知该次活动消息的人员前来参加活动。

被告人王某、赵某先后将活动方案向重庆市沙坪坝区体育局、重庆市交通行政执法总队直属支队水上大队、重庆磁器口古镇管理委员会、重庆市地方海事局等主管单位申请许可，但均因存在重大安全隐患，不符合规定未得到相关部门的活动许可，重庆市公安局水上分局还书面发出整改措施。

2016 年 4 月 29 日上午，被告人王某、赵某接到了相关部门要求取消该活动的通知。当日下午，在未制定符合规定的安全工作方案、未制定突发事件应急预案、未采取足够安全保障措施、未取得相关政府行政管理部门审批同意的情况下，王某、赵某以沙坪坝区冬泳协会、沙坪坝区皮划艇协会及重庆舟弋体育文化传播有限公司等组织的名义，在重庆市沙坪坝区嘉陵江附近组织国富沙磁巷首届水上文化艺术节暨"磁器口皮划艇漂流及千人冬泳活动"的活动，王某、赵某在活动开幕式上讲话，赵某宣布出发。赵某带队到沙坪坝区井口大沙滩组织皮划艇漂流，遇到公安机关、交通行政执法总队直属支队水上大队等工作人员劝阻，但部分队员已下水漂流；王某到达磁器口华兜嘴下水点后，组织冬泳队队长开会，宣布取消活动，但仍有队员不顾劝阻，强行下水向下游漂游。重庆市交通行政执法总队直属支队水上大队立即决定对嘉陵江石门大桥至凤栖沱航段实施临时交通管制。参与冬泳活动的被害人田某某、雷某某在嘉陵江游泳中死亡。

---

① 参见童德华：《刑法中的客观归属——关于因果关联的新视角》，载《暨南学报（哲学社会科学版）》2008 年第 6 期。

② 参见重庆市沙坪坝区人民法院刑事判决书：（2017）渝 0106 刑初 1326 号。

在本案中，业务监督过失犯罪的主体是王某和赵某。王某和赵某共同负责举办皮划艇漂流活动，是本次大型群众性活动的直接责任人。但其以不作为的方式实施了违反安全管理规定的行为，主要表现为在未制定符合规定的安全工作方案、未制定突发事件应急预案、未采取足够安全保障措施、未取得相关政府行政管理部门审批同意的情况下，举办大型群众性活动，造成了两人的死亡。那么王某和赵某的行为是否制造或者实现了超过被容许的危险？笔者认为答案是肯定的，理由在于：首先，王某和赵某作为活动的组织者，在向有关部门申请举办大型活动时，因存在重大安全隐患未获得许可，且被要求整改，但两人在重大安全隐患未改善的情况下仍然举办该活动，明显会增加危害结果发生的危险。其次，两人在活动举办过程中，既没有制定符合规定的安全工作方案，又没有制定突发事件应急预案，表明其安全保障措施不够，不足以应对伤亡事故的发生。从监督过失犯罪的角度而言，两人作为业务活动的监管者，本有能力消除危害结果发生的危险，如通过整改消除重大安全隐患，在申请获得许可的条件下举办本次漂流活动。同时，在活动中制定完善的安全保障措施，确保伤亡事故发生时能够有效地应对。但其在有义务且有能力减少危险发生的情形下，没有实施减少危险发生的行为，实际上就是增加了结果发生的危险。最后，两人死亡的危险并不在被容许的范围内，因为如果行为人能够及时停止此次不合法的漂流活动，完全能够避免被害人的死亡。所以，两人的管理过失行为制造且实现了超过被容许的危险的危险。要认定监督者的行为与结果之间存在因果关系，还要考察结果是否符合规范的保护目的范围。这个阶段的考察目的是对事实结果与具体条文保护的法益进行合致性的评价，其标准是刑法的目的和政策。[①] 就本案的事实结果而言，周某、王某和赵某违反安全管理规定的行为客观上造成了两名被害人的死亡。而就大型群众性活动重大安全事故罪的立法目的以及保护法益而言，其目的在于保护公共活动中的公共场所安全，包括不特定多数人的生命安全。故其事实结果与刑法规范的保护法益具有一致性。另外，需要注意的是，在考量规范的保护目的范围时，需要排除被害人有意志的行为，在本案中，王某到达磁器口华兜嘴下水点后，组织冬泳队队长开会，宣布取消活动，但仍有队员不顾劝阻，强行下水向下游漂游。此情节是否能够表明被害人的死亡是其自身过失行为所导致的？本书持否定看法，因为从案件事实来看，在活动未开始前，磁器口派出所已经责令取消该次活动，但在开幕式上王某并未向参加活动的冬泳队员说明情况，而是在到达下水点后才宣布活动取消，此时活动已经开始，现场的情况难以控制。也就是说，被害人对活动所具有的危险性并无认识，也就没有相应的注意义务，不成立过失行为。因此，也并不能否定规范的保护目的。

① 参见童德华：《刑法中的客观归属——关于因果关联的新视角》，载《暨南学报（哲学社会科学版）》2008 年第 6 期。

第八节　危险物品肇事事故中的业务监督过失犯罪

一、危险物品肇事事故中业务监督过失犯罪的主体

危险物品肇事罪①没有限定主体，对危险物品的生产、储存、运输、使用负有监督管理职责的人员的业务监督过失行为可由危险物品肇事罪规制。但研究危险物品肇事事故中业务监督过失犯罪主体的前提，依然是对危险物品肇事罪的主体做出合理解释。本罪的主体是一般主体。构成本罪需要行为人从事生产、储存、运输、使用危险物品的活动并非表明本罪要求特殊主体，只是要求主体是在从事危险物品的生产、储存、运输、使用的活动中因违反管理规定而造成重大事故。值得一提的是，业务性的生产、储存、运输、使用活动，不仅包括公司、企业中的具有一定规模性的业务活动，还包括个体经营户的小型业务活动，例如，早餐店使用煤气罐、火锅店使用酒精等。所以，公司、企业中的人员、个体经营店的人员均可能触犯本罪，只要他们是在生产、储存、运输、使用危险物品的活动中违反管理规定造成重大事故。

有论者认为，本罪的主体主要是从事生产、保管、运输和使用危险物品的职工，但其他人也可以构成本罪。② 其未指明其他主体具体可以包括哪些人。相比之下，有论者专门指出，该罪主体除了直接从事危险物品上述有关活动的人员之外，还包括对这些活动进行指挥、管理的负责人员，以及对保障这些活动安全的劳动安全设施负责管理、维护的人员。对于从事危险物品的生产、储存、运输、使用活动进行指挥、管理的人员而言，当其明知或应当知道存在发生严重后果的事故隐患的情况而不让直接从事危险物品生产、储存、运输、使用活动的职工停止该种活动，甚至强令他们从事该种活动，从实质上看，其不作为或作为当属违反危险物品管理规定的行为，并且，他们从事的指挥、管理活动本身即与危险物品的安全生产、储存、运输、使用活动密切相关，属于"广义"的危险物品生产、储存、运输、使用活动，应以本罪定罪处罚，而如果对其以重大责任事故罪处理，就不能确切地体现其行为本质，也不符合罪刑法定原则。③

另有论者虽同意上述结论，但并不认同上述论据。该论者认为，不能简单地认为他们的行为是"广义"的生产、储存、运输、使用活动就得出他们可以成为本罪主体的结论，这些人之所以是本罪主体，原因是在发生危险物品肇事事故造成严重后果的情形下，他们和直接从事那些活动的人员形成了一个紧密的"责任共同体"，他们的行为本身就是发生在危险物品的生产、储存、运输、使用活动的过程中，而无需扩张解释为"广义"的危

---

① 《刑法》第一百三十六条规定："违反爆炸性、易燃性、放射性、毒害性、腐蚀性物品的管理规定，在生产、储存、运输、使用中发生重大事故，造成严重后果的，处三年以下有期徒刑或者拘役；后果特别严重的，处三年以上七年以下有期徒刑。"

② 参见高铭暄、马克昌主编：《刑法学》，北京大学出版社 2019 年版，第 362 页。

③ 参见刘志伟：《危险物品肇事罪若干疑难问题新探》，载《山东公安专科学校学报》2001 年第 2 期。

险物品的生产、储存、运输、使用活动进行推定。紧密责任共同体虽然类似于过失共同犯罪，但是并不完全相同，责任共同体更强调根据行为人实施的行为之间的特殊性及其与危害结果之间因果关系的复杂性而产生的责任连带，更类似于用民法上法人人格的组合理论进行的推定。①

本书认为，这一问题可以引入监督过失理论予以解决。同时，应注意再次细分上述两类主体。首先，对于指挥、管理生产、储存、运输、使用危险物品的负责人员，以及对保障这些活动安全进行的设备设施负有管理职责的人员（特指非一线的管理层，亦即不包括在一线具体从事维修保养的维护人员）而言，完全可以运用监督过失理论来解决其应负危险物品肇事罪刑事责任的问题。因为，监管者不恰当履行监管职责的行为导致一线职工在生产、储存、运输、使用中因违反管理规定而发生重大事故，就具有刑法上的过失。不必认为本罪规制的只有生产、储存、运输、使用行为而将上述指挥、管理行为解释为"广义"的生产、储存、运输、使用行为，因为本罪规制的重点是违反管理规定的行为，生产、储存、运输、使用是一系列的活动过程，上述指挥层、管理层的指挥、管理行为当然包含在这一系列的活动过程中，他们的过失行为就是不正确履行监管职责的行为，也就是违反管理规定的行为。

对此，也有相关管理规定佐证。例如，《危险化学品安全管理条例》第四条第二款规定："生产、储存、使用、经营、运输危险化学品的单位的主要负责人对本单位的危险化学品安全管理工作全面负责。"第二十条规定，生产、储存危险化学品的单位应当在作业场所设置相应的安全设施、设备，并对安全设施、设备进行经常性维护、保养，保证安全设施、设备的正常使用。第三十条规定，申请危险化学品安全使用许可证的化工企业应有安全管理机构和专职安全管理人员。② 所以，对危险物品的生产、储存、使用、经营、运输负有监督管理职责的人员当然是本罪的适格主体。并且也有论者经过实证分析认为，实务中本罪的行为主体多是公司的法定代表人、危险物品的经营者、危险物

---

① 参见彭新林：《危险物品肇事罪若干争议问题研究》，载《南都学坛》2008 年第 3 期。

② 《危险化学品安全管理条例》第二十条规定："生产、储存危险化学品的单位，应当根据其生产、储存的危险化学品的种类和危险特性，在作业场所设置相应的监测、监控、通风、防晒、调温、防火、灭火、防爆、泄压、防毒、中和、防潮、防雷、防静电、防腐、防泄漏以及防护围堤或者隔离操作等安全设施、设备，并按照国家标准、行业标准或者国家有关规定对安全设施、设备进行经常性维护、保养，保证安全设施、设备的正常使用。生产、储存危险化学品的单位，应当在其作业场所和安全设施、设备上设置明显的安全警示标志。"第三十条规定："申请危险化学品安全使用许可证的化工企业，除应当符合本条例第二十八条的规定外，还应当具备下列条件：（一）有与所使用的危险化学品相适应的专业技术人员；（二）有安全管理机构和专职安全管理人员；（三）有符合国家规定的危险化学品事故应急预案和必要的应急救援器材、设备；（四）依法进行了安全评价。"第二十条规定："生产、储存危险化学品的单位，应当根据其生产、储存的危险化学品的种类和危险特性，在作业场所设置相应的监测、监控、通风、防晒、调温、防火、灭火、防爆、泄压、防毒、中和、防潮、防雷、防静电、防腐、防泄漏以及防护围堤或者隔离操作等安全设施、设备，并按照国家标准、行业标准或者国家有关规定对安全设施、设备进行经常性维护、保养，保证安全设施、设备的正常使用。生产、储存危险化学品的单位，应当在其作业场所和安全设施、设备上设置明显的安全警示标志。"

品的管理者等。①

"责任共同体"的论据比较新颖，但问题是，为什么"行为人实施的行为之间的特殊性及其与危害结果之间因果关系的复杂性"可以产生"连带责任"？现代刑法贯彻罪责自负的原则，连带责任只能在类比的意义上运用。根据《民法典》侵权责任编，连带责任包括共同侵权、共同危险行为、分别侵权、网络服务提供者等形式的连带责任。② 上述管理层与一线职工没有共同行为，无法类比共同侵权、共同危险行为、分别侵权进行解释。与之相似的只有网络服务提供者知道或者应当知道网络用户利用其网络服务侵害他人民事权益但未采取必要措施时承担的连带责任。但是，网络服务提供者与网络用户是平等的两类主体，虽然前者有负责审查后者发布内容等活动的义务，但这并不是本书中所主要讨论的监督、管理义务，网络服务提供者与网络用户仅仅是网络信息得以呈现至网络上的前后两个环节的主体而已。

此处似乎可以考虑用人单位的工作人员侵权时的责任承担规则。法释〔2003〕20 号第九条规定，雇员因故意或者重大过失致人损害的，应当与雇主承担连带赔偿责任；雇主承担连带赔偿责任的，可以向雇员追偿。③ 但是，2009 年通过的《侵权责任法》第三十四条第一款已经规定，用人单位的工作人员因执行工作任务造成他人损害的，由用人单位承担侵权责任。《民法典》第一千一百九十一条第一款更是再次明确，用人单位的工作人员因执行工作任务造成他人损害的，由用人单位承担侵权责任。用人单位承担侵权责任后，可以向有故意或者重大过失的工作人员追偿。用人单位对其工作人员负有监督管理职责。由连带责任到直接由用人单位承担侵权责任的变化，反映的是连带责任这一说理的"退化"。

法人人格组合理论突出了"共同体"，却没有突出管理层的自身行为。可以说，该论者虽然看到了"行为人实施的行为之间的特殊性及其与危害结果之间因果关系的复杂性"，但只是"浅尝辄止"，没有进一步论述。行为之间的特殊性表现在，监督管理层对一线职工负有监管职责，他们的监管行为仍受危险物品管理规定的规制；监督管理层行为与危害结果之间因果关系的复杂性表现在，虽然它们之间在事实上是间接因果关系，但

---

① 参见殷英华：《危险物品肇事罪主体问题探讨》，载《四川警察学院学报》2018 年第 4 期。

② 《中华人民共和国民法典》第一千一百六十八条规定："二人以上共同实施侵权行为，造成他人损害的，应当承担连带责任。"第一千一百七十条规定："二人以上实施危及他人人身、财产安全的行为，其中一人或者数人的行为造成他人损害，能够确定具体侵权人的，由侵权人承担责任；不能确定具体侵权人的，行为人承担连带责任。"第一千一百七十一条规定："二人以上分别实施侵权行为造成同一损害，每个人的侵权行为都足以造成全部损害的，行为人承担连带责任。"第一千一百九十七条规定："网络服务提供者知道或者应当知道网络用户利用其网络服务侵害他人民事权益，未采取必要措施的，与该网络用户承担连带责任。"

③ 《最高人民法院关于审理人身损害赔偿案件适用法律若干问题的解释》（法释〔2003〕20 号）第九条规定："雇员在从事雇佣活动中致人损害的，雇主应当承担赔偿责任；雇员因故意或者重大过失致人损害的，应当与雇主承担连带赔偿责任。雇主承担连带赔偿责任的，可以向雇员追偿。前款所称'从事雇佣活动'，是指从事雇主授权或者指示范围内的生产经营活动或者其他劳务活动。雇员的行为超出授权范围，但其表现形式是履行职务或者与履行职务有内在联系的，应当认定为'从事雇佣活动'。"

是，不当监管行为引起了一线职工的导致危害结果的行为。所以，可以将构成要件结果归属于监管者未正确履行监管职责的监督过失行为。

对保障生产、储存、运输、使用危险物品活动安全进行的设备设施负责维护的从业人员，不是指挥层、管理层，他们没有监管职责，只是他们的工作内容是对这些设备设施进行维修保养，他们属于一线职工。危险物品的生产、储存、运输、使用必然依托于一定的设备设施，这些维护人员的行为同样受到危险物品管理规定的规制。未按管理规定对设备设施进行维护，致使其他从业人员在生产、储存、运输、使用危险物品的过程中发生重大事故的，直接构成危险物品肇事罪。

实务中，也存在令监管者对危险物品肇事结果负刑事责任的情形。例如滨州高新区"8·7"较大危险化学品运输事故案。① 该案事实如下。2017 年 6 月以来，L 公司多次联系 S 化工总厂副经理被告人皮某某从 S 化工总厂购买危险化学品过氧化二叔丁基（五类危险化学品），S 化工总厂法人代表被告人李德某疏于对公司的安全管理，在未取得危险化学品过氧化二叔丁基经营许可的情况下，安排公司副经理被告人李空某多次从 T 公司采购过氧化二叔丁基，安排副经理李陆某联系运输公司承运。李陆某多次委托不具备营运五类危化品资质的被告人张利某承运，张利某又将承揽的上述运输业务转让给同样不具备营运五类危化品资质的被告人翟玉某承运，翟玉某的运输车辆挂靠在由被告人于洪某担任法定代表人的 Q 物流公司。T 公司法人代表被告人张某传疏于对公司的安全生产管理，导致其公司负责安排及监督装车的杨立某及负责查验运输车辆资质及装车的邹连某多次往不具备五类危险化学品运输资质的鲁 C 牌照罐车装载过氧化二叔丁基。

2017 年 8 月 4 日，S 化工总厂经理李空某向 T 公司销售经理被告人张某永联系购买过氧化二叔丁基，双方商定于同年 8 月 7 日由 S 化工总厂自提货物 10 吨，李空某安排其厂运输经理李陆某联系运输车辆。李陆某联系张利某承运，张利某将该运输业务转让给翟玉某，同年 8 月 6 日，Q 物流公司法定代表人于洪某疏于对挂靠其公司车辆的安全运输管理和监督，导致翟玉某安排押运员被告人刘明某使用其不具备五类危险化学品运输资质的鲁 C 牌照罐车进行运输。被告人刘明某安排该车驾驶员刘某和临时押运员许金某驾驶该罐车进行运输。同年 8 月 7 日 9 时许，刘某驾驶该罐车拉载许金某、S 化工总厂业务员吉某至 T 公司装载过氧化二叔丁基。吉某电话联系张宗某装车，张宗某疏于对公司的安全生产管理，明知过氧化二叔丁基系五类危险化学品，仍通知其公司负责安排及监督装车的被告人杨立某装车，杨立某安排其公司负责查验运输车辆资质及装车的被告人邹连某装载 10.08 吨过氧化二叔丁基。当日 12 时 04 分，刘某驾驶该罐车拉载许金某、吉某离开 T 公司，前往 L 公司送货。当日 13 时 47 分 20 秒，刘某驾驶该罐车行至 G205 与滨州高新区新四路路口北约 150 米处时，罐体突然发生爆炸，致驾车途经此处的三人当场死亡、多人受伤、现场车辆损失严重。

法院认定，被告人邹连某、杨立某、张利某、翟玉某、刘明某、李陆某违反危险物品管理规定，在运输中发生重大事故，后果特别严重，其行为均已构成危险物品肇事罪。其

① 参见山东省滨州市滨城区人民法院刑事判决书：（2020）鲁 1602 刑初 334 号；山东省滨州市中级人民法院刑事裁定书：（2019）鲁 16 刑终 206 号。

中翟玉某系肇事车辆车主，对本案的发生起关键性作用，应当承担主要责任，被告人邹连某、杨立某、李陆某、张利某、刘明某系负有安全运输管理、监督职责的工作人员，均对本案的发生起次要作用，应当承担次要责任。被告人于洪某、张某永在生产、作业中违反有关安全管理的规定，在生产运输中发生重大事故，情节特别恶劣，其行为均已构成重大责任事故罪。两被告人均系安全生产管理、监督职责的工作人员，对本案引发起次要作用，应当承担次要责任。被告人刘某、李空某、皮某某、许金某违反危险物品管理规定，在运输中发生重大事故，后果特别严重，其行为均已构成危险物品肇事罪；被告人张某传、李德某在生产、作业中违反有关安全管理的规定，在生产运输中发生重大事故，情节特别恶劣，其行为均已构成重大责任事故罪。被告人刘某、李空某、皮某某、许金某系负有安全运输管理、监督职责的工作人员，均对本案的发生起次要作用，应当承担次要责任。被告人张某传、李德某均系安全生产管理、监督职责的工作人员，均对本案引发起次要作用，应当承担次要责任。①

在本案中，S 化工总厂系购买危险物品的单位，T 公司系销售危险物品的单位，Q 物流公司系肇事车辆挂靠的单位。其中，肇事车辆的驾驶员刘某、临时押运员许金某、原押运员刘明某、车主翟玉某、转承运人张利某、T 公司负责查验并装车的邹连某、T 公司安排和监督装车的杨立某、S 化工总厂的运输副经理李陆某、S 化工总厂的副经理皮某某、S 化工总厂的经理李空某都被判危险物品肇事罪。肇事车辆的驾驶员刘某、临时押运员许金某、T 公司负责查验并装车的邹连某都属于直接行为人；肇事车辆的原押运员刘明某、车主翟玉某、T 公司安排并监督装车的杨立某、S 化工总厂的运输副经理李陆某、S 化工总厂的副经理皮某某、S 化工总厂的经理李空某都属于负有监督管理职责的行为人。无论是肇事车辆的监管人员，还是 T 公司的监管人员，抑或是 S 化工总厂的监管人员，都没有正确履行自己负有的监督管理职责。从这点来看，本案中业务监督过失责任的追究是比较全面的。

但值得注意的是，本案中另有四人被判犯有重大责任事故罪，即 S 化工总厂的法定代表人李德某、T 公司的法定代表人张某传、T 公司的销售经理张某永、Q 物流公司的法定代表人于洪某。法院指出，被告人张某传、李德某、于洪某、张某永均系负有安全生产管理、监督职责的工作人员，且均对本案的发生起次要作用，应当承担次要责任。这里的表述与上述危险物品肇事罪的判决理由有些许不同。法院指出，被告人邹连某、杨立某、李陆某、张利某、刘明某、刘某、李空某、皮某某、许金某系负有安全运输管理、监督职责的工作人员，且均对本案的发生起次要作用，应当承担次要责任。

导致定罪差异的原因或许就在于前四人负有"安全生产"管理、监督职责，而后九人则是负有"安全运输"管理、监督职责。但这里存在的疑问是，既然认为对 T 公司负责查验并装车的邹连某负有管理监督职责的 T 公司安排和监督装车的杨立某的行为构成

① 危险物品肇事罪是过失犯罪，我国《刑法》第二十五条第二款明确排除了共同过失犯罪是共同犯罪，对共同过失犯罪也不分主、从犯。该判决认为若干被告人"对本案的发生起次要作用，应承担次要责任"似乎是在认定从犯，与立法精神不符，但各被告人对本案发生所起的作用确有大小之分，这涉及共同过失犯罪的解释论甚至立法论问题。

危险物品肇事罪，而杨立某又受 T 公司的法定代表人张某传、T 公司的销售经理张某永的监督管理，那么为何不能认定张某传、张某永也属于危险物品肇事罪中负有监管职责的主体从而构成危险物品肇事罪？经滨州高新区"8.7"较大危险化学品运输事故调查组技术组分析：鲁 C 牌照危险化学品运输罐车超资质违规装载、运输过氧化二叔丁基，是引发运输车辆罐体爆炸的直接原因。所以，本案的肇事结果是发生在危险物品的运输过程中。而既然认定 T 公司安排和监督装车的杨立某的行为构成危险物品肇事罪，就意味着认为给肇事车辆充装危险化学品的行为也属于运输行为的一部分。这样的认识是正确的。

对此可参考第三章第二节中所提到的 2005 年江苏淮安液氯泄漏事故中的朱某某、刘某危险物品肇事案。该判决理由指出，对于法条中规定的"在生产、储存、运输、使用中"，不能狭义理解为在危险物品生产、作业活动中的四种行为，而应理解为危险物品生产、作业活动中的四个阶段，充装是运输的必然程序，不是国家危险品管理规定的独立阶段，显然应包含在危险物品肇事罪的运输阶段。[①] 那么，T 公司的法定代表人张某传、T 公司的销售经理张某永的行为为何只能"泛泛"地认定为是"安全生产"而不能认定为是"安全运输"？

重大责任事故罪相对于其他事故类犯罪来说是一个总括性、兜底性的罪名，在可以认定为具体的事故类犯罪之时，不宜认定为重大责任事故罪。只要负有监管职责的人员的行为增加了肇事危险，且危险实现，肇事结果在规范保护目的之内，就可以认定其有监督过失而需要为肇事结果负责。这里的重点在于认定刑法上之因果关系。只要论证了肇事结果可以归属于监管者的不当监管行为，就应该选择适用危险物品肇事罪。同理，既然认为 S 化工总厂的运输副经理李陆某、S 化工总厂的副经理皮某某、S 化工总厂的经理李空某的行为构成危险物品肇事罪，而这些人又受 S 化工总厂的法定代表人李德某的监督管理，那么也应该认定李德某也属于危险物品肇事罪中负有监管职责的主体，其行为构成危险物品肇事罪。

二、危险物品肇事事故中业务监督过失犯罪的因果关系

在业务监督过失犯罪的因果关系认定方面，客观归属理论的危险增加理论可以为刑法上因果关系的认定提供更有说服力的理论支撑。在 2005 年江苏淮安液氯泄漏特大事故中，一审法院认为，被告人朱某某、刘某作为生产企业中分管和主管剧毒化学品液氯销售、审批工作的直接责任人员，违反国家有关液氯充装应审查危险品运输车辆的安全证件及不准超装超载的规定，为鲁 H 号车超装液氯，使该车超载行驶，引发交通事故后造成液氯泄漏。鲁 H 号车发生特大交通事故的直接原因之一是该车严重超载，因此二被告的行为均构成危险物品肇事罪。一审宣判后，二被告人上诉，二审法院总结上诉人与检察机关的争议焦点之一就是肇事车超载与事故的发生有无因果关系。二审法院认为，在液氯的经营、销售中，二上诉人对液氯的充装数量享有决定权，但其违反国家有关液氯充装不准超装超载的规定，向充装工人下达超装指令。鲁 H 号车由于长期超载运输致使轮胎处于超标状

---

① 参见江苏省淮安市清浦区人民法院刑事判决书：（2006）浦刑初字第 13 号；江苏省淮安市中级人民法院刑事裁定书：（2006）淮刑终字第 18 号。

态，案发当天又因超载行驶，加重、加速了轮胎爆裂现象的发生，该车超载与事故的发生具有直接的因果关系，是该起事故发生的直接原因之一。而这二人是致车辆超装的直接责任人员，所以其行为与危害结果之间具有刑法上的因果关系。①

该案在因果关系的认定上有两点不足之处。第一，由上可见，一审法院与二审法院认定被告人朱某某、刘某违规制定、审批充装液氯指令的行为与危害结果之间的因果关系的逻辑均为：鲁 H 号车超载与事故发生有直接因果关系，二人指令超量充装液氯的行为与鲁 H 号车超载有直接因果关系，所以二人指令超量充装液氯的行为与事故发生有刑法上的因果关系。但是，如果以事实观之，在这一因果逻辑链条上，二人指令超量充装液氯的行为与事故发生仅具有通常事实上所谓之间接因果关系。更重要的是，鲁 H 号车爆胎并非仅因为这一次超载。亦即，并非是因为这一次二人指令超量充装液氯的行为才使得鲁 H 号车爆胎。二审法院查明，鲁 H 号车自 2004 年 3 月起至事故发生之日，拖装液氯 60 余次，其中绝大部分超过 30 吨。另外，超载也仅是事故发生的直接原因之一。公安部道路交通管理科学研究所经鉴定认为，鲁 H 号车使用存在严重交通安全隐患的报废轮胎，行驶中发生爆胎是必然现象。② 换言之，鲁 H 号车长期使用报废轮胎也是事故发生的直接原因、重要原因之一。所以，一审法院与二审法院对二人指令超量充装液氯的行为与危害结果直接的因果关系的说理并不充分。

第二，尽管一审法院指出，二人分别是生产企业中"分管"和"主管"（其中，刘某是公司负责销售工作的销售二部经理，乃分管负责人；朱某某是公司副总经理，乃主管负责人）剧毒化学品液氯销售、审批工作的"直接责任人员"，二审法院也指出二人对液氯的充装数量享有决定权，是致使车辆超装的"直接责任人员"，但是，二人毕竟不是直接为鲁 H 号车超量充装液氯的人员，而是对液氯充装负有管理职责的人员。换言之，二人相对于充装工人而言是负有监督管理职责的人员。在这起案件中，具体实施充装液氯作业的工人未被追究刑事责任，被追究刑事责任的直接是刘某、朱某某这样的上层监管者。并且，在朱某某与刘某之间也存在监督管理关系，具体而言，朱某某对刘某负有监督管理职责。这说明，追究二人的刑事责任乃是因为二人存在监督管理过失。但是，二审法院仅仅叙述了二人的岗位职责（公司液氯的销售是朱某某负责，危险品运输车辆应在车辆进厂后开充装单之前核查，核查由朱某某、刘某负责，具体流程是刘某编写充装计划，朱某某审检，报车间主任和总经理各一份，经营部的开票员根据朱某某、刘某二人的安排给车辆开液氯包装单，驾驶员凭包装单到车间充装，充装工人在核对经营部报给车间的计划单和经营部开给客户的液氯包装单后进行充装），从而直接得出了二人系致使鲁 H 号车超装的直接责任人员，进而得出二人指令超量充装的行为与危害结果之间具有刑法上的因果关系的结论。但是，既然二人仅仅制定、审批了充装计划，那么这种行为与鲁 H 号车最终的超载、爆胎、发生事故之间是如何具有刑法上的因果关系，法院仍是"语焉不详"。

---

① 参见《朱平书、刘超危险物品肇事案》，载北大法宝，https：//www.pkulaw.com/pfnl/a25051f3312b07f3c82a7fbb33112fccb648f6445d471fcebdfb.html，2021 年 7 月 12 日访问。

② 参见《淮安市人民检察院诉康兆永、王刚危险物品肇事案》，载北大法宝，https：//www.pkulaw.com/pfnl/a25051f3312b07f32c9c63472c3c2443ae3a045d672caf05bdfb.html，2021 年 7 月 12 日访问。

如果法院在论证刘某制定、朱某某审批超量充装计划的行为与危害结果之间的因果关系时，自觉运用客观归属理论中的危险增加理论，那么该案中刑法上因果关系的认定将会更加清晰，更有说服力。危险增加理论，由德国刑法学者罗克辛建立，其称为"风险提高理论"。"危险增加原理是在寻求'合法替代行为'的机遇中形成的。"① 罗克辛教授认为，如果行为人实施的是合法行为，但结果依然会发生时，由于立法者已经通过许可而行为人接受了这种风险，所以这个结果不可归属于行为人的行为。但是，如果行为人超越了允许性风险，并且出现了这个行为中存在的危险所作用的结果，那么这个结果作为一种禁止性危险的实现就是可以归属的。因为，可忍受风险的最大界限是由法律规定的安全标准所划定的，各种提高这种风险的做法都会使行为人承担该后果。② 危险增加理论的根据在于，"在遵守谨慎规范虽然明显地提高了法益保护的机会，但并不能绝对肯定地保证这一点之处，立法者也必须坚持遵守谨慎规范。"③

如上所述，鲁 H 号车爆胎并非仅因为这一次超载，而法院为何可以认定这次超载是"压垮骆驼的最后一根稻草"，就需要根据危险增加理论来说明。详言之，尽管如果朱某某、刘某并未指令充装工人为鲁 H 号车超量充装液氯，亦即，刘某制定 30 吨以下的液氯充装计划，朱某某予以审批，车间工人按照该计划为鲁 H 号车充装液氯，但是，由于肇事车辆一方面长期存在超载现象（但从判决书中无法得知鲁 H 号车长期超载是否也与朱某某、刘某所在的化工公司有关），另一方面又长期使用报废轮胎，所以鲁 H 号车有可能在该次液氯运输过程中爆胎，引发液氯泄露，造成肇事结果。简言之，即使朱某某、刘某实施了合法替代行为，危害结果也还是可能会发生。如果朱某某、刘某实施合法替代行为"肯定会导致这个结果时，就应当排除一种归责，因为超越允许性风险不是在实际的实践过程中实现的"。④ 但问题是，"当一个结果通过一个合法替代行为不是肯定的，而仅仅是可能或者可能被阻止的时候，这个结果是否应当被归责"。⑤ 危险增加理论作出的是肯定回答。在当今风险社会中，各种行为规范在很大程度上都是为了避免风险转化为实害。特别是在危险物品的生产、储存、运输、使用领域，各种规章制度中的安全管理规定都是为了加强危险物品的安全管理，预防和减少危险物品事故，保障人民群众的生命安全和财产安全。⑥ 那么，当行为人不遵守安全管理规定，就是增加了危险物品在生产、储存、运

---

① 童德华：《刑法中客观归属论的合理性研究》，法律出版社 2012 年版，第 255 页。

② ［德］克劳斯·罗克辛：《德国刑法学总论（第 1 卷）》，王世洲译，法律出版社 2005 年版，第 257 页。

③ ［德］克劳斯·罗克辛：《德国刑法学总论（第 1 卷）》，王世洲译，法律出版社 2005 年版，第 258 页。

④ ［德］克劳斯·罗克辛：《德国刑法学总论（第 1 卷）》，王世洲译，法律出版社 2005 年版，第 257 页。

⑤ ［德］克劳斯·罗克辛：《德国刑法学总论（第 1 卷）》，王世洲译，法律出版社 2005 年版，第 257 页。

⑥ 例如《危险化学品安全管理条例》第一条规定："为了加强危险化学品的安全管理，预防和减少危险化学品事故，保障人民群众生命财产安全，保护环境，制定本条例。"

输、使用时发生事故的危险。当这种危险在具体个案中可以被认定为是重要的、实质性的，就可以将危害结果归属于行为人的行为。

第九节　工程重大安全事故中的业务监督过失犯罪

一、工程重大安全事故罪概述

自改革开放以来，我国经济建设取得了巨大成就，城市化进程逐步加快，铁路、公路、商业区、居民区等领域的工程建设成为发展重点，由此也造成了工程事故的频发。究其原因，往往在于建设单位、施工单位等违反国家规定，降低工程质量标准，从而使得工程事故屡见报端。一方面为了维护建设工程领域的公共安全，另一方面也为了保障人民群众的切身利益，1997 年《刑法》新增了工程重大安全事故罪。所谓工程重大安全事故罪，是指建设单位、设计单位、施工单位、工程监理单位违反国家规定，降低工程质量标准，造成重大安全事故的行为。

二、工程重大安全事故中业务监督过失犯罪的主体

工程重大安全事故中业务监督过失犯罪的主体存在于工程重大安全事故罪中，因此，要明确工程事故中业务监督过失犯罪的主体，首先就需要界定工程重大安全事故罪的主体。但无论在理论界还是实务界，工程重大安全事故罪的主体都存在争议，主要包括以下三种：第一种观点是单位说，这种观点认为本罪的主体是单位，主要包括建设单位、设计单位、施工单位以及工程监理单位。所谓建设单位，是指以盈利为目的，从事房地产开发和经营的企业或经国家审批的能够实施工程建设的单位；施工单位是指从事土木建筑、线路管道、装饰装修等工程的建筑企业，其中包括总承包企业以及分包企业；设计单位是指为建筑工程提供设计的企业，一般是建筑设计院；工程监理单位是指接受建设单位委托，对建筑工程专门进行监督管理，以保证质量、安全的单位。根据此种观点的见解，工程重大安全事故罪的主体只能是单位，单位内部的自然人仅是单位的组成部分，单位才是刑事责任的承担。

第二种观点是自然人说，这种观点认为，从《刑法》第一百三十七条的规定来看，本罪的责任承担者不是上述四个单位，而是相应单位的直接责任人员。且刑法也规定了只惩罚单位中的直接责任人员。因此，本罪的主体是上述四个单位对建筑工程质量安全负有直接责任的人员。在学界，这种观点得到了大多数学者的支持，如马克昌教授认为，本罪的主体是建设单位、建筑设计单位和工程监理单位中对建筑工程质量安全负有直接责任的人员。张明楷教授也指出，从法条的表述来看，行为主体似乎是建设单位、建筑设计单位和工程监理单位，但刑法只处罚直接责任人员，故不应认定本罪属于单位犯罪。① 所谓的

---

① 参见张明楷：《刑法学》（下），法律出版社 2016 年版，第 719 页。

直接责任人员，根据 2001 年《全国法院审理金融犯罪案件工作座谈会纪要》的规定，主要是指在单位犯罪中的决策、指挥、组织的人员，一般是单位的主管人员，包括法定代表人，如总经理、厂长、建筑设计院的院长等。实际上，在司法实践中，法院在大多数工程重大安全事故罪的判决中，都只是对单位的直接责任人进行了处罚。例如，杨某工程重大安全事故罪中，① 本案的基本案情为：2006 年间，被告人杨某任中建三局装饰有限公司承建的明发商业广场装饰工程项目的项目经理，是该项目施工单位的直接责任人员。在对明发商业广场项目的 C 区坡屋面进行施工时，擅自更改屋面设计施工要求，取消了水泥砂浆卧瓦层钢筋网且未采取其他技术措施。2017 年 3 月 3 日，该区域坡屋面发生滑落事故，致使陈某、黄某两人死亡。事故发生后，经福建方成司法鉴定中心鉴定，擅自更改和取消屋面设计施工要求，在水泥砂浆卧瓦层内未按设计施工图纸要求施工设置钢筋网，造成缺少钢筋网的水泥砂浆卧瓦层与层面混凝土板之间没有任何结构性连接，是导致水泥砂浆卧瓦层整体滑落事故的直接原因。在本案中，被告人杨某作为中建三局承建的工程项目经理，是施工单位的直接责任人，也是本罪的责任主体，法院在判决时，认为被告人杨某作为施工单位的直接责任人员，违反国家规定，降低工程质量标准，造成二人死亡的重大安全事故，因此构成工程重大安全事故罪。

此外，工程事故中的直接责任人有可能不是公司的法定代表人，但却是公司的实际经营者。如刘某工程重大安全事故罪一案，② 基本案情为：府谷县海轩市政工程有限公司成立于 2018 年 6 月 26 日，法定代表人为刘某甲。被告人刘某乙为该公司实际经营人。2018 年 3 月 16 日，田家寨镇政府会议研究决定，田家寨镇兴旺庄村容村貌整治工程，预算价为人民币 866114.2 元，审查后为人民币 866114.2 元，由镇工程项目预决算领导小组负责招投标工作。2018 年 10 月，镇政府让被告人在该村三岔路口增砌一面墙体用于文化宣传。被告人刘某乙在没有施工图纸、未做地基的情况下，雇佣工人砌墙，砌墙使用的砖头有新砖也有旧砖，还有部分半砖。后于 2018 年 11 月砌好长约 70 多米，高约 4 米，宽为 0.37 米的墙体。后雇人将路上铲下的砖头铲到墙体后面的空地，将用不成的砖头和其他土顺便填到墙体的后面，将墙体刮白。2018 年 11 月 12 日，镇政府委托金三角广告公司在刮白的墙体上绘画。2018 年 11 月 27 日，工人马某甲、马某乙在绘画途中，墙体垮塌，二人被压在墙下，马某甲当场死亡，马某乙经抢救无效后死亡。在本案中，公司的法定代表人是刘某甲，但实际经营者却是刘某仁，但法院依然认为，刘某乙作为该公司实际经营人，为事故的直接责任人员，其行为已构成工程重大安全事故罪。

第三种观点认为，本罪的主体是建设单位、设计单位、施工单位、工程监理单位及其直接责任人员。也就是说，本罪的主体既包括单位，也包括自然人。这就将本罪的犯罪主体予以扩大理解，同时将单位和自然人纳入到了本罪的主体之中。

笔者赞成第三种观点，认为工程重大安全事故罪的主体应当包括单位及其直接责任人

① 参见福建省厦门市思明区人民法院刑事判决书：（2020）闽 0203 刑初 110 号。
② 参见陕西省府谷县人民法院刑事判决书：（2019）陕 0822 刑初 579 号。

员。具体理由如下：首先，自然人能够成为本罪的主体。从《刑法》第一百三十七条的规定来看，刑法条文规定了对上述单位直接责任人员的处罚，而在我国刑事责任原则的指导下，承担刑事责任的主体应当与行为主体一致，因此，上述四个单位的直接责任人员也应是本罪的犯罪主体，如此也符合罪刑法定原则。其次，本罪的犯罪主体也包括单位。因为在工程建设领域，涉及的单位很多，可以说，工程建设的主导者主要是这些实力雄厚的单位，因此，单位往往会对这一领域的法益造成严重的侵害。可以说，在实践中，造成工程重大事故发生的行为往往是单位集体决策作出的。此外，从刑法条文的规定来看，立法者的立法目的是为了保障工程建设领域的公共安全，其在法条中明确规定了建设、设计、施工、工程监理四个单位，也体现了立法者是考虑了单位犯罪的情形的，只是设定了单罚制，这不能不说是一项疏漏，但却不应影响单位成为本罪的主体。由此，工程重大安全事故罪的主体既包括建设、设计、施工、工程监理这四个单位，也包括单位中的直接责任人员。而工程重大安全事故中业务监督过失犯罪的主体则也属于上述单位及其直接责任人员，包括建设单位、设计单位、施工单位、工程监理单位及其直接责任人。

但对于无建设资质的建设单位责任人能否成为承担业务监督过失责任的主体则存在争论。有观点认为，在社会中，工程建设领域存在着大量的非法转包现象，最后的实际施工单位有可能是不具备相关资质的单位或个人，如果只规定具有相关资质的单位或个人才承担事故相应的刑事责任，那么会造成责任追究上的疏漏，不能较好的规制工程建设领域的犯罪。还有观点认为，根据1988年3月18日最高人民法院发布的《关于无照施工经营者能否构成重大责任事故罪主体的批复》，"无照施工经营者在施工过程中强令从业人员违章冒险作业，造成重大伤亡事故的，可以构成重大责任事故罪的主体"。因为1979年《刑法》并未规定工程重大安全事故罪，故对于无照施工经营者在建筑工程领域的违法行为，按照重大责任事故罪进行处罚。故在没有最新司法解释之前比照此规定，将没有资质的施工单位或个人作为本罪的责任承担主体也是可以的。[①] 笔者认为，本罪中的业务监督过失责任承担主体应包括无照施工经营者，因为在现实生活中确实存在着大量的不具备资质的施工单位或者个人挂靠有资质的经营者实施工程建设活动，如果不将此类主体纳入本罪的规制范围，追究其相应的业务监督过失责任，那么无疑会遗漏实际的直接责任人。在司法实践中，对于无照施工的经营者，也是进行了定罪和处罚的。

三、工程重大安全事故中业务监督过失犯罪的注意义务

工程重大安全事故中的业务监督过失犯罪的成立，还要求上述单位的责任人在工程建设的业务活动中，违反了其具有的注意义务，包括结果预见义务，和结果回避义务。具体而言，其结果预见义务在于建设单位、设计单位、施工单位及工程监理单位的直接责任人员能够预见到其监管不当，会导致危害结果发生的义务。如工程监理人员就应能预见到其监督失职导致施工方没有按照其施工图纸施工的行为会造成危害结果的发生。其结果回避义务在于采取措施防止重大工程事故的发生以及在事故发生后避免危害结果扩大的义务。如工程监理人员就负有监督施工方按照国家质量标准和施工图纸施工的义务。再如某建设

---

① 参见王章学：《重大责任事故犯罪的定罪与量刑》，中国民主法制出版社2003年版，第227页。

公司负责人就负有按照《招投标法》等建筑法律、法规选择合格的施工、设计单位以及按照国家基本建设程序管理工程的义务等。同样负有不得明示或者暗示设计单位或施工单位违反工程建设强制性标准降低工程质量的义务。而此种注意义务的来源，主要涉及以下六方面：第一，行为人业务、职务上的要求。当行为人从事某项业务或担任某项职务时，就应承担相应的职责、履行相应的义务。第二，建设法律、行政法规、建设部门规章和地方性建设规章。主要有《建筑法》《招投标法》《合同法》以及和《工程建设、监理单位资质管理办法》等。第三，相关的技术规范标准。如《建筑工程质量检验评定标准》《建筑结构设计统一标准》等。第四，合同的约定。因为设计、施工、监理合同都是有偿技术服务合同，这些合同中对相关责任人的权利和义务都有规定。第五，相关从业人员的知识以及从业资格要求。从事工程行业的人员一般都具有专业知识水平，也要求具有相应的资格证书，特别是设计、施工和监理从业人员都必须持有建设行政主管部门审查核发的资格证书。第六，道德习惯的要求。建筑行业是一个危险性较高的行业，一旦发生事故，势必造成重大的伤亡结果，因此，这就要求从业人员必须牢牢树立质量第一的安全意识。如设计人员设计时要考虑到施工的可能性和使用期间维修、更新的方便。施工人员在具体施工时若发现设计错误，一定要及时向设计单位提出，不能"将错就错"最后铸成大错。工程监理人员要尽职尽责采取旁站、巡视和平行检验等形式对建设工程实施监理。

四、工程重大安全事故中业务监督过失犯罪的行为及其结果

此外，构成业务监督过失犯罪，还需要上述监督管理人员具有违规的监督过失行为以及下级工作人员也实施了相关的违规行为。就建设单位相关人员而言，其违规行为表现为建筑设计单位或者施工企业压缩工程造价或增加建筑物的层数，从而降低工程质量，或者提供不合格的建筑材料、构配件和设备，强迫施工单位使用，从而造成工程质量下降。建筑设计单位相关人员的违规行为主要是以低于国家规定的质量标准进行设计。施工单位相关人员的违规行为主要有三种情况：一是在施工中偷工减料，故意使用不合格的建筑材料、构配件和设备；二是不按设计图纸施工；三是不按施工技术标准施工。上述违规行为，往往是造成建筑工程重大安全事故的根本原因。对监理人员来说，应严格按照国家规定对施工活动进行巡查、检验，履行其监理职责，如果由于其在监理过程中懈怠履行其监理职责，或者完全不履行其职责，由此使得建筑工程质量不符合标准，造成重大安全事故，就应承担监督过失责任。最后，还要求上述监管主体的过失行为间接导致了重大安全事故的发生，即上述责任人的过失行为使得下级人员实施了不按设计图纸施工、偷工减料等违规行为，从而造成危害结果的发生。例如，郭某工程重大安全事故罪一案，[①] 本案的基本案情为：2009 年至 2011 年，某单位承建原张家口市万全县鸿福苑住宅小区工程。被告人郭某作为该建设单位的实际负责人，在该工程中，某单位在对 8 号楼地基进行处理施工前，未聘请有资质的设计单位对地基处理进行设计，而是直接联系施工单位施工，为了节约成本，通过验收，让施工单位提供地基处理设计方案；在施工过程中变更设计方案，采用强夯地基处理方式；在 8 号楼地基强夯完以后，未聘请有资质的第三方检测单位对强

---

① 参见河北省张家口市万全区人民法院刑事判决书：（2020）冀 0708 刑初 18 号。

夯地基质量进行检测。在该项目完工时，场地及两楼之间地面未进行有效硬化，也未采取基本的防水措施，地表水下渗，下部管道开裂跑水，致使工程质量降低。在本案中，郭某作为该建设单位的实际负责人，是行为主体，其违反国家规定，降低工程质量的行为主要表现为以下五方面：第一，在施工前没有聘请有资质的设计单位对地基处理进行设计就开始施工；第二，在施工过程中随意变更计划方案，没有经过详细的计划和讨论；第三，地基强夯完以后，未聘请有资质的第三方检测单位对强夯地基质量进行检测；第四，在项目完工后，没有对场地及两楼之间的地面进行硬化；第五，也没有采取基本的防水措施。由此导致建筑工程质量的降低。

又如潘某等工程重大安全事故案，[①]　本案的基本案情为：2003年3月，二建公司负责承建九江学院土木工程系动力实验楼工程，由于其负责人生病，因此将该工程交给被告人潘某管理。2003年9月，该工程准备屋面封顶。被告人潘某将模板支撑架搭设工程以一万元价格包给无施工单位资质的包工头钟某，并从市一建物资公司、庐山区万达钢管加工厂两单位租用了钢管、扣件等材料。被告人钟某私招11名农民工，在无专项安全施工组织设计的情况下进行架子搭设，采用管道输送混凝土方式现浇作业，由此导致了重大安全事故的发生。

本案中，经审理查明潘某在未进行专项安全施工组织设计的情况下，将模板支撑架搭设工程分包给不具备相应资质条件的包工头钟某，并以二建公司名义从市一建物资公司、庐山区万达钢管加工厂两单位租用了大量不合格钢管、扣件材料。可以看出，作为施工单位的主要负责人，潘某明显存在着监督管理上的过失。首先，潘某一方面应预见自己在未进行专项安全施工组织设计的情况下，将部分工程分包给不具备相应资质的钟某的行为以及购买不合格建筑材料的行为会给工程质量带来严重的危害。另一方面，在不具备相应资质的钟某进行违规施工操作时，潘某并没有及时采取有效的措施进行督促、检查，使钟某安全作业，从而导致重大安全事故的发生，故其同时违背了结果预见义务和结果回避义务。其次，潘某还存在着监督管理上的违规行为。第一，潘某并未对模板支撑架进行专项安全施工组织设计，违反了《建筑法》第三十八条的规定。第二，潘某将模板支撑架工程发包给不具备单位施工资质的个人，违反了《安全生产法》第二十一条的规定。[②]　第三，其购买使用不合格的建筑材料，违反了《建筑法》第五十九条的规定。[③]　因此，其存在众多的违规行为。最后，其违规的监督管理过失行为使得钟某在明知未进行搭设模板支架专项安全施工组织设计和使用的钢管、扣件材料轻、薄、焊接头多的情况下仍强行施工，从而降低工程质量标准，导致本次事故的发生。其行为与危害结果之间具有因果上的关系，因此，被告人潘某应承担监督管理过失责任，构成工程重大安全事故罪。

---

① 参见江西省九江市庐山区人民法院刑事判决书：(2004)庐刑初字第37号。

② 即"生产经营单位应当对从业人员进行安全生产教育和培训，保证从业人员具备必要的安全生产知识，熟悉有关的安全生产规章制度和安全操作规程，掌握本岗位的安全操作技能。未经安全生产教育和培训合格的从业人员，不得上岗作业"。

③ 即"建筑施工企业必须按照工程设计要求、施工技术标准和合同的约定，对建筑材料、建筑构配件和设备进行检验，不合格的不得使用"。

第十节　教育设施重大安全事故中的业务监督过失犯罪

一、教育设施重大安全事故中业务监督过失犯罪的主体

教育设施重大安全事故罪①的主体是特殊主体，即对校舍或教育教学设施负有管理职责的直接责任人员。很明显，本罪的特殊主体包括了教育设施重大安全事故中业务监督过失犯罪的主体。亦即，教育设施重大安全事故中的业务监督过失行为可以直接用教育设施重大安全事故罪规制。有论者指出，对校舍或教育教学设施负有管理责任的人员，包括村办小学的小学校长、村民委员会中分管小学的领导等。② 也有论者指出，对校舍或教育教学设施的安全负有直接责任的人员，包括主管后勤的领导、学校校长等，对校舍或教育教学设施并不负有管理监督责任的有关人员，例如，普通教师、学生，即使知道校舍或教育教学设施有危险而不主动报告的，也不构成本罪。③ 还有论者对校舍或教育教学设施安全负有直接责任的人员详细举例道：包括学校校长、分管教学设施的副校长、主管后勤工作的处长、负责学校后勤维修工作的职工、各级人民政府中分管教育的领导、教育行政部门的领导等。④ 这些观点对本罪主体的列举都不同程度地指向对校舍或教育教学设施的安全负有监督管理职责的人员。综合上述观点来看，本罪主体包括三类：学校或其他教育教学机构的后勤维修职工、学校或其他教育教学机构中分管或主管安全的负责人、政府有关部门中分管或主管教育安全的领导。下面分类讨论。

第一，学校或其他教育教学机构的后勤维修职工。一般情况下，后勤维修职工在知道校舍或教育教学设施有危险之后，会报告学校中分管或主管安全的负责人，然后采取维修措施，当然，该职工也可能直接采取维修措施而不报告学校中分管或主管安全的负责人。一方面，当其既不报告也不维修之时，就应对所发生的重大伤亡事故负刑事责任。另一方面，当其报告给学校中分管或主管安全的负责人之后，若分管或主管安全的负责人不管不顾，例如，不批准维修经费，致使发生校舍或教育教学设施的危险现实化为重大伤亡事故，或者是学校没有经费，需要向政府有关部门报告以获取帮助，但分管或主管安全的负责人不向上报告，致使校舍或教育教学设施的危险现实化为重大伤亡事故，那么已经履行报告职责的该职工不负刑事责任，而分管或主管安全的负责人的行为应构成教育设施重大安全事故罪。

第二，政府有关部门中分管或主管教育安全的领导。当地方各级人民政府中分管或主

---

① 《刑法》第一百三十八条规定："明知校舍或者教育教学设施有危险，而不采取措施或者不及时报告，致使发生重大伤亡事故的，对直接责任人员，处三年以下有期徒刑或者拘役；后果特别严重的，处三年以上七年以下有期徒刑。"

② 参见张明楷：《刑法学》（下），法律出版社 2016 年版，第 732 页。

③ 参见黎宏：《刑法学各论》，法律出版社 2016 年版，第 73 页。

④ 参见王作富主编：《刑法分则实务研究》（上），中国方正出版社 2009 年版，第 217 页。

管教育安全的领导在接到学校或其他教育教学机构相关负责人的报告，明知该学校或其他教育教学机构的校舍或教育教学设施有危险而不采取措施或不及时报告其上级领导，致使校舍或教育教学设施的危险现实化为重大伤亡事故，那么其行为既符合教育设施重大安全事故罪的构成要件，也符合玩忽职守罪的构成要件，亦即，此时会出现教育设施重大安全事故罪与玩忽职守罪的竞合。那么，这究竟是法条竞合还是想象竞合？《刑法》第三百九十七条第一款提示："本法另有规定的，依照规定。"当玩忽职守罪与第九章中的其他渎职罪发生竞合时，例如，与执行判决、裁定失职罪发生竞合时，毫无疑问属于法条竞合，后者是特殊法。但是，教育设施重大安全事故罪位于第二章危害公共安全罪之中，此时的竞合究竟是法条竞合抑或是想象竞合就会有疑问。因为，玩忽职守罪与教育设施重大安全事故罪之间存在交叉关系，而非包容关系。

通说认为，法条竞合是指行为人实施的行为同时触犯数个在犯罪构成上具有包容或交叉关系的刑法规范但只适用其中一个刑法规范的情况。[①] 张明楷教授不赞成将交叉关系认定为法条竞合，因其认为当法条之间存在交叉关系时，仅适用一个法条要么不能全面保护法益，要么不能全面评价行为的不法内容，所以应当认定为想象竞合。[②] 以张明楷教授的这一观点观之，由于渎职罪与危害公共安全罪的保护法益不同，玩忽职守罪与教育设施重大安全事故罪之间应属想象竞合。但是，张明楷教授又认为，"根据我国的刑事立法体例，除了考虑行为的法益侵害数量之外，似乎还应考虑刑法的具体规定。即当刑法分则条文明确规定了'本法另有规定的，依照规定'时，应当承认该条文与相应的条文之间具有法条竞合关系。"[③] 以张明楷教授的这一观点观之，两者又应认定为法条竞合。可见这种情况下，认定法条竞合与想象竞合确实有困难。

有论者在分析铁路运营安全事故罪与玩忽职守罪之间的关系时认为，如果认为两者是法条竞合关系，则很难说危害公共安全类犯罪的铁路运营安全事故罪是特殊法条，渎职类犯罪的玩忽职守罪是一般法条（理由是，"铁路运营安全事故罪可视为公共安全领域内规制铁路运输安全的特别法条，而玩忽职守罪也可视为规制公务行为客观公正性的专门法条；铁路运营安全罪的主体是特殊主体，即铁路职工，而玩忽职守罪的主体也是特定主体，即公职人员"）；如果认为两者是想象竞合关系，在两罪刑罚幅度及刑期完全一致的情况下，从一重原则显然也难以适用。[④] 但是，一方面，《刑法》第三百九十七条第二款规定国家机关工作人员徇私舞弊犯玩忽职守罪的，法定刑提高，所以，玩忽职守罪是重罪。另一方面，比较法条竞合关系中何者为特殊、何者为一般，是在这两者之间进行比较，而非分别比较各自与其类罪名之间的关系。实际上，从国家机关工作人员的角度来看，"不采取措施或者不及时报告"（或"违反规章制度"）就是"玩忽职守"的特殊表

---

① 参见高铭暄、马克昌主编：《刑法学》，北京大学出版社 2019 年版，第 183 页。

② 参见张明楷：《刑法学》（上），法律出版社 2016 年版，第 485~486 页。

③ 张明楷：《刑法分则的解释原理》，法律出版社 2004 年版，第 287 页。

④ 参见邓君韬：《铁路事故监管责任研究——兼谈大部制改革对铁路检察实务的影响》，载《河北法学》2014 年第 6 期。

现形式，所以，宜认为玩忽职守罪是一般法条。

但是，对于国家机关工作人员而言，当其一行为同时触犯危害公共安全罪与渎职罪时，宜以渎职罪定罪处罚。这一方面是因为，渎职罪有特定的保护法益，即"国家机关公务的合法、公正、有效执行以及国民对此的信赖"。① 另一方面，从区分业务监督过失与职务监督过失的角度来看，以玩忽职守罪追究各级人民政府中分管或主管教育安全的领导的刑事责任更能体现出其与学校相关负责人之间刑事责任的不同。

第三，值得注意的是，上述有观点特别指出，普通教师、学生并非本罪主体。但是有论者不同意该意见，认为"凡是学校及其他教育机构中的人员，在明知校舍、教育教学设施有危险，负有采取措施或者及时报告之作为义务的人员，都可以成为本罪的主体"，其中就包括对正在学习的学生的安全负有责任的正在进行教学或管理活动的教师，因为对其而言，虽然其主要职责是教育教学，但是保障学生的人身安全也应是其履行的职责中一项必不可少的内容。② 例如，正在给学生上课的教师、正在教室或其他校舍内做学生工作的班主任等。③ 如果该教师发现校舍或教育教学设施存在重大安全隐患，就应当及时采取包括停课、疏散、报告等在内的紧急措施，如果不采取措施或者不及时报告而仍然继续使用该设施进行教学活动的，一旦发生构成犯罪的重大安全事故，则其也需承担相应刑事责任。④ 又如，如果实验室的教师明知试验仪器有危险，却不更换，也不报告让人维修以至发生爆炸，就应该追究教师的刑事责任。⑤

但是，这样的观点有待商榷。因为这种观点对普通教师施加了过重的责任，并且是最严厉的刑事责任，并不妥当。确实，普通教师会在某些情况下发现校舍或教育教学设施存在危险，宿管人员也会在某些情况下发现宿舍存在危险，但是，这并不意味着他们就负有"刑法"上的作为义务。认为教师具有保障学生人身安全的职责是一种道德观点，而不是一种刑法观点。将道德义务上升为刑法上的作为义务并不合适。《教师法》第八条规定的教师义务中并没有保护学生人身安全的义务。⑥ 第三十七条规定的教师的法律责任中也没

---

① 参见张明楷：《刑法学》（下），法律出版社 2016 年版，第 1238 页。

② 参见马长生、田兴洪等：《责任事故犯罪热点问题研究》，湖南师范大学出版社 2010 年版，第 207~208 页。

③ 参见刘志伟、李晖：《教育设施重大安全事故罪的主体及其主观方面探讨》，载《山东公安专科学校学报》2002 年第 1 期。

④ 参见刘霞：《教育设施重大安全事故罪之解读》，载《教学与管理》2006 年第 19 期。

⑤ 参见解立军：《校舍及设施设备致害学生的法律思考》，载《教学与管理》2004 年第 2 期。

⑥ 《中华人民共和国教师法》（以下简称《教师法》）第八条规定："教师应当履行下列义务：（一）遵守宪法、法律和职业道德，为人师表；（二）贯彻国家的教育方针，遵守规章制度，执行学校的教学计划，履行教师聘约，完成教育教学工作任务；（三）对学生进行宪法所确定的基本原则的教育和爱国主义、民族团结的教育，法制教育以及思想品德、文化、科学技术教育，组织、带领学生开展有益的社会活动；（四）关心、爱护全体学生，尊重学生人格，促进学生在品德、智力、体质等方面全面发展；（五）制止有害于学生的行为或者其他侵犯学生合法权益的行为，批评和抵制有害于学生健康成长的现象；（六）不断提高思想政治觉悟和教育教学业务水平。"

有不保护学生的人身安全时应负的法律责任。① 甚至，如果认为普通教师负有这种法律职责的话，那么学校或其他教育机构中也可以不需要负责学校后勤维修工作的职工了。所以，本罪主体不包括普通教师，更不包括学生。

综上所述，本书中所讨论的教育设施重大安全事故中业务监督过失犯罪的主体就是学校或其他教育教学机构中分管或主管安全的负责人。这些人员对校舍或教育教学设施的安全负有管理职责，对具体负责校舍或教育教学设施安全的后勤维修职工负有监督职责。简言之，他们对校舍或教育教学设施的安全负有相应的监督管理职责。亦即，只有对校舍或教育教学设施在法律、学校内部管理职责规定上真正负有监督管理义务的监管者，才能纳入监督过失责任的考察范围。② 例如，分管校舍或教育教学设施的副校长或者主管后勤工作的处长，应对负责学校后勤维修工作的职工履行相应的监管职责，督促其维护校舍或教育教学设施的安全。当负责学校后勤维修工作的职工发现了校舍或教育教学设施有危险，并将该情况告诉了分管教育教学设施的副校长或者主管后勤工作的处长，但是该副校长或处长认为该危险不会真的发生，所以并未指示该职工进行维修，或者不批准维修经费，那么，当校舍或教育教学设施的危险现实化为重大伤亡事故之时，该副校长或处长的行为构成教育设施重大安全事故罪。对于该副校长或处长而言，对其要求的明知校舍或教育教学设施有危险而采取的措施就包含正确履行监管职责，以使具体负责维修工作的人员消除危险。

当然，由于目前的校园管理都不同程度地存在分工的专业化、复杂化和精细化，③ 所以，在确定监督过失主体时应当根据具体的职责分工来确定"直接责任人员"。在黄某某、王某某教育设施重大安全事故案中，被告人黄某某系某中学分管学校安全和后勤工作的副校长，被告人王某某系某中学安全处主任，两人均明知该校购买的足球门在使用期间应加以固定，却因该校欲铺设塑胶跑道而未采取措施固定，其中，王某某因担心该足球门发生危险而仅指使该中学勤杂工用条石压住足球门，2014 年 5 月 8 日 12 时许，与该校共同使用校园球场的某小学学生拔河时将未固定的足球门拽倒，砸中该小学一名三年级学生的头部，致其当场死亡。法院认为，被告人黄某某、王某某作为对学校教育教学设施负有监管职责的直接责任人，明知教育教学设施有危险而不采取措施，致使发生一人死亡的重大事故，其行为均已构成教育设施重大安全事故罪。④

---

① 《教师法》第三十七条："教师有下列情形之一的，由所在学校、其他教育机构或者教育行政部门给予行政处分或者解聘：（一）故意不完成教育教学任务给教育教学工作造成损失的；（二）体罚学生，经教育不改的；（三）品行不良、侮辱学生，影响恶劣的。教师有前款第（二）项、第（三）项所列情形之一，情节严重，构成犯罪的，依法追究刑事责任。"

② 参见周芳：《论教育设施重大安全事故罪的注意义务——兼论该罪犯罪圈的合理界定》，载《思想战线》2015 年第 4 期。

③ 参见周芳：《论教育设施重大安全事故罪的注意义务——兼论该罪犯罪圈的合理界定》，载《思想战线》2015 年第 4 期。

④ 参见吉林省吉林市龙潭区人民法院刑事判决书：（2016）吉 0203 刑初 55 号；吉林省吉林市龙潭区人民法院刑事判决书：（2016）吉 0203 刑初 43 号。

在该案中，实际用条石压住足球门的勤杂工并非该起事故的直接责任人员，因为其已遵照王某某的指示采取了加固措施，尽管该加固措施是不正确的，但因有权决定采取何种加固措施的并非该勤杂工，而是负有管理职责的安全处主任王某某（为该中学安装足球门架的证人证实，当时王某某告诉其因该中学要装塑胶跑道，"你先不要固定"，故其没有为足球门安装膨胀螺栓），所以，王某某系直接责任人员。而黄某某之所以也是该事故的直接责任人员，是因为其系该中学副校长，分管学校安全和后勤工作，在明知未加固的足球门存在安全隐患时不履行监管职责、不采取措施，以致发生事故。

而该中学校长不承担刑事责任是因为其并非该事故的直接责任人员，因为在其之下已有分管安全的副校长。"一把手"并非一定会对具体事故的发生负刑事责任。分层负责的管理体制的存在，就意味着监管责任的层级化、精细化、具体化。如果"一把手"已经将某监管事项下放给下层监管者，而且其本身也没有对该监管事项做出过有影响的指示，那么刑事责任就只能追究至负责该监管事项的监管者。反之，如果"一把手"对该监管事项做出过有影响的指示，那么仍有被认定为直接责任人员的余地。假设在本案中，该中学校长直接指示分管学校安全的副校长因准备安装塑胶跑道的关系所以不要固定操场上的足球门，那么校长就是直接责任人员。

二、教育设施重大安全事故中业务监督过失犯罪的注意义务

本罪要求行为人"明知"校舍或教育教学设施存在危险、隐患。[1] 首先应明确的是，本罪是过失犯罪，行为人对重大伤亡事故的危害结果的罪过形式是过失的。但由于本罪有"明知"危险的明文限定，所以过失犯的注意义务就值得特别研究。如何理解此处的"明知"，学界存在争议。有论者认为，这要求行为人已经认识到校舍或教育教学设施存在发生事故的隐患，如不采取措施消除事故隐患，就会发生重大伤亡事故，所以本罪中的明知仅限于行为人实际上明知，而不包括应当知道，虽然行为人应当知道而不知道校舍或教育教学设施有危险进而导致重大伤亡事故的发生也具有法益侵害性，但是《刑法》出于限制本罪成立范围的考虑，没有把这种情况规定为犯罪。[2] 类似观点还有：实践中也存在行为人对校舍或教育教学设施负有定期检查的义务而没有认真履行该义务以致对实际上出现的危险不知道的情况，这其实属于应当知道，但是本罪中的明知仅限于行为人实际上明知而不包括应当知道;[3] 本罪中的明知并不等同于故意犯罪中的明知，只表明行为人已经预见到发生侵害结果的危险。[4]

但是，也有论者认为，虽然法律规定为明知，但应将其扩大解释为包括应当明知，因

---

① 参见高铭暄、马克昌主编：《刑法学》，北京大学出版社 2019 年版，第 363 页。

② 参见刘志伟、李晖：《教育设施重大安全事故罪的主体及其主观方面探讨》，载《山东公安专科学校学报》2002 年第 1 期。

③ 参见马长生、田兴洪等：《责任事故犯罪热点问题研究》，湖南师范大学出版社 2010 年版，第 203 页。

④ 参见张明楷：《刑法学》（下），法律出版社 2016 年版，第 732 页。

为明知乃一纯主观概念，在许多情况下，司法部门难以甚至无法准确把握当事人是否明知，只能通过其环境、行为等因素推断，而这种推断只能说明当事人是否应当明知，而无法证明当事人是否确实明知，特别是某些当事人很可能将事实上的明知谎称为不知，以逃避法律制裁，只有将明知扩大解释为包括应当明知才能避免这一情形的发生。① 可见，争议点在于，"明知"除了"已经知道"之外，应否包括"应当知道"？

对校舍或教育教学设施负有管理职责的直接责任人员，应当对校舍或教育教学设施进行定期检查，对校舍或教育教学设施是否存在危险、隐患"了然于胸"，以便及时采取相应的对策以保障校舍或教育教学设施处于安全状态，保障参与教育教学活动人员的人身安全。如果其应当定期检查而不检查或不认真检查，那么其没有发现校舍或教育教学设施存在危险、隐患毫无疑问是有过失的，但这并非是本罪中的过失。本罪的罪状描述显然将本罪的规制范围限制在了一个特定的范围之内，即限缩在明知存在危险而不采取相应对策这种行为之上。绝大多数案件主观方面的证明都有一定的困难，都需要进行一定程度的合乎逻辑的推论，但这种推论必须建立在证据确实充分的基础之上，不能因为本罪主观方面证明上的困难而随意扩大明知的范围，违背立法原意。②

但问题是，在"明知"危险的情况下，行为人的主观心态是否只能是过于自信的过失，而不能是疏忽大意的过失？有论者直接限定为过于自信的过失，即"行为人已经预见到发生侵害结果的危险"。③ 但也有论者认为，明知危险的规定只是要将那些从来不知道校舍或教育教学设施有危险的人不采取措施或不报告而发生重大伤亡事故的行为排除在犯罪圈之外，这并不意味着立法者要将对发生的重大伤亡事故出于疏忽大意过失的不采取措施或不及时报告的行为排除在犯罪圈之外。例如，有些人虽然曾经知道校舍或教育教学设施有危险，并认识到如不采取措施或不及时报告就可能发生重大伤亡事故，但后来却由于某种原因而"忘却"了已经知道的情况，因而疏忽采取措施或及时报告，以致导致重大伤亡事故发生，这种情况即是对重大伤亡事故出于疏忽大意过失的行为，也应当以教育设施重大安全事故罪论处。所以，本罪的主观罪过形式只能是过失，包括过于自信的过失和疏忽大意的过失。④ 本书认同后一论者的结论，但不认同其理由。

有论者指出，从条文逻辑上看，行为人的心态应该从认识危险后不采取措施或不及时报告的行为上体现，而不是从认识危险中体现，而不采取措施或不及时报告既可以是基于过于自信而产生，也可以因为疏忽大意而产生。⑤ 这是正确的意见。本罪规制的仅仅是明知危险后不采取后续对策的行为。在明知危险而未采取后续对策的情况下，行为人既有可

---

① 参见刘霞：《教育设施重大安全事故罪之解读》，载《教学与管理》2006年第19期。

② 参见刘昂、滕健：《教育设施重大安全事故罪之认定》，载《人民检察》2008年第15期。

③ 参见张明楷：《刑法学》（下），法律出版社2016年版，第732页。

④ 参见刘志伟、李晖：《教育设施重大安全事故罪的主体及其主观方面探讨》，载《山东公安专科学校学报》2002年第1期。

⑤ 参见周芳：《论教育设施重大安全事故罪的注意义务——兼论该罪犯罪圈的合理界定》，载《思想战线》2015年第4期。

能应当认识到自己在明知危险的情况下不采取后续对策的行为可能导致重大伤亡事故的发生却因疏忽大意而没有认识到，又可能已经认识到自己在明知危险的情况下不采取后续对策的行为可能导致重大伤亡事故的发生却轻信能够避免。所以，就明知危险后不采取后续对策进而引发重大伤亡事故而言，行为人的心态既可能是疏忽大意的过失，也可能是过于自信的过失。

据此，认为如果将"明知"扩大解释为"应当明知"就意味着将本罪的罪过形式解释为既包括过于自信的过失也包括疏忽大意的过失的观点①是值得商榷的。尽管该论者也认为不能将"明知"扩大解释为"应当明知"，但其认为"明知"是"已经预见到"且"应当明知"是"应当预见到"，进而认为尽管"已经预见到"和"应当预见到"同属过失，但由于教育设施重大安全事故罪的特殊性，立法者要求行为人主观方面必须达到"明知"的程度，在认定本罪时必须严格区分上述两种不同的主观心理状态，以准确把握罪与非罪的界线。② 这显然是混淆了认识危险的心态与认识危险后不采取后续对策的心态，并不足取。所以，如果有些人虽然曾经知道校舍或教育教学设施有危险，并认识到如不采取措施或不及时报告就可能发生重大伤亡事故，但后来却由于某种原因而"忘却"了已经知道的情况，这种情况就不能被称为"明知"。这种情况也不是本罪中疏忽大意的过失指的情况。本罪中疏忽大意的过失所指的是，行为人应当认识到自己在明知危险的情况下不采取后续对策的行为可能导致重大伤亡事故的发生却因疏忽大意而没有认识到。

明确"明知"的含义，是为了界定行为人的注意义务。如前所述，在业务监督过失犯罪中，监管者的注意义务不仅包括结果预见义务，也包括结果避免义务，并且，本书立于新过失论的立场，认为在监管者的注意义务中，结果预见义务是前提，结果避免义务是重心。在监管者所负的预见义务中，其预见对象是监管者自身的监督过失行为、被监管者的违规行为、被监管者的违规行为所可能造成危害结果。而监管者所负的避免义务，在主观方面是监管者所应考虑的采取哪些措施来避免被监管人员的行为造成危害结果；在客观方面监管者应将自己主观上已经预想的措施转化为实际行动。

有论者指出，"已经预见"是指行为人实施行为时具有预见危险的能力并且已经预见到危险的存在，"应当预见"是指行为人虽然没有预见到危险的存在，但其具有预见危险的职责。③ 结合上文对于"明知"危险的理解，如下解释比较全面。第一，行为人明知校舍或教育教学设施有安全隐患，并具有预见该安全隐患可能会因为自己不采取措施或不及时报告的行为而现实化为重大伤亡事故的职责和能力，但没有预见到，进而也没有采取结

---

① "在司法实践中，要证明'已经预见到'危险的存在确实是一件比较困难的事情，因此有一种主张，认为应将'明知'扩大解释为'应当明知'。即认为本罪的主观方面既包括过于自信的过失，也包括疏忽大意的过失。"参见刘昂、滕健：《教育设施重大安全事故罪之认定》，载《人民检察》2008年第15期。

② 参见刘昂、滕健：《教育设施重大安全事故罪之认定》，载《人民检察》2008年第15期。

③ 参见周芳：《论教育设施重大安全事故罪的注意义务——兼论该罪犯罪圈的合理界定》，载《思想战线》2015年第4期。

果避免措施，因此存在疏忽大意的过失。第二，行为人明知校舍或教育教学设施有安全隐患，并预见到该安全隐患可能会因为自己不采取措施或不及时报告的行为而造成重大伤亡事故，但轻信能够避免，所以并未采取结果避免措施，因此存在过于自信的过失。相比之下，过于自信的过失在实践中较为常见。这是因为，在明知校舍或教育教学实施存在安全隐患之时，由于行为人是对校舍或教育教学设施的安全直接负责的人员，特别是监管者，处在拥有一定监督管理权限的岗位之上，基本都会预见到自己不采取相应对策的行为可能会导致重大伤亡事故的发生。所以，判断的重点仍是过于自信的过失，也就是说，判断的重点仍是结果避免义务。

陈兴良教授指出，在业务过失犯中，行为人的结果避免义务主要来自保障业务活动的安全规则。[①] 教育设施重大安全事故罪并不像其他事故类犯罪一般，在罪状中有"违反规章制度""违反有关安全管理的规定""违反国家规定"等表述，亦即，其罪状中没有相应的前置规范，所以，为保障校舍或教育教学设施而必需遵守的安全规则就不拘泥于明文的规范规定、规章制度。换言之，行为人的结果避免义务的来源、表现形式比较多样。但是，行为人结果避免义务的核心是，防止校舍或教育教学设施的危险现实化。只要是行为人有能力采取的防止危险现实化的举措，都可谓结果避免义务的内容。

例如，有论者指出，本罪中的"不采取措施"，既包括不对存在危险的校舍或教育教学设施本身进行维修、改造，也包括在明知校舍或教育教学设施有发生重大伤亡事故的严重危险时不组织正在进行教育教学活动的师生撤离而仍然继续使用。[②] 可见，行为人的结果避免义务不仅包括以作为形式表现的维修、改造，也包括以不作为形式表现的停止使用。当然，对于监管者而言，其并不直接对校舍或教育教学设施进行具体的维修、改造工作，而是对维修、改造工作及具体从事维修、改造工作的人员负有监督管理职责，其可以指示、安排、督促后勤维修人员对存在危险的校舍或教育教学设施进行维修、改造。监管者也可能并不直接到现场组织师生从有危险的校舍或教育教学设施中撤离，而是向下传达指示，命令师生撤离出有危险的校舍或教育教学设施。

如果行为人采取了一定的有效措施或者及时向有关部门报告情况，即使造成了重大伤亡事故，也不成立本罪。[③] 但是，此处应当考虑行为人所采取措施的相当性以及必要性。行为人必须在其力所能及的范围内采取一切必要的相关措施。如果只是做"表面功夫"，例如，村办小学校舍的承重柱已有裂缝，校舍有坍塌之虞，校长仅仅在承重柱旁边支了一根木头，那么这就相当于没有采取措施，在校舍坍塌发生重大伤亡事故时，该校长仍然构成教育设施重大安全事故罪。又如，如果该校长在发现该校的学生厕所的墙体已经有裂缝，厕所有坍塌之虞，并且已经聘请施工队进行修理，但是在施工队还没有来修之前仍指

---

①　参见陈兴良：《过失犯的规范构造：以朱平书等危险物品肇事案为线索》，载《比较法研究》2020 年第 5 期。

②　参见赵秉志、刘志伟：《教育设施重大安全事故罪客观要件中的疑难问题研讨》，载《法商研究（中南政法学院学报）》2001 年第 1 期。

③　参见张明楷：《刑法学》（下），法律出版社 2016 年版，第 732 页。

示学生们继续使用该厕所，那么在厕所坍塌发生重大伤亡事故时，该校长仍然构成教育设施重大安全事故罪。

再者，可能会出现行为人及时向有关部门报告但没有采取必要且可能的防范措施以致最后发生重大伤亡事故的情况。根据该法条的表述，即"不采取措施或者不及时报告"，似乎只要行为人"采取措施或者及时报告"就不构成该罪。亦即，自行采取措施或者已经及时报告，只要采取了这两种行为中的一种，就不构成该罪。但是需要注意的是，现实中相关监督管理人员的行为在采取措施和及时报告上可能有四种"搭配"形式：一是既没有采取措施也没有及时报告；二是采取了措施但没有及时报告；三是采取了措施也及时报告了；四是及时报告了但没有采取措施。按照法条字面意思，只有第一种情况构成本罪。但是，如上例，如果小学校长已经将厕所有坍塌之虞的危险报告给村委会中分管小学的领导，但在该领导聘请的施工队来施工之前，小学校长仍然抱着过于自信的态度让学生们继续使用该厕所，那么此时如果还认为小学校长因为已经及时报告所以不能构成本罪，就不合适。所以，行为人在及时向有关部门报告后，仍要采取必要的防范措施，而不是"一报了之"。

另外有论者指出，不继续使用有危险的校舍或教育教学设施而组织撤离的行为是任何人都能做到的，如果仅仅报告而不组织撤离并继续使用，那么这事实上还是严重不负责任的表现，在发生重大伤亡事故的情况下，仍应对行为人以本罪论处，由此，"不及时报告"的前提条件就仅限于行为人对存在危险的校舍或教育教学设施没有能力采取维修措施以消除事故隐患的情况。① 这种观点是可取的。再者，"及时"报告虽然不等于"立即"报告，但应该是报告后还有足够的时间来消除危险或避免危害结果的发生。② 所以，如果明知校舍或教育教学设施有危险，也准备报告，但认为缓一缓无所谓而久拖不报，或者，本不准备报告，但看危险愈发迫近才打算报告，但是在报告之后上级负责人来不及采取有关消除危险的措施致使发生重大伤亡事故的，行为人的行为也属于不及时报告。

还有两点需要注意。第一，《刑法》设立本罪所保护的，不仅是公办或民办学校中使用校舍或教育教学实施的人员的安全，也包括公办或民办学校之外的其他教育教学类机构，例如，辅导中心、培训学校等其他教育教学类机构。而且，不限于正规的学校或其他教育教学类机构，还包括非法开办的学校或其他教育教学类机构。例如，在张某某、刘某某教育设施重大安全事故中，教育设施重大安全事故即发生在非法开办的幼儿园内，在该案中，法院认定四被告人的行为构成教育设施重大安全事故罪是正确的。2016 年 2 月，被告人张某某未经相关教育部门批准开办名为"小蜗牛"的民办幼儿园，由被告人刘某某担任执行园长负责日常管理，并聘用无相关资质李某某、曹某某为该幼儿园小班的教师，因该幼儿园厕所存在安全隐患，张某某、刘某某要求老师陪同幼儿去厕所，但未对该设施进行整改，李某某、曹某某明知厕所存在安全隐患，却疏于对学生的管理，致使一名

---

① 参见马长生、田兴洪等：《责任事故犯罪热点问题研究》，湖南师范大学出版社 2010 年版，第 401~402 页。

② 参见王作富主编：《刑法分则实务研究》（上），中国方正出版社 2009 年版，第 216 页。

小班学生于 2016 年 9 月 13 日下午掉进厕所便池内溺亡。法院认为,被告人张某某、刘某某作为幼儿园的投资人和执行园长,明知教育辅助设施厕所具有危险,而不采取措施,致使发生一名幼儿死亡事故,作为直接责任人员,其行为已构成教育设施重大安全事故罪。被告人李某某、曹某某作为幼儿园的小班老师,明知该幼儿园厕所存在安全隐患,却违反有关安全管理规定,疏于对幼儿管理,致使发生一名幼儿在厕所内溺亡的重大伤亡事故,其行为均构成重大责任事故罪。[①] 另外,即使是没有正规手续、非法开办的幼儿园,也属于教育教学类机构,其教育教学设施的安全隐患现实化为伤亡事故的,也属于规范保护目的范围之内的结果。

第二,只要是存在于学校或其他教育教学类机构内的建筑、设施,只要这些建筑、设施为这些学校或教育教学类机构所实际使用,即属于本罪中的"校舍或教育教学设施"。有论者认为,并非所有建筑、设施都属于本罪中的校舍或教育教学设施,应当仅限于直接用于教育教学或者直接服务于教育教学的建筑或设施,而那些与教育教学活动无关或者联系比较间接的建筑、设施,诸如学校拥有的医院、商店、浴池、纯粹的游乐场所、校园围墙及其防护设施、道路、下水管道等发生危险,因为很难说会危及教育教学活动的正常秩序和从事教育教学、学习活动的广大师生的人身安全,所以并非本罪中的校舍或教育教学设施。[②]

本书认为这样的观点值得商榷。一方面,所谓的"直接用于""间接联系",只是一种比较主观的认定,就连论者也承认这只是一个比较概括的说法。另一方面,学校或其他教育教育类机构的所有设施,都服务于教育教学目的,而且也都可能存在安全隐患,从而也都会对学校内进行教育教学活动的师生的安全产生威胁。学校内设置的浴池、商店也是如此,因为,如果学校认为学生的日常洗浴、购买日常用品等活动与教育教学等活动无关,也不会在学校内开设浴池、商店;医院更是为了解决教育教学过程中学生、教师所可能出现的身体健康问题而存在的,怎么能说是与教育教学活动联系比较间接甚至是无关?学校内的游乐场所一般是指操场,或者即使是纯粹的游乐场所,也是为了有益于学生们的身心健康以便更好地服务教育教学而存在的;学校中的围墙、道路、下水管道如果有重大安全隐患,也都会危及校内正在进行教育教学活动的师生的安全,为什么不能包括在本罪中的校舍或者教育教学设施范围内?所以,不宜将本罪中的校舍或者教育教学设施限制在教学楼、宿舍楼这些直接与教育教学活动有关的建筑、设施范围中。

第三,校舍或教育教学设施不能仅理解为教学楼、宿舍楼等建筑物,还需包括校车。校车事故在现实生活中属于比较多发的校园安全事故,学校或其他教育教学机构配备校车接送学生与其开展教育教学活动密切相关,因此校车属于教育教学设施。那么,既然学校或教育教学机构配备了校车,就需要保障校车的行车安全,保障校车使用、乘坐人员的安全,例如,及时检修校车使校车处于能够安全运行的状态中。如果校车的管理者明知校车

---

① 参见河北省广宗县人民法院刑事判决书:(2017)冀 0531 刑初 120 号。
② 参见赵秉志、刘志伟:《教育设施重大安全事故罪客观要件中的疑难问题研讨》,载《法商研究》2001 年第 1 期。

不符合安全行车标准，比如购买经改装的面包车或自行改装面包车以减少校车运营成本而其改装并不符合安全行车标准，又如当校车存在故障时为节省经费没有及时维修，放任存在重大安全隐患的校车上路接送学生，那么，当校车因为故障而发生事故或因校车故障而直接导致事故后果无法避免或扩大时，校车的管理者也是事故的直接责任人员。

例如，在吕某某教育设施重大安全事故案中，被告人吕某某成立一所职工幼儿园，自己为法人代表兼园长，聘请唐某担任该校所有的一辆校车的驾驶员，某日唐某驾驶大型专用校车接该校的幼儿上学时，与一辆轻型普通货车发生相撞，致使校车乘坐人 2 人死亡、11 人受伤。事故调查组认定，事故发生的直接原因是校车司机唐某通过无交通信号灯路口时未停车瞭望，未让右方道路来车先行，改变校车行驶路线，在乘坐人员均未使用安全带的情况下上路行驶，应承担此次事故的主要责任，货车司机承担次要责任；事故发生的间接原因是职工幼儿园安全管理主体责任未落实，安全投入不到位，安全措施未落实，事发校车安全带多处损坏或弃置，事发时加重了对司乘人员的危害；职工幼儿园未落实安全教育和培训制度等。法院认为，吕某某明知教育教学设施有危险而不采取措施，致使发生重大伤亡事故，其行为已构成教育设施重大安全事故罪。①

在本案中，校车驾驶员唐某的交通肇事行为虽然是该起车辆碰撞事故的直接原因，但这并不妨碍追究在唐某背后的校车管理者吕某某的教育设施重大安全事故罪的刑事责任。吕某某作为校车管理者，不尽安全监管职责，配备安全带多处损坏的校车，在平日的校车运行过程中既不注重教育校车司机严格遵循交通安全规则，也不督促乘坐学生系安全带，亦即，不落实校车安全管理，所以，存在监督管理过失，理应追究其教育设施重大安全事故罪的刑事责任。

第十一节　消防责任事故中的业务监督过失犯罪

一、消防责任事故中业务监督过失犯罪的主体

消防责任事故罪②的主体是特殊主体，即负有消防安全职责的直接责任人员，业务监督过失犯罪的主体包含于其中。有论者认为，如果《刑法》对消防责任事故罪的主体规定的是"防火负责人"，则是一种在犯罪行为实施之前就具有的具体身份，或许还可以认为是一种犯罪主体的特殊身份，但事实上刑法并没有这样规定。③ 然而，结合"经消防监督机构通知采取改正措施而拒绝执行"，将主体解释为"防火负责人"是应有之义。"防火负责人"是一种特殊身份。特殊身份是指行为人在身份上的特殊资格，以及其他与一

---

① 参见河南省睢县人民法院刑事判决书：（2017）豫 1422 刑初 602 号。

② 《刑法》第一百三十九条规定："违反消防管理法规，经消防监督机构通知采取改正措施而拒绝执行，造成严重后果的，对直接责任人员，处三年以下有期徒刑或者拘役；后果特别严重的，处三年以上七年以下有期徒刑。"

③ 参见李富友：《消防责任事故罪疑难、争议问题研究》，载《武警学院学报》2008 年第 11 期。

定的犯罪行为有关的、行为主体在社会关系上的特殊地位或者状态。① "防火负责人" 是与本罪犯罪行为（即拒绝执行改正措施）有关的、行为主体在社会关系上相对于单位内不分管或主管消防安全的责任人、单位内不具体从事消防安全工作的普通员工、其他普通居民而具有的特殊地位或状态。这种特殊地位或状态意味着其担负着对某一场所、建筑、设施的消防安全的保障职责，在消防监督机构因该场所、建筑、设施存在违反消防管理法规的情况、具有火灾隐患而下达改正通知之后，其负有按照消防管理法规以及整改通知组织实施或具体实施整改措施、消除火灾隐患的职责。

何谓 "负有消防安全职责" 的直接责任人员？有论者解释为 "负有防火安全职责的人"。② 简言之，本罪主体需要负有防止火灾发生的职责。防火安全职责通常根据岗位职责来确定，负有这种职责的人不仅包括一线员工，还包括分管或主管该事项的上层人员。有论者指出，实践中本罪主体主要是那些与防火责任有直接关系的单位法定代表人、单位及部门防火负责人、专职或兼职防火安全的保卫人员和涉及改正措施过程的其他有关人员。③ 其中，专职或兼职防火安全的保卫人员及具体负责整改措施的其他有关人员是在一线具体从事消防安全工作的人员，通常担负着具体的消防安全保障任务，比如按照岗位职责、上级命令、消防监督机构通知进行火灾隐患的消除作业。他们是负有消防安全职责的直接责任人员，但并非本书所讨论的对象。

消防责任事故中业务监督过失犯罪的主体是分管或主管消防安全的上层人员，即具有一定的监督管理职责的 "消防安全责任人" "消防安全管理人"。《消防法》第十六条第二款规定："单位的主要负责人是本单位的消防安全责任人。"第六十条规定："单位违反本法规定，有下列行为之一的，责令改正，处五千元以上五万元以下罚款……（七）对火灾隐患经消防救援机构通知后不及时采取措施消除的……"第七十二条规定："违反本法规定，构成犯罪，依法追究刑事责任。"《机关、团体、企业、事业单位消防安全管理规定》第四条规定："法人单位的法定代表人或者非法人单位的主要负责人是单位的消防安全责任人，对本单位的消防安全工作全面负责。"第六条规定："单位的消防安全责任人应当履行下列消防安全职责：……（五）组织防火检查，督促落实火灾隐患整改，及时处理涉及消防安全的重大问题……"第七条规定："单位可以根据需要确定本单位的消防安全管理人。消防安全管理人对单位的消防安全责任人负责，实施和组织落实下列消防安全管理工作：（四）组织实施防火检查和火灾隐患整改工作……"消防安全责任人有义务根据消防管理法规以及整改通知组织具体工作人员实施整改、消除火灾隐患，确保消防安全。若其不履行监督管理职责致使火灾隐患现实化、造成严重后果，就会触犯刑法。

有论者认为，现行本罪只追究 "直接责任人员" 的刑事责任，但实际上单位的相关领导人员、管理人员对严重后果的出现可能更具有决定性影响，应负更大的责任，只追究

---

① 参见张明楷：《刑法学》（上），法律出版社 2016 年版，第 131 页。

② 参见林亚刚、任彦君：《论消防责任事故罪的若干问题》，载《公民与法（法学版）》2009 年第 6 期。

③ 参见张元祥：《消防责任事故罪的构成和特征》，载《山东消防》2000 年第 9 期。

"直接责任人员"的刑事责任不利于单位消防安全责任制的落实。① 这显然是未全面理解"直接责任人员"的解释结论。"直接责任"仅仅强调排除"间接责任",贯彻个人责任原则,避免让行为人为他人的犯罪行为承担刑事责任,但并不意味着排除监督管理人员。单位的消防责任人等监管者是由于其自身的监督过失行为而负刑事责任,这也是一种"直接责任"。因为,若其恰当履行职责,及时消除火灾隐患,火灾隐患就不会现实化,伤亡事故等严重后果就不会发生。正如有论者所言,"'直接负责的主管人员和其他直接责任人员'显然都属于'直接责任人员',只不过'直接负责的主管人员'是主要的'直接责任人员'罢了"。②

不过,尽管《消防管理法规》规定单位的主要负责人、法定代表人对本单位的消防安全工作全面负责,但是,在单位采取分层管理负责体制的情况下,单位的主要负责人、法定代表人通常会将全部或部分消防安全职责委托给下级管理人员负责,形成分管或主管消防安全事务的管理者。《机关、团体、企业、事业单位消防安全管理规定》第五条规定:"单位应当落实逐级消防安全责任制和岗位消防安全责任制,明确逐级和岗位消防安全职责,确定各级、各岗位的消防安全责任人。"所以,不能忽视由于分层管理负责体制而造成的"实质"消防安全管理权限的分配差异。日本刑法学者大塚裕史指出,"消防法或建筑基准法等行政法上的义务并不马上就成为刑法上的作为义务,而应当从支配领域性或事实上承担,更本质地讲,应当从对危险原因的管理、支配(对危险物体和危险业务的支配)中寻求。因此,为了认定作为义务,必须具有能够根据自己的权限和影响,履行防火管理上的义务的地位。"③

有论者就指出,直接主管人员或者相关责任人员由于未履行其监督、主管责任或履行职责不当致使下属人员实施不适当的危害行为,导致严重结果发生时,会产生监管过失责任。④ 不过,监管者因监管过失而承担刑事责任,并非只有其下属人员实施不适当的危害行为这一种情形。当自然原因甚至其他人故意纵火而引发火灾时,只要火灾导致严重后果的原因中有防火体制不完备,那么监管者未履行监管职责或履行不当的行为就会增加火灾事故发生的危险。亦即,增加了下属人员实施不适当的危害行为从而导致火灾发生、造成严重后果的危险,或者增加了自然原因甚至其他人故意纵火时火灾无法控制、造成严重后果的危险。

也有论者认为,所谓直接责任人员,是指对消防安全工作所负有的直接责任,而非对消防事故的发生起直接作用。在消防责任事故案件中,事故往往并非负责消防安全工作的人直接引起的,可能是由其他原因直接引起(如自然原因),但负责人员经消防监督机构

---

① 参见张锋、朱瓒:《新消防法背景下消防责任事故罪之思考》,载《武警学院学报》2011年第11期。

② 李富友:《消防责任事故罪疑难、争议问题研究》,载《武警学院学报》2008年第11期。

③ [日]大塚裕史:《企业灾害和过失论》,黎宏译,载高铭暄、赵秉志主编:《过失犯罪的基础理论》,法律出版社2002年版,第96页。

④ 参见林亚刚、任彦君:《论消防责任事故罪的若干问题》,载《公民与法(法学版)》2009年第6期。

通知采取改正措施而拒不执行，为消防事故的发生埋下了隐患，因此应当追究其刑事责任。① 这一观点虽然没有明确地指明监督过失、管理过失，但实际上其解释也没有超出这一范畴。消防安全负责人员经消防监督机构通知采取改正措施而拒不执行的行为，增加了消防事故发生的危险（即为消防事故的发生埋下了隐患），而这种拒不改正的行为，也就表明了他们不正确履行监管职责。所以，虽然事故并非由其直接引起，但也要因为其管理过失、监督过失行为而负刑事责任。

详言之，在存在监督、管理关系的情形中，管理者负有设置、完善防火体制的职责。例如，装配烟雾报警器、自动喷水头、防火卷帘等防火设备；配备防火安全人员、制定防火日常巡逻计划；组织日常、定期防火演练等。监督者则负有指导、督促一线防火安全人员认真履行其具体的防火安全任务的职责。虽然现场发生的火灾并非监管者直接以自己的行为引起，但是，由于他们不正确履行监管职责的行为，导致一线的防火安全人员实施不适当的行为引起火灾时，或者当自然原因等引发火灾时，防火体制失灵、瘫痪或不奏效，致使发生重大伤亡事故或其他严重后果，这样，他们就具有管理过失、监督过失，而这也足以成为其负刑事责任的根据。

实务中应注意认定消防安全管理人的准确性，不能将非消防安全责任人作为本罪主体追究刑事责任。例如，厉某某、熊某某、徐某某、朱某某消防责任事故案，本案的基本案情为：某足浴中心有四合伙人，厉某某占股40%，熊某某占股10%，徐某某占股45%，许某占股5%，厉某某负责足浴店的日常管理以及对外业务等工作，熊某某作为经理负责足浴店的日常安全管理、招工、培训等工作，徐某某平时不参与足浴店的日常经营管理，直至2016年12月份中旬，其妻子成为足浴店收银员后，其负责将足浴店的营业款收入存入银行。2014年2月，厉某某、熊某某、徐某某及许某经协商后决定重新装修并增设汗蒸房，2014年8月26日，厉某某代表该足浴中心与某公司签订包工包料的装修工程施工合同，该公司没有装修汗蒸房的相关资质，也没有专门的工人培训，在汗蒸房装修施工过程中铺设电热膜和未经阻燃处理的无纺布等材料，2015年1月开始，该足浴中心增设汗蒸房后未经消防审批即对外营业，后该足浴中心被县消防大队要求立即停止使用汗蒸房，未经复查合格不得投入使用。2016年三四月间，被告人朱某某主动联系厉某某为该足浴中心代办消防安全检查合格证，并要求支付报酬人民币20万元。厉某某征得各合伙人同意后，与朱某某商定以人民币19万元的价格委托朱某某代办消防安全检查合格证。后朱某某采用修改图纸、授意厉某某等人将汗蒸房布置成足浴包厢和杂物间、切断汗蒸房电源等手段制造汗蒸房停止使用的假象，并保证不再启用而通过了消防验收，帮助该足浴中心于2016年6月6日取得使用性质为足浴的消防安全检查合格证，该足浴中心四合伙人按股份比例依约给朱某某支付了酬金。该足浴中心取得使用性质为足浴的消防安全检查合格证后，于2016年八九月份私自恢复汗蒸业务并继续对外经营。2017年2月5日17时20分许，该足浴中心发生重大火灾事故，造成18人死亡、18人受伤和16户住户房屋不同程度受损的严重后果。法院认为，被告人厉某某、熊某某、徐某某、朱某某违反消防管理法规，经消防监督机构通知采取改正措施而拒绝执行，后果特别严重，其行为均已构成消

---

① 参见王作富主编：《刑法分则实务研究》（上），中国方正出版社2009年版，第220页。

防责任事故罪。①

第一，在本案中，追究徐某某消防责任事故罪的刑事责任是值得商榷的。因为徐某某虽然是该足浴中心的合伙人且所占股份比例较高，但是，其并不参与该足浴中心的日常管理，而仅仅在后来才负责将该足浴中心的营业款收入存入银行。被告人厉某某的供述显示，徐某某平时没来店里管理，直至他老婆来店里当收银员后，徐某某负责管理财务和仓库采购。因此徐某某不能直接被认为其属于消防安全管理人。而法院认定的案件事实也只有其将营业款存入银行。再者，即使徐某某以其股份比例支付了朱某某相应的"报酬"，也是由其合伙人地位决定的，不代表其一定就是消防安全管理人，一定就是此次消防安全事故的直接责任人员。徐某某的辩护人也指出，徐某某没有参与该足浴中心的管理，也未直接参与犯罪行为，主观过失小。但法院没有专门对该辩护意见做出回应，是一大缺憾。

第二，该判决理由认为消防责任事故罪的主体是一般主体是值得商榷的。本罪主体只能是在具体消防安全事故中负有消防安全职责的直接责任人员。的确，任何公民都有义务遵守消防安全义务，但是也仅限于其是具体的消防安全责任人或消防安全管理人之时。该判决书认定并非该足浴中心人员的朱某某也是本次消防责任事故的直接责任人员。朱某某的辩护人提出朱某某并非消防责任事故罪的主体，法院对此专门回应道：按照消防法律法规的规定，任何单位、任何公民都有遵守消防法律法规的义务，负有一定的消防安全职责，任何单位、公民在现实工作、生活中若违反消防法规，造成严重后果的发生，均可构成消防责任事故罪的主体，因此，消防责任事故罪的犯罪主体是一般主体，它既包括单位的负责人、负有防火义务的管理人员，也包括其他直接责任人员，具体到本案，被告人朱某某明知该足浴中心违规经营汗蒸房，仍与厉某某商谋采取弄虚作假的手段取得消防合格证，且其明知该足浴中心在取得消防合格证后恢复了汗蒸房的经营，却未予制止，在该足浴中心拒绝执行消防部门的整改行为中，朱某某起到积极参与和帮助的作用，因此朱某某对事故的发生亦负有主要责任，其应视为火灾事故的直接责任人员，故可构成本罪的犯罪主体。但法院的回应明显不妥，在本案中，朱某某显然并非该足浴中心的消防安全管理人。不过也不是不可以追究朱某某的刑事责任。朱某某主动提议并与厉某某商谋采取弄虚作假的手段取得消防合格证的行为可以考虑用《刑法》第二百八十条伪造、变造国家机关公文罪进行规制（所需考虑者为"伪造""变造"的语义射程范围）。

二、消防责任事故中业务监督过失犯罪的注意义务

在消防责任事故中业务监督过失犯罪的注意义务方面，有三点需要注意。一是注意义务的来源。二是消防安全管理人的结果避免义务。三是消防安全管理人的结果预见义务。下面依次讨论。

第一，注意义务的来源。构成本罪的前提条件是"违反消防管理法规"。消防监督机构所下达的整改通知也是依据消防管理法规所做出的。所以，消防管理法规是认定监管者注意义务的重要来源。消防管理法规包括《消防法》（2019 年 4 月 23 日第十三届全国人大常委会修正）、《城镇燃气管理条例》（国务院令第 583 号）、《高层民用建筑消防安全管理规定》（应急管理部令第 5 号）、《消防监督检查规定》（公安部令第 107 号）、《机关、

---

① 参见浙江省天台县人民法院刑事判决书：（2017）浙 1023 刑初 452 号。

团体、企业、事业单位消防安全管理规定》（公安部令第 61 号）等。例如，《消防法》第十六条第一款规定："机关、团体、企业、事业等单位应当履行下列消防安全职责：（一）落实消防安全责任制，制定本单位的消防安全制度、消防安全操作规程，制定灭火和应急疏散预案；（二）按照国家标准、行业标准配置消防设施、器材，设置消防安全标志，并定期组织检验、维修，确保完好有效；（三）对建筑消防设施每年至少进行一次全面检测，确保完好有效，检测记录应当完整准确，存档备查；（四）保障疏散通道、安全出口、消防车通道畅通，保证防火防烟分区、防火间距符合消防技术标准；（五）组织防火检查，及时消除火灾隐患；（六）组织进行有针对性的消防演练；（七）法律、法规规定的其他消防安全职责。"这些消防职责都是消防安全责任人、消防安全管理人的注意义务来源。

第二，消防安全管理人的结果避免义务。前文已述及，监督过失犯罪中监管者的结果避免义务在客观上表现为行为人为防止结果发生所需要采取的实际行动。而消防责任事故罪特殊的构成要件"经消防监督机构通知"为行为人履行结果避免义务提供了较好的根据。因为消防监督机构所通知的整改措施就是消除火灾隐患的具体措施，行为人只要按照整改通知采取措施就可以说是履行了结果避免义务。但学界对与"经消防监督机构通知采取改正措施而拒绝执行"这一要件相关的问题探讨较多。对这一要件的正确理解，有利于认定消防安全管理人的结果避免义务。

首先，对于消防监督机构的通知是否必须满足形式要件，亦即，是否必须是书面的通知，学界有所争论。有论者认为，通知既可书面也可口头，既可直接也可间接（即经由第三人通知）；拒绝执行，既包括完全不执行，也包括不按照消防监督机构的要求执行。[①]但也有论者认为，通知应当限于书面形式，而不能是口头形式，如果没有法律上的书面形式，应当视为没有通知其改正的前置行为，因为书面通知是其依法行政的重要表现，即使在紧急情况下口头通知、电讯通知，也应当于事后及时补办书面通知手续，而这些书面的整改通知也使得事后可能存在的诉讼在举证上更为便利，因为本罪毕竟有经通知采取改正措施而拒绝执行的成罪要件。[②]但是，行政机关依法行政、诉讼举证的便利不能成为解释本罪构成要件的理由。本罪突出经通知采取改正措施而拒绝执行是为了突出行为人之行为的社会危害性，而消防监督机构的通知仅服务于一个目的，就是督促行为人消除消防安全隐患，防止消防安全事故的发生。所以，不管通过什么形式，只要让行为人明确知悉了其负有的消防安全职责、其需要采取的消防隐患整改措施，即为已足。

第二，对于"经消防监督机构通知采取改正措施而拒绝执行"这一要件是否要取消，学界有不同观点。许多论者认为这一要件的设置有瑕疵，主张取消。[③]理由如下：一是该

① 参见张明楷：《刑法学》（下），法律出版社 2016 年版，第 732 页。
② 参见孟庆华、王瑛杰：《消防责任事故罪构成要件探讨》，载《武警学院学报》2005 年第 6 期。
③ 例如：张小霞：《论消防责任事故罪客观要件的设立缺陷及弥补》，载《消防科学与技术》2003 年第 5 期；陈欢：《浅析消防责任事故罪客观要件的瑕疵——对〈刑法〉第 139 条的修改建议》，载《消防科学与技术》2008 年第 2 期；李富友：《消防责任事故罪疑难、争议问题研究》，载《武警学院学报》2008 年第 11 期；燕路：《论消防责任事故罪客观要件设立存在的缺陷》，载《邵阳学院学报（社会科学版）》2009 年第 2 期；宋春红：《消防责任事故罪客观要件设立的有关问题》，载《山西高等学校社会科学学报》2006 年第 2 期；叶青锐：《消防责任事故罪立法缺陷探讨》，载《河南社会科学》2009 年第 5 期。

要件与现行消防法规不协调，根据现行消防法规，公安消防机构对社会单位的消防检查是随机抽查，那么单位违反消防法律、法规的现象被公安消防机构发现、处理的机会也是随机的，该要件的满足就也是随机的；二是认定该罪必须由消防监督机构出示"发出改正措施通知"的证明，证明肇事单位直接责任人员收到通知而拒绝执行的事实，并证明整改通知被拒绝执行与发生事故、造成严重后果之间的因果关系，但是这样的证明不容易做到，因为会出现难以证明的情况，或者会出现肇事单位说"没有收到整改通知"的情况，这就使得一些重大消防事故的直接责任人员找到了"避风港"；三是如果行为人已经实际存在违反消防管理法规的行为，但是只要消防部门没有来检查或者经检查后未发现问题，也未提出整改意见，即使发生了火灾并造成了严重后果也不能以本罪论处，这使一些单位或个人在消防安全管理方面产生麻痹大意的思想，不利于火灾预防工作。因此，建议与重大劳动安全事故罪已经删除了"经有关部门或者单位职工提出后，对事故隐患仍不采取措施"的条件相协调，不将该要件作为入罪门槛而作为法定刑升格条件。[1] 还有论者直接指出，消防监督机构对有关单位和个人实施消防监督检查是保障消防法律法规贯彻落实的行政执法行为，是一种国家行为，不应被作为单位和个人遵守消防法律法规的前置条件。[2] 但显然，迄今为止立法者并没有采纳这些意见。

不可否认，以上理由都是值得倾听的意见，从现实的角度、预防的角度来看，这些意见都有价值。但是，本书认为，这一要件是《刑法》明文规定的构成要件，是明定的入罪条件，具有限制入罪范围的作用。与重大责任事故罪一般发生在单位所专门从事的专业领域中不同，本罪的规制范围不仅有业务性质本就与消防事务密切相关的生产经营单位，还有业务性质与消防事务并不紧密相关，只需要执行一般的消防安全管理规定即可的生产经营单位，这些单位对消防安全管理事务的认知度、敏感度、熟悉度有较大差异。对于那些对消防安全管理事务的认知度、敏感度、熟悉度较低的主体来说，取消这一要件是对其施加了过重的责任。即使不能以该罪论处这些具有过失的主体，失火罪也不会让其逃脱刑事法网。也有论者认为，"未经消防监督机构通知采取改正措施而发生重大火灾"的，可视具体情况分别确定为失火罪、过失致人死亡罪等罪。[3] 还有论者认为，从立法本意来看，该要件考虑到了普通民众对消防专业知识的缺乏和对宏观社会利益的淡漠的国情，旨在用消防监督机构的积极行为作为衡量行为人主观恶性的一种参照物。[4] 这些都是中肯的意见。再者，如果本罪取消了这一要件，如何与失火罪进行区分？毕竟，"违反消防管理法规，造成严重后果的"就表现为发生火灾事故，造成人员伤亡或使公私财产遭受重大损失。

《刑法》并不规制一切违规行为，因为《刑法》是后盾法。在消防责任事故中，《刑

---

①　参见林亚刚、任彦君：《论消防责任事故罪的若干问题》，载《公民与法（法学版）》2009 年第 6 期。

②　参见何倩：《论我国火灾事故类犯罪的构成和认定》，载《西南民族大学学报（人文社科版）》2007 年第 8 期。

③　参见孟庆华、王瑛杰：《消防责任事故罪构成要件探讨》，载《武警学院学报》2005 年第 6 期。

④　参见马长生、田兴洪等：《责任事故犯罪热点问题研究》，湖南师范大学出版社 2010 年版，第220 页。

法》已经将规制范围限缩在了能够明显体现出行为人主观恶性的"拒绝整改"的不作为的范围内。所以，如果是在消防监督机构执行消防监督职责之前发生了火灾事故，则不构成本罪。① 因为没有满足"经消防监督机构通知采取改正措施而拒绝执行"这一要件。甚至是，即使在对于消防监督机构《责令限期改正通知书》或《重大火灾隐患责令限期改正通知书》中规定的改正限期内发生火灾造成严重后果的，也不构成本罪。② 这些情况可以考虑适用失火罪、过失致人死亡罪等其他罪名。

第三，如何认定"拒绝执行"？"拒绝执行"是一种不作为。这种不作为包含两种情况，一是彻底不作为，二是有一定的作为，但作为程度不够，所以仍可认定为是不作为。后一种情况既可以表现为敷衍了事，也可以表现为弄虚作假，还可以表现为明知自己所负责的场所、建筑、设施存在重大火灾隐患而被责令整改并且未整改完毕前不得使用，并且尽管在做了某些整改工作，但在整改完毕前还在继续使用。这种情况就类似于上述提到的教育设施重大安全事故罪中的情况。对于危险的校舍或教育教学设施而言，撤离相关人员、不再继续使用该校舍或教育教学设施就是积极采取行动的表现；对于消防责任事故罪而言，不再使用未整改完毕的具有重大火灾隐患的场所、建筑、设施，也是积极采取行动的表现。反之，继续使用就是不作为，仍是"拒绝执行"。有论者总结道，行为人接到消防监督机构的通知后根本不采取任何改正措施的是拒绝执行；虽采取了一定的改正措施，但该措施不足以有效地防止严重后果的发生的也是拒绝执行。③ 另有论者也总结道，拒绝执行包括：对消防监督机构的通知完全不予理睬，没有采取任何整改措施；虽然对火灾隐患采取了一些措施，但这些措施并未真正落实；虽然对火灾隐患采取了一些措施并且也落实了，但其采取的措施达不到消防监督机构的要求，作用不大，因而未能消除火险隐患。④ 本书认同这些观点。易言之，整改"不到位"也可谓违反结果避免业务。

例如，郭某某消防责任事故案，本案的基本案情为：2018 年初某地消防大队发现某居民小区存在多处消防问题，依法对负责该小区物业管理的某物业服务有限公司进行处罚，该居民小区被综合判定为重大火灾隐患单位，并对其挂牌督办，经复查有四处隐患仍未整改，复查不合格，2018 年 7 月 24 日对其进行媒体曝光。2019 年 3 月 24 日夜间，该小区内一住户家发生火灾，该小区的南门口（消防通道）有石墩、门禁系统打开高度不够、消防通道不畅、室内消防栓无水，导致救援延误，致使该住户救援不及时，抢救无效死亡，被告人郭某某系该物业服务有限公司法人代表，不积极履行消防责任人的职责，对于该小区存在的消防问题，经消防监督机构处罚后仍然没有整改到位，造成严重后果，其行为已构成消防责任事故罪。⑤ 该案就是因没有整改到位而被认定为拒绝执行的典型例子。

---

① 参见黎宏：《刑法学各论》，法律出版社 2016 年版，第 74 页。

② 参见张元祥：《消防责任事故罪的构成和特征》，载《山东消防》2000 年第 9 期。

③ 参见刘志伟、左坚卫主编：《危害公共安全犯罪疑难问题司法对策》，吉林人民出版社 2001 年版，第 516 页。

④ 参见王作富主编：《刑法分则实务研究》（上），中国方正出版社 2009 年版，第 219 页。

⑤ 参见河南省周口市川汇区人民法院刑事判决书：（2019）1602 刑初 440 号。

另外，还有论者认为，违反消防法规的情况是动态的，往往是消防检查一过而违反消防法规的行为仍然存在，于是在相当一段时间内这些单位不可能收到整改通知，如果在这段时间内发生了火灾事故就无法追究其直接责任人员消防责任事故罪的责任。① 这种观点值得商榷。因为，整改通知都有整改期限，即使只收到一张整改通知，但只要其后发生的火灾事故的原因与该整改通知上列明的火灾隐患有关，就可以证明其在整改期限内没有完成整改，这仍旧是拒绝执行的表现。即使是在整改期间内予以整改并通过了消防复查，但是如果其后发生的火灾事故的原因与该整改通知上列明的火灾隐患有关，就表明行为人是在敷衍了事，并非真正的作为。

第三，消防安全管理人的结果预见义务。前文已述及，监督过失犯罪中监管者的注意义务包括结果预见义务和结果避免义务，而预见对象包括监管者自身的行为、被监管者的违规行为以及由被监管者的违规行为所导致的可能的危害结果。本罪的过失是针对所造成的重大事故后果而言的。② 所以，行为人能否预见构成要件结果（即火灾隐患现实化的火灾事故）是决定行为人是否负过失犯罪刑事责任的重要一环。"违反注意义务必须与结果的发生存在联系，且结果在行为时应当是可以预见的。"③

火灾事件中（例如失火案中）直接行为人的结果预见可能性本就较难认定，负有监督管理职责的消防安全责任人的结果预见可能性则更难认定。大塚裕史教授指出，"火灾事件中有没有预见可能性，特别成问题，因为，通常情况下，即便防火设备不完备，在指导如何疏散的训练上也有疏忽，也不会发生火灾事故，因此，即便偶尔发生火灾，出现了死伤事故，人们就会问，这种场合下，对于该结果不是没有具体的预见可能性吗？"④

对于结果预见可能性，不同的过失论立场有不同的理解。旧过失论与新过失论要求具体的预见可能性，新新过失论要求抽象的预见可能性（即不安感、危惧感）。新新过失论在抽象的路上走得实在太远了。它认为，只要有那种肯定不会不发生任何结果的不安感、危惧感，即可认为有预见可能性，行为人就负有采取结果避免措施的义务。这种"任何结果"，已经完全脱离了构成要件的"束缚"。然而，我们也应该认识到，新新过失论之所以走得远，也确实是因为认定具体的预见可能性之时，在事实上不得不进行一定的抽象化。具体说与抽象说在实务中的区别未必像各自的观点表述所表现出来的那么明显，根本理由就在于结果发生的预见可能性本身就是一个抽象的评价结论。⑤

例如，在日本川治王子饭店事件中，在旅馆施工的建筑工人由于失火而引起了火灾，

---

①　参见林亚刚、任彦君：《论消防责任事故罪的若干问题》，载《公民与法（法学版）》2009年第6期。

②　参见高铭暄、马克昌主编：《刑法学》，北京大学出版社2019年版，第362页。

③　[德]汉斯·海因里希·耶赛克、托马斯·魏根特：《德国刑法教科书》，徐久生译，中国法制出版社2017年版，第783页。

④　[日]大塚裕史：《企业灾害和过失论》，黎宏译，载高铭暄、赵秉志主编：《过失犯罪的基础理论》，法律出版社2002年版，第99页。

⑤　参见贺国荣：《监督管理过失之注意义务研究》，西南政法大学2018年博士学位论文，第116页。

由于旅馆没有设置防止烟火弥漫扩大的防火门和防火区，因此火势在短时间内迅速蔓延至整个建筑物，加之旅馆工作人员没有指导如何进行疏散，导致四十二名住宿客人和三名旅馆工作人员丧生，另有二十二名住宿客人受伤，在该事件中，现场施工人员、旅馆的总经理、副总经理均被判犯有业务上过失致死致伤罪。① 日本法院在认定行为人的预见可能性时认为，"在设置住宿设施、不分昼夜地为不特定多数人提供住宿等方面的便利的旅馆、饭店，通常都潜在地有发生火灾的危险……一旦起火，由于发现较晚、初期灭火的失败等，就会发展成为真正的火灾，对建筑物的构造疏散路线等不熟悉的客人就面临死伤的危险，这一点，应该说，是很容易预见到的"。② 又如，在新日本饭店事件中，日本"最高裁判所认为，'就不分昼夜向不特定的多数人提供住宿便利的酒店而言，总是包含着发生火灾的危险'，由于被告人对于该酒店在防火防灾措施方面的人员、物质上的不完善存在认识，'一旦发生火灾，由于发现过晚以及职员等初步灭火的失败会演变为真正的火灾，在职员等不能进行切实通报与避难诱导的状况下，有可能给并不熟悉建筑物的构造、逃生途径的住客带来死伤的危险，应该说，能很容易地预见到这一危险'"。③

　　大塚裕史教授认为，通说一方面要求对结果必须具有预见可能性，但另一方面又认为，只要一般地、抽象地对起火有预见就够了。④ 持新新过失论的日本刑法学者井田良由此认为，具体说与不安感说之间的差别没有想象中那样大，因为具体说在判断因果经过的本质部分之时，有可能接近不安感说，当判例将因果经过进行相当程度的抽象化时，就无法感受到其与不安感说之间的差别。⑤ 日本刑法学者高桥则夫也指出，由于认为对结果发生的预见可能性过于抽象因而要求预见更加具体的事实的观点，正是指出了具体说在事实上的抽象性，由此可以看出两说的差异没有很明显。⑥ 可见，关键问题在于如何认定具体的预见可能性。如果在监督过失中僵化地理解预见可能性程度，则无异于否定监督过失的存在。⑦ 但问题是，什么程度的抽象化是合理的，是不至于如新新过失论一般被指责为违背责任主义的？由于火灾事件中，涉及的多是管理过失，因此这里重点讨论如何认定管理者的预见可能性。

---

① ［日］大塚裕史：《企业灾害和过失论》，黎宏译，载高铭暄、赵秉志主编：《过失犯罪的基础理论》，法律出版社 2002 年版，第 92 页。

② ［日］大塚裕史：《企业灾害和过失论》，黎宏译，载高铭暄、赵秉志主编：《过失犯罪的基础理论》，法律出版社 2002 年版，第 99 页。

③ 参见［日］西田典之：《日本刑法总论》，刘明祥、王昭武译，中国人民大学出版社 2007 年版，第 227 页。

④ 参见［日］大塚裕史：《企业灾害和过失论》，黎宏译，载高铭暄、赵秉志主编：《过失犯罪的基础理论》，法律出版社 2002 年版，第 99 页。

⑤ 参见［日］井田良：《关于日本过失犯论之现状》，黄士轩译，载台湾《月旦法学杂志》2014 年第 12 期。

⑥ 该种"更加具体的事实"是指"在成为结果发生之原因的事实中，如果预见到这一点，通常人就会采取结果回避措施的事实"。参见［日］高桥则夫：《刑法总论》，李世阳译，中国政法大学出版社 2020 年版，第 194 页。

⑦ 参见王良顺：《管理、监督过失及其判断》，载《政法论坛》2010 年第 6 期。

　　日本刑法学者山口厚指出，在管理过失中，要求管理者对由于懈怠完善防火体制而会导致结果有预见可能性，但这是附条件的预见可能性，因为仅防火体制不健全还不至于引发结果，是由于介入其他过失行为或自然灾害而引发危险后，防火体制不健全最终引发结果，所附条件即引发危险，由于只要不具备条件，就不可能发生结果，因此对于条件的具备也要有预见可能性，而条件是否具备在很多情况下很难认定，因此管理过失的预见可能性通常也较低。① 但是西田典之教授认为，无需对起火原因存在预见可能性（即不需要对条件具备有预见可能性）。这是因为，无论实际着火原因是放火还是失火，问题都在于对于一旦发生火灾之时的结果的预见可能性，而并不需要对起火原因本身存在预见可能性，对此可类比汽车漏油的情况："汽车驾驶具有一般性危险，确实不能由此认定存在预见可能性，然而，在驾车人对于自己的汽车油箱漏油存在认识的场合，即便发生事故的概率很低，仍能很容易地预见到，一旦发生火灾就会出现死伤的结果。由于并未采取防火措施，因而能肯定行为人对于所发生或扩大的火灾事故的结果具有预见可能性，这一点与前面的油箱漏油的情况并无不同。"②

　　那么，究竟是只需要负有消防安全管理职责的行为人认识到自己懈怠消防安全管理职责的行为一旦遭遇起火就会导致重大事故，还是也需要其认识到自己懈怠消防安全管理职责的行为所遭遇的具体起火原因？本书认同西田典之教授的观点。在管理过失中，确实是人为原因或自然原因而诱发的危险"配合"不健全的安全管理体制导致结果发生。如果没有起火的诱因，火灾隐患就仅仅只是未然的隐患，实然的火灾就不会发生。但是，如果问管理者：你是否能想到会有旅客在床上吸烟的时候睡着而导致烟头点燃了床单？或者，你是否能想到会有人为了杀害其他人而在你酒店内的某一个房间内蓄意点燃窗帘？他们的回答都会是"想不到"。如果对于这些事实肯定"能想到"的话，那么实际上没有什么想不到的事情。

　　因此，讨论能否预见人为原因或自然原因而诱发的危险是没有意义的。因为这种讨论是随意的，只要想肯定能预见到，什么时候都可以肯定；只要想否定能预见到，什么时候也都可以否定。换言之，没有必要要求管理者对于人为原因或自然原因"诱发危险"（即起火原因）具有预见可能性。同时，由于大家都知道"无法有效控制的火灾"所具有的危险，所可能导致的致人死伤的后果，因此，对于管理者的预见可能性程度的讨论重点，就是那种"配合"过程，即不健全的消防安全体制"配合"火灾诱因而发生火灾事故的过程。亦即，管理者能否预见到，在危险来临时安全体制不健全会酿成事故。只要管理者认识到，由于自己的管理过失行为使安全体制存在缺陷，而这种缺陷一旦遭遇其他人为原因或自然原因诱发的危险，就可能无法抵挡事故的发生，就足够了。

　　就行为人个人的预见可能性而言，"如果行为人基于其智力和学识，特别是他可获得的因果法则方面的知识、他的技能和资质、他的生活经验和社会岗位，当时有能力像客观的标准人格那样，认识到其举止与结果的关系，并通过合乎谨慎的行为避免结果（或者

---

　　① 　参见［日］山口厚：《刑法总论》，付立庆译，中国人民大学出版社 2011 年版，第 240~246 页。

　　② 　参见［日］西田典之：《日本刑法总论》，刘明祥、王昭武译，中国人民大学出版社 2007 年版，第 228 页。

减低到可容许的风险的范围内），那么，便可以认定行为人具有采取合乎谨慎的举止的个别能力"。① 单位中的消防安全责任人，要么是全面负责本单位安全生产的单位负责人，要么是单位中分管或主管消防安全的责任人，要么专职消防安全的消防安全员，基于他们的岗位、资质，特别是基于消防监督机构下达的整改通知，一般都能预见到自己拒绝整改消防隐患的行为会引发消防安全事故。

第十二节　签订、履行合同失职被骗案件中的业务监督过失犯罪

一、签订、履行合同失职被骗案件中业务监督过失犯罪的主体

签订、履行合同失职被骗罪②的主体是特殊主体，即国有公司、企业、事业单位直接负责的主管人员。从本罪的主体可以看出，本罪的规制对象直指位于国有公司、企业、事业单位中的上层人员。具体是指在国有公司、企业、事业单位中对合同的签订、履行起领导、决策、指挥作用的直接领导人员，通常包括在合同文书上签字、盖章的厂长、经理、副厂长、副经理、部门经理等。③ 在国有公司、企业、事业单位中，直接负责合同签订、履行的主管人员在很多情况下并不会直接与对方当事人签订合同，也不会直接从事履行合同的行为，在他们之下有具体的工作人员负责起草、签订、履行合同。而在本罪构成要件结果出现之时，之所以在主管人员没有具体从事签订、履行合同的行为的情况下也追究其刑事责任，就是因为其存在监督过失、管理过失。

这是因为，主管人员虽然不具体从事签订、履行合同的行为，但其所承担的职责是对合同签订、履行中的重大事项、关键事项、疑难事项进行"把关"，监督、管理具体工作人员签订、履行合同。详言之，当负责起草、签订、履行合同的具体工作人员因工作失误而在签订或履行合同的过程中出现可能会被合同对方诈骗的迹象时，身为直接负责合同签订、履行的主管人员，应当及时发现问题，及时纠正下属人员的失误行为，使国有公司、企业、事业单位不至于因被诈骗而使国家利益遭受重大损失。当其身居直接负责的主管人员之位却又不认真履行监督、管理职责，进而没有发现负责签订、履行合同的具体工作人员的工作失误，以致本单位被诈骗使国家利益遭受重大损失，其对国家利益遭受重大损失就具有过失，令其担负刑事责任的根据是监督过失、管理过失。

另外，需要再次强调的是，直接负责的主管人员之所以要对在其业务监管之下发生的国家利益重大损失负过失刑事责任，就是因为其没有尽到适当监督、管理的职责，致使其没有及时发现、纠正下级工作人员的工作失误，致使风险现实化为国家利益的重大损失，因此不能抗辩已经将具体事项交由下级工作人员办理所以不负刑事责任。换言之，追究直

---

① ［德］金德霍伊泽尔：《刑法总论教科书》，蔡桂生译，北京大学出版社 2015 年版，第 340 页。

② 《刑法》第一百六十七条规定："国有公司、企业、事业单位直接负责的主管人员，在签订、履行合同过程中，因严重不负责任被诈骗，致使国家利益遭受重大损失的，处三年以下有期徒刑或者拘役；致使国家利益遭受特别重大损失的，处三年以上七年以下有期徒刑。"

③ 参见胡鹰主编：《过失犯罪的定罪与量刑》，人民法院出版社 2008 年版，第 412 页。

接负责的主管人员的刑事责任并非是在适用严格责任，而是因为其自身存在监督过失、管理过失，有监督过失、管理过失行为，所以不能主张因为是下级工作人员的过失，所以自己不负刑事责任。

兹举一例说明。在董某某签订、履行合同失职被骗案中，被告人董某某系内蒙古自治区国土资源储备交易登记中心主任，该中心系由内蒙古自治区国土资源厅下属的全额拨款事业单位，在其任该中心主任期间，在与兴业银行呼和浩特分行办理贷款业务过程中，严重不负责任，不经审查、核实便签订财务顾问服务协议，被兴业银行呼和浩特分行企业金融直属业务五部总监王某某以收取财务顾问服务费的名义骗取资金1700万元。董某某的辩护人提出的辩护意见之一是董某某已经安排具体负责合同审查的工作人员进行审查，但法院认为，董某某作为该中心主任，属于事业单位直接负责的主管人员，对合同的成立拥有最终决定权，有责任对合同进行必要的审查，而其却严重不负责任，未向兴业银行进行核实，致使内蒙古自治区国土资源厅国土资源储备交易登记中心被骗取1700万元，应当承担相应刑事责任。[1]

在这起案件中，董某某是最终负责签署《财务顾问服务协议》的监督、管理人员。但是，其未安排专人对该协议进行必要的审查，而只是问找其签字的工作人员有没有审核这份协议，该工作人员说审核过了其就直接在上面签字。其明知在和兴业银行行长洽谈该笔业务之时没有提到需要支付财务顾问费，但签字之时也没有向银行行长进行核实，只是"当时感觉银行应该收取这笔费用，因为各家银行都在收"，而对于银监会已经明确要求银行不得再收财务顾问费一事丝毫不知情，"凭感觉"认为这笔费用该交。更重要的是，其签字时没有看协议内容，以往其他银行也收取财务顾问费，但都是由银行和土地收储交易登记中心签订协议，但这份新协议的对方当事人却是庆云沃森财务咨询管理有限公司，而这家公司当时没有为他们提供服务。所以，董某某不能抗辩因具体业务有下级工作人员负责所以自己不负刑事责任，其自身存在业务监督过失、管理过失。

有论者认为，本罪主体是对签订、履行合同有直接责任并且负有主管职责的人员，包括国有公司、企业的经理、厂长、业务部门经理、主任、部长、业务人员等。亦即，该论者认为，在直接负责的主管人员领导下负有执行义务的人员，也是本罪主体。因为若不肯定具体业务人员可以构成本罪，那么其将逃脱刑事法网。所以，主管人员不能简单理解为负有领导职责的人员，应理解为负责主管签订、履行合同的人员，只要是单位的岗位责任制中，明确其是签订、履行合同的主管人员，其就负有主管的义务。其可以具有领导职责，也可以不具有领导职责，既可以是主管订立合同的厂长、董事长、经理、副厂长、副经理、营销部经理、合同部经理、或合同科主任，也可以是具体的订立、履行合同的人员。[2]

但是，其一，该论者明显忽视了《刑法》第一百六十八条国有公司、企业、事业单位人员失职罪。具体的签订、履行合同人员在签订、履行合同过程中，因严重不负责任被

---

[1] 参见内蒙古自治区赤峰市红山区人民法院刑事判决书：（2016）内0402刑初77号。

[2] 参见姜彦召、关艳红：《"签订履行合同失职被骗罪"犯罪界限的研究》，载《商业研究》2001年第4期。

诈骗，致使国家利益遭受重大损失的，能以该罪追究其刑事责任。其二，《刑法》中不止在本罪中规定了"直接负责的主管人员"，所以对"直接负责的主管人员"的理解宜采取体系解释的方法，结合《刑法》中对"直接负责的主管人员"的通常理解，来理解本罪中的"直接负责的主管人员"。"将刑法使用某种概念的所有条文进行比较，很容易确定这种概念的含义。"①

《刑法》一般将"直接负责的主管人员"与"其他直接责任人员"并列规定，表明两者所指有基本的不同。虽然两者都是"'直接'负责""'直接'责任"，但是，前者重在"主管"，含有管理、监督之意。并且，后者中的"其他"表明立法者是从后者中独立出了前者，而将前者独立出来的依据就是"主管"。《全国法院审理金融犯罪案件工作座谈会纪要》中规定："直接负责的主管人员，是在单位实施的犯罪中起决定、批准、授意、纵容、指挥等作用的人员，一般是单位的主管负责人，包括法定代表人。其他直接责任人员，是在单位犯罪中具体实施犯罪并起较大作用的人员，既可以是单位的经营管理人员，也可以是单位的职工，包括聘任、雇佣的人员。"可见，对于"直接负责的主管人员"的认定，主要依据就是"起决定、批准、授意、纵容、指挥等作用"，其中不难看出有关人员负有相应的管理、监督职权。而"其他直接责任人员"的认定依据，则主要是"具体实施犯罪并起较大作用"。既然"其他直接责任人员"也可以是单位的经营管理人员，就表明负有相应的管理、监督职权的经营管理人员在直接实施具体犯罪行为时是"直接责任人员"，在起决定、批准、授意、纵容、指挥等作用时是"直接负责的主管人员"。

所以，虽然在《刑法》只规定"直接责任人员"之时，例如，工程重大安全事故罪、教育设施重大安全事故罪、消防责任事故罪等，可以在解释时将"直接负责的主管人员"解释为"直接责任人员"，因为主管人员仍是直接责任人员，只是另外附加了内部的主管职责；但是，不能在《刑法》只规定"直接负责的主管人员"之时，将"非主管"的责任人员解释为"主管"的责任人员。也有论者认为，本罪中的"直接负责的主管人员"是指在国有公司、企业、事业单位中对合同的签订、履行负有领导责任的人员，即主要行政负责人，如厂长、经理等主要负责人，而不包括"其他直接责任人员"，因为在《刑法》中这是两个概念，"其他直接责任人员"是指在"直接负责的主管人员"领导下，对合同的签订、履行负有执行义务的人员，不宜对"直接负责的主管人员"作扩大解释。②本书赞同这一观点。

因此，认为本罪主体具体指国有公司、企业、事业单位中能够对签订、履行合同起领导、决策、指挥作用的主管人员的观点③是正确的。但即使正确地指出"本罪的立法旨意在于追究领导者的责任"，认为司法实践中也存在主管人员履行了监督责任，而具体业务人员自作主张或不执行主管领导的正确意见因而造成重大损失的情况，从完善立法的角度

---

① 张明楷：《刑法学》（上），法律出版社 2016 年版，第 36 页。

② 参见邢子贞：《受委派签订、履行合同失职被骗能否构成犯罪》，载《人民检察》1998 年第 8 期。

③ 参见宫厚军：《论签订、履行合同失职被骗罪》，载《山西高等学校社会科学学报》2002 年第 1 期。

出发建议"将本罪的主体扩大到其他直接责任人员"① 的观点仍不妥。与上述论者的问题一样，该建议并未认识到具体业务人员的相关行为完全可由国有公司、企业、事业单位人员失职罪论处。所以，并不存在"有法难依"② 的问题。因此，当负责起草合同、履行合同的具体工作人员因严重不负责任被诈骗致使国家利益遭受重大损失的，可能构成国有公司、企业、事业单位人员失职罪。同时，对其直接负责的主管人员不会因为其没有从事具体的合同签订或者合同履行而逃脱刑事法网，因为《刑法》单独为其规定了签订、履行合同失职被骗罪。不过需要注意的是，《全国人民代表大会常务委员会关于惩治骗购外汇、逃汇和非法买卖外汇犯罪的决定》第七条③将金融机构、从事对外贸易经营活动的公司、企业的工作人员明确为本罪主体。

在实务中要注意将没有"主管"责任的，亦即没有监督、管理下级之主管责任的一般业务人员排除在本罪犯罪主体之外。兹举一例。在苗某某签订、履行合同失职被骗案中，兖矿煤化供销公司系兖矿集团下属的国有独资公司，被告人苗某某为兖矿煤化供销公司总经理、贸易部总经理、合同管理领导小组组长、风险防控领导小组组长，在其任职期间，严重不负责任，造成兖矿煤化供销公司在签订、履行合同过程中被诈骗，造成特别重大损失，被法院认定犯签订、履行合同失职被骗罪。其具体犯罪事实有二，其中第一起事实涉及一名严重不负责任的一般业务人员，该一般业务人员的行为也被认定为签订、履行合同失职被骗罪，这有待商榷。

该起事实如下。田某从他人处得知可以采取虚假贸易的方式骗取兖矿煤化供销公司的购煤款，遂向兖矿煤化供销公司贸易部的业务员赵某某提出合作业务，方式为先由兖矿煤化供销公司以优惠价购买阳城煤矿的煤炭，再加价卖给由田某实际控制的凯铭公司，赵某某向分管其的领导公司副总经济师张某进行了汇报，后二人向苗某某进行了汇报，苗某某安排张某开展该业务，张某安排赵某某具体负责。后田某通过假冒阳城煤矿销售科科长的方式在赵某某实地考察时骗取了赵某某的信任。在赵某某实地考察过程中，其未能正确履行职责，轻信田某，与田某安排的假冒的阳城煤矿销售科科长见面，听取虚假介绍，将未调查核实的虚假情况向本单位参与项目评审会人员汇报，与会人员一致通过该事项，经苗某某签字同意后，赵某某起草合同文本，并且未按照公司规定去阳城煤矿与对方签订合同，而是将合同文本交给了田某，联系田某签字盖章，田某加盖了伪造的煤炭购销合同印章并模仿阳城煤矿销售科科长签名后，将合同交给赵某某。后赵某某在未核实对方身份及合同真伪的情况下，将 2040 万元银行承兑汇票交于田某安排的假冒的阳城煤矿财务人员，拿回假收款收据和提煤单，亦未核实真伪。2014 年 11 月，苗某某与张某、赵某某发现被骗后，与田某见面对质，田某承认了诈骗的事实，并书写承诺书和担保书将其个人的两个

①　参见宫厚军：《论签订、履行合同失职被骗罪》，载《山西高等学校社会科学学报》2002 年第 1 期。

②　参见张锦莉：《签订、履行合同失职被骗罪若干争议问题研究》，载《河南司法警官职业学院学报》2008 年第 3 期。

③　《全国人民代表大会常务委员会关于惩治骗购外汇、逃汇和非法买卖外汇犯罪的决定》第七条规定："金融机构、从事对外贸易经营活动的公司、企业的工作人员严重不负责任，造成大量外汇被骗购或者逃汇，致使国家利益遭受重大损失的，依照刑法第一百六十七条的规定定罪处罚。"

公司资产抵押给兖矿煤化供销公司，苗某某要求田某将承诺书和担保书的落款时间提前到签订合同时的 2014 年 6 月 30 日。苗某某未安排相关人员对田某提供的资产状况进行核实，未办理资产抵押登记，也未及时报案。后田某先后归还 100 万元和 80 万元，加上原签订合同时交纳的保证金 110 万元，共计归还 290 万元，截至案发时，兖矿煤化供销公司共计被田某诈骗 1750 万元。①

法院认为，被告人赵某某身为国有公司直接负责贸易的业务人员，在签订、履行合同过程中，严重不负责任被诈骗，致使国家利益遭受特别重大损失，已构成签订、履行合同失职被骗罪。但是，赵某某仅仅只是具体负责该笔业务的一般业务人员，而非直接负责的主管人员。其在负责该笔业务的过程中虽然同样存在严重不负责任因而被诈骗并致使国家利益遭受重大损失的情况，但因其一般业务人员的身份而不符合本罪的主体要件，其行为应构成国有公司人员失职罪。因此，在实务中，一定要根据行为人的身份准确区分其应适用的罪名。

但是在该起犯罪事实中，认定苗某某的行为构成签订、履行合同失职被骗罪是正确的。苗某某的辩护人认为，苗某某不是直接负责签订、履行涉案合同的主管人员，因为：兖矿集团有限公司合同管理办法规定合同管理实行总经理领导下的分管领导负责制，涉案煤炭业务的分管领导是张某，张某才是直接负责的主管人员，并且，涉案贸易业务按照民主集中制原则，经合同评审、集体研究通过，苗某某没有排他性的优势决策权，其作为总经理签字仅系执行会议决议的程序性行为，市场部是合同主管部门，全面负责合同签订、履行工作，苗某某不具体参与也不负责合同签订、履行。苗某某的辩护人还认为，苗某某不存在严重不负责任的失职行为，因为涉案煤炭贸易有具体的分管领导，起诉书指控的损失是由分管领导及具体业务员的失职行为而造成，起诉书指控苗某某严重不负责任，属于肆意扩大苗某某的职责范围，苗某某作为总经理，最多承担行政领导责任，而非刑事责任。苗某某的辩护人最后认为，苗某某作为行政一把手，主要负责公司宏观规划、部门协调等，公司内部有规范合理的部门机构设置，合同管理实行总经理领导下的分管领导负责制，在每年如此大的合同量背景下，要求行政一把手对每一份合同都负责，明显不符合企业的运营机制，如若真如此，就不需要副总经理、业务员，因此，如若认定苗某某构成犯罪，明显与市场规律相悖，明显苛责于行政一把手。

法院针对该辩护意见进行了回应，法院认为，根据兖矿集团、兖矿煤化供销公司的合同管理办法规定及风险防控的规定，被告人苗某某作为公司总经理、贸易部总经理、合同管理领导小组组长、风险防控领导小组组长，系公司直接负责的主管领导及开展该笔具体业务的部门负责人，其在具体负责的贸易部对外签订、履行合同过程中，没有按照集团公司及本公司制定的关于合同签订、履行及贸易风险防控的规定认真履行职责并对具体业务人员有效实施监管，对具体业务人员的违规行为没有认真监督、没有认真审核相关审批文件，即签字批准签订合同并签字支付货款，其具有直接的领导责任，应该对其所直接管

---

① 参见山东省邹城市人民法院刑事判决书：（2018）鲁 0883 刑初 398 号（苗某某案）；山东省邹城市人民法院刑事判决书：（2018）鲁 0883 刑初 339 号。

理的业务人员签订、履行合同造成公司被骗的结果承担刑事责任。[①]

法院的意见是正确的。苗某某作为公司总经理确实是行政一把手，总经理领导下的分管领导负责制也表明了该公司实行分层负责制。但是，苗某某同时兼任贸易部总经理、合同管理领导小组组长、风险防控领导小组组长，这些职务都表明了其对涉案贸易业务具有监督、管理职责，属于直接负责的主管人员。另外，赵某某的直接上级张某是否也是直接负责的主管人员从而也要负本罪刑事责任，并不影响苗某某刑事责任的认定。

二、签订、履行合同失职被骗案件中业务监督过失犯罪的注意义务

在签订、履行合同失职被骗案中，对签订、履行合同负有相应监督管理职责的主管人员的注意义务，主要来源于业务管理规章制度、业务经营要求、业务活动中的常理等。在本罪中，违反注意义务就表现为"严重不负责任"。"严重不负责任"不仅可以被理解为是过失心理的主观要件，即内心深处对法的漠视，也可以被视为犯罪构成中的客观要件，即严重违背应尽职责和义务，换言之，"严重不负责任"同时肩负着表明行为人当时应受谴责的心理状态和行为人极端不负责任的行为的双重使命。[②]

注意义务包括内部性注意义务和外部性注意义务，前者是指行为人应该并且能够使其意识充分紧张的内心态度的义务，即结果预见义务，后者是指不得实施过失犯的实行行为的义务，即结果回避义务。[③] 换言之，结果预见义务是"可期待的谨慎的'内在'方面"，是指"行为人举止到结果之间的因果流程在本质上的可认识性"；[④] 结果避免义务是"可期待的谨慎的'外在'方面"，是指"行为人根据具备谨慎时风险所具有的可认识性，而采取相应举止，以避免设置能引发结果的原因"[⑤]。监管者的结果预见义务，亦即监管者在"严重不负责任"的内心态度方面，比较容易认定。因为国有公司、企业、事业单位直接负责合同签订、履行的主管人员，由于其岗位职责的要求，一般能够认识到其不认真履行监督、管理职责的严重不负责任的行为可能会导致己方被诈骗而致使国家利益遭受重大损失。但如前所述，本书对行为人注意能力的判断采以主观标准为主的折中说，即以主观说为基础，以客观说为参考，如果判断结果是行为人无法预见到自己严重不负责任的行为可能致使国家利益遭受重大损失，那么将排除其罪责。

在本罪中，"严重不负责任"的判断重点，应是其客观面，即结果避免义务。就合同的签订、履行而言，所谓"严重不负责任"，是指未能尽到一个合理、理性、审慎的合同当事人所应当具有的基本谨慎义务。有论者认为，所谓"严重不负责任"，是指对对方的

---

① 参见山东省邹城市人民法院刑事判决书：（2018）鲁 0883 刑初 398 号。

② 参见李兰英、雷堂：《论严重不负责任》，载《河北师范大学学报（哲学社会科学版）》2000年第 4 期。

③ 参见［日］大塚仁：《刑法概说》，冯军译，中国人民大学出版社 2003 年版，第 205 页。

④ 参见［德］金德霍伊泽尔：《刑法总论教科书》，蔡桂生译，北京大学出版社 2015 年版，第 331页。

⑤ 参见［德］金德霍伊泽尔：《刑法总论教科书》，蔡桂生译，北京大学出版社 2015 年版，第 333页。

身份、履行合同的诚意、能力等情况不进行任何考察或不认真考察就与对方签订、履行合同。① 也有论者指出，所谓"严重不负责任"，是指没有履行《合同法》所规定的或者交易惯例上所应遵循的最起码的责任，包括应当履行且能够履行而不履行，也包括不认真履行，例如，未认真审查合同对方的资信情况、履行能力等情况。② 后一论述中所指出的"没有履行最起码的责任"为理解"严重不负责任"指明了方向。因为，过失犯之"不注意"或曰"违反注意义务"可以用"不负责任"来解释，而既然法条明确规定是"严重"不负责任，就表明行为人"严重"不注意，亦即，"严重"违反注意义务。

在此，可以结合域外刑法中的"轻率"或者"重过失"来更好地理解"严重"违反注意义务（严重不负责任）。德国刑法学者耶赛克、魏根特认为，"轻率"是指，"如果必要的注意被'严重'违反，或者说如果行为人没有注意'在特定情况下任何人都必须明白'的事项。"③ 韩国刑法学者金日秀、徐辅鹤认为，"重过失"是指"如果略微地集中注意就不会违反所要求的注意义务的情况下采取的轻率的态度"。④ 综合上述观点，所谓严重违反注意义务（严重不负责任）是指违反最低的、基本的注意义务。

以合同形式进行交易在现代经济活动中已经成为一项必不可少的活动。国有公司、企业、事业单位与其他社会主体进行合同交易，或是为了赚取经济利益，或是为维持日常运转而购置必需品或购买服务，所以，即使合同交易的目的不是为了增加经济利益，也至少是为了合理获取等价物。在合同交易领域，对于合同的签订、履行，在民商事法律、国有公司、企业、事业单位的合同业务管理规章制度、合同业务活动中的交易习惯、交易常理中都存在众多交易规则。这些交易规则中的某些规则，在以增加经济利益为目的的合同交易中，可以使合同当事人尽最大可能获取更多的经济利益，在以合理获取等价物为目的的合同交易中，可以使购买一方以更低的成本获得更优质的产品或服务。但是，这类交易规则并非本罪中监管者的注意义务的来源。因为，本罪中监管者的结果避免义务，是避免己方被诈骗而致使国家利益遭受重大损失。与增加经济利益、以更低的成本获取更优质的产品或服务相比，避免遭受不应有的重大损失是最低度的、基本的注意义务。如果监管者未正确履行监管职责，致使己方非但没有获取到经济利益反而遭受了不应有的重大损失，或者致使己方非但没有节省成本反而遭受了不应有的重大损失，就是严重违反注意义务，即严重不负责任。

如何理解罪状中的"被诈骗"也是一个问题。学界有两种意见，一是认为"被诈骗"限于对方行为人涉嫌刑事诈骗罪。例如，有论者认为，本罪罪状中的被诈骗是指行为人已经涉嫌诈骗。⑤ 又如，有论者认为，本罪只是玩忽职守罪的部分行为的独立化，不能把凡是购销业务活动上的玩忽职守都认定为本罪，必须严格依照条文表述和立法精神理解本罪

---

① 参见高铭暄、马克昌主编：《刑法学》，北京大学出版社 2019 年版，第 391 页。

② 参见黎宏：《刑法学各论》，法律出版社 2016 年版，第 121 页。

③ 参见［德］汉斯·海因里希·耶赛克、托马斯·魏根特：《德国刑法教科书》，徐久生译，中国法制出版社 2017 年版，第 765 页。

④ 参见［韩］金日秀、徐辅鹤：《韩国刑法总论》，郑军男译，武汉大学出版社 2008 年版，第 426 页。

⑤ 参见黎宏：《刑法学各论》，法律出版社 2016 年版，第 121 页。

罪状，"诈骗"一词在刑法中有特定含义，所以构成本罪须以另一方构成诈骗犯罪为前提，因此，如果对方以营利为目的，虚构了部分事实、隐瞒了部分真相，但毕竟实施了买卖行为或其他给付对价的行为，即使给受害方造成经济损失，受害方的有关人员也不构成本罪，例如，国有公司、企业、事业单位购买了伪劣商品，尽管给该单位造成了经济损失，也不能以本罪追究直接负责的主管人员的刑事责任，但不以对方已经被实际定罪处罚为前提，只要有证据证明对方属于诈骗行为即可。① 类似意见认为，法条规定的是"被诈骗"，而不是"被骗"，证明本罪中"骗"专指刑事诈骗行为，而不包括一般的民事欺诈行为。在签订、履行合同中的刑事诈骗行为是指以非法占有为目的，根本没有履行合同的诚意与能力，通过签订经济合同骗取数额较大的公私财物的行为；如果行为人在签订、履行合同时有一定的欺骗行为，例如，为了做成交易而夸大自己的履约能力，或故意提供不合格产品以增加非法收入等，但只要其有基本履行合同的诚意，而不是将对方财物骗归己有，则不构成诈骗罪，只属于一般的民事欺诈行为，属于民事法律规制范围，不能追究欺骗方的刑事责任。② 二是认为"被诈骗"不限于对方当事人涉嫌刑事诈骗罪，即使对方人实施民事欺诈行为也属于本条中的"被诈骗"。例如，有论者认为，本罪中的被诈骗不限于对方的行为构成刑法上的普通诈骗罪、金融诈骗罪、合同诈骗罪等罪，还应包括对方的行为属于民事欺诈的情形。③《最高人民检察院、公安部关于公安机关管辖的刑事案件立案追诉标准的规定（二）》第十四条第三款规定："本条规定的'诈骗'，是指对方当事人的行为已经涉嫌诈骗犯罪，不以对方当事人已经被人民法院判决构成诈骗犯罪作为立案追诉的前提。"该规定明显倾向于第一种意见。

本书认为第二种观点较为妥当。不能因为本罪罪状中使用了"诈骗"一词，就将合同对方的行为限定为涉嫌刑事上之诈骗罪的情形，民事欺诈也完全符合"诈骗"行为。本罪规制的是国有公司、企业、事业单位严重不负责任致使国家利益遭受重大损失的行为，无论对方是民事欺诈，还是涉嫌诈骗犯罪，都不影响认定国有公司、企业、事业单位"被骗"的事实存在，都不影响国有公司、企业、事业单位中的主管人员避免国家利益遭受重大损失的结果避免义务。根据《民法典》第五百条的规定，合同一方在订立合同过程中假借订立合同，恶意进行磋商，或者故意隐瞒与订立合同有关的重要事实或者提供虚假情况造成对方损失的，应当承担赔偿责任。④ 据此，即使合同对方以营利为目的实施了买卖行为或其他给付对价的行为，但仍旧虚构了部分事实、隐瞒了部分真相，也属于民事欺诈行为。国有公司、企业、事业单位一方应当尽力避免己方遭受此种民事欺诈行为，避免国家利益遭受重大损失。当国有公司、企业、事业单位直接负责的主管人员因严重不负责任而没有发现对方当事人某些很明显的恶意磋商行为或者故意隐瞒重要事实的行为，导

---

① 参见王作富主编：《刑法分则实务研究》（上），中国方正出版社 2009 年版，第 395 页。

② 参见邢子贞：《受委派签订、履行合同失职被骗能否构成犯罪》，载《人民检察》1998 年第 8 期。

③ 参见张明楷：《刑法学》（下），法律出版社 2016 年版，第 764 页。

④《中华人民共和国民法典》第五百条规定："当事人在订立合同过程中有下列情形之一，造成对方损失的，应当承担赔偿责任：（一）假借订立合同，恶意进行磋商；（二）故意隐瞒与订立合同有关的重要事实或者提供虚假情况；（三）有其他违背诚信原则的行为。"

致被骗致使国家利益遭受重大损失的，完全可以构成签订、履行合同失职被骗罪。同理，如上举例，如果因为国有公司、企业、事业单位直接负责的主管人员在签订、履行合同时的严重不负责任而使其所在单位购买了伪劣商品，例如，购买了不合格的防爆装置，以至于该不合格商品直接致使该单位的昂贵设备毁损，甚至出现人员伤亡，那么没有理由不能追究国有公司、企业、事业单位直接负责的主管人员本罪的刑事责任。

第十三节　国有公司、企业、事业单位人员失职案件中的业务监督过失犯罪

一、国有公司、企业、事业单位人员失职案件中业务监督过失犯罪的主体

国有公司、企业、事业单位人员失职罪①的主体是国有公司、企业、事业单位的工作人员。1997 年全面修订《刑法》时，第一百六十八条徇私舞弊造成破产、亏损罪的主体是国有公司、企业直接负责的主管人员。② 1999 年《刑法修正案（一）》对本罪的修改之一就是将本罪主体由原先的"直接负责的主管人员"修改为"工作人员"。可见，本罪的主体范围有所扩张，不仅将行为人所属单位的性质扩大到包括国有事业单位，还将行为人由原来的直接负责的主管人员扩大到工作人员。③ 所以，本罪主体所指的"工作人员"，不仅包括国有公司、企业、事业单位直接负责的主管人员和其他直接责任人员，也包括国有公司、企业、事业单位中的一般工作人员。④

据此，在国有公司、企业、事业单位中负有一定的监督、管理职责的工作人员，例如，厂长、经理、副厂长、副经理、部门经理等，只要严重不负责任，不正确履行管理、监督职责，造成国有公司、企业破产或者严重损失，致使国家利益遭受重大损失的，就可以构成本罪。有论者认为，从司法实践来看，本罪客观行为的主要表现形式有：在重大经营决策时不经过认真调查分析研究，不听取多方面的正确意见与建议，盲目决策；管理混乱，规章制度不健全，对于损公肥私、化公为私、侵吞、私分、挪用国有公司、企业、事业单位财产的严重违法行为乃至犯罪行为置若罔闻，听之任之；在经济交往活动中由于种种原因上当受骗，或在对方违约时不及时采取补救措施，等等。⑤ 论者分析的本罪客观行为有很大一部分，都是针对国有公司、企业、事业单位中负有一定的监督、管理职责的工

---

① 《刑法》第一百六十八条规定："国有公司、企业的工作人员，由于严重不负责任或者滥用职权，造成国有公司、企业破产或者严重损失，致使国家利益遭受重大损失的，处三年以下有期徒刑或者拘役；致使国家利益遭受特别重大损失的，处三年以上七年以下有期徒刑。国有事业单位的工作人员有前款行为，致使国家利益遭受重大损失的，依照前款的规定处罚。国有公司、企业、事业单位的工作人员，徇私舞弊，犯前两款罪的，依照第一款的规定从重处罚。"

② 1997 年《刑法》第一百六十八条规定："国有公司、企业直接负责的主管人员，徇私舞弊，造成国有公司、企业破产或者严重亏损，致使国家利益遭受重大损失的，处三年以下有期徒刑或者拘役。"

③ 参见王作富主编：《刑法分则实务研究》（上），中国方正出版社 2009 年版，第 399~400 页。

④ 参见胡鹰主编：《过失犯罪的定罪与量刑》，人民法院出版社 2008 年版，第 419 页。

⑤ 参见王作富主编：《刑法分则实务研究》（上），中国方正出版社 2009 年版，第 399~400 页。

作人员的，最典型的就是"盲目决策""管理混乱"。这表明，本罪主体包含了业务监督过失犯罪的主体，即负有相应监督管理职责的人员。

兹举一例，姚某国有公司人员失职案。天津中天帛达国际贸易有限公司系中国天津国际经济技术合作集团公司的全资子公司，外经集团系全民所有制企业，2014 年 8 月至 2019 年 1 月，被告人姚某任帛达公司董事长兼总经理，负责该公司全面工作。2015 年至 2016 年、2015 年至 2017 年，帛达公司分别与江苏亿顺商贸有限公司、卓相利公司分别逐年签订代理采购框架协议、合作加工贸易框架协议，分别开展煤炭托盘贸易、无氧铜杆托盘贸易。协议履行期间，姚某违反外经集团总经理专题会议要求，未派专人对各业务环节进行监控；违反帛达公司董事会要求，未采取有效的监管措施；违反外经集团《关于进一步加强风险管理的规定》要求，未对正在经营的贸易进行风险评估；违反外经集团《贸易业务的管理规定》要求，未经集团总经理批准，即执行不能及时回款的合同，造成公司应收账款无法收回。法院认为，被告人姚某身为国家工作人员，严重不负责任，造成国有公司损失人民币 7000 余万元，其行为已构成国有公司人员失职罪，且使国家利益遭受特别重大损失。[①]

虽然现在的公司、企业都实行分层负责管理制度，但是，公司、企业中的"一把手"并非是一个"虚位"，最高监管者仍负有监督、管理职责，只有在其已将某一类型业务的监督、管理职责下放给分管的监管者并且又没有做出具有影响力的指示之时才不负刑事责任。在本案中，被告人姚某虽然是公司董事长兼总经理，但其仍对该案所涉业务负有全面的监管职责。其未派专人对各业务环节进行监控、未采取有效的监管措施、未对正在经营的贸易进行风险评估、未经集团总经理批准即执行不能及时回款的合同，这些行为都是其自身的业务监督过失、管理过失行为，因此以本罪追究其刑事责任是正确的。

分析本罪的主体可知，本罪与签订、履行合同失职被骗罪是法条竞合关系，本罪是一般法条，后者是特殊法条。详言之，其一，国有公司、企业、事业单位直接负责的主管人员被包含在国有公司、企业、事业单位的工作人员之中。这说明两者的主体存在包容关系。其二，行为人在各类业务领域中都有可能出现严重不负责任的情况，在签订、履行合同过程中因严重不负责任被诈骗就是其中的一种表现形式。这说明两者的行为存在包容关系。其三，两罪的本质后果都是致使国家利益遭受重大损失，两罪的罪过形式都是过失。这说明两者的构成要件结果及罪过形式是相同的。所以，对于国有公司、企业、事业单位的直接负责的主管人员因严重不负责任而在签订、履行合同的过程中被诈骗的情形而言，本罪与签订、履行合同失职被骗罪形成法条竞合关系，本罪是一般法条。

上文在分析签订、履行合同失职被骗罪时提到，当负责起草、签订、履行合同的工作人员因严重不负责任被诈骗致使国家利益遭受重大损失的，应以国有公司、企业、事业单位人员失职罪论处，而对其直接负责的主管人员则应以签订、履行合同失职被骗罪论处。在这种情形中，被监管者与监管者所触犯的罪名有所不同。由于本罪的规制范围显然不限

---

① 参见天津市河西区人民法院刑事判决书：（2019）津 0103 刑初 329 号。

于签订、履行合同，所以，在合同签订、履行之外的其他单位业务活动中，具体工作人员也会因严重不负责任致使国家利益遭受重大损失，而当具体工作人员的严重不负责任行为未能被对其负有管理、监督职责的直接负责某项具体业务的主管人员及时发现、及时制止时，被监管者与监管者所触犯的罪名均是国有公司、企业、事业单位人员失职罪。亦即，除在合同业务领域被诈骗的情形之外，无论是具体业务人员，还是对其直接负责的主管人员，只要严重不负责任致使国家利益遭受重大损失的，都构成本罪。在这种情形中，被监管者与监管者所触犯的罪名是相同的。

在此需要特别注意的是，签订、履行合同失职被骗罪要求国有公司、企业、事业单位一方因为"被诈骗"而致使国家利益遭受重大损失，所以，即使是在合同的签订、履行的过程中，国有公司、企业、事业单位一方因为工作人员的严重不负责任而致使国家利益遭受重大损失，如果行为人没有"被诈骗"，而是由于某种原因致使国家利益遭受重大损失，那么仍应以国有公司、企业、事业单位人员失职罪论处。所以，如果单位中负有监督管理职责的人员不仅在合同的签订、履行中存在严重不负责任而被诈骗致使国家利益遭受重大损失的情况，还在合同的签订、履行中存在严重不负责任，但因其他原因致使国家利益遭受重大损失的情况，就应对前一行为以签订、履行合同失职被骗罪论处（因为此时应选择特殊法条），对后一行为以国有公司、企业、事业单位人员失职罪论处，并对其进行数罪并罚。

例如，游某某签订、履行合同失职被骗、国有公司、企业人员失职案。游某某签订、履行合同失职被骗的犯罪事实如下。亚泰公司经理、法定代表人、凯通公司实际控股人林某先后伪造了多份以厦门烟草为甲方、分别以凯通公司、亚泰公司为乙方的设备采购合同，并持伪造的设备采购合同找到时任城发公司法定代表人、总经理的被告人游某某，要求设备贸易合作，准备套取龙岩城发贸易有限公司的资金，游某某未能履行法定职责，未能认真核查林某所提供的设备采购合同，多次签订、履行相关虚假的设备购销合同，致使城发公司大量款项被林某骗走。游某某国有公司、企业人员失职的犯罪事实如下。城发公司与森茂公司签订协议约定由森茂公司为城发公司确定上游供应商及终端客户，城发公司与森茂公司所推荐的上、下游企业签订的购销合同的条款内容，是由森茂公司的法定代表人宋某出面与对方企业商谈后，再将合同文本交给城发公司确认签订。在城发公司履行其与森茂公司推荐的银祥公司和中盛公司所签订的合同过程中，城发公司未能派出管理人员按合同的约定提货，而是将城发公司的提货委托书提供给森茂公司的法定代表人宋某，且未能对宋某在银祥公司和中盛公司的提货行为进行有效监管，致使宋某凭借的提货委托书分别从银祥公司及从中盛公司提走货物，并将货物销售给城发公司与森茂公司所签协议之外的客户，宋某将销售的货款全部私自收取，后转入森茂公司及宋某的个人账户，以这种方式侵占了城发公司大量货款。

原判认为，被告人游某某作为龙岩城发贸易有限公司总经理，直接负责国有公司、企业的经营管理，但在与他人签订、履行合同过程中，在应当且能够对经营项目的真实性和安全性进行审查的情况下，因严重不负责任未能尽审查之责，导致该公司大量经营资金被诈骗，其行为已构成签订、履行合同失职被骗罪。被告人游某某在任职期间，由于严重不负责任，未能正确履行职责，导致对经营项目的货物未能进行有效监管，致使国家利益遭受特别重大损失，其行为已构成国有公司、企业人员失职罪，应当依法处罚。原判认定被告人游某某犯签订、履行合同失职被骗罪，判处其有期徒刑三年四个月；犯国有公司、企业人员失职罪，判处其有期徒刑三年。因另认定游某某犯受贿罪，判处其有期徒刑六年并处罚金人民币三十万元，所以数罪并罚，决定执行有期徒刑九年六个月并处罚金人民币三十万元。游某某上诉后，其辩护人认为，即使认定上诉人在城发贸易公司担任董事长、总经理期间与亚泰公司、森茂公司合作过程中存在失职，其管理行为也是一个持续过程，是连续犯，在刑法理论上作为一罪处理，而不适用数罪并罚。二审法院认为，游某某作为城发公司总经理、法定代表人，在签订、履行合同过程中严重不负责任被诈骗，其行为构成签订、履行合同失职被骗罪。其行为同时还构成国有公司、企业人员失职罪，因签订、履行合同失职被骗罪属特别条款，在上述两罪的法定刑相同的情况下，优先适用特别条款，故对其以签订、履行合同失职被骗罪定罪处罚。游某某作为城发公司总经理、法定代表人，对城发公司购买的货物没有派专人去现场监督和管理而是交由宋某现场处理和操作，属于严重不负责任，未能对宋某的提货行为进行有效监管，造成城发公司被森茂公司侵占货款，其行为构成国有公司、企业人员失职罪。①

可见，二审法院虽然对辩护意见进行了回应，但是仅仅复述了上述两个不同的事实，而没有指出游某某的行为并非连续犯，而是实质上的数罪，应当数罪并罚。事实上，游某某所任职的城发公司有两次不同的重大损失，换言之，国家利益遭受了两次不同的重大损失。第一次重大损失是签订、履行合同被诈骗所致，第二次重大损失虽然也是在合同的履行过程中发生的，但并非是被诈骗所致，而是由于履行合同的管理极不规范、缺乏必要的监管，导致货款被第三人侵占。虽然游某某的管理、监督行为是持续的，但是这仅仅是因为其职务延续所带来的现象。在《刑法》的视野中，游某某有两次不同的严重不负责任的失职行为，其行为构成实质数罪，理应数罪并罚。

二、国有公司、企业、事业单位人员失职案件中业务监督过失犯罪的因果关系

国有公司、企业、事业单位人员失职案件中业务监督过失犯罪的因果关系是指监管者的业务监督过失行为与国家利益遭受重大损失的构成要件结果之间的因果关系。以客观归属理论判断，若业务监督过失行为没有给国家利益遭受重大损失的构成要件结果增加实质的危险，则不能将结果归属于业务监督过失行为。兹举一例进行说明：程某、杨某某与陈家某、葛某某国有企业人员失职案。

2012 年 12 月 27 日，黑水粮库与鑫源米业签订 2 万吨水稻购销合同。双方约定由黑水粮库出收购资金，由鑫源米业负责收购并存储于洮安粮库，黑水粮库根据鑫源米业到款情况组织安排洮安粮库给其出库水稻，由鑫源米业加工销售。从 2013 年 3 月 30 日开始，时任洮安粮库主任陈德某（2013 年 10 月 18 日死亡）在没有黑水粮库出库单的情况下擅自

---

① 参见福建省龙岩市中级人民法院刑事裁定书：（2018）闽 08 刑终 33 号。

决定给鑫源米业出库水稻，洮安粮库主管仓储的副主任程某明知没有出库单而按照陈德某的要求，安排仓储科科长杨某某给鑫源米业出库水稻。自 2013 年 3 月 30 日至 2013 年 5 月 8 日前出库水稻 464.38 吨。2013 年 5 月 9 日，黑水粮库驻库巡查员葛某某发现洮安粮库在没有出库单的情况下出库水稻，立即向黑水粮库主管仓储的副主任陈家某报告，陈家某立即向黑水粮库主任付某报告此事，付某向陈德某打电话询问情况制止出库。而洮安粮库却继续给鑫源米业出库水稻。洮安粮库 2013 年 3 月 30 日至 2013 年 9 月 9 日在购货方鑫源米业没有交货款，没有出库单的情况下先行出库水稻 1318.17 吨，单价 3070 元，未付款造成经济损失 404.67819 万元（不考虑其他因素）。

一审法院认为，被告人程某、杨某某作为国有企业的工作人员，严重不负责任，致使国家利益遭受重大损失，二人的行为均已构成国有企业人员失职罪，但二人系执行上级领导的工作指令，其犯罪情节轻微，可免予刑事处罚。被告人陈家某、葛某某作为国有企业的工作人员，在工作中已经履行了其岗位工作职责，虽然存在监管不及时的问题，但情节显著轻微，不认为是犯罪。公诉机关指控被告人陈家某、葛某某犯国有企业人员失职罪，证据不足，指控犯罪不成立。检察院抗诉认为，在案事实证明国家利益遭受重大损失这一危害后果是由被告人程某、杨某某、陈家某、葛某某的严重不负责任的失职行为共同造成，被告人陈家某作为上级库主管领导，虽然在接到葛某某的报告后立即报告给其上级领导，但却没有进一步采取有效措施阻断洮安粮库非法出库的行为。被告人葛某某作为上级库驻库巡查员在其监管单位洮安粮库非法出库时没有及时履行监管职责，仅是事中发现并报告，对洮安粮库后续的出库行为没有继续履行监管职责。因为二被告人监管不力，没有完全履行职责，造成了严重的危害后果，原审判决认定为情节显著轻微不认为是犯罪，属于适用法律错误。二审法院未采纳该抗诉意见，认为陈家某身为黑水粮库副主任（主管仓储），葛某某身为黑水粮库监管科驻库监管员，二人均是国有企业工作人员。葛某某发现洮安粮库在没有出库单的情况下出库水稻，立即向陈家某报告，陈家某立即向黑水粮库主任付某报告此事，付某向陈德某打电话询问情况制止出库，而洮安粮库却继续给鑫源米业出库水稻，造成国家利益遭受重大损失。陈家某、葛某某履行了相应监管职责，没有达到严重不负责任的程度，且与本案国家利益遭受重大损失之间不存在直接因果关系，不构成国有企业人员失职罪。

在本案中，存在多重监督管理关系。首先，在洮安粮库中，主管仓储的副主任程某对仓储科科长杨某某负有监督管理职责。其次，在黑水粮库中，主管仓储的副主任陈家某对监管科驻库监管员葛某某负有监督管理职责，黑水粮库主任付某对陈家某、葛某某负有监督管理职责。最后，因为黑水粮库是洮安粮库的上级库，所以黑水粮库的主任付某、主管仓储的副主任陈家某、监管科驻库监管员葛某某对洮安粮库的主任陈德某、主管仓储的副主任程某、仓储科科长杨某某负有监督管理职责。业务监督过失理论在三种监督管理关系中都可以运用。首先，虽然洮安粮库主管仓储的副主任程某是根据主任陈德某的指示仓储科科长杨某某违规出库，但未正确履行监管职责也包括错误指导的情形。根据主任陈德某的指示而对下属做出错误指导这一情节只能作为责任减轻的理由。其次，如果黑水粮库监管科驻库监管员葛某某未履行对洮安粮库的监管职责，那么主管仓储的副主任陈家某就具有监督过失；如果主管仓储的副主任陈家某在接到洮安粮库违规出库的情况下未报告给主任付某，那么主任付某也可能存在监督过失。最后，如果黑水粮库的上述三位人员均未发现洮安粮库违规出库的情况，则均具有监督过失。

本案的重点在于检察院所指控、抗诉的陈家某、葛某某犯国有企业人员失职罪。一审法院认为陈家某、葛某某在工作中已经履行了其岗位工作职责，虽然存在监管不及时的问题，但情节显著轻微；二审法院认为陈家某、葛某某履行了相应监管职责，没有达到严重不负责任的程度，且与本案国家利益遭受重大损失之间不存在直接因果关系。应当说，二审法院的说理是更有理由的，因其否定了二被告人对基本注意义务的违反，否定了二被告人的行为与构成要件结果之间的刑法上的因果关系，但并不完美。二审法院既然认为二人履行了相应监管职责但没有达到严重不负责任的程度，其实也说明二审法院也认为二人的行为存在一定的监管不及时、监管不力的问题，只是未达到本罪所要求的严重程度。由于二人均向自己的上级及时报告了洮安粮库违规出库的情况，所以未违反基本的注意义务，并非严重不负责任。二审法院认定二人行为与本案国家利益遭受重大损失之间不存在直接因果关系在一定程度上也是囿于通说因果关系的认定理论。根据判决书可知，即使是洮安粮库主管仓储的副主任程某与仓储科科长杨某某的行为，在事实上也与洮安粮库遭受实际经济损失并无直接因果关系，经济损失系多因一果。所以，恰当的说理应当是，二人已经履行基本注意义务的行为未给国家利益遭受重大损失的构成要件结果增加实质的危险，不能将结果归属于二人的业务监督过失行为。

还需注意的是，在业务监督过失犯罪因果关系的判断中，介入行为的性质是不可忽视的问题。当具体工作人员故意使国家利益遭受重大损失，但对该具体工作人员负有管理、监督职责的主管人员因为管理、监督不到位而未能及时发现、及时制止的，该主管人员的业务监督过失行为与国家利益遭受重大损失的危害结果之间仍存在因果关系，主管人员的业务监督过失行为仍构成本罪。"被监督者的行为只是介入到监督者与危害结果之间的一个'中间项'。因此，当符合监督过失的因果关系进程时，对于被监督者的行为是过失还是故意，在认定是否构成监督过失时并不重要，被监督者的故意或过失仅会对监督者所承担的监督过失责任的程度有所影响。"① 这是因为，负有管理、监督职责的主管人员的疏忽监管行为，增加了被监管者实施使国家利益遭受重大损失的行为的危险。

例如，在张某国有公司人员失职案和郭某国有公司人员失职案中，追究张某与郭某的国有公司人员失职罪刑事责任的原因就是他们作为主管人员由于管理、监督不到位而未能及时发现、及时制止具体工作人员故意使国家利益遭受重大损失的行为。被告人郭某于2014年7月29日至2016年2月26日任哈尔滨元某广电网络有限公司财务部主任，在任期间违反《黑龙江省企业会计基础工作规范》及该公司《内部稽核管理制度》《资金管理办法》等规定，在工作中严重不负责任，未按规定将支票印鉴分人保管，未建立现金支票的购买、保管、领用、收回登记制度，未查明未达账项的原因并及时处理等，致使公司出纳员李某利用一人保管支票印鉴及现金支票等便利条件，挪用公款进行营利活动。经黑龙江明秋会计师事务所鉴定，郭某任职期间，公司银行存款短款金额人民币4935000元。

---

① 参见童德华、马嘉阳：《刑法中监督过失的适用条件及归属限制》，载《社会科学动态》2020年第6期。

同样，被告人张某于 2016 年 4 月 20 日至 2017 年 11 月 30 日任该公司财务部主任，也有上述管理过失、监督过失行为，致使公司出纳员李某利用一人保管支票印鉴及现金支票等便利条件，挪用公款进行营利活动。在张某任职期间，公司银行存款短款金额人民币2418477 元。法院认为，两被告人身为国有公司工作人员，由于严重不负责任，造成国有公司严重损失，致使国家利益遭受重大损失，其行为均构成国有公司人员失职罪。①

出纳员李某得以长期故意实施挪用公款的犯罪行为，说明郭某与张某作为主管人员存在业务监督过失行为。未按规定将支票印鉴分人保管，未建立现金支票的购买、保管、领用、收回登记制度，未查明未达账项的原因并及时处理等行为都表明，郭某与张某作为主管人员未履行基本的注意义务，严重不负责任。因为，按规定将支票与印鉴分人保管是郭某与张某作为主管人员所应履行的最基本的注意义务。若将支票与印鉴分别交由不同的业务员进行保管，那么出纳员李某就不会得此故意实施挪用公款行为的便利条件。而未履行基本的注意义务的行为也表明，郭某与张某的业务监督过失行为所制造的不仅是刑法上不被允许的危险，而且是重要的、实质的风险。所以可以将国家利益遭受重大损失的构成要件结果归属于二者的业务监督过失行为。

又如，在唐某某国有公司人员失职、受贿案中，2008 年 10 月至 2017 年 11 月期间，唐某某负责东湾公司、东投集团公司的财务管理（其于 2005 年 6 月至 2013 年 1 月期间任滨海公司和东湾公司财务科科长、东湾公司财务审计部经理，负责财务管理工作并保管财务专用章；2012 年 6 月至 2018 年 3 月期间，任东投集团公司财务管理部经理、总经理助理，负责统筹东投集团公司、东湾公司资金调配和财务管理、审计监督等工作，以及管理东投集团公司、东湾公司财务专用章），对东投集团公司、东湾公司财务专用章保管不当、监管不力，财务管理工作严重不负责任，致使出纳人员古某某长期将东湾公司、东投集团公司账户的公款挪用给自己使用，进行非法活动、营利活动等。在 2011 年 3 月中旬，唐某某已经发现古某某挪用东湾公司的公款后，其仅口头要求古某某尽快归还挪用钱款，而未采取任何处置措施，既没有向公司领导报告，也没有向有关机关报案，甚至还收受古某某送的房产和财物，共计 906543.90 元，并为古某某隐瞒挪用公款的事实，导致古某某挪用公司公款达 51359549.75 元，且未能追回。一审法院认为，被告人唐某某作为国有企业从事公务的人员，利用职务上的便利，非法收受他人财物 1336543.90 元，② 为他人谋取利益，数额巨大，其行为已构成受贿罪。唐某某作为国有企业从事公务的人员，负责东

---

① 参见黑龙江省哈尔滨市南岗区人民法院刑事判决书：（2020）黑 0103 刑初 196 号（郭某案）；黑龙江省哈尔滨市南岗区人民法院刑事判决书：（2020）黑 0103 刑初 195 号（张某案）。

② 法院认定的受贿数额包括古某某送的房产和财物，法院在认定唐某某受贿事实时指出："唐某某明知古某某挪用东湾公司、东投集团公司的公款后，利用职务之便为古某某隐瞒挪用公款的事实，并收受古某某送的房产和一张存有 306360.90 元的中国建设银行卡，共计 906543.90 元。唐某某还利用职务之便，为他人谋利益，分别收受陈某 4、黄某 5、郭某 3、曾某、韦某、张某 3、郭某 1、李某、陈某 3、彭某、刘某、郭某 2、易某、林某 2、曹某、陈某 2、唐家某等人送的财物，共计 430000 元。唐某某总共收受他人财物 1336543.90 元。"参见广西壮族自治区防城港市中级人民法院刑事裁定书：（2020）桂 06 刑终 35 号。

投集团公司、东湾公司财务等管理工作，在发现其公司出纳人员古某某挪用公款后，其没有向单位汇报，也没有采取措施阻止古某某的行为，而是放任不管，甚至还非法收受古某某的财物，为古某某隐瞒挪用公款的事实，其工作严重不负责任，造成国有公司严重损失，致使国家利益遭受特别重大损失，其行为已构成国有公司人员失职罪。其一人犯数罪，应当数罪并罚。唐某某上诉称，古某某挪用公款造成国家利益特别重大损失，并非仅仅唐某某一人失职的原因，而是多因一果，唐某某对自己的行为虽有不可推卸的责任，但全部由本人承担法律责任，有违罪刑相适应原则。二审法院没有特别针对该上诉意见进行回应，直接裁定驳回上诉，维持原判。①

在该案中，上诉人的上诉意见显然针对的是刑法上因果关系的认定。上诉人并没有辩称自己的失职行为与国家利益遭受特别重大损失的构成要件结果之间没有因果关系，而是以多因一果为由请求从轻处罚。本书认为，二审法院没有采纳该上诉意见的裁定结果是正确的，但是二审法院说理不足。虽然在业务监督过失犯罪中，介入行为的性质是故意犯还是过失犯会影响到监管者所承担的业务监督过失犯罪之刑事责任的程度，但是在个案中究竟可否以介入行为的性质为由认定监管者刑事责任程度有所降低，则需要依据案件事实具体判断。在该案中，唐某某在发现古某某挪用公款的行为后，非但没有采取任何阻止措施，甚至非法收受古某某的财物，为古某某隐瞒挪用公款的事实。即使古某某实施的是个人意志因素强烈的故意犯罪行为，也不足以减轻唐某某严重不负责任行为的刑事责任程度。

再者，从唐某某非法收受古某某的财物为古某某隐瞒挪用公款事实来看，应当说唐某某同时触犯了受贿罪与挪用公款罪两罪。因为，为古某某隐瞒挪用公款事实的行为是挪用公款罪的不作为的帮助犯。在此，唐某某实际存在两个行为，一是受贿罪的实行行为，二是挪用公款罪的不作为形式的帮助行为。从上述判决来看，法院并没有提及唐某某实施了挪用公款罪的不作为形式的帮助行为，这样是否正确？牵连犯、吸收犯、实质数罪的前提都是行为人实施了数个行为。前两者的处理结果都是以一罪定罪处罚，对实质数罪则应实行数罪并罚。按照我国通说所采取的犯罪构成标准说，即行为具备一个犯罪构成的是一罪，行为具备数个犯罪构成的是数罪，并且这里所谓的犯罪构成包括共同犯罪这种修正的犯罪构成。② 唐某某非法收受古某某的财物为古某某隐瞒挪用公款事实也具备数个犯罪构成。但是，即使具备数个犯罪构成，由于存在处断的一罪这一罪数形态，所以对唐某某也可能不认定为实质数罪，不实行数罪并罚。

牵连犯与吸收犯即处断的一罪。按照通说，吸收即指一个行为包容其他行为，理论上大多认为吸收关系包括重行为吸收轻行为、实行行为吸收预备行为、主行为吸收从行为。上述唐某某的情形是否符合重行为吸收轻行为的情形？这里可能会认为受贿行为是重行为，不作为的帮助挪用公款行为是轻行为，但是，古某某挪用公司公款高达五千多万，而

---

① 参见广西壮族自治区防城港市中级人民法院刑事裁定书：（2020）桂 06 刑终 35 号。
② 高铭暄、马克昌主编：《刑法学》，北京大学出版社 2019 年版，第 178 页。

唐某某从古某某收受的贿赂为九十多万，所以，似乎不宜认定不作为的帮助挪用公款行为是轻行为。上述唐某某的情形是否符合主行为吸收从行为的情形？"所谓主行为吸收从行为，是根据共同犯罪人在共同犯罪中的分工和作用区分的"，通常认为实行行为与帮助行为相比，实行行为是主行为，帮助行为是从行为。[①] 受贿行为是实行行为、不作为的帮助挪用公款行为是帮助行为，似乎符合通说所谓的主行为吸收从行为。但是，通说中主、从关系的认定针对的是同一犯罪构成中的实行行为吸收非实行行为。所以，似乎也不宜认定不作为的帮助挪用公款行为是从行为。因此，不能认定吸收犯。

那么，能否认定牵连犯？因为上述唐某某的情形似乎符合"实施一种犯罪，其犯罪的结果行为又触犯了其他罪名"[②] 的牵连犯。在这里，唐某某受贿的结果就是帮助古某某隐瞒挪用公款的事实。在牵连犯的认定中，最重要的莫过于确定数个行为之间是否具有牵连关系。无论是采取折中说（即牵连关系的认定应当从主客观两方面考察，行为人在主观上具有牵连的意思，在客观上具有通常的方法或结果关系），[③] 还是采取类型说（即当某种手段通常用于实施某种犯罪，或者某种原因行为通常导致某种结果行为），[④] 唐某某的受贿行为和不作为的帮助挪用公款行为都没有牵连关系。所以，也不能认定为牵连犯。综上，唐某某非法收受古某某的财物为古某某隐瞒挪用公款事实同时触犯了受贿罪和挪用公款罪，并且是实质数罪，应当对其进行数罪并罚。所以，本书认为上述判决值得商榷，该判决遗漏认定了唐某某为古某某隐瞒挪用公款事实的行为构成挪用公款罪的不作为形式的帮助犯。

第十四节　出具证明文件重大失实案件中的业务监督过失犯罪

一、出具证明文件重大失实罪概述

出具证明文件重大失实罪是指承担资产评估、验资、验证、会计、审计、法律服务、保荐、安全评价、环境影响评价、环境监测等职责的中介组织的人员。由于严重不负责任，其出具的证明文件有重大失实，造成了严重的社会危害后果的行为。本罪所侵害的法益主要是国家对验资、公证、审计、法律服务等中介市场的管理秩序。在涉及出具证明文件重大失实罪的案件中，也存在业务监督过失犯罪的情形，如某律师事务所的负责人在出具证明文件重大失实活动中实施了组织、管理等行为，从而导致证明文件重大失实，造成严重危害结果的，就构成了业务监督过失犯罪。

二、出具证明文件重大失实案件中业务监督过失犯罪的主体

出具证明文件重大失实案件中的业务监督过失犯罪的主体也包含于出具证明文件重大

---

① 参见高铭暄、马克昌主编：《刑法学》，北京大学出版社 2019 年版，第 193 页。
② 高铭暄、马克昌主编：《刑法学》，北京大学出版社 2019 年版，第 191 页。
③ 参见高铭暄、马克昌主编：《刑法学》，北京大学出版社 2019 年版，第 191 页。
④ 参见张明楷：《刑法学》（上），法律出版社 2016 年版，第 490 页。

失实罪之中。从刑法条文可知，出具证明文件重大失实罪的主体是特殊主体，即承担资产评估、验资、验证、会计、审计、法律服务、保荐、安全评价、环境影响评价、环境监测等职责的中介组织的人员，其他机构或组织的成员不能称为该罪的主体。这些特定主体包括：注册会计师、资产评估师、审计师、律师等。此外，2009 年 1 月 6 日，最高人民检察院公布了《最高人民检察院关于公证员出具公证书有重大失实行为如何适用法律问题的批复》，该批复规定了公证员在履行公证职责过程中，严重不负责任，出具的公证书有重大失实，造成严重后果的，依照《刑法》第二百二十九条第三款的规定，以出具证明文件重大失实罪追究刑事责任。因此，公证人员也构成该罪的主体。例如，蒋某出具证明文件重大失时罪一案①的基本案情为：2014 年 7 月，被告人蒋某担任长春市忠诚公证处公证员期间，在办理刘某委托公证过程中，未按照公证规定和流程办理公证手续，严重不负责，出具了严重失实的公证文书，致使刘某将其与张某共有的长春市中海莱茵东郡小区 D7 栋 804 室房产（价值人民币 160 万元）变卖，给张某造成严重损失。在本案中，被告人蒋某是公证处的公证员，其在办理委托公证过程中，严重不负责任，出具的证明证件有重大失实，造成了严重后果。法院在判决中认定其构成出具证明文件重大失实罪。同时，根据 2015 年 10 月 27 日《最高人民检察院关于地质工程勘测院和其他履行勘测职责的单位及其工作人员能否成为〈刑法〉第二百二十九条规定的有关犯罪主体的批复》，地质工程勘测院和其他履行勘测职责的单位及其工作人员在履行勘察、勘查、测绘职责过程中严重不负责任，出具的工程地质勘察报告等证明文件有重大失实，造成严重后果的，依照《刑法》第二百二十九条第三款和第二百三十一条的规定，以出具证明文件重大失实罪追究刑事责任。可知，地质工程勘测院和其他履行勘测职责的单位及其工作人员也是该罪的主体。

因此，本罪中业务监督过失犯罪的主体是承担资产评估、验资、验证、公证、会计、审计、法律服务、保荐、安全评价、环境影响评价、环境监测、地质工程勘测等职责的中介组织及其主管人员或者其他直接责任人。根据《会计法》《审计法》《律师法》等相关法律法规的规定，承担上述业务活动的中介组织及其成员在出具本行业证明文件时，应认真负责审查证明文件的内容与事实情况相一致，保证证明文件的真实性和可靠性。如果提供虚假的证明文件，那么就应承担相应的法律责任。例如，根据《公司法》第二百零七条的规定："承担资产评估、验资或者验证的机构因其出具的评估结果、验资或者验证证明不实，给公司债权人造成损失的，除能够证明自己没有过错的外，在其评估或者证明不实的金额范围内承担赔偿责任。构成犯罪的，依法追究刑事责任。"再如根据《国有资产评估管理办法》第三十二条的规定："资产评估机构作弊或者玩忽职守，致使资产评估结果失实的，国有资产管理行政主管部门可以宣布资产评估结果无效，并可以根据情节轻重，对该资产评估机构给予下列处罚：（一）警告；（二）停业整顿；（三）吊销国有资产评估资格证书。"因此，这就需要中介组织制定完备的规章制度，确立完善的管理体制，防止其成员在出具证明文件时因重大失误造成严重的危害后果。同时，也赋予了中介组织的主管人员或者直接负责人的监督义务，即应认真履职、谨慎管理其下级成员，对下

---

① 吉林省长春市宽城区人民法院刑事判决书：（2018）吉 0103 刑初 164 号。

级成员在业务活动中的工作予以必要的审核和检查，防止其行为造成严重的后果。

三、出具证明文件重大失实案件中业务监督过失犯罪的注意义务

本罪中的监督管理者是承担上述职责的中介组织及其主管人员或者其他直接责任人。监督者的注意义务包括结果预见义务和结果回避义务。结果预见义务是监督者应认真履行自己的职责，对本组织下级成员的违规行为可能造成的危害后果具有一定的认识。结果回避义务是应在本组织内制定完备的规章制度，对下级成员所出具的证明文件内容进行严格的审核和检查，防止因证明文件内容的严重不实造成严重的危害后果。

例如，邱某等出具证明文件重大失实案①本案的基本案情为：被告人邱某系南平市原野地质测绘院（系福建省闽北地质大队下属全民所有制企业）公司法定代表人。其于2000年11月14日至2010年8月期间担任该院院长职务。被告人邱某担任法定代表人期间，于2008年违规将该院的房产测绘业务交由被告人陈某承包，双方约定收入三七分成，陈某在进行测绘作业过程中接受原野测绘院的监管。2009年4月，被告人邱某在该院测绘作业证已集体失效的情况下，未组织年检，致使2009年4月之后该单位测绘人员包括陈某均处于无证上岗的状态。2009年11月25日，经被告人陈某联系原野测绘院与福建省百创生物工程有限公司（以下简称"百创公司"）签订《房产面积测绘业务委托约定书》，对百创公司厂房面积进行测量。邱某作为法定代表人在该约定书上签字后，将具体测量业务交由陈某自行完成，未按规定再对该项业务进行监督管理。2009年11月至2011年7月，陈某从事该项测绘工作过程中，违反规定在未到现场实地测量的情况下，仅凭百创公司提供的图纸资料，为实际面积12840.2平方米的百创公司厂房出具了面积为33082.9平方米的测绘报告及厂房面积分割报告，导致南平市房地产交易登记中心依据原野测绘院于2011年2月、7月出具的两份面积严重失实的测绘报告为百创公司颁发了产权面积为33082.9平方米的产权证。之后，百创公司利用上述面积严重失实的产权证向中国建设银行股份有限公司南平延平支行抵押担保贷款人民币3110万元，后百创公司法定代表人吴某潜逃。截至2014年5月18日，已造成建行延平支行本息1673万元的经济损失无法追回。法院判决认为，被告人邱某、陈某的行为均构成出具证明文件重大失实罪。

在本案中，被告人邱某作为该中介公司的法定代表人，决定着公司业务的日常经营和管理，因此，根据国家法律和公司章程的相关规定，应认真履行自己的职责，做好公司的经营管理工作。但其违规将该院的测绘业务交给无证上岗的陈某，使得陈某违反规定出具了重大不实的测绘报告，给国家财产造成了重大损失。从注意义务上看，根据《测绘法》《房产测绘管理办法》以及该公司章程的相关规定，邱某具有结果预见义务和结果回避义务，结果预见义务表现为邱某应预见自己将该项业务交给无证上岗的陈某以及没有对其进行监督管理的行为会使得陈某违规出具重大不实的测绘报告和厂房面积分割报告，从而造成严重危害后果。结果回避义务表现为邱某应在该院测绘作业证已集体失效的情况下积极进行年检，加强对陈某行为的监管，从而避免危害后果的发生。在具有上述注意义务的情形下，邱某并没有履行相应的注意义务，在明知陈某测绘作业证已失效的情况下，仍让其

---

① 参见福建省南平市中级人民法院刑事判决书：（2015）南刑终字第160号。

继续承包原野地质测绘院的房地产测绘业务，且长期没有对其实施的业务活动进行监管，其严重不负责任的行为给国家财产造成了重大损失。

四、出具证明文件重大失实案件中业务监督过失犯罪的行为及其结果

出具证明文件重大失实案件中业务监督过失犯罪的行为，是指承担资产评估、验资、验证、公证、会计、审计、法律服务、保荐、安全评价、环境影响评价、环境监测、地质工程勘测等职责的中介组织及其主管人员或其他直接责任人，怠于履行监督、检查义务，对工作严重不负责任，所出具的证明文件内容有重大失实，从而造成了严重的社会危害结果。严重不负责任是指上述中介组织的成员出具证明文件时违反了相关法律规范的规定，没有履行自己的注意义务，因而造成了证明文件内容的重大失实。其中，证明文件的重大失实是指证明文件的内容与事实存在着重大的出入，不能够反映客观事实的真实性和准确性。但对于证明文件本身所存在的瑕疵，则不认为属于重大失实。[①] 同时，本罪的成立还要求因证明文件的重大失实造成了严重的危害后果。

第十五节　妨害传染病防治案件中的业务监督过失犯罪

一、妨害传染病防治罪概述

妨害传染病防治罪，是指违反传染病防治法的规定，引起甲类传染病传播或者有传播严重危险的行为。本罪是刑法新增设的罪名。我国政府历来非常重视传染病的防治工作，1955 年 7 月经国务院批准，卫生部发布了传染病管理办法，并于 1956 年和 1957 年先后加以补充。1989 年全国人大常委会通过了《中华人民共和国传染病防治法》（以下简称《传染病防治法》），1991 年经国务院批准，卫生部发布了《中华人民共和国传染病防治法实施办法》。1997 年《刑法》在第三百三十条新增设了本罪。2003 年 5 月 15 日，最高人民法院、最高人民检察院联合发布了《关于办理妨害预防、控制突传染病疫情等灾害的刑事案件具体应用法律若干问题的解释》。2020 年，随着新冠病毒的暴发，2020 年 2 月 6 日最高人民法院、最高人民检察院、公安部、司法部印发了《关于依法惩治妨害新型冠状病毒感染肺炎疫情防控违法犯罪的意见》，2020 年 3 月 16 日，最高人民法院、最高人民检察院、公安部、司法部、海关总署进一步制定《关于进一步加强国境卫生检疫工作依法惩治妨害国境卫生检疫违法犯罪的意见》。2020 年 12 月 26 日，《刑法修正案（十一）》又对其进行了修订。妨害传染病防治罪中亦存在业务监督过失的情形，但要想探析妨害传染病防治中的业务监督过失犯罪，首先需要明确以下几点：第一，所谓传染病是指由于致病性微生物，如细菌、病毒、立克次氏体、寄生虫等侵入，发生使人体健康受到某种损害以及危及生命的一种疾病，可以通过不同方式直接或间接传播，造成人群中传染病的发生或流行。根据《传染病防治法》的规定，传染病按严重程度分为甲、乙、丙三类，甲类传染病包括鼠疫、霍乱两种，属于最严重的传染病。要想构成传染病防治罪，则

---

① 参见张明楷：《刑法学》（下），法律出版社 2016 年版，第 844 页。

要求引起甲类传染病传播或者有传播严重危险。第二，就妨害传染病防治罪而言，行为人的主观心理态度是故意还是过失学界存在着争议。高铭暄教授和马克昌教授认为其是过失，这也是学界的通说。但张明楷教授认为，"将本罪确定为过失犯罪，缺乏'法律有规定'的前提"。故他认为该罪属于故意犯罪。[①] 笔者赞同通说的观点，主张其主观方面是过失。既包括疏忽大意的过失也包括过于自信的过失，即行为人应当预见自己违反传染病防治法规定的行为会引起甲类传染病传播或有传播的严重危险，但因为疏忽大意没有预见，或者虽然已经预见但轻信能够避免。

二、妨害传染病防治案件中业务监督过失犯罪的主体

就妨害传染病防治罪而言，根据刑法条文的规定，其犯罪主体是一般主体，既可以是单位，也可以是自然人。自然人作为犯罪主体时，既可能是单位的主管人员和直接责任人员，也可能是一般的个人，如患有传染病的患者个人或者病人家属。而本罪的单位主体则主要包括供水单位、医疗卫生单位、运输单位、食品单位等。但对业务监督过失犯罪来说，其犯罪主体并不包括患传染病的患者和其家属。因此，妨害传染病防治中业务监督过失犯罪的主体为单位及其直接负责的主管人员和其他直接责任人员。需要明确的是，此处的其他直接责任人员必须是具有一定管理职责的管理人员，如自来水公司的副经理。单位作为该类犯罪的主体意味着单位对其下级职工在业务活动中所实施的违法犯罪行为应承担相应的责任。如供水单位的供水设备出现问题或供水单位职工的操作疏忽使其供应的饮用水不符合国家标准，造成了甲类传染病的传播，该供水单位就是监督过失的承担主体。再如某些食品公司纵容传染病病人、病原携带者和疑似传染病病人从事该企业的后勤保障工作，从而造成甲类传染病或依法确定采取甲类传染病预防、控制措施的传染病传播的，该企业单位也是监督过失犯罪的主体。

三、妨害传染病防治案件中业务监督过失犯罪的注意义务

过失犯罪的责任依据在于注意义务的违反，构成妨害传染病防治中的业务监督过失犯罪也需要监督者违反了其具有的注意义务，这种注意义务也包括了结果预见义务和结果回避义务。其结果预见义务在于应预见到其违反监管职责，实施违反国家传染病防治规定的行为，会导致传染病的传播。其结果回避义务在于及时采取措施防止传染病的传播或者避免其传播范围的扩大。具体而言，对医疗卫生单位及其主管人员和其他责任人来说，其结果预见义务在于应当预见由于其监督管理上的疏漏可能使得单位职工存在工作上的失误，从而造成甲类以及依法确定采取甲类传染病预防、控制措施的传染病的传播或传播的严重危险。其结果回避义务在于单位及其主管人员应及时有效的采取相应措施阻断该类传染病的传播或者传播的危险。对供水单位来说亦是如此，其结果预见义务在于应当预见如果供水单位因没有确立安全的管理体制或者单位职工的不认真检查，就有可能使得供应的饮用水不符合国家标准，从而传播该类传染病。其结果回避义务在于应采取适当措施完善安全管理体制，加强对职工工作的检查，防止该类传染病传播。其他几种情形亦是如此，单位

①　张明楷：《刑法学》（下），法律出版社 2016 年版，第 1120 页。

及其直接负责的主管人员和其他直接责任人员，构成业务监督过失犯罪，必然是对其自身注意义务的违反。而该注意义务也是来源于相关的法律法规，如《传染病防治法》第十条、第二十一条、第二十三条、第二十九条；《突发公共卫生事件应急条例》第四十二条等相关法律条款的规定。

四、妨害传染病防治案件中业务监督过失犯罪的行为及其结果

就妨害传染病防治罪而言，成立该罪，首先，必须有违反国家传染病防治规定的行为，即《刑法》第三百三十条规定的五种行为。① 其次，必须因实施了上述行为而引起甲类传染病的传播或者有传播的严重危险。而根据《传染病防治法》的规定，传染病按严重程度分为甲、乙、丙三类，甲类传染病包括鼠疫、霍乱两种，属于最严重的传染病，如果引起其他传染病的传播或者有传播严重危险的，不构成本罪。例如，廖某妨害传染病防治罪一案。② 本案的基本案情为：2020 年 1 月 19 日，被告人廖某的儿子廖某 1 从新冠疫情重点疫区武汉市返回金寨，1 月 22 日廖某 1 出现咽痛、胸闷症状。此时，当地汤家汇镇政府正全面部署疫情防控工作，组织工作人员对从武汉返乡人员进行摸排登记并要求居家隔离。然而，被告人廖某没有予以高度重视，没有执行有效的疫情防控措施，还隐瞒了儿子廖某 1 已从武汉回来的消息，于 1 月 25 日，在自家经营的"慧姐土菜馆"中，接待来家拜年的客人和生日宴席就餐客人 36 人，且允许廖某 1 参与饭店服务活动。1 月 28 日，又接待廖某 2 搬家宴请客人 14 人。并自 1 月 24 日至 2 月 4 日，先后多次与他人聚集打牌、赌博、聚餐或乘坐他人车辆，与其密切接触者有十余人。廖某及其子、父亲、妻子不仅感染新冠肺炎，还导致邻居陈某某等 7 人先后被直接或间接交叉感染新冠肺炎，直接或者间接接触者共计 253 人被隔离观察。在本案中，首先，廖某对疫情的传播没有予以高度的重视，没有执行有效的疫情防控措施。其次，廖某隐瞒其儿子从疫区返回的消息，没有及时向政府报告。最后，廖某不遵守执行武汉返乡人员廖某 1 须居家隔离的防控规定，在家中操办酒席宴请他人聚餐，与他人相约一起打牌，组织并参与各种人员聚集性活动，由此导致了多人的感染。其行为违反了《传染病防治法》以及刑法的相关规定，造成了甲类传染病的传播，属于妨害传染病防治罪中的违法行为。

如前所述，要构成妨害传染病防治中业务监督过失犯罪，其行为主体不是传染病病人或其家属，只能是相关单位及其直接负责的主管人员和其他具有管理职责的责任人员。而其监督管理过失行为主要是一种不作为，即不履行其应有的监督、检查义务，从而造成了甲类传染病的传播。如根据相关法律法规的规定，污水处理机构应当对受传染病病原体污染的污水进行消毒处理，但其拒绝处理，违反了其管理职责，构成了监督管理过失。再

---

① 根据《刑法》第三百三十条之规定，这五种情形为："（一）供水单位供应的饮用水不符合国家规定的卫生标准；（二）拒绝按照疾病预防控制机构提出的卫生要求，对传染病病原体污染的污水、污物、场所和物品进行消毒处理的；（三）准许或者纵容传染病病人、病原携带者和疑似传染病病人从事国务院卫生行政部门规定禁止从事的易使该传染病扩散的工作的；（四）出售、运输疫区中被传染病病原体污染或者可能被传染病病原体污染的物品，未进行消毒处理的；（五）拒绝执行县级以上人民政府、疾病预防控制机构依照传染病防治法提出的预防、控制措施的。"

② 参见安徽省金寨县人民法院刑事判决书：（2020）皖 1524 刑初 71 号。

如，供水单位提供的饮用水应符合国家规定的卫生标准，但因主管人员的监管疏忽，导致饮用水卫生状况存在问题，也可能构成监督管理上的过失。此外，本罪中也存在作为的情形，即准许或者纵容传染病病人、病原携带者和疑似传染病病人从事国务院卫生行政部门规定禁止从事的易使该传染病扩散的工作的。如食品公司纵容传染病病原携带者进入食品生产部门工作，从而导致传染病传播的。

最后，本罪的成立还要求监管者的违法行为造成了一定的危害结果，此种危害结果最直接的表现是造成了甲类传染病的传播，根据《刑法》第三百三十条之规定，虽然未造成引起甲类传染病传播的后果，但有引起传播严重危险的，亦满足了犯罪构成客观方面的要求，构成本罪。而如何认定"有传播严重危险"？在司法实务中，一般主要从以下四个方面进行认定：一是存在严重违反相关法律规定的行为；二是这种行为对人们的生命健康安全造成了现实紧迫的危险；三是这种现实紧迫的危险会给社会法益带来严重的威胁。四是危险得以避免的条件较难以达成，存在实现的很大可能性。而在判断"有传播严重危险"时，需要结合专家的鉴定和一般人的常识来进行判定。

第十六节　传染病菌种、毒种扩散事故中的业务监督过失犯罪

一、传染病菌种、毒种扩散罪概述

传染病菌种、毒种扩散罪是指从事实验、保藏、携带、运输传染病菌种、毒种的人员，违反国务院卫生行政部门的有关规定，造成传染病菌种、毒种扩散，后果严重的行为。① 本罪是修订刑法时所新增加的罪名，来源于《传染病防治法》第二十六条和第七十四条的相关规定。要想探析传染病菌种、毒种扩散中的业务监督过失犯罪，需要厘清传染病菌种、毒种扩散罪中的一些问题。第一，本罪的主体是否仅限于专职人员，即是否仅限于专门从事实验、保藏、携带、运输传染病菌种、毒种的这种具有特定身份的人员？对此，学界存在不同的看法，第一种观点认为，本罪的主体是特殊主体，只限于从事实验、保藏、携带、运输传染病菌种、毒种的人员。第二种观点认为，从事实验、保藏、携带、

---

① 根据《传染病防治法实施办法》第十六条的规定："传染病的菌（毒）种分为下列三类：一类：鼠疫耶尔森氏菌、霍乱弧菌；天花病毒、艾滋病病毒；二类：布氏菌、炭疽菌、麻风杆菌、肝炎病毒、狂犬病毒、出血热病毒、登革热病毒；斑疹伤寒立克次体；三类：脑膜炎双球菌、链球菌、淋病双球菌、结核杆菌、百日咳嗜血杆菌、白喉棒状杆菌、沙门氏菌、志贺氏菌、破伤风梭状杆菌；钩端螺旋体、梅毒螺旋体；乙型脑炎病毒、脊髓灰质炎病毒、流感病毒、流行性腮腺炎病毒、麻疹病毒、风疹病毒。第十七条规定：国家对传染病菌（毒）种的保藏、携带、运输实行严格管理：（一）菌（毒）种的保藏由国务院卫生行政部门指定的单位负责。（二）一、二类菌（毒）种的供应由国务院卫生行政部门指定的保藏管理单位供应。三类菌（毒）种由设有专业实验室的单位或者国务院卫生行政部门指定的保藏管理单位供应。（三）使用一类菌（毒）种的单位，必须经国务院卫生行政部门批准；使用二类菌（毒）种的单位必须经省级政府卫生行政部门批准；使用三类菌（毒）种的单位，应当经县级政府卫生行政部门批准。（四）一、二类菌（毒）种，应派专人向供应单位领取，不得邮寄；三类菌（毒）种的邮寄必须持有邮寄单位的证明，并按照菌（毒）种邮寄与包装的有关规定办理。"

运输传染病菌种、毒种的人员并非仅限于专业从事上述活动的人员，接受委托临时从事上述活动的人员也可以成为本罪的主体。如受卫生防疫部门的委托，运输传染病菌种、毒种的司机、快递工作人员等。本书赞同此种观点，认为本罪的主体应从广义上进行理解，对于接受合法单位临时委托从事上述活动的人员，违反国家法律有关规定，造成严重后果的，也应承担责任。第二，成立本罪的主观方面是否是过失。有学者认为，传染病菌种、毒种扩散罪由于缺乏"法律有规定"的文理根据，确定为故意犯罪比较合适。① 但本书不赞同此种说法，认为行为人对危害后果的发生持有的是过失的心理状态。这种过失既包括疏忽大意的过失，也包括过于自信的过失。即从事上述活动的行为人对自己的行为可能造成传染病菌种、毒种扩散的危害后果应当预见而没有预见或者已经预见但却轻信可以避免，以致造成危害后果的发生。

二、传染病菌种、毒种扩散事故中业务监督过失犯罪的主体

传染病菌种、毒种扩散事故中存在业务监督过失犯罪的情形，一般表现为依照国家有关规定具有从事传染病菌种、毒种实验、保藏资格的单位中的直接负责的主管人员和其他直接责任人员，当其在传染病菌种、毒种的实验、保藏过程中，因监督管理上的疏忽导致传染病菌种、毒种的扩散，从而造成严重后果时，应承担业务监督过失责任。因此，可以看出，传染病菌种、毒种扩散事故中业务监督过失犯罪的主体为依照国家有关规定具有从事传染病菌种、毒种实验、保藏工作资格的单位中的直接负责的主管人员和其他直接责任人员。如中国医学病毒菌种保藏管理中心、中国医学细菌菌种保藏管理中心、中国医学真菌菌种保藏管理中心及其下设的专业实验室直接负责的主管人员。国家对传染病菌种、毒种的实验、保藏、运输管理等颁布了一系列法律法规进行规范，如《传染病防治法》及其实施办法、《建立健全医院内感染管理组织的暂行办法》《中国医学微生物菌种保藏管理办法》等，这些法律法规对从事上述业务活动的单位及其直接负责的主管人员在履职过程中的义务和责任进行了详细的规定，成为上述主体承担业务监督过失责任的注意义务的来源。② 同时，上述条款也分别对传染病菌种的保藏、使用和运输进行了规定。保藏单位直接负责的主管人员应严格按照规定建立严密安全的保管制度，避免菌种的变异和泄露，保证实验的安全性。在菌种的使用中，应对实验人员的培训进行充分的监督，确保其技能和操作水平达到相关的标准。在任务完成后，还要充分监督对菌种的销毁。此外，在菌种的运输过程中，还要确保下级工作人员严格按照卫生部门和交通运输部门的规定行事，防止传染病菌种、毒种在运输过程中出现的泄露和传播。

---

① 参见张明楷：《刑法学》（下），法律出版社 2016 年版，第 1120 页。

② 根据《中国医学微生物菌种保藏管理办法》第三款规定："各保藏管理机构，应制订严密的安全保管制度，建财、建卡，并指定专人负责，一、二类及专利菌种应设有专库或专柜单独保藏。"第六条第二款规定："进行一类菌种实验时，应设有单独隔离区，经上级主管部门检查符合要求后，由经过专门训练，有经验的技术人员操作，工作时应有严格防护措施。任务完成后应在本单位领导监督下，将菌种销毁。凡进行菌种的动物实验时，都相应地升一级进行管理，二类按一类，三类按二类管理。"第七条第二款规定："邮寄三、四类及部分二类菌种时，必须按卫生部、邮电部、交通部、铁道部颁布的有关菌毒种邮寄与包装规定的要求办理。"

三、传染病菌种、毒种扩散事故中业务监督过失犯罪的注意义务

传染病菌种、毒种扩散事故中业务监督过失犯罪的注意义务也包括结果预见义务和结果回避义务。如前所述，本罪中的监督主体是传染病菌种、毒种实验、保藏单位的直接负责的主管人员和其他责任人员。本罪中既存在监督者对下级工作人员的监督过失，也存在管理上的过失。因此，对监督者的预见义务应分别进行讨论。在狭义的监督过失中，监督者的结果预见义务是应在履职过程中保持谨慎的态度，认识到下级工作人员（如仓库保管员、实验人员、运输人员等）可能因其工作上的失误或疏漏，造成传染病菌种、毒种的扩散和传播。如果是管理上的过失，则其结果预见义务是应当预见到自己在传染病菌种、毒种的管理过程中，如果没有确立安全的管理体制，会造成传染病菌种、毒种的扩散和传播。相应的，在狭义的监督过失中，其结果回避义务是监督者应采取有效的措施防止下级工作人员的行为造成严重的危害结果，如事前加强传染病菌种、毒种实验人员的技能和操作培训，事中严格监督、检查下级工作人员的工作情况（如在任务完成后监督工作人员对菌种进行销毁），事后采取有效的措施避免危害结果的扩大。在管理过失中，结果回避义务是监督者应确立完备的安全管理体制，确保实验、保管场所安全设施的齐备，从而防止危害后果的发生。

四、传染病菌种、毒种扩散事故中业务监督过失犯罪的行为及其结果

如前所述，业务监督过失犯罪中的行为包括作为和不作为两种方式。就传染病菌种、毒种扩散事故中的业务监督过失犯罪而言，其行为主要是不作为，具体表现为以下几点：第一，犯罪主体在传染病菌种、毒种的保藏过程中，不履行或者怠于履行自己的管理义务，没有确立安全的保管体制以及完善的保管条件，疏于对保管场所的检查，从而造成传染病菌种、毒种的扩散。第二，在传染病菌种、毒种的实验过程中，实验室的负责人怠于对实验人员的监督，致使其在任务完成后没有销毁菌种，从而造成传染病菌种、毒种的扩散。第三本罪的成立需要造成的严重后果。这种严重后果是指引起甲类和按照甲类管理的传染病传播、导致乙类、丙类传染病流行、爆发，造成人员伤亡或者社会生活秩序管理严重混乱的情形。值得注意的是，本罪属于危险犯，即只要具有引起甲类传染病传播或者传播的危险，就可成立本罪。

第十七节　采集、供应血液、制作、供应血液制品事故中的业务监督过失犯罪

一、采集、供应血液、制作、供应血液制品事故中业务监督过失犯罪的注意义务

讨论采集、供应血液、制作、供应血液制品事故中业务监督过失犯罪的注意义务之

前，应首先明确采集、供应血液、制作、供应血液制品事故罪①的主体。本罪是单位犯罪，且被限制为特殊单位主体，即经国家主管部门批准采集、供应血液或者制作、供应血液制品的部门。法释〔2008〕12号第七条明确，本罪主体是经国家主管部门批准的采供血机构和血液制品生产经营单位；"采供血机构"包括血液中心、中心血站、中心血库、脐带血造血干细胞库和国家卫生行政主管部门根据医学发展需要批准、设置的其他类型血库、单采血浆站。

本罪是行政犯，以上述单位中的工作人员（不仅包括具体进行采供血、制供血液制品的工作人员，也包括负有相应监督、管理职责的监管者）违反检测规定或其他操作规定为前提，即以违反前置性规范为前提。这些前置性规范主要有：《献血法》（1998年10月1日起施行）、《血液制品管理条例》（1996年12月30日发布并实施）、《血站管理办法》（2017年12月26日国家卫生计生委第三次修订）等。何谓"不依照规定进行检测或者违背其他操作规定"，法释〔2008〕12号第五条已经做了详细解释。② 但是，该解释所列举的情形与依据前置性规范所做的学理解释相比是较少的。有论者根据《献血法》《血液制品管理条例》等法律对采供血或制供血液制品的严格规定，详细列举了各个主体"不依照规定进行检测或者违背其他操作规定"的表现：经批准采供血液或制供血液制品的血站违背采供血液的规定、违背采供原料血浆的规定；经批准的血液制品生产单位违背制供血液制品的规定；经批准的血液制品经营单位违背供应血液制品的规定；临时采集血液的医疗机构违背采集血液规定。③ 鉴于法释〔2008〕12号第五条有兜底条款第十三项，即"其他不依照规定进行检测或者违背操作规定的"，实践中如遇该解释中没有明确列举的情形，司法者仍要回归前置性规范。以上前置性规范即注意义务的来源。

---

① 《刑法》第三百三十四条第二款规定："经国家主管部门批准采集、供应血液或者制作、供应血液制品的部门，不依照规定进行检测或者违背其他操作规定，造成危害他人身体健康后果的，对单位判处罚金，并对其直接负责的主管人员和其他直接责任人员，处五年以下有期徒刑或者拘役。"

② 《最高人民法院、最高人民检察院关于办理非法采供血液等刑事案件具体应用法律若干问题的解释》（法释〔2008〕12号）第五条规定："对经国家主管部门批准采集、供应血液或者制作、供应血液制品的部门，具有下列情形之一的，应认定为刑法第三百三十四条第二款规定的'不依照规定进行检测或者违背其他操作规定'：（一）血站未用两个企业生产的试剂对艾滋病病毒抗体、乙型肝炎病毒表面抗原、丙型肝炎病毒抗体、梅毒抗体进行两次检测的；（二）单采血浆站不依照规定对艾滋病病毒抗体、乙型肝炎病毒表面抗原、丙型肝炎病毒抗体、梅毒抗体进行检测的；（三）血液制品生产企业在投料生产前未用主管部门批准和检定合格的试剂进行复检的；（四）血站、单采血浆站和血液制品生产企业使用的诊断试剂没有生产单位名称、生产批准文号或者经检定不合格的；（五）采供血机构在采集检验标本、采集血液和成分血分离时，使用没有生产单位名称、生产批准文号或者超过有效期的一次性注射器等采血器材的；（六）不依照国家规定的标准和要求包装、储存、运输血液、原料血浆的；（七）对国家规定检测项目结果呈阳性的血液未及时按照规定予以清除的；（八）不具备相应资格的医务人员进行采血、检验操作的；（九）对献血者、供血浆者超量、频繁采集血液、血浆的；（十）采供血机构采集血液、血浆前，未对献血者或供血浆者进行身份识别，采集冒名顶替者、健康检查不合格者血液、血浆的；（十一）血站擅自采集原料血浆，单采血浆站擅自采集临床用血或者向医疗机构供应原料血浆的；（十二）重复使用一次性采血器材的；（十三）其他不依照规定进行检测或者违背操作规定的。"

③ 参见王作富主编：《刑法分则实务研究》（下），中国方正出版社2009年版，第1487~1489页。

采集、供应血液、制作、供应血液制品事故中业务监督过失犯罪的注意义务包括结果预见义务与结果避免义务。首先应当明确的是本罪的构成要件结果。何谓"造成危害他人身体健康后果"，法释〔2008〕12 号第六条做了说明。① 但结合法释〔2008〕12 号第三、四条对非法采集、供应血液、制作、供应血液制品罪中实害结果的解释，② 可以发现其中的矛盾之处。在非法采集、供应血液、制作、供应血液制品罪的实害结果中，"导致人员死亡"与"感染艾滋病病毒"是并列规定的，适用同一档法定刑；而在采集、供应血液、制作、供应血液制品事故罪中，仅有"感染艾滋病病毒"而无"造成献血者、供血浆者、受血者死亡"。那么问题是，当行为主体不依照规定进行检测或者违背其他操作规定造成献血者、供血浆者、受血者死亡的，能否以本罪论处？对此，学界有不同观点。

有论者认为，根据《刑法》的明文规定，本罪的构成要件结果只能限定为"他人身体健康受损害"，对于致人死亡的情形，在现行法下宜认定为过失致人死亡罪。但为了避免在致人死亡的情形下以过失致人死亡罪论处而出现的单位不受处罚的情况，宜修法以增加致人死亡的量刑档次。③ 但有论者认为，根据"其应入罪者，则举轻以明重"的当然解释，"造成他人死亡后果"可以解释为本罪结果，这也不违背罪责刑相适应原则和罪刑均衡原则，因为过失致人死亡罪的最高法定刑也是七年，而且本罪是业务过失犯罪，业务过失犯罪的法定刑往往比普通过失犯罪的法定刑低，所以本罪中五年有期徒刑的法定刑配置足以涵盖致人死亡的危害后果。④ 类似观点也认为，将本罪中的"造成危害他人身体健康

---

① 《最高人民法院、最高人民检察院关于办理非法采供血液等刑事案件具体应用法律若干问题的解释》（法释〔2008〕12 号）第六条规定："对经国家主管部门批准采集、供应血液或者制作、供应血液制品的部门，不依照规定进行检测或者违背其他操作规定，具有下列情形之一的，应认定为刑法第三百三十四条第二款规定的'造成危害他人身体健康后果'，对单位判处罚金，并对其直接负责的主管人员和其他直接责任人员，处五年以下有期徒刑或者拘役：（一）造成献血者、供血浆者、受血者感染艾滋病病毒、乙型肝炎病毒、丙型肝炎病毒、梅毒螺旋体或者其他经血液传播的病原微生物的；（二）造成献血者、供血浆者、受血者重度贫血、造血功能障碍或者其他器官组织损伤导致功能障碍等身体严重危害的；（三）造成其他危害他人身体健康后果的。"

② 《最高人民法院、最高人民检察院关于办理非法采供血液等刑事案件具体应用法律若干问题的解释》（法释〔2008〕12 号）第三条规定："对非法采集、供应血液或者制作、供应血液制品，具有下列情形之一的，应认定为刑法第三百三十四条第一款规定的'对人体健康造成严重危害'，处五年以上十年以下有期徒刑，并处罚金：（一）造成献血者、供血浆者、受血者感染乙型肝炎病毒、丙型肝炎病毒、梅毒螺旋体或者其他经血液传播的病原微生物的；（二）造成献血者、供血浆者、受血者重度贫血、造血功能障碍或者其他器官组织损伤导致功能障碍等身体严重危害的；（三）对人体健康造成其他严重危害的。"第四条规定："对非法采集、供应血液或者制作、供应血液制品，具有下列情形之一的，应认定为刑法第三百三十四条第一款规定的'造成特别严重后果'，处十年以上有期徒刑或者无期徒刑，并处罚金或者没收财产：（一）因血液传播疾病导致人员死亡或者感染艾滋病病毒的；（二）造成五人以上感染乙型肝炎病毒、丙型肝炎病毒、梅毒螺旋体或者其他经血液传播的病原微生物的；（三）造成五人以上重度贫血、造血功能障碍或者其他器官组织损伤导致功能障碍等身体严重危害的；（四）造成其他特别严重后果的。"

③ 参见黄京平主编：《危害公共卫生犯罪比较研究》，法律出版社 2004 年版，第 217 页。

④ 参见马长生、田兴洪等：《责任事故犯罪热点问题研究》，湖南师范大学出版社 2010 年版，第 238~241 页。

后果"理解为包括"造成他人死亡"的后果不是一种扩大解释，而是一种当然解释。①还有论者认为，虽然司法解释在解释本罪的构成要件结果时没有明确列出致人死亡的情形，但从该解释第四条的规定中可以看出"感染艾滋病病毒"与"致人死亡"的结果具有同样严重的危害程度，司法解释也没有说明针对致人死亡的结果应适用刑法的其他罪名处理，所以在发生致人死亡的结果时，可以适用本罪定罪量刑。上述修法意见虽然有道理，但实际上并没有必要如此大费周折，针对此处的立法瑕疵，将致人死亡的后果涵盖进来并不违背罪刑法定原则。②

肯定论的解释是合理的。对于因采集、供应血液、制作、供应血液制品事故而致人死亡的情形若不能依照专门的血液事故类犯罪论处，而只能退而求其次依据过失致人死亡罪论处，则不能体现出行为人行为的本质。但这也的确表明立法上存在一定的瑕疵，司法解释在规定上并不周延。通过当然解释、体系解释的方法解决这些问题固然是在立法没有修改、司法解释没有完善的情况下的必要之举，但还是宜以修法、修改司法解释为上策。

二、采集、供应血液、制作、供应血液制品事故中业务监督过失犯罪的因果关系

采集、供应血液、制作、供应血液制品事故罪既是单位犯罪又是过失犯罪，非常适合用来探讨单位自身的业务监督过失犯罪。有论者指出，实践中常发生单位中普通工作人员不依照规定进行检测或者违背其他操作规定造成危害他人身体健康后果，如果这是因单位没有尽到应尽的监督义务而造成的，单位应承担过失责任。③ 上文提到，单位犯罪存在过失犯罪形态，单位过失犯罪的形态包括单位具有监督过失、管理过失的情况。单位的监督过失是指，单位中负有监督职责的人员对单位中具体从业人员监督不力致使具体从业人员在业务活动过程中实施危害行为造成危害结果；单位的管理过失是指，单位管理体制有漏洞致使单位中具体从业人员在业务活动过程中实施危害行为造成危害结果。在采集、供应血液、制作、供应血液制品事故罪中，采供血、制供血液制品单位中负有监督职责的人员对具体进行检测等操作的从业人员监督不力，导致具体从业人员不依照规定进行检测或者违背其他操作规定进而造成危害他人身体健康后果的，或者，采供血、制供血液制品单位在采供血、制供血液制品的管理上有漏洞，致使具体进行检测等操作的从业人员未依照规定进行检测或者违背其他操作规定进而造成危害他人身体健康后果的，单位存在监督过失、管理过失，应依照本罪论处。其中，直接负责的主管人员即负有相应监督、管理职责的人员，其他直接责任人员即违规操作的具体从业人员。

在业务监督过失犯罪中，由于存在被监督者或第三人的行为，即存在介入行为，所以

---

① 参见卢建平、田兴洪：《采集、供应血液、制作、供应血液制品事故罪的客体特征研究》，载《中国卫生法制》2008 年第 1 期。

② 参见朱黎婧：《血液制品犯罪研究》，中国政法大学 2010 年硕士学位论文，第 32~33 页。

③ 参见朱黎婧：《血液制品犯罪研究》，中国政法大学 2010 年硕士学位论文，第 34 页。

业务监督过失犯罪的因果关系比较复杂，而介入行为的不同性质也影响业务监督过失犯罪的认定。此处将以采集、供应血液、制作、供应血液制品事故罪为基础，讨论在单位的监督过失中所介入的单位具体从业人员实施行为的不同性质对认定单位监督过失犯罪的影响。有论者指出，如果将故意行为介入监督过失领域的情形排除出监督过失的问题领域，就会剥夺我们发现更深层次问题的机会。① 本书认同这一观点，并认为，"被监督者的行为只是介入到监督者与危害结果之间的一个'中间项'。因此，当符合监督过失的因果关系进程时，对于被监督者的行为是过失还是故意，在认定是否构成监督过失时并不重要，被监督者的故意或过失仅会对监督者所承担的监督过失责任的程度有所影响。"② 在单位过失犯罪中，监管者的监督不力、管理不善既可能引发具体单位成员的过失犯罪行为，又可能引发具体单位成员的故意犯罪行为。具体到采集、供应血液、制作、供应血液制品事故罪，也是如此。

监督过失型单位犯罪中的犯罪行为是体现了单位人格的犯罪行为，而只有直接负责的主管人员的监督不力、管理不善才是体现了单位人格的行为，具体单位成员所实施的直接引发危害后果的行为没有也不能体现单位人格。有论者认为，由于单位犯罪的过失是以单位机关成员未尽注意义务为基础的，所以单位犯罪过失在单位机关成员与单位的具体行为人之间有不同的结构类型，具体而言，单位机关成员的犯罪过失所"搭配"的，不仅有单位具体行为人的犯罪过失，以及单位具体行为人的犯罪故意，还有单位具体行为人的不能预见或不可抗拒。③ 可以看出，其对监督过失型单位犯罪的认定重点是单位机关成员的犯罪过失，对"搭配项"（即单位具体行为人）的性质则并无限制。不过，纵然具体从业人员的故意犯罪行为无法体现单位人格，进而无法左右单位过失犯罪的成立，也仍需顾及单位犯罪中双罚制的自然人刑罚，以求在定罪量刑上做出更为妥当的解释。

《刑法》对采集、供应血液、制作、供应血液制品事故罪规定了双罚制，在处罚单位之外还处罚直接负责的主管人员和其他直接责任人员。具体从业人员无疑是直接责任人员。如果在直接负责的主管人员的监督过失、管理过失之下，直接责任人员过失制供了带有艾滋病病毒的血液制品，致使注射该血液的人感染了艾滋病，那么该单位构成监督过失型的制作、供应血液制品事故罪。此时按照双罚制的规定处罚单位、直接负责的主管人员和直接责任人员并无疑问。但是，如果在直接负责的主管人员的监督过失、管理过失之下，具体从业人员故意制供了带有艾滋病病毒的血液制品，致使输入该血液的人感染了艾滋病，那么，是否还能够在单位过失犯罪中让该具体从业人员接受双罚制中的自然人刑罚？从主、客观相统一原则和罪责刑相适应原则来看，这样做并不合适。

第一，当该从业人员明确知道其制供的血液制品将给谁使用并以故意伤害的目的而制

---

① 参见曹菲：《管理监督过失研究——多角度的审视与重构》，法律出版社 2013 年版，第 24 页。

② 参见童德华、马嘉阳：《刑法中监督过失的适用条件及归属限制》，载《社会科学动态》2020 年第 6 期。

③ 参见王良顺：《单位犯罪论》，中国人民公安大学出版社 2008 年版，第 164~165 页。

供出带有艾滋病病毒的血液制品，并导致该特定人在输入该血液之后感染了艾滋病时，根据主、客观相统一原则，对该具体从业人员应该以故意伤害罪进行处罚。[①] 当该从业人员虽然不明确知道其制供的血液制品将流向何方，但是怀着报复社会的目的而制供出大量带有艾滋病病毒的血液制品，并使多人在输入该血液之后感染了艾滋病时，根据主、客观相统一原则，对该具体从业人员应以以危险方法危害公共安全罪进行处罚。

第二，在制作、供应血液制品事故罪中处罚直接责任人员，法定刑是五年以下有期徒刑或者拘役。而故意伤害致人重伤罪的法定刑是三年以上十年以下有期徒刑。造成严重后果的以危险方法危害公共安全罪的法定刑是十年以上有期徒刑、无期徒刑或者死刑。根据罪责刑相适应原则，仅将该具体从业人员置于制作、供应血液制品事故罪之中让其接受双罚制中自然人的刑罚无法较好地体现罪责刑相适应原则。

既然当具体从业人员故意实施犯罪行为的情况下，在单位过失犯罪中让该具体从业人员接受双罚制中的自然人刑罚不符合主、客观相统一原则和罪责刑相适应原则，那么如何处理这个问题才合适？可能的做法是，仍然认定该单位构成制作、供应血液制品事故罪，对单位判处罚金，对直接负责的主管人员处以五年以下有期徒刑或拘役，但对其中的直接责任人员，即该具体从业人员，以相应的故意犯罪（例如故意伤害罪）处罚。但是，这样的做法显然"绕开"了刑法的明文规定，即"并对其直接负责的主管人员'和其他直接责任人员'，处五年以下有期徒刑或者拘役"。并且这样做很有可能招致不利于被告人的诘问。因为显然，不管是为了符合主、客观相统一原则，还是为了符合罪责刑相适应原则而认定该具体从业人员的行为构成故意犯罪，都难掩这样的事实：与单位过失犯罪中自然人刑罚的五年有期徒刑上限相比，以自然人故意犯罪处理，无疑"不利于"被告人。本书的回应如下。

首先，该罪是公共卫生安全领域中的事故类犯罪。"事故"是指人们生产、生活中的意外事件。对于该具体从业人员而言，如果其是故意实施意图致人重伤的制供带有艾滋病病毒的血液制品的行为，那么由此而发生的重伤结果对其而言就不是"事故"。那么，该具体从业人员就不是这个"事故"的"直接责任人员"。事实上这个"事故"仅仅是针对单位而言的。所以，在这个案件中，看似有"直接责任人员"，实则没有。那么，因为没有直接责任人员仅有直接负责的主管人员而仅处罚后者并无不妥。而依照主、客观相统一的原则（包括罪责刑相适应的原则）认定该具体从业人员的行为属于自然人故意犯罪，也无不妥。

其次，只有该单位的直接负责的主管人员的监督不力、管理不力才是体现单位人格的犯罪行为。在这个行为过程中，出现了对单位而言的"事故"，单位由此可以构成此一事

[①] 《最高人民法院、最高人民检察院关于办理组织、强迫、引诱、容留、介绍卖淫刑事案件适用法律若干问题的解释》（法释〔2017〕13号）第十二条第二款规定："具有下列情形之一，致使他人感染艾滋病病毒的，认定为刑法第九十五条第三项'其他对于人身健康有重大伤害'所指的'重伤'，依照刑法第二百三十四条第二款的规定，以故意伤害罪定罪处罚：（一）明知自己感染艾滋病病毒而卖淫、嫖娼的；（二）明知自己感染艾滋病病毒，故意不采取防范措施而与他人发生性关系的。"

故类犯罪。详言之，在这个行为过程中，作为一般所谓的"介入行为"的具体从业人员的行为，为单位带来了"事故"结果，从而使单位犯罪得以成立。但该具体从业人员的故意行为不能体现单位人格。如果因为该从业人员的故意行为而对其处以双罚制中的自然人刑罚，那么双罚制中，就会出现两种不同的责任形式：一方面，单位和直接负责的主管人员因"过失行为"和"事故结果"而在单位犯罪中接受处罚；另一方面，直接责任人员却因"故意行为"和"意图结果"而在单位犯罪中接受处罚。这不符合双罚制的理论依据。

关于单位犯罪中双罚制的理论依据，我国刑法学界存在不同观点，例如，两个犯罪主体论、双层机制论、单位犯罪的双层性论、连带刑事责任论、刑罚目的论等。① 其实，双罚制中解释的难点不在于为何处罚单位，而在于为何处罚单位中的自然人。因为，单位犯罪作为我国《刑法》明文规定的区别于自然人犯罪的一种犯罪，当然要处罚单位自身，这样才能体现出单位犯罪的特殊性，而处罚单位也确实是为了剥夺单位的犯罪能力，发挥刑罚的特殊预防作用。但是，对单位判处罚金仅仅是剥夺了单位在财物方面的犯罪能力，如果单位撤换领导成员、撤换具体从业人员，仍然可能实施新的犯罪行为。即使可以认为单位犯罪中实际上存在两类主体，一是单位主体，二是单位内部的自然人主体（包括直接负责的主管人员和其他直接责任人员），② 但这也是由于单位本身并无实施行为的能力，必须依靠其内部的自然人才能实施行为的现实所决定的。这就凸显出处罚单位中自然人的需要。

然而，处罚自然人不能仅仅是因为他们带来了对单位而言是事故的构成要件结果，毕竟法条规定的也是"直接'负责'的主管人员"和"其他直接'责任'人员"，所以还要考虑他们的行为。单位自身并不能实施行为，而只有借助于其中的自然人才能对外界展现出其"举动"。单位中的主管人员也不会实施具体业务行为，而是会依靠大量的具体从业人员去实施具体行为。这就意味着，单位是依靠自然人的行为去"展现"单位的行为，这样就既无法让自然人的故意行为去"展现"单位的过失行为，也无法让自然人事实上的故意行为接受单位过失犯罪双罚制中的自然人刑罚。在成立单位犯罪的条件下，处罚犯罪单位自不待言，而处罚犯罪单位有关责任人员也是对其所实施的单位行为追究刑事责任，所以单位犯罪的责任人员承担刑事责任符合罪责自负的原则。③

综上，在监督管理过失型的采集、供应血液、制作、供应血液制品事故罪中，被处罚的直接责任人员（即具体从业人员）只能是实施了过失犯罪行为的直接责任人员。若具体从业人员实施的是故意犯罪行为，在监督管理过失型的采集、供应血液、制作、供应血液制品事故罪中，仅能处罚单位和具有业务监督过失的监管者（即直接负责的主管人员），对于该具体工作人员应以单独的自然人故意犯罪论处。

---

① 参见杨春洗、丁泽芸：《试论单位犯罪的刑事责任》，载《中央检察官管理学院学报》1998 年第 1 期；赵星：《单位犯罪双罚制问题研究》，载《国家检察官学院学报》2008 年第 1 期。

② 参见张明楷：《刑法学》（上），法律出版社 2016 年版，第 135 页。

③ 参见王良顺：《单位犯罪论》，中国人民公安大学出版社 2008 年版，第 190~191 页。

第十八节　医疗事故中的业务监督过失犯罪

一、医疗事故罪概述

医疗事故罪，是指医务人员由于严重不负责任，造成就诊人死亡或者严重损害就诊人身体健康的行为。本罪也是 1997 年《刑法》新增设的罪名，1979 年《刑法》以及单行刑法均没有规定此罪名。医疗事故罪是典型的业务监督过失犯罪，因此，要想理解医疗事故中的业务监督过失犯罪，首先需要明确医疗事故罪的相关构成要件。

本罪所侵犯的客体是国家对医务工作的管理秩序和就诊人的生命、健康权利。[①] 医务人员通常被称为白衣天使，具有救死扶伤的职责，是人民生命、健康安全的守护者。国家颁布了众多的法律法规对其从业主体和职业操守进行了规定，以确保医务工作人员的整体素质和水平，保障公民的身体健康和生命安全。如果因其在工作中严重不负责任，导致了医疗事故的发生，造成了就诊人员的损害或死亡，那么就应依法追究其责任。

本罪的客观方面表现为医务人员由于严重不负责任，实施了造成就诊人员死亡或者身体健康的严重损害的行为。这主要表现为以下三个方面：一是行为人严重不负责任，这是构成本罪的前提条件。二是行为人严重不负责任的行为造成就诊人死亡或者身体健康的严重损害，这是构成本罪的结果条件。三是行为人严重不负责任的行为与上述特定危害结果之间必须存在因果关系。例如，在许某医疗事故罪一案。[②] 本案的基本案情为：2015 年 6 月 10 日，被告人许某取得乡村医生执业证书，执业地点位于中江县卫生站，有效期五年。2018 年 11 月 28 日 11 时 40 分左右，罗某因身体不适在其丈夫肖某的陪同下到该卫生站就诊。被告人许某接诊诊断患者罗某为支气管哮喘、肺炎。被告人许某未依照国家相关规定按照药品使用说明书的要求及约定俗城的行规、常规对罗某进行过敏试验，向罗某注射头孢曲松钠 1 支（1 克），地塞米松 5 毫克，0.2% 利多卡因 4 毫升。几分钟后，罗某出现咳嗽、哮喘、出大汗、气喘症状等过敏反应，被告人许某立即掐罗某人中穴位及食指与大拇指之间的穴位进行抢救。罗某的亲属即拨打 120 急救，10 分钟左右，急救医生赶到后对罗某诊断为抢救无效已死亡。经鉴定，罗某的死亡原因符合过敏性休克。在本案中，首先，被告人许某的医疗救治行为表现为严重不负责任。理由在于，当患者罗某来就医时，被告人许某初步诊断其为支气管哮喘、肺炎。根据国家的相关规定，医生在某些特殊药品时需要进行过敏实验，但其并没有根据国家的相关规定按照药品使用说明书的要求及约定俗成的行规、常规对罗某进行过敏试验，严重不负责任，从而导致罗某因注射药物出现过敏反应。其次，罗某的死亡结果是由被告人许某严重不负责任的行为而导致的。根据鉴定意见，罗某的死亡符合过敏性休克，而其药物过敏的原因就在于许某并未对其进行过敏实验，违背了基本的医疗注意义务。因此，其死亡结果与被告人许某的医疗过失行为存在因果联系。

---

① 高铭暄、马克昌主编：《刑法学》，北京大学出版社 2019 年版，第 576 页。
② 参见四川省中江县人民法院刑事判决书：（2020）川 0623 刑初 26 号。

本罪的主体必须是医务人员。此处的医务人员并不仅仅指一般所说的医生、护士、药剂人员等，也包括其他相关的从事医疗实践的各类工作人员，如卫生防疫人员、妇幼保健人员，检验、理疗、放射、营养技术等专业技术人员。此外，还包括从事医疗管理工作的相关人员。但在医疗卫生机构中从事与诊疗护理无直接关系的工作人员和非医疗机构的人员均不能构成本罪的主体。需要注意的是，这里的医疗机构既包括国家、集体所有制的医疗单位，也包括经主管部门批准，有合法行医执照的个体从业者。

本罪的主观方面是过失，既可以是疏忽大意的过失，也可以是过于自信的过失。疏忽大意的过失表现为医务人员应当预见自己的行为会造成就诊人员的死亡或者身体健康严重损害，而没有预见。过于自信的过失表现为医务人员虽然预见到自己行为可能对就诊人员造成严重的损害甚至死亡的结果，但过于相信自己的医疗水平和技术，自觉能够避免损害结果的发生，从而判断失误，导致医疗事故的发生。如果医务人员在医疗救治工作中故意杀害就诊人或损害其身体健康，则应以故意杀人罪或故意伤害罪进行处罚。

二、医疗事故中业务监督过失犯罪的主体

无论是在国内还是国外，业务监督过失犯罪都大量存在于医疗事故中，如德国联邦最高法院有这样一项判例：作为被告的医师，依契约规定在某市立医院为某妇女作剖腹生产手术。在手术中，另外有一名专业医师担任第一助手，有一名护士担任第二助手，另外有手术中担任传递器械、敷纱布、手术前的准备行为等医疗辅助行为的护士参与。在剖腹手术中，担任辅助行为的护士误将一支手术械具 ROUK 钩掉落到该妇女腹内，手术完成以后，医生以及第一、第二助手均未发现有 ROUK 钩掉落在妇女腹腔内，即将肚皮予以缝合。一个月后，该妇女腹痛难忍，又到另外一家医院动手术，因为受该 ROUK 钩存于腹腔内的影响而导致血栓病死亡。法院判决结果，上述手术中的四人均因过失致死被判有罪，被告不服上诉，最高法院驳回上诉，维持原判。德国联邦最高法院认为，医生对于该名将 ROUK 钩掉落妇女腹腔内的护士有指示和监督的义务，其对 ROUK 钩留存人体内致使其死亡的结果，不仅仅具有预见可能性，而且负有在手术后，将 ROUK 钩除去的注意义务。医生未指示此护士在手术后清点确认手术器具有无减少或确认手术后妇女腹腔内有无异物留存，再对该妇女进行缝合，显然违反了监督的注意义务。也就是说，被告明知该护士没有受过专业训练且是初次担任手术的辅助工作，而又在开刀手术中请该护士担任手术辅助，那么就应该预见其无专业知识和能力，手术可能会发生危险，但其没有预见，从而没有履行相应的监督义务。① 在监督过失理论起源的日本，医疗事故中也追究了众多的监督过失责任。例如，著名的"北大电气手术刀事件""千叶错误大采血事件""医院事务员误取药品事件"等。② 在我国，医疗事故也层出不穷，因此，深入研究医疗事故中的监督过失犯罪对规范医务人员认真履职，切实保障就诊患者的生命健康权益具有重要的意义。

---

① 参见廖正豪：《监督过失责任之研究》，载蔡墩铭主编：《刑法争议问题研究》，台湾五南图书出版公司 1999 年版，第 372 页。

② 廖正豪：《过失犯论》，台湾三民书局 1993 年版，第 226 页。

如前所述，医疗事故罪的主体是医务人员，就医疗事故中的业务监督过失犯罪而言，其犯罪主体当然也是医务人员。但医院机构庞杂、科室众多，医务人员类型多样，并不是每一个医务人员都是医疗事故中业务监督过失犯罪的主体。而认定业务监督过失犯罪的前提在于明确医务人员之间是否存在监督管理上的关系，如果不能明确哪些医务人员之间具有监督管理关系，那么就不能确定医疗事故中业务监督过失犯罪的主体。故厘清医务人员之间的监督关系对医疗事故中的业务监督过失犯罪主体的认定具有重要的意义。笔者认为，医务人员之间的监督关系主要有以下五种：

第一，医生之间的监督关系。这种监督关系又包括以下几个方面的内容：（1）临床科主任或副主任与下级医务人员之间存在着监督与被监督的关系。根据中华人民共和国卫生部颁布的《医院工作制度与人员岗位职责》（2016年版）的规定。临床科主任具有以下职责：①定时查房，共同研究解决危重疑难病例诊断治疗上的问题。参加门诊、会诊、出诊，决定科内病员的转科转院和组织临床病例讨论。②保证医院的各项规章制度和技术操作常规在本科贯彻、执行。可见，在这些职责范围内，科主任、副主任与下级医务人员存在着监督关系。（2）临床主任医师或副主任医师与下级医务人员的监督关系。《医院工作制度与人员岗位职责》规定，临床主任医师具有职责：①定期查房并亲自参加疑难重病的处理。②指导主治医师和住院医师的相关工作，并对其进行培训。③督促下级医师认真贯彻执行各项规章制度和医疗操作规程。副主任医师参照主任医师职责进行。可见，主任医师、副主任医师在这三个职责范围内与下级医务人员存在监督关系。（3）临床主治医师与下级医务人员的监督关系。根据《医院工作制度与人员岗位职责》的规定，主治医师在以下职责范围内指导监督下级医务人员（通常是住院医师和实习医师）：①按时查房，对住院医师的诊断、治疗及特殊诊疗操作进行指导。②出门参加门诊、会诊。③认真执行医院的各项规章制度和操作常规，定期检查病房。④承担临床教学，指导进修、实习医师工作。（4）住院医师与下级医务人员之间的监督关系。住院医师级别相对较低，其指导监督对象通常是护士。根据《医院工作制度与人员岗位职责》的规定，临床住院医师具有以下职责：①认真执行各项规章制度和技术操作常规，亲自操作或指导护士进行各种重要的检查和治疗，严防差错事故；②对所管病员全面负责，参加科内查房等。

第二，门诊部主任、副主任与下级医务人员的监督关系。根据《医院工作制度与人员岗位职责》的规定，门诊部主任及副主任在以下职责范围内监督其他医务人员：（1）督促检查医务人员对各项医疗规章制度的贯彻情况。整顿秩序，提高医疗服务质量。（2）组织门诊工作的医务人员做好各项工作，包括卫生消毒、疫情隔离报告等。

第三，麻醉科医师中的监督关系。具体又包括三个方面：（1）麻醉科主任、副主任与下级医务人员的监督关系。根据《医院工作制度与人员岗位职责》的规定，麻醉科主任和副主任在以下职责范围内监督下级医务人员：①负责领导管理麻醉师（士）们的工作，对医疗活动中的麻醉工作提出意见，必要时亲自参与麻醉操作。②领导管理本科室人员执行各项医疗规章制度，防止医疗差错的发生。③对本科人员的医疗活动进行安排，密切配合相关科室的医疗救治工作。（2）麻醉科主任医师、副主任医师与下级医务人员的监督关系。这主要体现在其以下职责中，即指导本科主治医师、医师和麻醉师做好麻醉工作。（3）麻醉科医师与下级医务人员的监督关系，主要是指导监督护士的护理工作。即手术后，对危重和全麻病员亲自护送，并向病房护士交代病情及术后注意事项。

第四，护理工作人员之间的监督关系。护理人员主要包括科护士长、护士长、主任（副主任）护师、主管护师、护师、护士等。科护士长在以下职责范围内监督下级护理工作人员：（1）督促本科室成员认真执行各项医疗规章制度、护理技术操作规程。（2）发现本科室存在的问题，并及时采取防范措施并督促整改。（3）指导本科室成员业务上疑难问题，指导其护理操作上的不足。护士长的监督职责主要表现为：（1）监督护理人员认真执行各项规章制度和医疗操作规程。（2）及时发现负责区域内出现的差错和事故，并及时上报。（3）定期检查护理员、卫生员的工作，做好病房的维护和消毒隔离工作。主任（副主任）护师主要指导下级护理人员的业务工作，与下级护理人员存在着监督指导关系。主管护师在以下职责范围内与下级护理工作人员存在监督关系：（1）对本科室下级护理人员予以业务上的具体指导。（2）督促检查本科室质量，对本科室护理问题及时发现并解决。护师的指导监督对象主要是护士，这种监督关系体现在以下职责中：（1）正确指导护士执行医嘱及各项护理技术操作规程。（2）领导护士完成难度较大的护理操作技术。

第五，医生和护理人员之间的监督关系。在现代医护分工的情况下，护理人员对于医疗的相关情况并非全部熟悉，尤其是对一些重病就诊人和疑难杂症就诊人进行护理时通常需要医生对护理人员进行细致周全的说明和一定的监督及指导。① 一般而言，住院医师和主管医师负责监督指导本科室护理人员的相关工作及注意事项。科室主任和主任医师在亲自参加疑难杂症的会诊时，针对特别的事项，需要对护理人员提出相关的注意意见，此时就存在一定的监督关系。

综上，医疗事故中的业务监督过失犯罪主体是医务人员，具体而言：一是医生，其中包括临床科主任或副主任、临床主任医师或副主任医师、临床主治医师。二是门诊部主任、副主任。三是麻醉科医师，具体又包括麻醉科主任或副主任、麻醉科主任医师或副主任医师、麻醉科医师。四是护理工作人员，具体又包括科护士长、护士长、主任（副主任）护师、主管护师、护师。

三、医疗事故中业务监督过失犯罪的注意义务

如前所述，注意义务是过失犯罪的核心，其包括结果预见义务和结果回避义务，结果预见义务是要求行为人保持注意力、谨慎从事，应认识到可能会产生危害结果的义务。而结果回避义务是要求行为人在预见到危害结果可能发生的情况下，采取有效的措施防止危害结果发生的义务。而在业务监督过失犯罪中，监督者的预见义务是对被监督者违规行为的预见，即被监督者有可能实施导致危害结果发生的行为。其结果回避义务在于采取一定的措施避免危害结果的出现。在医疗事故中，医务人员的注意义务也包括了结果预见义务和结果回避义务。具体而言，其预见义务为处于监管地位的医务人员在医疗诊治活动中应保持谨慎和注意，对自己所指导监督的下级医务人员给予严密的关注，在职责范围内对被监督的医务人员所实施的医疗行为保持充分的了解，能够预见到被监督者实施的危险医疗

---

① 王波：《团队医疗过失犯罪中的监督过失责任研究》，载《法商研究》2012年第4期。

行为可能造成的危害结果。其结果回避义务在于处于监督地位的医务人员在医疗诊治活动中应认真履行监督指导义务，督促其监督的医务人员谨慎行事，防止因其疏忽过失导致医疗事故的发生。如医生在手术过程中应关注其助手的救治手段是否合规，是否会给患者身体造成其他损害。麻醉医师在麻醉前应确保护士的准备工作没有疏漏。而此种注意义务的来源主要有以下几个方面：一是法律、医疗规章制度所规定的义务。二是基于医师职业道德所产生的注意义务。三是基于社会中的常理常情所产生的注意义务。需要注意的是，由于医学知识的专业性，不同医务人员的注意义务应以自己的专科知识为限。

四、医疗事故中业务监督过失犯罪的行为及其结果

医疗事故中的业务监督过失犯罪的行为主要表现为作为与不作为两种方式。前文已述及，在业务监督过失犯罪中，作为是监督者对被监督者的行为作出了不当指挥或者错误指挥，从而导致被监督者的行为引起了危害结果。不作为则是监督者在应当履行自己的监管义务时没有对被监督者予以监督、管理及指导，从而造成了危害结果的发生。故在医疗事故中，业务监督过失犯罪的作为行为表现为：具有监管职责的医务人员，由于主观上的过失导致其没有对被监督者的医疗行为予以指导和监督，或者指导、监督不当，从而使得被监督者的医疗行为造成了危害结果发生。而不作为的行为表现为：处于监督地位的医务人员在具有监督义务的情形下，不履行或怠于履行监督义务，如在发现被监督者实施了错误的医疗行为时没有及时予以制止或纠正，从而导致危害结果发生。最后，医疗事故中的业务监督过失犯罪的成立害需要发生危害结果，如前所述，此种危害结果主要表现为就诊人死亡或者身体健康的严重损害。

五、医疗事故中业务监督过失犯罪的因果关系

构成本罪的业务监督过失还要求处于监督地位的医务人员的医疗监督过失行为与危害结果的发生具有因果上的关系，即医务人员的监督过失行为是医疗事故发生的前提条件，然后再运用客观归属理论进行讨论。如果医务人员的监督过失行为对下级医务人员的行为制造了一个法不允许的危险，从而使该医务人员的行为导致了医疗事故的发生，并且这种危害结果属于法规范保护目的所要求的结果范围之内，那么就可以肯定医务人员的监督过失行为与危害结果之间存在着因果上的关系。

第十九节　单位环境污染案件中的业务监督过失犯罪

一、单位环境污染案件中业务监督过失犯罪之肯定

在单位环境污染案件中，是否存在业务监督过失犯罪？对此已有论者作出肯定回答。例如，有论者指出，当由于负责人的过失计算错误而导致企业过量排放了污染物，并且这种计算错误是由该企业在排污管理方面的明显漏洞而引起时，若只作为自然人犯罪处理就不会对单位的组织管理模式有任何触动，无助于防范环境污染，所以组织过失也应当成为

单位刑事责任客观归责的规范性要素。① 又如有论者认为，当因为单位监督机制不完善致使从业人员处于环境安全的不谨慎状态进而造成污染物泄漏、严重污染环境时，若对单位监督机制的缺位不予刑法评价，就无法全面评价单位行为，这样不仅刑责分配不合理，也无法更好地满足恢复性环境司法的需求。② 两位论者都敏锐地发现了在单位环境污染案件中可能存在的单位监管不力的情况，指出了在环境污染案件中存在业务监督过失犯罪的现实性，表明了认定环境污染案件中业务监督过失犯罪的必要性。但是，业务监督过失犯罪毕竟是过失类犯罪，并且，惩治环境污染案件中的业务监督过失犯罪最合适的罪名也莫过于污染环境罪。所以，过失行为可以构成污染环境罪是肯定存在监督过失型污染环境罪的前提。③

（一）单一罪过说之商榷

在《刑法修正案（八）》之前，对于重大环境污染事故罪乃过失犯罪的通说，并不存在疑问。《刑法修正案（八）》将该罪结果要件修改为"严重污染环境"，司法解释也相应地将罪名变更为"污染环境罪"。此时学界对污染环境罪的罪过形式就存在很大争议。目前有较多论者持单一罪过说，其中又以持故意说者居多，但其理由不无商榷之处。

持故意说的论者认为，污染环境罪的故意是指行为人对污染环境的结果持认识与希望或放任态度。④ 并指出，如果认为故意污染环境的行为成立以危险方法危害公共安全罪，那么对过失污染环境的行为也基本上可以按照过失以危险方法危害公共安全罪处理，这样本罪就完全没有适用余地。⑤ 换言之，该论者认为持过失说的论者将故意污染环境的行为按以危险方法危害公共安全罪处理的方案是不合适的。但是也完全可以认为，持故意说的论者将过失污染环境的行为论以过失以危险方法危害公共安全罪处理的方案也是不合适的。毕竟，如果认为对过失污染环境的行为基本上可以按过失以危险方法危害公共安全罪处理，那么对故意污染环境的行为也基本上可以按以危险方法危害公共安全罪处理，如此一来，本罪也还是没有适用空间。

持故意说的论者认为，只要行为人对侵害生态法益持故意或对人类因此而遭受的危险或侵害持故意，就足以成立故意的污染环境罪。⑥ 但是既然对污染环境罪的法益持生态学的人类中心的法益论，进而认为"严重污染环境"的表述既包括行为给环境本身造成严重污染，也包括行为因为污染环境而给人身造成严重危险以及实害的情形，⑦ 那么就不能否认，行为人对因环境污染而给人身造成严重危害持过失心理的情形是可能存在的。如果

---

① 参见耿佳宁：《污染环境罪单位刑事责任的客观归责取向及其合理限制：单位固有责任之提倡》，载《政治与法律》2018年第9期。
② 参见李紫阳：《监督过失型污染环境犯罪因果关系的判断》，载《河北法学》2019年第8期。
③ 参见李紫阳：《监督过失型污染环境犯罪因果关系的判断》，载《河北法学》2019年第8期。
④ 参见张明楷：《刑法学》（下），法律出版社2021年版，第1488页。
⑤ 参见张明楷：《污染环境罪的争议问题》，载《法学评论》2018年第2期。
⑥ 参见张明楷：《污染环境罪的争议问题》，载《法学评论》2018年第2期。
⑦ 参见张明楷：《污染环境罪的争议问题》，载《法学评论》2018年第2期。

认为这种情形不存在，那么之前的重大环境污染事故罪设置得是否合理、必要、妥当就值得怀疑。法律是以社会现实为基础的，法律是为了规制社会现实中的行为而存在的，而不是相反。易言之，法律虽然在修改，但现实生活中的情况却不会对法律的修改"亦步亦趋"。

持故意说的论者认为，本罪所涉及的物质都被纳入了各种规范名录或属于典型的铅、汞、镉等重金属，如果从业者认识到该物质对环境的破坏作用依然违反相关规定处置，就足以表明行为人积极地追求法益侵害。① 类似意见认为，污染环境行为的实施者一般多为生产经营者，其生产经营行为必定会受到相关部门的管理，行为人应对自己所从事的行为是否具有污染环境的可能性具有一定程度的明知。② 但是正如其他持故意说的论者批评过失说只是对事实的不完全归纳而不是刑法规范的内容③一样，故意说是否也只是对事实的不完全归纳，不无疑问。上述观点都限于行为人有意违反国家规定的情形。然而一方面，也有行为人无意间违反了国家规定的情况存在。另一方面，即使行为人有意违反国家规定，也不意味着其对违反国家规定的后果也是故意的。可能有人会认为，持过失说的论者所列举的过失污染环境的情形，例如，违反操作规程处置污染物而发生事故，违反相关规定盛放污染物而发生泄漏，④ 不就属于行为人有意违反国家规定进而对可能发生的危害后果具有明知的情形吗？但是，间接故意与过于自信过失的相同点就在于对危害后果的可能发生存在明知，仅凭此不足以区分故意与过失，不足以对不同情形做出合适的刑罚裁量。换言之，认为行为人对污染环境的可能性应该存在明知所以无需其他证明活动即可追责的观点，⑤ 可能会因为追求便利的功利主义倾向而使得实务在不同类型案件的刑罚裁量上采取"一刀切"式的做法。

持故意说的论者认为，法释〔2016〕29 号第八条的规定⑥表明，最高司法机关既然认为一个行为可以同时构成污染环境罪和投放危险物质罪等其他故意犯罪，就表明污染环境罪必须是故意犯罪。⑦ 但是法发〔2011〕20 号第十条第二款的规定⑧表明，最高院主张

① 参见杨宁、黎宏：《论污染环境罪的罪过形式》，载《人民检察》2013 年第 21 期。
② 参见周详、夏萌：《论污染环境罪的罪过形式："故意说"之提倡与贯彻》，载《南京工业大学学报（社会科学版）》2021 年第 1 期。
③ 参见张明楷：《污染环境罪的争议问题》，载《法学评论》2018 年第 2 期。
④ 参见喻海松：《污染环境罪若干争议问题之厘清》，载《法律适用》2017 年第 23 期。
⑤ 参见周详、夏萌：《论污染环境罪的罪过形式："故意说"之提倡与贯彻》，载《南京工业大学学报（社会科学版）》2021 年第 1 期。
⑥ 《最高人民法院、最高人民检察院关于办理环境污染刑事案件适用法律若干问题的解释》（法释〔2016〕29 号）第八条规定："违反国家规定，排放、倾倒、处置含有毒害性、放射性、传染病病原体等物质的污染物，同时构成污染环境罪、非法处置进口的固体废物罪、投放危险物质罪等犯罪的，依照处罚较重的规定定罪处罚。"
⑦ 参见杨宁、黎宏：《论污染环境罪的罪过形式》，载《人民检察》2013 年第 21 期。
⑧ 《最高人民法院关于进一步加强危害生产安全刑事案件审判工作的意见》（法发〔2011〕20 号）第十条第二款规定："违反安全生产管理规定，非法采矿、破坏性采矿或排放、倾倒、处置有害物质严重污染环境，造成重大伤亡事故或者其他严重后果，同时构成危害生产安全犯罪和破坏环境资源保护犯罪的，依照数罪并罚的规定处罚。"该意见于 2011 年 12 月 30 日印发，《刑法修正案（八）》于 2011 年 2 月 25 日通过，自 2011 年 5 月 1 日起施行。

过失行为也可以构成污染环境罪，因为同一行为既可以构成过失型危害生产安全犯罪，也可以构成破坏环境资源犯罪，那么两者的罪过形式必定存在重合。① 两者均在《刑法修正案（八）》之后出台，我们何以能忽视两者中的任何一个，或者是以其中一个正确为由认为另外一个错误？

也有论者仍将污染环境罪的主观方面限定为过失。② 另有持过失说的论者提出以下理由：第一，本罪过失针对的是污染后果，对于违反国家规定实施污染环境的行为则不排除故意；第二，如果行为人违反规定故意实施处置污染物并追求或放任严重污染环境结果，可依投放危险物质罪论处；第三，污染环境罪的七年最高有期徒刑与故意犯罪不相匹配。③ 但是，"违反国家规定"对确定本罪的罪过形式意义不大，本罪的罪过形式必须根据行为人对"严重污染环境"的主观心理来认定。另外，既然故意污染环境的行为可依投放危险物质罪论处，那么过失污染环境的行为本来也能依过失投放危险物质罪论处。那么立法者舍危害公共安全犯罪取环境犯罪的特别用意是否有被这种理解抹杀的危险？如果说根据《刑法修正案（八）》还可能存在"以刑制罪"的解释可能的话，在《刑法修正案（十一）》出台后，这种解释就不可能成立。因为如今本罪增加一档法定刑，最高可达十五年有期徒刑。这也说明，"以刑制罪"的解释方法并非全然通用，因为故意犯罪也有被配置低法定刑的情形存在，这种解释方法存在风险。

（二）双重罪过说之肯定

有论者指出，如果仅将本罪的罪过形式限定为故意，要么意味着原本构成犯罪的过失型污染环境行为被非罪化，这缺乏合理根据；要么意味着这种过失行为只能够按照过失危害公共安全的犯罪处罚，这会模糊罪与罪之间的界限。④ 相似观点认为，如果主张本罪不能由过失构成，则意味着之前能以重大环境污染事故罪论处的行为在修法之后却不能以污染环境罪论处，可能会得出修法实际上提高了本罪主观罪过门槛的结论；以过失以危险方法危害公共安全罪等其他罪名规制过失污染环境的行为并不妥当，该类案件更符合污染环境罪的规制目的，这种做法可能导致罪名之间的界限愈加模糊。⑤ 本书亦认为，故意说对过失污染环境行为规制路径的解释割裂了环境犯罪本身的独立意义。

持故意说的论者认为，过失排污导致环境严重污染的情形在之前尚可构成重大环境污染事故罪，而按照故意说现在反而不能构成环境污染犯罪的诘问，或许是故意说的批判者提出的具有实质意义的唯一问题。但故意说可以妥善解决这一问题，理由之一是，如果过失排污行为造成了人身、财产的重大损失，多数都可以以过失投放危险物质罪、过失以危险方法危害公共安全罪论处；如果造成了人身伤亡，即使没有危害公共安全，也可以以过

---

① 参见李紫阳：《监督过失型污染环境犯罪因果关系的判断》，载《河北法学》2019年第8期。
② 参见王作富主编：《刑法》，中国人民大学出版社2016年版，第482页。
③ 参见冯军：《污染环境罪若干问题探讨》，载《河北大学学报（哲学社会科学版）》2011年第4期。
④ 参见高铭暄、马克昌主编：《刑法学》，北京大学出版社2019年版，第582页。
⑤ 参见喻海松：《污染环境罪若干争议问题之厘清》，载《法律适用》2017年第23期。

失致人死亡罪、过失致人重伤罪论处。[①] 但最大的疑问仍然是，相同的过失型污染环境行为，有什么理由在修法之前构成特殊的环境类犯罪，在修法之后反而不能按照特殊的环境类犯罪，只能按照一般的危害公共安全犯罪甚至侵犯人身犯罪进行认定？

以解释者自身对法条的理解（特别是对罪过形式的选择）而将同样的过失污染环境行为在不同的时间点解释为不同种类的犯罪，在一定程度上是违背法感情的，也是忽视环境法益自身的表现。换言之，即使过失类危害公共安全犯罪、过失类侵犯人身犯罪的适用可使相关行为人难以逃脱刑事法网，但是，这样的规制只是"权宜之计"，是"名不副实"。如今人们对环境本身的价值越来越重视，无论是持纯粹的环境法益观，还是持环境法益与人类法益的二元法益观，甚至是持人类法益观，都不能否认污染环境行为本身是直接对环境造成影响的，这种影响无论在因果关系的认定上如何复杂，都不能成为否定污染行为通过环境最终影响人类相关法益这一作用机理的理由。对于客观上的污染环境行为，有更合适的环境犯罪不适用，转而适用其他非环境犯罪进行惩治，正当性、合理性是否充足？

究其原因，论者囿于自身对本罪罪过形式只能是一种的理解而认为另一种罪过形式应以非环境犯罪规制，割裂了环境犯罪本身的独立意义。即使认为故意说也在一定上扩大了本罪的处罚范围，[②] 但是这与将过失犯排除出环境犯罪的规制范围，进而在过失污染环境方面缩小了环境犯罪的处罚范围是不同的问题。故意犯与过失犯是相对立的范畴，在过失污染环境方面缩小的环境犯罪的处罚范围不能依靠行为标准或结果标准方面的扩大处罚范围来弥补。故意说的确人为地缩小了过失污染环境在特殊的环境犯罪项下的处罚范围。

"违反国家规定"只是一种对客观事实的描述，只要结局是未按国家规定处置，就属于违反了国家规定。这是一种客观现象，与行为人的主观心理无关。无论行为人是有意违反还是无意违反，均可认定为违反了国家规定。所以行为人对于违反国家规定的主观心理并不能决定本罪的罪过形式。当行为人为节省成本而将三道处理工序合并为两道处理工序时，可能会存在其已经预见到会引发环境污染事故而轻信能够避免的情形；当行为人因对国家规定不了解而不知某一污染物需要某种特殊的盛放器具时，也会存在应当预见到会发生泄漏事故而没有预见到的情形。亦即，无论行为人是有意还是无意违反国家规定，均存在对严重污染环境后果持过失的情形。"严重污染环境"的罪状表述（包括司法解释中规定的入罪标准）未能为确定本罪的罪过形式提供更为明确、有力的支撑，是立法上违反罪刑法定之"罪的明确性"原则的瑕疵。对故意犯和过失犯的量刑不在法定刑上做出明确区分而只依靠司法实践自由裁量也是立法上违反罪刑法定之"刑的明确性"原则的瑕疵。这些瑕疵还不足以成为排斥本罪可以由过失行为构成的理由。综上，本书认为污染环

---

① 参见张明楷：《污染环境罪的争议问题》，载《法学评论》2018 年第 2 期。

② 张明楷教授认为："相对于《刑法修正案（八）》之前的重大环境污染事故罪而言，将污染环境罪限定为故意犯，依然扩大了处罚范围"，"《刑法修正案（八）》对第 338 条的修改，显然从纯粹人类中心的法益论转向了生态学的人类中心的法益论，于是对结果的要求明显降低，因而符合结果要件的范围明显扩大，在这种情况下，故意说不会缩小处罚范围。"参见张明楷：《污染环境罪的争议问题》，载《法学评论》2018 年第 2 期。

境罪的罪过形式既可以是故意也可以是过失。

二、单位环境污染中案件业务监督过失犯罪的具体情形

如果单位监管者，例如，直接负责的主管人员授意该单位中具体负责处置污染物的工作人员违反国家规定，排放、倾倒或处置有害物质，严重污染环境的，单位当然构成故意型的污染环境罪。但如果一线从业人员故意或过失严重污染环境的行为是由于单位中负有监管职责的上层人员监督不力、管理不力所引起的，那么这时就会出现业务监督过失的问题。不过，污染环境罪中的业务监督过失问题较为复杂，需要分情况讨论。

（一）单位触犯监督过失型污染环境罪的情形

上文已经说明单位过失犯罪的情形之一就是监督过失型单位犯罪，在此不赘。在这种形态的单位过失犯罪中，追究的是单位自身的监督过失责任。只是此时单位的监督过失也就是单位高层人员的监督过失，二者是一致的。[①] 亦即，高层人员的监督过失同时"上升"为单位的监督过失。尽管单位本身无法实施行为，只能依靠自然人实施行为，单位的监督过失行为也必定依靠自然人呈现出来，但是，当单位作为与自然人平行而论的犯罪主体时，在单位过失犯罪中论及的就是单位的监督过失责任。具体情形如下。

第一，若一线从业人员过失严重污染环境，而此举是由单位集体决策或单位监管者的监督不力、管理不善所引起，那么该单位构成过失型污染环境罪。根据《刑法》第三百四十六条的规定，对单位判处罚金，并对其直接负责的主管人员和其他直接责任人员依照该条的规定处罚。因为如前所述，决策失误、监督不力、管理不善都是单位过失犯罪中单位人格的表现形式。详言之，当单位过失造成环境污染事故之时，如果违背规定随意倾倒有毒有害废物是由单位高层集体决定的，或由于单位规章制度不健全、监督管理机制不完善造成的，那么参与决策并且实际上提出或支持单位高层集体决定的领导人员应当承担刑事责任，负有监管排污责任的主管人员亦即负有设置严格的排污规范、管理制度等责任的主管人员也应当承担刑事责任。这两种情况下适用的都是监督管理过失责任，此时，单位的监督管理过失也就是单位代表机关或代表人的监督管理过失，追究的是单位自身的监督过失、管理过失责任。

第二，一线从业人员也可能故意造成严重污染环境的结果。在这种情况下，也完全有可能存在监管者监督不力、管理不善的因素。正如有论者所指出，在大型公司、企业中，即便直接责任人员故意排污，但对于单位的董事长、总经理等主管人员而言，通常承担的是管理、监督过失责任，亦即，主管人员和直接责任人员的罪过形式完全可能不一致。[②] 但本书并不赞同其模糊罪过说的处理方式。本书认为，由于该具体从业人员的故意行为是其个人行为，不能体现单位整体意志，不能代表单位"人格"，所以不能认定其行为是单位的犯罪行为，而只可能认定为是自然人的犯罪行为。但是，当该单位中对此一具体工作

---

① 参见吕英杰：《客观归责下的监督、管理过失》，法律出版社 2013 年版，第 238 页。

② 参见陈洪兵：《模糊罪过说之提倡——以污染环境罪为切入点》，载《法律科学（西北政法大学学报）》2017 年第 6 期。

人员负有监管职责的上层负责人疏于监督、管理之时，该负责人的监管行为（即使实际上是根本未监管）体现了单位的"过失人格"，所以该单位可能被认定为过失型的污染环境罪。亦即，监管者的监督不力、管理不善体现了单位的"过失人格"，对于单位而言，也有严重污染环境的结果，该单位可以构成过失型的污染环境罪。但是，对于该具体从业人员如何处理？当认定单位犯污染环境罪时，依据本罪的规定，不仅需要对单位判处罚金，对直接负责的主管人员判处刑罚，还需要对"其他直接责任人员"判处刑罚。此时的直接责任人员即直接处置污染物的具体工作人员。如果既认定该具体工作人员构成自然人犯罪，又在单位犯罪中让其接受刑罚处罚，无疑是"双重处罚"。本书认为，不宜让该从业人员在过失型的单位污染环境罪中接受双罚制中的自然人刑罚。但是，该自然人完全可以构成故意型的自然人污染环境罪。

此处涉及业务监督过失犯罪中介入行为的性质问题。有论者认为，由于监管者行为与法益侵害之间往往会介入他人（过失乃至故意）的违法行为，所以违背监管义务的行为所制造的危险是否在危害结果中实现，就是在判断这种危险实现是否被介入行为所阻断。当被监管者故意支配了危害结果时，一般可以免除对监管者的归责，因为监管者对于预防被监管者故意犯罪无能为力，亦即，这"非规范保护目的所及"：对监管者科以监管职责的行为规范的目的不在于促使监管者防范被监管者仇视、积极加害于法益（更何况被监管者仇视、积极加害于法益的行为也是无法防范的），而仅在于防范、提醒他们不要忽视法益，或者说，该规范所预先构设的违法行为及其结果的发生模式并没有将监管者没有防止被监管者故意犯罪的情形也包括在内。①

但是，第一，如果监管者确实制造出引发危害结果的某些危险，只是由于这一间接性危险"附加"到被监管者所制造的直接性危险之上，从而由该直接性危险引发危害结果，就没有理由认为这种危险实现的过程被直接性危险"阻断"了。正如"因果关系被中断"的说法不准确一样，②"危险实现被阻断"的说法也不准确。人们想要中断的不是因果关系，因果关系环环相扣无法被中断。人们想要阻断的也不是危险实现，危险实现层层推进无法被阻断。人们想要的是否定结果归属。但是，如果引起危害结果的危险确实曾经间接性地增加了，看不出有什么理由可以不将危害结果归属于曾经的间接性增加危险行为之上。第二，前言"一般可以免除"对监管者的归责，后言"无法防范"，在一定程度上是矛盾的。可以看出，论者无法绝对排除被监管者故意犯罪时监管者的责任。第三，只要监管者有相应的监管职责在身，就说明其监管对象是被监管者。在这种情况下，强行再将监管事项分割为被监管者的无故意行为与故意行为，对于规范的保护目的而言并无太大意义。因为规范的最终保护目的都指向法益，都旨在防范最终结果的发生，针对监管者而制

---

① 参见吕英杰：《客观归责下的监督、管理过失》，法律出版社 2013 年版，第 139 页。

② 林东茂教授认为，"开车撞人，伤者住院，死于火灾。经验上，若无撞人行为，伤者即不需住院，不致被火烧死，此经验上的前因后果，环环相扣，无可否定；死于火警的结果能否归咎肇事行为，则是评价上的问题。""甲下毒杀乙，乙被送医，车祸丧生。这已非因果关系中断。经验上，甲若未下毒，乙就不需送医，也就不会车祸死亡。这种经验上的因果，环环相扣，并无断裂。至于乙的死亡能否归咎甲的下毒，属于评价的问题，这必须另做思考。"参见林东茂：《刑法总则》，台湾一品文化出版社 2019 年版，第 95 页以下。

定的行为规范亦不例外。若是由于监管者不直接面对法益而将监管者的监管职责人为地缩小，反而不利于规范保护目的的实现。第四，监管者是否对预防被监管者故意犯罪无能为力，是否无法防范被监管者积极加害于法益，都不是能够做出"一刀切"式回答的问题。正如同安全保护规范的设置并不能保证杜绝事故的发生一样，监督职责的履行也不能保证杜绝被监督者不适当的行为。"可忍受风险的最大界限是由法律规定的安全距离划定的。各种提高这种风险的做法都会使行为人承担其后果"，"在遵守谨慎规范虽然明显地提高了法益保护的机会，但并不能绝对肯定地保证这一点之处，立法者也必须坚持遵守谨慎规范"。① 这正是危险增加理论的核心要义。

有论者以监管者履行监管职责能否防止被监管者故意实施犯罪行为做区分，② 这种分析思路值得借鉴。实践中也必须结合案情具体认定监管者的不当监管行为是否对被监管者造成危害结果进行了值得科处刑罚的"加功"。被监管者故意实施犯罪行为的原因是复杂的，监管者尽到监督职责能否防止被监管者故意实施犯罪行为不仅需要客观的监督职责支持，监管者的主观方面也在发挥着作用。在此仅提出一些一般性的建议。在监管者已经发现被监管者有实施故意犯罪行为的迹象之时，应该履行监管职责，与其进行事前谈话，或将其调离原工作岗位，甚至将其辞退。监管者所采取的手段应与其发现的被监管者实施故意犯罪行为的迹象的强弱成正比。迹象越强，手段应越严厉。但是，被监管者作为一个独立的个体，一旦下定决心实施故意犯罪行为，很难说监管者尽到上述监管职责就可以杜绝被监管者实施故意犯罪行为的可能性。法不强人所难，但如果监管者已经发现被监管者有实施故意犯罪行为的迹象，但轻信被监管者不会实施故意犯罪行为，因此连最起码的监管职责（例如谈话、疏导、调离）都没有尽到，那么，这种失职行为就增加了被监管者实施故意犯罪行为的危险。综上，本书认同下述观点："被监督者的行为只是介入到监督者与危害结果之间的一个'中间项'。因此，当符合监督过失的因果关系进程时，对于被监督者的行为是过失还是故意，在认定是否构成监督过失时并不重要，被监督者的故意或过失仅会对监督者所承担的监督过失责任的程度有所影响。"③

（二）单位监管人员触犯监督过失型污染环境罪的情形

接下来的问题是，在单位故意犯罪的背后，是否也存在高层人员监管不力的因素？这是完全可能的。这是因为，即使是中层监管者，例如，分管污染物处理的负责人，只要其故意犯罪的意志能够被认定为单位意志，就足以认定此处已经存在一个单位故意犯罪。但是，当高层人员监管不力时，能否让其在故意型的单位犯罪中按照直接负责的主管人员接

---

① 参见［德］克劳斯·罗克辛：《德国刑法学总论》（第 1 卷），王世洲译，法律出版社 2005 年版，第 257~258 页。

② 该论者指出，当介入被监管者的故意行为时，应综合衡量，如果监管者履行了其监管职责但仍然不能防止被监管者故意实施犯罪行为引发结果，可认定监管者不承担责任，这是常态；但如果监管者履行了其监管职责能够防止，则可以推定监督过失行为与原本应被防止但未被防止的结果之间存在因果关系。参见赵瑞罡、杨庆玖：《监督过失论》，载《政治与法律》2001 年第 4 期。

③ 参见童德华、马嘉阳：《刑法中监督过失的适用条件及归属限制》，载《社会科学动态》2020 年第 6 期。

受刑罚？答案是否定的。原因是，在单位故意犯罪中，犯罪行为需要表现出单位的"故意人格"，此处体现单位人格的是中层人员与具体从业人员的故意行为，而高层人员的行为——监管不力——表现出的是一种"过失人格"，与单位"故意犯罪"的"故意人格"不符。如果让其接受双罚制中的自然人刑罚，就意味着在单位故意犯罪中，双罚制是割裂的，因为，其中"一罚"（对单位判处罚金，对中层人员、具体从业人员判处刑罚）针对的是故意犯罪，而"一罚"（对高层人员判处刑罚）针对的是过失犯罪。

换言之，在单位故意犯罪中，刑法规定实行双罚制，意味着在单位故意犯罪的大前提下，既处罚单位，又处罚单位内部的自然人，而并非是处罚单位时是在追究单位的故意刑事责任，处罚监管者时是在追究自然人的过失刑事责任。单位和自然人应该都是因为单位故意犯罪而被双罚。但是，这并不意味着无法追究该高层人员的监督过失刑事责任。毕竟在上述情形的单位故意犯罪中，并不是没有管理有漏洞、监督不力的事实存在。尽管这种事实不能用单位故意犯罪来评价，但完全可以用过失犯罪来评价，而此时被评价的显然不是单位，而是负有监管职责的自然人。所以在单位故意犯罪中，虽然存在对不正当履行监管职责的高层人员根据监督过失理论追究刑事责任的余地，但这种刑事责任是独立于原本的单位故意犯罪之外的自然人过失刑事责任。这时高层人员是犯罪主体。所以，当单位自身故意犯罪之时，没有犯罪故意的监管者仍然保有被追究自然人过失刑事责任的余地。

有论者正确地指出，当单位犯罪是故意犯罪时，如果不是出于集体决策而是由于单位监督管理机制不完善造成的，上层监管者的监督过失行为可能构成国有公司、企业、事业单位人员失职罪、过失致人重伤罪、过失致人死亡罪等。这时，即使单位不构成犯罪，也可以适用监督过失理论追究上层监管者的刑事责任。[①] 简言之，在单位故意犯罪背后，也可能存在自然人的业务监督过失犯罪。[②] 虽然在其他类型的案件中一般会将其过失行为认定为过失致人重伤罪、过失致人死亡罪等，但具体到污染环境罪来说，由于本罪既可以是故意犯，也可以是过失犯，因此单位内部存在相应监管职责的自然人所可能触犯的业务监督过失犯罪仍是污染环境罪。所以，如果该单位的中层决策层决定并指示具体从业人员故意造成严重污染环境的结果，那么该单位已经构成故意型的单位污染环境罪。但在这背后，一方面由于完全可能存在单位的高层人员监管不力的因素，另一方面又由于不能让该高层人员在故意型的单位污染环境罪中按照直接负责的主管人员接受刑罚，所以对于有监督过失的高层人员来说，就要追究其过失型的自然人污染环境罪的刑事责任，而追究的根据就在于监督过失理论。

---

① 参见吕英杰：《客观归责下的监督、管理过失》，法律出版社 2013 年版，第 238~239 页。

② 但此时单位的故意犯罪与单位高层的自然人业务监督过失犯罪并非共同犯罪，而只是同时犯。